折射集
prisma

照亮存在之遮蔽

Hayden White (Author) **Robert Doran** (Editor)

The Fiction of Narrative:
Essays on History, Literature, and Theory, 1957-2007

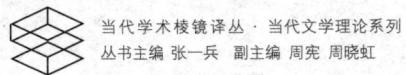

当代学术棱镜译丛·当代文学理论系列
丛书主编 张一兵 副主编 周宪 周晓虹

叙事的虚构性:
有关历史、文学和理论的论文(1957—2007)

[美] 海登·怀特 著 [美] 罗伯特·多兰 编

马丽莉 马云 孙晶姝 译

南京大学出版社

《当代学术棱镜译丛》总序

自晚清曾文正创制造局,开译介西学著作风气以来,西学翻译蔚为大观。百多年前,梁启超奋力呼吁:"国家欲自强,以多译西书为本;学子欲自立,以多读西书为功。"时至今日,此种激进吁求已不再迫切,但他所言西学著述"今之所译,直九牛之一毛耳",却仍是事实。世纪之交,面对现代化的宏业,有选择地译介国外学术著作,更是学界和出版界不可推诿的任务。基于这一认识,我们隆重推出《当代学术棱镜译丛》,在林林总总的国外学术书中遴选有价值的篇什翻译出版。

王国维直言:"中西二学,盛则俱盛,衰则俱衰,风气既开,互相推助。"所言极是!今日之中国已迥异于一个世纪以前,文化间交往日趋频繁,"风气既开"无须赘言,中外学术"互相推助"更是不争的事实。当今世界,知识更新愈加迅猛,文化交往愈加深广。全球化和本土化两极互动,构成了这个时代的文化动脉。一方面,经济的全球化加速了文化上的交往互动;另一方面,文化的民族自觉日益高涨。于是,学术的本土化迫在眉睫。虽说"学问之事,本无中西"(王国维语),但"我们"与"他者"的身份及其知识政治却不容回避。但学术的本土化绝非闭关自守,不但知己,亦要知彼。这套丛书的立意正在这里。

"棱镜"本是物理学上的术语,意指复合光透过"棱镜"便分解成光谱。丛书所以取名《当代学术棱镜译丛》,意在透过所选篇什,折射出国外知识界的历史面貌和当代进展,并反映出选编者的理解和匠心,进而实现"他山之石,可以攻玉"的目标。

本丛书所选书目大抵有两个中心:其一,选目集中在国外学术界新近的发展,尽力揭橥域外学术20世纪90年代以来的最新趋向和热点问题;其二,不忘拾遗补阙,将一些重要的尚未译成中文的国外学术著述囊括其内。

众人拾柴火焰高。译介学术是一项崇高而又艰苦的事业,我们真诚地希望更多有识之士参与这项事业,使之为中国的现代化和学术本土化做出贡献。

丛书编委会
2000 年秋于南京大学

编者注

本书汇集了海登·怀特之前未被收录的 23 篇文章。为使读者了解写作背景,文章均按年代顺序排序,原出版日期附于每篇文章标题之后。虽然与怀特教授商讨过,但最终选取哪篇文章取决于我,所以难免挂一漏万。

在此,我想对怀特教授表示感谢,感谢他在编写该书过程中给予的热情鼓励、提出的中肯建议以及在每个阶段提供的积极帮助。我同样要感谢汉斯·凯尔纳,感谢他在本书编写初始所给予的中肯建议,使得本书的质量有所提高。还要感谢托马斯·碧比在《编者引言》中提出的有益建议。

本书前期准备工作得到了受明德学院研究院院长资助的研究助理们的鼎力协助。研究助理梅丽莎·卡西斯、莎拉·詹姆逊和戈克切·尤祖姆居在协助本书编写过程中表现出色,在此我向他们表示诚挚的谢意。我还要感谢目前所任教的罗切斯特大学,在 2009 年 4 月 24 日至 25 日期间为我慷慨举办"历史和叙事之间:纪念海登·怀特"专题学术研讨会议。此次会议为本书的完成提供了极佳的背景铺垫。

关于本书的读者提示:所有文章均保持原样,为使本书保持一致性并符合当今的文体风格和惯例,只稍做编辑。注释的括号部分是为了方便读者阅读,由我所提供的附加材料。

序　言

献给威廉·J. 博森布鲁克

感谢罗伯特·多兰为我的作品所付出的辛勤努力。我认为,在收集我自己早年的论文中,无论在哲学还是政治方面,他所表现出来的年轻的理想主义,随着时间的推移和经验的积累,早已深深地感染了我本人。应该补充说,罗伯特·多兰选择收集这些论文虽然与我协商过,却并未从我这里获得太多的建议。他无疑有自己的目标,对此他在引言里也有提及。我欣赏多兰在本书引言里所表现出的敏锐和精准,他把整个集子有机地综合起来,比我自己做得还好。我相信他已经囊括了我的职业生涯中所有我本人感兴趣的主要议题。

我很高兴那篇关于早期中世纪欧洲爱尔兰籍天主教派的历史学家克里斯托弗·道森的论文得以再版。当初是我的本科老师、后来成为我在韦恩州立大学的同事威廉·J. 博森布鲁克（William J. Bossenbrook）向我,也为众多在底特律的学生引介了克里斯托弗·道森。博森布鲁克教授的历史是在大萧条以及二战之间,比任何小说或传奇更能激发我们兴趣的一种精神冒险。对博森布鲁克而言,历史是,也只能是一门艺术,博森布鲁克以如此的认识来挑战理性,同时也挑战想象力。

雅克·巴尔赞（Jacques Barzun）曾经说过:可以向年轻人引介历史,但你不可能真正**教授**它,因为历史,真正的历史,是需要书写的。巴尔赞并没有继续解释此论断明显的隐含意义。那就是：历史只存在于书写中。从某种意义上说，他是对的。专业史学必须经过书写——虽然**口述历史**与此相反。倘若不写，便不是历史。有关过去的信息可以以口头形式传达。你尽可以满脑子装着各样事实，以及各种信息，但是在你把所有的东西统筹在一起，以某种叙述或者议论的方式将它们书写出来之前，这些东西都不能被称为历史。只有书写出来，你才能向其他行家们呈递你的历史并任由后者评价和考证，这是历史专业的游戏规则，除非改变这些规则。对于严格的历史学（proper historiography）而言，口头叙述的历史现实充其量也只是某种原材料而已。

我很欣喜地看到另一付诸重印的文章是《何为历史系统？》，这是一篇在为生物学家、历史学家以及哲学家们举办的会议上宣读的论文，目的是让人们就自然（生物学、遗传学、进化）和文化（历史、社会、语言）的关系展开讨论时，有一套可以依循的理论系统。在这篇论文中，我试图充实尼采有关历史变迁的思想，他认为应该以人们希望从某种（历史的）过去中继承下来的传统，来替代人们真实地从那个（遗传的）过去中所继承的过去。这篇论文1967年首次在丹佛宣讲时并未获得极大成功。事实证明，科学家们不希望他们所知道的历史被改变。他们的态度像极了卡尔·波普尔（Karl Popper），后者认为历史研究永远成不了真正的科学——这也是一件好事！特别是有些科学家认为历史就应该从起源开始来书写他们领域所取得成功的进步……直到书写他们本身。

在最近一篇发表于《代达罗斯》（美国艺术与科学学院期刊，我很自豪自己还是其中一名成员——虽然不是"历史"而是"哲学"学科）的文章中，卡罗琳·拜纳姆（Carolyn Bynum）女士谈及现代史学目前的状况。在她看来，历史学科似乎皆大欢喜。20世纪末的文化战争及其各种"变革"的影响似乎已经被同化；西方历史学家的数量在增长；满世界充斥着历史专业机构的出版物——仅仅去年一年就有约48 000项发表物。拜纳姆女士认为所有对于历史现状以及历史研究情况的讨论大部分并非出自"见习历史学家",似乎在说只有从事历史专业并被业内认可的人士才有资格发表言论。与大多数历史学家一样,她似乎认为从认识论、伦理学或者其他层面来评论历史研究的人们,未免因其过于笼统而不能研习特定的历史著作。

然而,值得指出的是,任何一个受过教育的公民,都可以也应该来关注历史研究的方法。如果"历史"这个词意味着以他们所采用的研究或书写方式来研究过去的话,专业人士可能拥有"历史"。然而,专业人士并非拥有过去,在历史现实的全方位视野之下,把过去和现在整合在一起进行研究,在这个方面,他们没有专属权。事实上,以"现代"模式进行写作的文学家尤其是小说家们似乎可以更合理地使用此专属权。

在史学的科学化之前,历史被视为一种经过训练的记忆(disciplined memory)——受史实和论据所证实的记忆。此外,在其历史的大部分时间里,史学被认为是修辞的一个分支(如修辞本身)和伦理学的一个分支。很少有伟大的史学经典在探索之初出于无私的动机,它们中的大多数起初并非为了探寻有关过去的真理,而是探究这个真理对于现实的人们到底意味着什么。虽然历史呈现的模式变化巨大——把过去的大事件和大冲突呈现在人们面前——它一直在寻求解决康德所定义的道德的**灵魂**问题,即我(们)应该做什么。

众所周知,科学不能在其内部解决这个问题。这时候就需要艺术了,它可以对科学进行补充(科学只告诉我们情况是什么)以及为道德提供方法。因为要从思考情况是什么到决定我应该做什么,道德需要想象力,更具体地说是康德所谓的**生产性**想象力(与记忆或再造想象相对)。现代科学史学在构建过去时已经削弱了想象力的作用,而想象力很可能会帮助**活着**的人们做出道德的判断。

我之所以从事历史研究,是因为我认为历史知识是有关真实是(或曾是)什么的知识,它是意识形态的解毒剂。起初,我认为这是因为历史,如果不是更科学,那么至少比意识形态更"现实"。我一直相信科学史学——以其经验主义及其"大理论"模式——本身便是一种意识形态,如果在其操作中排除道德问题,就会产生冷漠无情,或我的朋友桑德·科恩(Sande Cohen)所说的"消极虚无主义",而不是付诸行动的意志。幸运的是,现代小说自从与浪漫主义决裂,一直活跃地关注"历史",不是把它理解为"过去",而是把它理解为人类自我制造的奇观,用尼克拉斯·卢曼(Niklas Luhmann)的术语表示即**自我再生**(*autopoiesis*)。正是因为现代小说以"历史"理解为其最终所指,它因此产生了一种艺术,一种对艺术本身非唯美化的艺术。换言之,我想最后回到亚里士多德的洞见,没有诗歌的历史了无生气,如同没有历史的诗歌令人乏味。

目 录

- 1 / 编者引言:人文主义、形式主义和历史话语
- 32 / 致 谢
- 35 / 第一章 柯林伍德和汤因比:英国史学思想之变迁(1957)
- 64 / 第二章 克里斯托弗·道森历史观念中的宗教、文化与西方文明(1958)
- 98 / 第三章 克罗齐永恒普遍联系的历史观(1963)
- 118 / 第四章 浪漫主义、历史主义和现实主义:19世纪早期思想文化史的时期概念(1968)
- 130 / 第五章 思想史的任务(1969)
- 148 / 第六章 批评的文化:贡布里希,奥尔巴赫,波普尔(1971)
- 162 / 第七章 历史叙事的结构(1972)
- 178 / 第八章 何为历史系统?(1972)
- 188 / 第九章 当代历史哲学的政治(1973)
- 207 / 第十章 文学史变革问题(1975)
- 224 / 第十一章 现实主义表现中的文体问题:马克思与福楼拜(1979)
- 244 / 第十二章 历史话语(1979)
- 260 / 第十三章 维柯和结构主义/后结构主义思想(1983)
- 265 / 第十四章 文本的阐释(1984)
- 283 / 第十五章 历史多元论和泛文本主义(1986)
- 299 / 第十六章 "19世纪"时空体(1987)
- 310 / 第十七章 弗莱《批评的剖析》中的意识形态与反意识形态(1991)
- 319 / 第十八章 中间语态的写作(1992)

328 / 第十九章　弗莱在当代文化研究中的地位(1994)

341 / 第二十章　历史的和意识形态的叙事(1996)

363 / 第二十一章　19世纪修辞学抑制(1997)

375 / 第二十二章　后现代主义和文本焦虑(1999)

391 / 第二十三章　对历史负疚吗？保罗·利科的长时段(2007)

416 / 索　引

443 / 译者后记

编者引言：
人文主义、形式主义和历史话语

所有的故事都是虚构。

——海登·怀特

自1973年《元史学：19世纪欧洲的历史想象》出版之后①，一提到把"理论"引介到现代历史学研究领域，人们就会想到海登·怀特。的确如此，如果想找到一个思想家，对人们如何认识历史表象，如何认知历史这门学科，以及历史学如何与其他学科尤其是文学研究产生关系等方面产生过巨大的影响，恐怕得回到19世纪。尽管怀特在探索历史书写和历史意识这个广阔的领域时也曾借鉴前人，但是，能把专业历史学家的目标和专注的深刻敏感性与哲学的世界观如此紧密地结合，并无情地挑战这个领域的传统和预设，怀特可谓前无古人，后无来者。此外，也没有任何历史学家像怀特那样在跨学科领域产生过如此深重的影响，其批评著作一直成为文学家、哲学家、人类学家、艺术历史学家、电影和媒体评论家的创作源泉，这一点已被大量的研究怀特思想的二

---

① Hayden White, *Metahistory: The Historical Imagination in Nineteenth-Century Europe* (Baltimore: Johns Hopkins University Press, 1973).

手文献所证实①。

本书收集了怀特的 23 篇论文，代表了他最好的也是最重要的作品，且之前未被收录过。按顺序读，它们构成一种思想自传，揭示出怀特的思想轨迹以及这种思想与每篇论文写作时期理论潮流之关系。虽然之前怀特发表了 3 部论文集，它们所收集的作品也经过选择，其中多篇也经过修正和重写，但它们都以一个特定的主题贯穿始终，即转义理论[《话语的转义：文化批评文集》(*Tropics of Discourse*：*Essays in Cultural Criticism*, 1978)]，叙事理论[《形式之内容：叙事话语和历史表现》(*The Content of the Form*：*Narrative Discourse and Historical Representation*, 1987)]，以及比喻理论[《比喻实在论：模拟效果研究》(*Figural Realism*：*Studies in the Mimesis Effect*, 1999)]——这意味着在怀特漫长的职业生涯中，其许多重要文章被排除在外②。这一点在他的第一部选集中尤为如此，比如《话语的转义》就只选择了他学术生涯前 20 年之少量作品。而这些早期的重要论文，其中大多数至今仍然非常有影响力，可以为我们研究怀特的创新理论之起源提供一个独特的窗口，因此本书收集了怀特的绝大部分这类论文③。

除了他那本著名的《元史学》，怀特一直偏爱使用论文的形式来表达自己的批评观点。一直担任《历史与理论》杂志主编的理查德·范恩

---

① 我可以特别提到近期出版的关于怀特作品的论文集，该书以突出跨学科学者群体为特点：*Re-Figuring Hayden White*, ed. Frank Ankersmit, Ewa Domanska, and Hans Kellner (Stanford, CA：Stanford University Press, 2009)。

② Hayden White, *Tropics of Discourse*：*Essays in Cultural Criticism* (Baltimore：Johns Hopkins University Press, 1978)；Hayden White, *The Content of the Form*：*Narrative Discourse and Historical Representation* (Baltimore：Johns Hopkins University Press, 1987)；Hayden White, *Figural Realism*：*Studies in the Mimesis Effect* (Baltimore：Johns Hopkins University Press, 1999)。

③ 怀特远比大多数人认为的高产，因为对其作品的评论倾向集中于他的四部主要作品上(这些作品从首次出版以来一直连续再版)。除了不计其数且内容翔实的论文、访谈和答复外，更鲜为人知的作品是他的 60 多篇未被收录的文章和书籍章节，它们完全可以集结成几本大部头著作。因此，为本书选择论文是一项艰巨的任务。可惜的是，由于篇幅所限，一些有价值的论文不得不被排除在外。

(Richard Vann)称怀特为"我们这个时代首屈一指的学术论文家"①。多米尼克·拉卡普拉(Dominick La Capra)更是称他为论文"大师"②。的确如此,人文学者一直偏爱专著,把它当作人文领域能给人带来地位和威望的必不可少的载体,而怀特以罕有的技巧、思想以及论题,大大提升了论文这种过去经常被轻忽的形式之地位。

在此引言中,我提供了一个怀特思想的概述,旨在说明本书所包含的论文可能会使怀特的主题更加详尽化、情境化、情节化,而之前发表的论文集或者专著里面没有明显体现出这些特点。

从历史到理论

尽管常被称为"理论家",海登·怀特接受的却是历史学家的训练。他在思想文化史以及历史哲学方面的兴趣,得益于他本科时代的导师威廉·J. 博森布鲁克。博森布鲁克是韦恩州立大学一名具有超凡魅力的教授,也是怀特同时代的历史学家哈里·哈鲁图尼恩(Harry Harootunian)以及哲学家阿瑟·丹托(Arthur Danto)的老师③。怀特后来编辑了一本书《历史的应用:献给威廉·J. 博森布鲁克的思想及社

---

① Richard Vann, "The Reception of Hayden White", *History and Theory* 37, no. 2 (1998): 144.

② Dominick La Capra, review of *The Content of the Form*, *The American Historical Review* 93, no. 4(Oct. 1988): 1007.

③ 阿瑟·丹托声称"如果不是发现博森布鲁克的讲座如此独特",这些讲座恐怕会引导他成为历史学家而不是哲学家[*The Uses of History: Essays in Intellectual and Social History Presented to William J. Bossenbrook*, ed. Hayden White (Detroit: Wayne State University Press, 1968): 10,序言]。博森布鲁克的专著有: *Development of Contemporary Civilization* (1940), *The German Mind* (1961),以及 *Mid Twentieth-Century Nationalism* (ed. 1965)。在《德国思想》的序言中,博森布鲁克感谢怀特对其手稿所做的评论。

会史论文》献给自己的导师以示感激之情①。1951年完成学士论文之后,怀特又于密西根大学读研究生继续深造历史,并于1952年获得硕士学位,1955年获博士学位。他的626页长的博士论文题目是"从格里高利七世到(科莱弗的)圣伯纳德以来教皇领导理念的冲突:特别参考1130年的教皇分裂事件"②。在密西根,怀特师从莫里斯·曼德尔鲍姆(Maurice Mandelbaum),据怀特所言,后者是"那个时代美国唯一一个研究历史哲学之人"③。对怀特早期产生影响的人物还有英国哲学家、历史学家R. G. 柯林伍德(R. G. Collingwood)以及意大利哲学家贝奈戴托·克罗齐(Benedetto Croce)(分别参见本书第一章和第三章《柯林伍德和汤因比:英国史学思想之变迁》以及《克罗齐永恒普遍联系的历史观》)。

  短暂担任韦恩州立大学的讲师之后,怀特先后于罗切斯特大学的历史系(1958—1968)和加州大学的洛杉矶分校(1968—1973)任教,后担任卫斯理大学人文中心主任(1973—1977)以及历史学和文学凯南

---

  ① 除了怀特的论文"Romanticism, Realism, and Historicism: Toward a Period Concept for Early Nineteenth-Century Intellectual History"(本书第四章),该书还收录了丹托和哈鲁图尼恩的文章。

  ② 怀特于1953年至1955年之间在罗马学习,从此激起他一生对于意大利文字和文化的兴趣。怀特最早的出版物之一是把意大利历史学家卡尔罗·安东尼作品译为英文,Carlo Antoni, *From History to Sociology* (Detroit: Wayne State University Press, 1959)。尽管没有出版博士论文,怀特还是从中提炼出两篇论文:"Pontius of Cluny, the Curia Romana and the End of Gregorianism in Rome", *Church History* 27, no. 3 (Sept. 1958): 195 - 219;以及"The Gregorian Ideal and Saint. Bernard of Clairvaux", *Journal of the History of Ideas*, 1960, 21(3): 321 - 338。赫尔曼·保罗在他的文章中讨论过这些文本"A Weberian Medievalist: Hayden White in the 1950s", *Rethinking History* 12, no. 1(2008): 75 - 102。

  ③ 参见埃娃·多曼斯卡在 *Encounters: Philosophy of History after Postmodernism* (Charlottesville: University of Virginia Press, 1998): 18 中对怀特的采访。曼德尔鲍姆出版的作品 *Purpose and Necessity in Social Theory* (1987); *Philosophy, History, and the Sciences* (1984), 以及 *The Anatomy of Historical Knowledge* (1977),全部由约翰·霍普金斯大学出版社出版。曼德尔鲍姆也曾向《历史和理论》的《元史学》特刊投稿,尽管他对怀特的代表作提出了尖刻的批评。参见 Maurice Mandelbaum, "The Presuppositions of *Metahistory*", *History and Theory* 19, no. 4(1980): 39 - 54。

教授(1976—1978)①。1978年,他被任命为加利福尼亚大学圣克鲁兹分校意识史教授,在那里,他带领这个系,既创新又兼收并蓄,使之成为美国最重要的跨学科项目之一②。1995年怀特从加州大学圣克鲁兹分校退休时,接受加利福尼亚大学伯克利分校修辞系的兼职任命(1996—1997),同时任教于斯坦福大学的比较文学系(1995—),至今仍在那里工作。

怀特的职业生涯轨迹揭示了一个从历史学家向学术知识分子的渐变:从最初被传统的历史系所任命;到他职业生涯的中期之跨学科研究;最后,到比较文学和修辞学系,即从欧陆思想的角度用更综合的理论来反思人文学科。这段学术旅程也记录了怀特与历史学研究之间大伤脑筋的关系,其间他的观点遭到诸多抵制甚至嘲讽③。虽然有些历史学家认为《元史学》很有创意,但其他人则讨厌怀特,认为他是不受欢迎的评论家,不过是站在古人的肩膀上,创造出神圣的学科罢了。对他们而言,怀特把文学或虚构的故事和历史与传记强拉到一起,本身就是对历史的歪曲,他们认为历史是一门事实学科,如果不是方法上,但至少精神上是科学的。

无论如何,怀特的书籍和文章却是史学和历史哲学课程的必读书目,尽管大多数情况下这些阅读集中在他20世纪70年代的开创性作品《元史学》以及《话语的转义》中所收集的论文上。除了少数几位名人,历史学家普遍对怀特后来进军"批判理论",即结构主义、后结构主

---

① 怀特提到,他曾作为年轻教授主讲过中世纪文化史(Domanska, *Encounters*, 13)。

② 1983年,他被任命为加利福尼亚大学圣克鲁兹分校历史研究首席教授;1990年,被任命为大学教授。怀特在1991年加入美国艺术与科学学院。

③ 我们可以在怀特已故的斯坦福大学同事理查德·罗蒂身上找到相似轨迹。发现自己在自身哲学学科领域不受欢迎,罗蒂离开了工作21年的普林斯顿大学哲学系,在弗吉尼亚大学担任人文学科教授,最终像怀特一样,进入斯坦福大学比较文学系。

义以及后现代理论不以为然①。怀特于1980年代初发表在主要"理论"机构,尤其以后结构主义多样性著称的《批判研究》杂志上的论文,使他收获了一个新的主要由文学学者构成的读者群②。事实上,怀特的作品尤其是《形式之内容》中所收集的论文很受文学研究者的好评,并为叙事学领域的发展做出了贡献。

尽管其思想对于历史学家来说显得非正统,怀特的观点还是被文学评论家作为主流正统思想来接受。他对于言语加工之形式特性的强调,使得他与反历史主义的文学理论家似乎不谋而合,后者热衷于开拓出一个特定的文学研究域用以对抗文学历史的情境论方法(它将文学批评简化为不是作者传记就是历史社会学)。怀特坚持事实和虚构之间的结构同一性,以及使用文学分析的工具来揭开历史写作的潜在内容(形式之内容),似乎应和了新兴文学研究中的帝国主义潮流,尽管其中**文本**这个词有其隐喻力量,但仍试图包含对文化所有方面的研究。③

然而,两种对怀特作品的认知——传统的历史学家或者是先锋派文学批评家——都存在着根本性的误解。怀特承认培养历史意识的内在价值——这一点在怀特于1960年代末与他人合著的两本书中表达得最为明显:与威尔逊·H. 科茨(Wilson H. Coates)以及塞尔文·夏

---

① 不包括弗兰克·安克施密特、多米尼克·拉卡普拉、加布里埃尔·斯皮格尔和汉斯·凯尔纳(在文学系工作)等历史学家。尽管从1966年在霍普金斯大学召开的著名会议("批评语言和人类科学:结构主义论战")开始,雅克·德里达、雅克·拉康和列维-斯特劳斯就一直被研究探讨,而在美国,接受"法国理论"的标志性事件则是对德里达《论文字学》的翻译,该书在1976年由霍普金斯大学出版社出版。

② 在1980年至1986年之间,怀特在《批评研究》发表了四篇论文:"Historical Pluralism"(本书第十五章);"The Narrativization of Real Events"(一篇回复);"The Politics of Historical Interpretation: Discipline and De-sublimation";"The Value of Narrativity in the Representation of Reality"。最后两篇论文收录于《形式之内容》中。该期刊目前被称为始于1978年的"批判理论"先锋,米歇尔担任主编至今。

③ 在解释罗兰·巴特时,怀特这样描述文本主义:"通过文本主义,巴特是说书面文本构成了一个文化范式,文化生成最好通过文本生成的模式去理解,文化阐释最好通过阅读实践来进行,这些阅读实践与文本阅读实践类似"(《后现代主义和文本焦虑》,本书第二十二章)。

皮罗(J. Salwyn. Shapiro)合著的《自由人文主义的诞生:西欧思想史》第一卷(麦克劳希尔出版社,1966);与科茨再度合写的《自由人文主义的考验:西欧思想史》第二卷(麦克劳希尔出版社,1970)。自 1966 至 1973 年,怀特还担任哈珀与罗出版公司出版的七卷系列丛书《世界文明的重要传统》的主编,且亲自撰写了最后一本书《希腊罗马传统》。① 这些重大项目的完成使得怀特博学多识,这一点不但在其公开发表的作品中有所体现,更是人所共知。然而,这些作品也揭示了怀特对于人文主义的特别关注,这种关注同样弥漫在其批评作品中,虽然这一点尚未得到普遍认可。②

这无疑是因为这一事实:怀特经常公开表示自己亲近和为之着迷的思想家——列维-斯特劳斯(Claude Lévi-Strauss)、米歇尔·福柯和罗兰·巴特——都是坚定的反人文主义者(或使用一个有点过时的术语"后人文主义者"),后者的主要批评话语通常强烈反对既定的"人"或"人类主体"的概念。此外,尽管原因复杂,这种反人文主义经常伴随着质疑历史知识的可能性即反历史性:不管是因为历史主义者建构一个幻觉性理念,把"理性"的西方之文化优势与非西方的、非历史的民族的"神话"思维之对比(列维-斯特劳斯)③;还是因为最好把"历史"理解为一种独特、散漫的实践(福柯);或者是因为无论历史还是小说,"文本"都应该强调主体性的隐退(巴特)。虽然怀特对于如此的批评态度感到

---

① 该系列的其他六本书是:Dean Arthur Miller, *The Byzantine Tradition* (1966); J. H. Hexter, *The Judeo-Christian Tradition* (1966); Milton Convensky, *The Ancient Near-Eastern Tradition* (1966); Robert Anchor, *The Enlightenment Tradition* (1967); John Weiss, *The Facist Tradition: Radical Right-Wing Extremism in Modern Europe* (1967); John B. Christopher, *The Islamic Tradition* (1972)。

② 在这方面一个重要的例外是汉斯·凯尔纳的论文"A Bedrock of Order: Hayden White's Linguistic Humanism",该文对此有精妙阐释。

③ 在《野性的思维》最后一章中,列维-斯特劳斯抨击了让-保罗·萨特在《辩证理性批判》中提出的历史概念。参见 Claude Lévi-Strauss, *The Savage Mind* (Chicago: University of Chicago Press, 1966), 245 - 269。

既富有成效又充满挑衅，常常将它们用于更广泛的论题，但是如果混淆怀特的"语言人文主义"和汉斯·凯尔纳（Hans Kellner）所说的"语言虚无主义"，那将是一个错误。① 对怀特而言，他一方面反对受"理论麻木"困扰的学术历史学家；另一方面同样反对"对历史意识之普遍的人云亦云"。②

尤其吸引怀特注意到先锋批评以及后结构主义批评的是其语言的自我意识：与他同时代的历史学家并不具备这种意识。他欣赏福柯的"反历史说"；巴特的文本主义一直是他灵感的源泉。德里达的影响并非如此深重，因为怀特虽然对德里达内在地挑战哲学传统大加褒赞，尤其欣赏他有关隐喻的论文《白色神话》，但他永远不能接受以此捷径作为西方思想上形而上学倾向的解毒剂。怀特以保罗·利科的人类阐释学——尤其是在后者的鸿篇巨著《时间与叙事》中（*Temps et récit*，1983—1985），此为应和怀特的《元史学》之作——为历史意识之有用模板，随后的论文《对历史负疚吗？保罗·利科的**长时段**》（本书最后一章）便是名副其实的证明。③

比喻和修辞

虽然怀特有时自称"结构主义者"，用这个术语描述怀特作品却有些误导。怀特的理论源头不是索绪尔的符号学而是维柯的修辞

---

① Kellner, "A Bedrock of Order". 然而，怀特并没有致力于提升人文主义理念。在《历史话语》（本书第十二章）中，他谈到"某种西方人文主义发展到一定阶段的价值观，这一阶段的人文主义本身已无力解决工业化所提出的问题，只能满足于保护经典，提倡高品位和中庸之道，推崇个人主义的理想，却没有想到当理想的社会秩序无法实现，这种理想也随之变得无关紧要"。

② White, *Metahistory*, xii.

③ 怀特也就利科的《时间与叙事》发表过文章（当时只发行了两本），题为"The Metaphysics of Narrativity: Time and Symbol in Ricoeur's Philosophy of History"，该文收录于《形式之内容》第169—184页中。

学。① 18世纪早期哲学家及修辞学家詹巴蒂斯塔·维柯（Giambattista Vico）对20世纪的思想家诸如贝奈戴托·克罗齐，埃里希·奥尔巴赫（Erich Auerbach），以及诺思洛普·弗莱（Northrop Frye）起过有些隐蔽但非常重要的影响，而后者对于怀特思想之形成至关重要。②（参见本书第三章《克罗齐永恒普遍联系的历史观》，以及第六章《批评的文化：贡布里希，奥尔巴赫，波普尔》以及第十七和第十九章两篇关于弗莱的论文）。维柯的基本理论是**真理即创造**原则，即人类头脑只能真正认识自己创造之物（不能彻底认识神的造物——译者注）。通过这个原则，维柯才设想出构造社会现实和文化的本质，进而延伸到历史。如怀特在《弗莱在当代文化研究中的地位》一文中所写（第十九章）：

> 维柯的（**真理即创造**）理论被称为"创造者的知识"，认为自然是上帝所造，人类永远无法掌握只有上帝才能拥有的知识。然而，该理论同样指出，既然文化是人类的独特创造，其类属和程度与人类掌握的自然知识截然不同，那么人类即可不断渴求文化知识。并且，既然历史是对文化创造过程的记录，人类便可合理地渴求历史的，和人类本身作为历史特定存在模式代理人的双重知识，这两种知识远比人类渴求的自然

---

① 符号学，作为符号系统的科学，旨在代替衍生于修辞学的人文学科文献学。怀特对于结构主义语言学模棱两可的态度表明他在渴望延续文献学传统的同时又想与符号学的倡导者互相联手。

② 怀特与乔吉奥·塔利亚科佐合作编辑了一本题为 *Giambattista Vico: An International Symposium* (Baltimore: Johns Hopkins Press, 1969)的书籍，撰写了几篇关于维柯的文章，包括 "What Is Living and What Is Dead in Croce's Criticism of Vico"（收录于前面提及的作品集中，并再版于 *Tropics of Discourse*, 218-229）；"The Tropics of History: The Deep Structure of the *New Science*", *Giambattista Vico's Science of Humanity*, ed. G. Tagliacozzo & D. Verene (Baltimore: Johns Hopkins University Press, 1976, 再版于 *Tropics of Discourse*, 65-85)；"Vico and the Radical Wing of Structuralsit/Poststructuralist Thought Today", *New Vico Studies* I (1983): 63-68 (本书第十三章)；以及一本百科全书收录条目 "Vico, Giovanni Battista", *International Encyclopedia of the Social Sciences*, vol. 16, ed. David L. Sills (New York: Macmillan/Free Press, 1968), 313-316。

知识更为真实，更加确定。简言之，历史知识，是人类的自我认知，是其在自我塑造过程中，通过了解而创造自我，逐渐认识自我，从而获得的独特的知识。

怀特坚持的有关人类的创造力即自我阐释的观点是理解维柯以及怀特本人思想的关键。维柯创造了诗学思想，一种卓越的创造性思维，以比喻思想的思维（尤以隐喻著称），一种前逻辑的思维，因其领先并决定理性思维的言语而成为超前的人类学。因此维柯以社会发展变化中所展现的不同意识或者思维阶段的连续性，来取代字面或者比喻之间的对立——后者是启蒙理性主义以及19世纪科学之基石——他以诗性的四种比喻，即一连串的比喻类型来定义它：从隐喻（诸神时代）到转喻（英雄时代），到提喻（人类时代），最终到反讽（衰落和死亡时代）。①

从这个统一的比喻以及意识的阶段或状态出发，怀特获得一个强大的工具来理解话语、思维和世界之间的关系。怀特认为比喻论超越了无止尽的哲学现实主义（心灵寻求接近独立存在的现实）和哲学唯心主义（寻求思想和世界的身份）观点之间的两极冲突。以相对的比喻的观点看待思维和世界，认为世界由我们的语言认识来预构，这也意味着"现实"在某种意义上是对比喻的实现。正如怀特在《文学史变革问题》（本书第十章）中所写，"语言就如……维柯和黑格尔（马克思和尼采）认识的那样，是人类意识和其存在世界之间的**连接手段**"（重点为怀特自己所加）。因为话语以比喻来做这个世界的基础，所以人们不能逃脱话语，那么对世界的认识就没有字面意义可言，因为它同时就是比喻的阐释。字面意义要么是潜在的比喻，要么反过来说，它自己是比喻（关于常识，关于真理的比喻，等等）。虽然怀特的比喻代表了一种普通语言概念，对于历史而言并不特殊，但最让怀特感兴趣的是表现历史的特殊方式。

---

① 在维柯的理论中，这一周期在他称之为 *corso* 和 *ricorso* 的上升和下降运动中不断重复，虽然周期的整体运动是在上升的。

所有的语言都是比喻性的,这句话谈不上特别现代或者特别先锋,它在古老的修辞学上司空见惯。然而这个观点的使用,真理假说的不稳定性,以及把主体化约为语言——都是当前人文以及社会学科关注的议题。乍一看,虽受维柯启迪,怀特与后结构主义关于语言的观点并无二致。事实上,在他的论文《维柯与结构主义/后结构主义思想》(本书第十三章)中,怀特写道:"结构主义/后结构主义坚持所有语言均具有比喻性,更不容置疑的是,(结构主义/后结构主义)都在这一点与维柯的观点一致,即任何文化的起源都是诗性的。"但是他坚持在维柯与反人文主义或者虚无主义思想之间有个分水岭,这个分水岭同样可以区分怀特的著作以及许多先锋派批评的著作。因为,如我们所见,怀特的比喻代表了他对人类意志这个概念的复兴——每个人类群落都具有先天的选择自己过去和现在的自由。①

元史学

基于上述观点产生的理论认识,诚如怀特在《元史学:19 世纪欧洲的历史想象》中所解释的,并不容易描述。因为《元史学》既是历史书写的理论(历史学家的实际应用)②、历史意识的理论(从历史角度进行思维,以及意识到自己是**历史的存在**的含义),同时又是历史学(历史的**学科**,它独特的方法论、发展以及在形形色色的学科中所扮演的角色),历史作为概念之理论(**历史**是什么?为了与其他概念对比,说某件事是**历

---

① 在 *Tropics of Discourse* 中,怀特评述"只有道德的力量在理论中得到重述,人文科学的道德意蕴才会被察觉"(23)。

② 我使用**历史书写**而不是**历史作品**这一术语,怀特在《元史学》中用到后者。使用"作品"一词在撰写《元史学》时似乎没有问题,在此之后怀特对"作品"和"文本"加以区别。参见怀特的文章《文本的阐释》(本书第十四章)。我因此使用"书写"这样一个更为广泛和通用的术语,它能更好地表达怀特关于书写这一行为在想象和发现双重意义上都包含**创造**的理念。

史的含义何在?)。为怀特的 434 页巨著做全面注释当然超出了本引言的范围,况且这方面的二手资料已经足够丰富。① 因此本部分我只做简单阐述。

怀特以形式主义者的身份来呈现自己的理论,本身已招致怀疑,因为它乍一看有点儿像 19 世纪盛行、20 世纪被深恶痛绝的思辨的历史哲学。然而怀特的形式主义并非致力于宣传历史假定法则,亦非提供一个先验的解释架构(如在马克思主义"历史是阶级斗争的历史"基础上产生的元叙事)。怀特的目的不是证实某种历史方法——包括"元历史"方法在内——的合理性,而是去发现这些历史方法的必要预设。怀特的理论之所以被称为元历史是因为它寻求非历史的方法来理解我们称作历史的这一话语类型。② 正如康德在其《纯粹理性批判》中试图

---

① 参见 History and Theory 19, no. 4 (Dec. 1980): "Metahistory: Six Critiques"特刊,包括以下文章: Hans Kellner, "A Bedrock of Order: Hayden White's Linguistic Humanism"; Philip Pomper, "Typologies and Cycles in Intellectual History"; Maurice Mandelbaum, "The Presuppositions of Metahistory"; Eugene O. Golob, "The Irony of Nihilism"; Nancy Struever, "Topics in History"; 以及 John S. Nelson, "History and the Social Sciences"。同样参见 Adrian Kuzminski, "A New Science?", Comparative Studies in Society and History 18, no. Ⅰ (Jan. 1976): 129 - 43; Fredric Jameson, "Figural Relativism, or the Poetics of Historiography", Diacritics (Spring 1976): 2 - 9; Georg G. Iggers, "Style in History: History as an Art and as Science", Reviews in European History 2, no. 2 (June 1976): 171 - 181; 以及 David Carroll, "On Tropology: The Forms of History", Diacritics (Fall 1976), 58 - 64。

② 怀特并不是使用元史学这一术语的第一人。通常认为柯林伍德创造了这一术语,用来指称黑格尔和马克思践行的历史哲学。但该术语在 1951 年同样出现在克里斯托弗・道森的重要文章中,题为"The Problem of Metahistory"[再版于 Dynamics of World History, ed. John Mulloy (LaSalle, IL: Sherwood Sugden & Co., 1978): 287 -293]。怀特在 1958 年撰写了一篇关于道森的文章"Religion, Culture, and Western Civilization in Christopher Dawson's Idea of History",收录于本书第二章。

"通过理解无条件(的根据)去寻找有条件的知识以完成知识的统一"①,怀特意欲概述历史书写的可能条件,在他看来其本质是比喻的,以达到我们所称"历史知识"的统一的目的。

怀特把历史书写分为显性的和隐性的层面加以区别:显性层面包括认识论、美学,以及伦理关怀;隐性的层面或者"深层结构"层面包括四种基本的或者主要的比喻——隐喻、转喻、提喻、反讽(亚里士多德及维柯也使用同样的列表)。它们依次的话语作用如下:表现的(隐喻)、还原的(转喻)、合成的(提喻)、否定的(反讽)。② 这种思维结构大致定义了怀特的理论:他接着区分了四种**情节化**模式(浪漫的、悲剧的、喜剧的、讽刺的),四种**论证**模式(形式论的、机械论的、有机论的、情境论的),以及四种**意识形态蕴涵**模式(无政府主义的、激进的、保守主义的、自由主义的)。他称这些模式的组合为"编纂风格"。不同组合产生不同的史学家编纂风格,当然这些组合之可能性也是有限度的(因为其固有的不兼容性)。与此模式相关的比喻决定不同模式之间的亲和关系或者相容关系,因此决定它们的角色是预构的以及预批评的。③ 举例来说,如果历史学家或哲学家对于历史现实的理解可以用反讽来描述,这本身就决定了它可以和哪种模式相结合,就是说,与那些符合反讽或者否定的话语策略模式相结合。当然,关于比喻是否表现第四个变量,

---

① Immanuel Kant, *Kritik der reinen Vernunft* (*Critique of Pure Reason*), A308/B364. 怀特坦承自己思想中有受到康德哲学思想影响的成分。参见 Hans Kellner, "Hayden White and the Kantian Discourse: Freedom, Narrative, History", *The Philosophy of Discourse*, ed. C. Sills & G. Jensen (Portsmouth, NH: Boynton/Cook, 1992): 246 - 267。
② 在 *Figural Realism*(Ⅱ)中,怀特如此定义修辞功能:表现的(隐喻),还原的(转喻),合成的(提喻),否定的(反讽)。
③ 在《元史学》结论中,怀特写道:"我已经暗示,一位特定的历史学家会在论证、情节设置、思想内涵层面倾向于选择一个或另一个不同的解释模式,用以回应修辞使用的必要性,它充斥于历史学家曾经用来预示有待调查的历史事件领域的语言公约中。总之我认为,历史领域预示行为和既定作品中历史学家采用的解释策略之间存在着选择性亲和关系。"(427)

这里有些让人困惑①，但是我相信仔细阅读会发现比喻会与相应的情节化模式相结合，从而产生对子关系即隐喻-浪漫，转喻-悲剧，提喻-喜剧，反讽-讽刺。② 怀特以维柯的方式使用比喻来描述19世纪的历史意识，即以隐喻开始，经过转喻和提喻，在反讽中达到高潮。在《元史学》后面的章节，通过复杂多层地对四位历史学家（米什莱、托克维尔、兰克、布克哈特），以及四位哲学家（黑格尔、马克思、尼采、克罗齐）的解读，怀特展示了自己的论点。

也许有人会感到好奇：除了历史学家和哲学家之外，设若怀特曾经探讨19世纪现实主义作家，比如司汤达、巴尔扎克、福楼拜和左拉，《元史学》会是什么样子。怀特有一篇鲜为人知的文章《浪漫主义、历史主义和现实主义：19世纪早期思想文化史的时期概念》（1968，本书第四章），它比较了巴尔扎克和司汤达的文学直觉与托克维尔、兰克和黑格尔的历史想象力，还有怀特1979年研究19世纪中期同样问题的一篇文章《现实主义表现中的文体问题：马克思和福楼拜》（本书的第十一章），它们或许能揭晓答案。

读者也许会问：怀特的比喻还原到底想达到什么目的？它是否打算为历史书写制作一本手册？断然不是。因为此概念不是说明性的而是分析性的。那么它是打算说明历史写作是幻想，因此本质上是不真实的、虚假的、虚幻的吗？有些保守分子是这样阅读怀特的，但这未免显得可笑，因为尽管怀特的确否认历史的科学性，但他是相信历史知识是自我认知或自我创造的。据我的理解，《元史学》的确可谓一个演绎

---

① 弗雷德里克·詹姆逊思考在他的论文"Figural Relativism: or, the Poetics of Historiography" [*The Ideologies of Theory*, 1971—1986, vol. I: *Situations of Theory* (Minneapolis: University of Minnesota Press, 1988): 159]中修辞形成第四套变体可能性。

② 在 *Figural Realism* 中，怀特写道："隐喻、转喻、提喻和反讽的修辞结构（我延用诺思洛普·弗莱的概念——与之相对应的情节种类：传奇、悲剧、喜剧和讽刺作品），与基于传统线性和循环性历史进程表述的区分相比，为我们提供了一个更为精细的历史语种类的分类。"(Ⅱ)这个二元结构允许怀特在讨论情节结构模型时有时去参考修辞，因为它们实际上难解难分（虽然没有因此将修辞简化为情节类型）。

精湛的演奏,但它不是想以任何形式给这种演奏以任何标题,而只是表明以比喻的形式记录历史实践是有可能的,以此揭示历史书写以及历史意识的偶然性。这种偶然性的解释不会导致虚无主义,而是对自由的肯定,因为比喻,自由才有必要诞生。也就是说,一旦从根本上证明历史书写的修辞本质,历史学家就解放了,他们不必为了取悦任何权力意志(虽然这个不能排除),而是在自我理解他/她的社会角色中实现其创造价值。①

怀特还试图通过比喻还原来消除长期存在的 20 世纪历史学家对历史哲学的敌意。通过揭示它们二者的语言结构共性,怀特解构了严格的历史学和思辨的历史哲学实践的对立,得出结论说,虽然二者看起来有明显的不同,"每个历史哲学都包含严格的历史学的元素,如同后者包含成熟的前者的要素一样"。② 在他后期的作品中,怀特会扩展这一论点,提出叙述和元叙述历史之间的二分法。

如果仅把《元史学》看作形式主义则未免错误,因为它是对怀特之前在历史领域工作的继续,是一部艰巨的思想文化史。的确,《元史学》把共时与历时两方面天衣无缝地结合在一起,是一部以高度的自我意识写就的思想文化史,即使在自己表述的时候也意识到其表述这一层面(的局限性——译者加)。因此怀特的免责声明说这本书带有反讽的模式——讽刺的是——虽然他意欲超越反讽,"这只是**诸多**可能历史

---

① 尽管与托马斯·库恩的范式转移理念和米歇尔·福柯的知识概念产生共鸣,怀特的概念是严格修辞学意义上的;认识论意义仅是次要的。然而,怀特假定既定社会的修辞倾向(意识状态)与历史学家的意识状态之间存在约束关系,这种关系与阐释自由之间似乎相脱节。在怀特看来,只有那些与该时期的主导话语保持一致的历史学家才会被认为是作用重大的:"与布克哈特一样的历史学家,以反讽模式预设一个历史领域,在以转喻模式预设一个历史领域的群体中是没有权威的。"(《元史学》,430)然而,在《元史学》的最后一页,我们了解到,由于抑制修辞,"历史学家和哲学家可以任意概念化历史,认识历史内容,以与自己道德审美倾向一致的意识形态来构建历史过程的叙事"(434)。历史学家个体的阐释自由与话语影响之间的冲突很难得到和解。

② White, *Metahistory*, 428.

层面之一种"。① 如我以上所说,《元史学》在许多层面可以(也已经)以不同的方式被阅读。② 无论如何,最重要的是它包含的元素能够定义怀特的后续思想,大多数可以代表他最初的历史写作理论,是对其进行的微调、阐述、说明,以及语境重构。③ 反讽是怀特采取的一种比喻策略。如果说它代表着一种老于世故和玩世不恭的意识状态的话,怀特也有他的"正经"目的。他曾经毫不含糊地表明自己的态度:"读者不可能注意不到,本书正是采用了一种反讽模式。但是,点明反讽的反讽却是刻意而为,由此才能表现一种针对反讽自身的反讽意识的转向。"这种表白意味着,只有针对反讽的反讽,才可能是超越反讽的适当方法。怀特对传统史学及其认识论的讥讽意欲表明,反讽不过是诸种解释模式中的一种,我们用反讽模式来解释历史和用其他的模式来解释都是合理的,至于我们最终选择哪一种模式解释历史,依据的则是美学的和道德的基础。

继《元史学》之后,怀特很大程度上抛弃了他理论中更为"结构主义"的维度——也就是说,类型学、分类学以及多层组合那些使《元史学》显得有点笨拙的方法——而采取更为精简的方法。值得注意的是,怀特的后期作品强调他理论的审美方面,特别是"情节化"——他所发

---

① Original emphasis, White, *Metahistory*, 43.
② 除了上述提到的 *History and Theory* 特刊外,读者们应同样注意到荷兰历史理论学家弗兰克·安克施密特和学生赫尔曼·保罗新近的作品。参见安克施密特的 *History and Tropology: The Rise and Fall of Metaphor* (Berkeley and Los Angeles: University of California Press, 1994),以及 *Historical Representation* (Standford, CA: Standford University Press, 2001)。同样参见 Herman Paul, "Metahistorical Prefigurations: Toward a Re-interpretation of Tropology in Hayden White", *Journal of Interdisciplinary Studies in History and Archaeology* I, no. 2 (Winter 2004): 1-19;以及保罗的博士论文 *Masks of Meaning: Existentialist Humanism in Hayden White's Philosophy of History* (University of Groningen, 2006)。
③ 即使不是大多数,还是有许多怀特作品的评论者看到了怀特思想中巨大的"演变",例如,角度变换或非一致性。然而,我只重点看到了变化;因为,就像我在引言结束部分提出的,怀特思想的关键是将弗莱和奥尔巴赫进行结合,而且这种结合实际上从始至终贯穿于他的整个研究中。

明的一个词——概念的后果,这一术语将在怀特有关叙事的作品中发挥重要的作用。

情节化与诗学形式的角色

对待历史表现的"自然"或者"常识性的"态度是:历史是"存在"的,它是以特定方式发生的,历史学家的工作就是发现所发生事件的书面事实并且以他/她最好的文字表述出来。一旦有新的材料以及新的证据出现,这些也需要纳入历史学家的记录范围,但它们不会改变历史现实,只能改变我们对它的看法。我们可以把历史想象成一个巨大的拼图游戏:当每一片都被拼到合适的位置,一个清晰的图画便映入眼帘;历史的现实进入越来越清晰的焦点。有些历史时代因为缺乏历史记录而模糊不清;相当少的图片不足以拼成一幅完整的图画。而其他时期历史记载比较丰富,但问题是如何把这些图片放到合适的位置画面才能完整。强调整体拼图的哪个方面,或者争论某个特殊材料的真实性或重要性,都会引起史学家之间的争议。但即使这些争议也会推动我们,使我们越来越真实地理解过去的历史。

虽然听起来很"自然",但这个观点本身已有一段历史。它出现在很有影响力的德国历史学家利奥波德·冯·兰克(Leopold von Ranke 1795—1886)的作品中,在现代历史研究中,没有任何人比兰克更强调历史的科学精神(即客观性)了。根据兰克的观点,历史学家的见解应该产生在原始书面证据上,而后者应该成为他唯一的引导。因此历史学家的角色不是"判断过去,也不是指导同时代的人着眼于未来,而只是说明**它本来是什么**(*wie es eigentlich gewesen*)"①。在《元史学》中，怀特努力证明：与他本人藐视的浪漫史学或者唯心哲学方法相比，兰克似乎透明的、价值中立的概念，"说明它本来是什么"这一现实，同样受到比喻的影响，以及相应的审美情节模式和意识形态蕴涵的左右。对怀特而言，对历史采取的**任何**方法都是一个**方法**；也就是说，一个预设了以某种理论阐释或者批评框架的角度。(同理，文学学者坚决否认他们使用任何"理论"，只因为他们没有故意使用某种被视为不证自明的批评规则。)②

对兰克而言，叙事是最为"中性"或"客观"的表现过去事件的方式；事实上，现代历史学对于叙事的偏爱，以及戏剧和叙事表现特别强调政治，在很大程度上是由于兰克的影响。表面看来，叙事似乎避免过度抽象(像黑格尔的历史哲学或者亨普尔的逻辑经验主义那样)③和意识形态强加之双重陷阱；然而，后来的一些历史学家，如法国年鉴派，他们挑战这样的假设，猛烈抨击"历史事件"(*histoire evenementielle*)——即叙事——尽管他们打着科学主义和客观主义的旗号，这一点比兰克有过之而无不及。虽然怀特在诸多方面认同法国年鉴派对叙事的批评，他还是主张"没有叙事便不成为历史，因为只有通过叙事，一连串的事件才可以转变为一个序列，划分为时间，以一个过程来表现，其中事物

---

① 着重强调。"Man har der Historie das Amt, die Vergangenheit zu richten, die Mitwelt zum Nutzen zukünfriger Jahre zu belehren, beigemessen; so hoher Amter unterwindet sich gegenwartiger Versunch nicht; er will blos zeigen, wie es eigentlich gewesen" [Leopold von Ranke, Preface to *Geschichten der romanischen und germanischen Völker* (Duncker & Humblot, 1885;最初出版于 1824 年), vii]。

② 对文学学者或哲学家倾向于不加批评地将历史作为其作品毫无疑问的基础，怀特同样持批评态度。参见怀特的文章"Historical Pluralism and Pantextualism"(本书第十五章)。

③ 卡尔·亨普尔在 1942 年发表了一篇著名的文章"The Function of General Laws in History"，在当时产生了巨大影响。怀特在"The Discourse of History"和"The Politics Contemporary Philosophy of History"(本书第十二章和第九章)中对亨普尔的文章进行了讨论。

的基本内容可以发生变化,尽管它们的身份不变"。① 换言之,它不是通过摆脱叙事(年鉴派谴责其为不科学的"戏剧化")来解决这个叙述上的问题,因为即使真的这样做,也不过是用隐性叙事代替一个显性叙事罢了。

虽然兰克以生动的叙事风格著称,但他拒绝承认自己叙事实践中特殊的美学或者文学维度——怀特称为"形式之内容"——对他的客观主义信条有任何影响。如同马歇尔·麦克卢汉(Marshall McLuhan)的口号"媒介即信息",怀特认为审美形式传达内容或意义,其形式与它所传达的信息是分不开的。② 故事的生成需要一定的**技艺**(*technê*,工艺或技巧),像兰克一样的历史学家可能会接受这一点,但会警告说故事是由事实来讲述的——似乎这个故事存在于过去事件当中,本身作为一种叙事,在某种意义上"等着被讲述"。怀特认为这一观点站不住脚。"事实"不能"独断",而是取决于历史学家特定的选择、倾向和偏见,而这些不可避免地属于道德和审美范畴而非简单的认知范畴。形而上学的历史观点认为一个故事独立于我们的理解之外是对故事最明显的一种误解;也就是说,故事应该特别强调人类通过口头方式创造和赋予其意义。怀特那句名言广为人知:故事是被**创造**的(*factum*, *poiesis*),不是被发现的。历史**诗学**观念已经取代在服务科学时历史被当作艺术的观点(techne),在正式或一般分析时,要双重理解**制造**这个概念:它既有创造(艺术创作,情节化)之意,又有启示自己的建构之意(诗学,元史学)。

---

① Hayden White, "Historical Discourse and Literary Writing", *Tropes for the Past*, ed. Kuisma Korhonen (Amsterdam: Rodopi, 2006), 30.

② 一些评论家,例如弗雷德里克·詹姆逊在"Figural Relativism: or, the Poetics of Historiography"中——参见怀特的"形式之内容"概念——将形式与内容相**分离**:"文本内容与其形式要保持一定的确定距离"(Jameson, "The Ideologies of Theory", 155)。我看不出因何会如此;因为内容的意义是由形式的意义所**决定**的;二者之间没有脱节。形式的意义**只是**在其与内容的意义结合之前更为常见罢了。如同怀特在《比喻的现实》中写道,"史学话语研究的内容与其推论形式是无法区分的"(5)。

怀特因此主张一个历史学家把一个**编年史**(过去的事件按年代排列成一个简单的列表)转换为一个**故事**(为理解整个事件而安排的有开始、中间和结束的叙事)的时候,会不可避免地重新组织材料,这个审美过程怀特称之为**情节化**。情节化意指没有原始的故事,也没有所谓的一般故事(也就是说,有无限多样化的独特的叙述,就有无限多样化的故事);只有特定种类的故事——那些**故事种类**形成每一个文明和社区的文化遗产。因此,把事件情节化意味着根据被识别的故事类型组织和安排它们,这样一来,**可能**的故事种类的数量在一个特定的文化背景下会被减少。在《元史学》中,怀特借鉴诺思洛普·弗莱《批评的剖析》,假设一个简化为四种故事的原型(**神话原型**):浪漫、悲剧、喜剧、讽刺。[①] 弗莱对怀特的影响不可小觑,因为他为怀特的情节化概念提供了美学解释。

围绕怀特情节化观念最大的争议当然是:虚构的故事类型应该也可以描述真实的事件。使用虚构的模式来表现真实的事件似乎把后者小说化了。任何想要在记述神话和传说的虚构形式和记录真实事件的历史编纂方面达成平衡,即使是结构上的平衡的尝试,都似乎剥夺了"历史的"范畴而使其倒退到19世纪前把历史当作修辞的一个分支这样一种认识。那么,怀特的目的是撇开现代史学的成就,回到"历史"不是和"文学"互相对立而是被视为连续的"文学"流派一部分的那个时代吗?[②]

首先让我们声明:怀特并不打算消除真实和想象(发明的)事件之

[①] 一些评论家反对怀特所倡导的比喻或叙事学束缚。但这种简化并没有阻止原型内在的多样性,例如,悲剧的不同种类、风格和类型的混合。事实上,"情节化"理念本身将它进行了预设。

[②] "文学"这一范畴是时代错误,只有在19世纪初期才得到广泛使用,主要是Madame de Stael's *De la literature* (1800)的结果。参见怀特的论文"The Suppression of Rhetoric in the Nineteenth Century"(本书第二十一章),其中他讨论了"文学"的诞生是"修辞学抑制"的产物。

间的差异。① 并且,与许多客观历史批评家不同的是,他甚至不愿意放弃"真相"这一范畴。他想说的正如他在论文《历史的和意识形态的叙事》(本书第二十章)里所注意到的"任何对历史事件的叙述尤其是小说或神话类都会被它的表现方式所左右"。或者换一种更有力的说法:"任何叙事本身,无论主题是什么,都有其**固有的虚构性**。"(《历史话语》,本书第十二章,重点为怀特自己所加。)那么,虚构的形式与非虚构的主题之间的关系到底是什么? 它与固有的虚构形式和虚构内容的关系一样,是比喻的关系。在此,指涉的问题与真实的问题是有区别的,如怀特所言:

> 故事不是人们实际经历过的;没有所谓的真实故事一说。故事是被讲述或者写出来的,不是被发现的。至于说真实故事这样的概念,它事实上是自相矛盾的说法。所有的故事都是虚构。也就是说,它们都在一个隐喻的层面真实罢了,在此意义上,比喻可能是真实的。这个说法够真实吗?②

对这个问题的回答——它包括**比喻的真实**和**比喻的现实**之观念——一直是怀特后期作品的主题,对此我打算详细讲解,因为它使怀特的理论遭到最明显的反对,也催生了所有不负责任的相对主义,从而使整个历史学科面临危险。

历史相对主义以及比喻的真实

自从《元史学》出版以来,怀特的相对主义一直为反对者所诟病。

---

① 怀特因为使用**事件**这一术语受到批评,事件可以指像断头台上刀片落下一样简单的事件,也可以是指像法国革命一样复杂的事件。关于这个问题的讨论,参见 Richard Vann, "The Reception of Hayden White",其中他注意到"怀特使用的词中分析最少的就是'事件'一词"(154)。

② White, *Figural Realism*, 9.

如果没有一个真实的方式来表现一段特定的历史时期,如果历史"现实"只不过是缺乏本体论为基础的想象性建构,那么,历史学家无论选择哪种方式表现过去,都应是正当的。若真的如此,那么,如何区分"历史"与明目张胆的修正主义、政府宣传、否认大屠杀等主张?

这里涉及两个不同的问题:(1)居心不良的历史学家故意扭曲事实来宣扬某一特定的意识形态议题;(2)用来表现某些已发生事件(对某些思想家而言,尤其类似大屠杀这样的事件,任何对它的表现都有其不足和不适当)的某种特定类型故事问题。

关于第一个问题,宣传者和大屠杀否认者绝不会引用怀特的相对主义理论来支持他们的立场,因为他们把自己的主张不是当作**某种**解释而是当作唯一**真实的**解释,从而取代其他人们普遍接受的或者是他们反对者所提出的解释。因此,与客观的历史学家一样,宣传派并不接受怀特的相对主义。此外,否认大屠杀的人说:"没有毒气室。"这是讲述事实,不是进行阐释。而说到事实,怀特并非一个相对主义者,他将其定义为"单一存在的陈述"。他写道:

> 虽然从个体来看它是(单一存在的)事实的陈述,从其逻辑周延来看它是成套的逻辑连词,但这并不是说就其真正价值而言,历史话语不能提供正确的评估。因为除非历史话语在这些方面加以评估,它将不能表现具体的真实事件并对其提供合理的解释。①

尽管怀特有时反对事实-虚构之对立,他真实的意思是说,事实与虚构的表现形式之层面存在着一种结构同一性,并非说没有按上面所定义的方式理解的事实。那么,在最基本的层面上,解释事实就是"虚构"它们。事实一旦被解释或被情节化——也就是说,事实一旦变成历史**话语**——也就不再是**纯粹的**事实。因此,在不否定其字面真实内容

---

① White, *The Content of the Form*, 45.

的情况下，文字总是可以被视为一个潜在的虚构（in potentia）；正如我们下面将看到的，这正是怀特所说的**比喻**之意。

当然，否定某些事实（或接受虚构的"事实"）可能导致极度淡化犹太人在第二次世界大战所受的苦难。然而，这个错误并非因为情节化模式或解释之过激，而是因为事实记录的缺陷性，而怀特对此恰恰是持批评态度的。但这并不是说，**作为解释**，它们不能在道德上令人反感——有德国的 Historikerstreit（历史学家之争）为证①。但怀特会强调，尽管有些解释可能有违道德，应该遭到谴责，但在认识论的层面上它们不应受到谴责（如果那样就好像解释和事实能够使用相同的标准似的）。②

关于第二个问题，怀特确实认为：相同的一组事件可以引发多种可能的情节化，不能认为其中的一个比其他任何情节化"更真实"或"更忠实于事实"，因为这个故事并不存在于事实**之内**而是产生于**接近**事实的解释态度中③。如同怀特在《历史多元论和泛文本主义》（本书第十五章）中所言，"证明给定的一组事件可以以喜剧的形式表现，这间接地证明其他表现形式比如悲剧、浪漫、闹剧、史诗等具有同样的可能性"。所有的故事都是**虚构的**，它们是富有想象力的模板——传统意义的结构——无论它们指涉的事件是否真实存在。只有当一个人相信故事是存在于历史记录中而不是人为强加的时候，（某种）特定类型的故事才（在相应的意义上）开始起作用。

---

① 在这场辩论中，德国哲学家尤尔根·哈贝马斯批评有些德国历史学家试图通过其他历史大屠杀和种族灭绝来最小化大屠杀的特殊本质。

② 关于怀特作品争论的讨论，特别是关于大屠杀历史表述的问题，参见 Probing the Limits of Representation: Nazism and the "Final Solution", ed. Saul Friedlander (Cambridge MA: Harvard University Press, 1992)，特别是卡洛·金兹伯格和马丁·杰的论文，以及弗里兰德的简介。怀特的论文"Historical Emplotment and the Problem of Truth"出现在论文集中（之后又经过一些小的修改再次出版，Figural Realism, 26-42）。

③ 这并不是说事实真相的选取和整理不是"阐释"所指的一部分。然而忽视一个事实真相与宣称其根本不存在是完全不同的两件事儿。

举个例子,一个小孩之死似乎自然而然地需要使用悲剧这一情节化。使用闹剧不但会显得不协调而且会冒犯人们的情感和审美。不过可以想象一个成功的滑稽剧,它嘲弄调查死亡案件的警察或者嘲弄一个对待死亡视若家常的社会态度。这种滑稽地处理孩子的死亡之所以冒犯我们,是因为它未能实现其**审美**目标(没有以符合当前的以及文化品位和礼仪的具体标准来表现死亡),因此会被视为一个纯粹的对于同类题材的虚构而对它做出评判(没有具体指涉物)。换句话说,这里的"适当性"的问题是一个美学问题,而不是历史知识问题,唯一的审美限制是由人们的品位强加的。怀特这一概念的核心观点,即现代主义或后现代主义技术的表现手法,比产生于19世纪的作者群中传统技术的模仿手法,尤其在应用于近代历史时,似乎更令人信服或更为中肯。

审美标准和传统随着时间而变化,因此,某种事件的表现方式过去被认为是合适的,现在看来也许是古怪的或者是过时的。因此,怀特认为,以"中立的声音"(弱化叙述主体,自我意识以及表演性),或其他反对历史传统的现代主义模式写作,可能是捕捉如大屠杀这样的事件的一个较好的(或至少是更相关的)方式,在某种程度上,它们能在历史表现中有效地描绘——从而表演出——此类事件所突显出的"危机"。(见本书第十八章怀特的文章《中间语态的写作》)①

只有事实(作为单一存在的陈述)才能以真假来判断,也就是说,判断是否符合现行的科学探究标准。② 历史阐释没有这样的标准(或者以此类推,没有任何适用于其他阐释的标准)。虽然任何对于事实的叙说——在话语中阐述它们——必定会需要解释;但严格来说,确立事实(有多少人死亡,在哪个日期,以什么方式,等等)并不等同于赋予某个事实以特别的意义。通过区分事实与阐述,怀特在客观历史主义(没有

---

① 怀特根本不相信大屠杀是"不可表述的"。同样参见怀特的文章"The Modernist Event"(*Figural Realism*,66-86)。

② 已经到达了这样被判断的程度,表明它们是一种语言手段,或者如阿瑟·丹托所言,"得到描述的事件"(怀特经常认可的引用)。

阐释,只有事实)以及尼采的视角主义(perspectivism,没有事实,只有阐释)中间开辟了一条中间航线。如他所说:

> 通常,事实和意义之间的区别被认为是历史相对主义的基础。这是因为在传统的历史探究中,对特定事件所建立的事实被当作那个事件的意义。不同的社会群体,因不同的意识形态或政治原因,可能赋予某个事件以各种不同的意义,事实需要在众多不同的意义中,给最后的意义仲裁提供依据。但此事实指的是赋予一个事件之意义的作用,而非一些决定一个事件可能产生意义的原始数据。①

然而按照怀特的方法,即使一个解释不仅违反审美或道德,而且违反我们认知需要的合理性,我们也不可能因此说它是"坏解释"。综上所述,好的或坏的解释不是匹配事实的故事类型,而是解释的一致性。也就是说如何使用事实才能表明它是一个好的建构:"故事不是真或假,而是或多或少可以理解的、连贯的、一致的、有说服力的,等等。"("历史多元论和泛文本主义")②要想令人信服或合情合理,阐释必须具备一系列怀特曾经提到的逻辑品质,而特定的故事类型选择并非品质之一。

这是否表明怀特只是提倡连贯理论而否定与事实对等之理论? 尽管有时他可能给人这种印象,但他的思想超越了非此即彼的二元选择,正如上面提到的,怀特主张**比喻之事实**的概念,它涉及一种**间接的**指涉或对等(在预设和实现之间)。

思索这个例子。怀特在最近的一篇文章中对普里莫·莱维(Primo Levi)所写的《这是不是个人》(*Se questo e un uomo*,英文出版为《奥斯维

---

① White, *Figural Realism*, 70.
② 此处术语"假"(与真对应)可以与"虚构"(作为一个传统的、赋予意义的推论结构)区分开来。

辛存者》)提供了一个比喻之分析①。怀特指出,莱维的话语被认为是客观描述死亡集中营的典型,其中却充满了比喻性语言——这不但没有使其现实主义逊色,反而,其文学风格事实上构成并实现了现实主义。

传统的对于莱维文本的解读通常是:许多其他大屠杀的作者们依赖修辞和审美化来呈现他们在集中营的恐怖经历,莱维净化了他的语言修辞,开发了一个反修辞的"普通"文风,有效地避开了任何公开的艺术技巧或技术。然而在我看来,可以很容易地证明莱维的文本充满了修辞和比喻,其中的修辞,不比任何他只是"描写"一个熟悉的地方、场景或者一个人物时更少②。

xxix 反修辞的修辞才是对现实主义的嘲讽。莱维采用冷静客观、轻描淡写的风格而非任何"直接"表达"合适"的情绪来传达一种体验,反而使得描述更有分量。

怀特把莱维作为他所称为**比喻之现实**或者比喻的模仿之典型的例子。**比喻**这个概念(用以区别转义,比喻被看作转义的一部分),虽然只是他早在1967年所写的一篇论文《何为历史系统?》(本书第八章)中思想的一部分,却在后来成为怀特写作的中心。它来自埃里希·奥尔巴赫(Erich Auerbach)写于1939年的一篇论文《比喻》以及他的《摹仿论:西方文学中现实的再现》一书。③ 奥尔巴赫指出,比喻起初产生于一种圣经注释,目的在于表现希伯来圣经(旧约)中的预设和宣告新约中的

---

① White, "Historical Discourse and Literary Writing",后经修订出版为"Figural Realism in Witness Literature", *Parallax* 10, 1(Jan.—Mar. 2004): 113-124. 会被收录到怀特的下一部作品中,因此该文未被收录于本书中。

② White, "Historical Discourse and Literary Writing", 26.

③ 奥尔巴赫的文章"Figura"已被翻译并收录于 Erich Auerbach, *Scenes from the Drama of European Literature* (Minneapolis: University of Minnesota Press, 1984), 11-78.

基督。据此解释，旧约中的人物或者事件**预设**新约中的人物和事件，后者是前者的**实现完成**。这种关系也可以描述为"原型"和"反原型"（希腊文作 typos，意思是人物、模型、原型）①。因此，在比喻的解释或类型学层面，现在和过去的意义取决于彼此：原型的全部意义可以追溯到反原型，正如反原型的全部意义只有当它与原型联系时才得以显示（每个反原型可以反过来成为后来的原型）。然而最重要的，比喻不同于寓言或者其他比喻模式，它有着不可化约的真实性或者史实性；因为在比喻的解释中，事件或者人物是非常具体和真实的，因此它抵制象征性的抽象和精神化，但——矛盾的是——保留圣经"字面上"的真理。

比喻的解释模式包含在新约之中，例如圣保罗所说的名句"（这些原是）后事的影儿"（《歌罗西书》2 章 17 节），它指的是犹太教和基督教信仰之间的关系：在耶稣的宣告里，"你们如果信摩西，也必信我；因为他书上有指着我写的话"（《约翰福音》5 章 45 节）。摩西的确被早期的基督教思想家如奥古斯丁看作基督的预表，他曾在一次讲道中说："新约包含在旧约里，旧约在新约里得着解释。"②这种互相包含的比喻关系不断延伸，乃至人们认为后来的历史事件（比如教会的出现）可以看作圣经中人物和事件的实体。

从神学角度理解比喻，会得出认为原型和反原型之间的关系是内在和因果的结论；换言之，是上帝的意志，是天意。然而怀特把此神学之比喻，置于独立事件的相对关系中，当作历史意识的前奏，以比喻的美学概念——它激发了奥尔巴赫的文学历史——揭示了其对现代历史学的意义。文学对于比喻的自我理解，奥尔巴赫认为在此领域的典型代表是但丁，他使用预表-实体模型，即关注历史世界的同时又以一种

---

① 《韦氏词典》关于"类型"的第一条解释是："一个人、事物或事件能够代表或象征另一个人、事物、事件，特别是被认为之后会出现的人、事物、事件。"[Webster's New World College Dictionary, 4th ed. (Cleveland, OH: Wiley Publishing, 2002), 1548]

② 转引自"类型学"，刊载于 Augustine through the Ages, ed. Allan Fitzgerald and John C. Cavadini (Grand Rapids, MI: Eerdman, 1999), 856. 引用来自 Augustine, Ser. 300.3.

诗性的方式创建文学与圣经人物和思想之间的连接,一种没有因果或内在关系的连接。不过奥尔巴赫使用比喻的现实概念来指代中世纪特有的现实主义特征,怀特扩展了这个概念用以更广泛地描述奥尔巴赫在《摹仿论》中的批评实践。①

因为诚如怀特指出的,奥尔巴赫的文学历史,在一个形式的或结构的层面,是由比喻的关系来建立的,本质是福音书中不同风格的组合,经它预设并于19世纪实现的文学现实主义,不仅是文学和历史的关系而且是社会和历史的关系,在某种程度上,社会现实预设于去等级化的"审美"文体之中。如怀特在一篇关于奥尔巴赫的论文中所言,"理解西方文学的历史上各个时期的现实主义,可以从其特征混合的风格来理解,也可以把它们作为以阶级划分的社会现实,观其在多大程度上成功地把握历史的内容"②。这里所说历史的"内容"是指对现实审美"形式"的实现,并不是说现实的文学以任何直接的方式促成了西方文化之进步的民主化,而是说,西方自福音书起对于现实表现这种渴望,民主化可以**被看成或者理解为**这种渴望的实现或具体化。

怀特将建构在文学历史上的比喻这个审美概念稍加改变并将其运用到了严格的历史学上。比如,在为生物学家、历史学家们宣读的论文《何为历史系统?》一文中,怀特提出,历史系统自然与生物系统不同,后者强调遗传因果关系之概念,而历史代言人,举手投足**"仿佛他们可以选择自己的祖先似的"**:

> 在第三世纪和第八世纪之间,人们**不再把自己看成是罗马祖先的后裔而开始把自己当成犹太-基督教的后代**。正是这个**虚构**的文化血统,标志着罗马社会文化系统的被放弃。当西欧人开始表现得**像**是古代的基督教后裔,当他们开始**仿**

---

① 参见 Robert Doran, "Literary History and the Sublime in Erich Auerbach's *Mimesis*", *New Literary History* 38, no. 2 (2007): 353-369.

② White, *Figural Realism*, 98. 文章的题目是"Auerbach's Literary History: Figural Causation and Modernist Historicism"。

佛继承了他们的基督教前辈般规范自己的行为时,在短期内,他们开始崇尚基督教的过去并将其作为最理想的模式,来创造一个未来独特的自己,并不再把罗马的过去当作他们**自己的**过去而尊崇,罗马社会文化制度便不复存在。(重点为怀特所加)①

虽然字面上看,历史是按时间顺序记载的,但在比喻上,历史是年代错置的:因为一个后来发生的事件会改变之前事件的意义,因为后者的实现(如怀特在一篇探讨诺思洛普·弗莱的论文中所强调的)"可以理解为一种**反向的因果关系**的产物或作用"。② 因此,在这个例子中,比喻的阐释变成一种愿望,它观察后来发生的事件,**仿佛**它们与之前事件有内在联系,不是因果关系:**选择**了一个过去就等于选择了**相应的现在**。动态系统的回顾性对应或"重复"取代了线性的有一系列的固定参考点之历史概念——借用索伦·克尔凯郭尔(Soren Kierkegaard)的神秘概念,怀特步弗莱之后尘,将其解释为世俗化版本的圣经的类型学。

比喻建构历史意识,因为它建构叙事本身。因此,怀特认为情节化根本上是一种文字**比喻**:之前故事的某些部分只到了后来的某个时刻才显示(实现)出意义——恰如文学上的"伏笔"(还记得圣保罗所说的名句——"后事的影儿")③。历史也是一样:在回顾中产生意义,发掘

---

① 将1972年撰写的文章《何为历史系统?》(本书第八章)与1994年关于诺思洛普·弗莱的文章相联系,怀特写道:"预设-实现完成模式实际上提供了一种系谱关系概念,它以一种负责任的历史态度,替代亲缘关系中的物理和生物概念。"(《弗莱在当代文化研究中的地位》,本书第十九章)

② White, "Northrop Frye's Place"(重点为编者所加)。

③ 援引尼采,怀特同样在关于奥尔巴赫的文章中将比喻-现实关系描述为"系谱的",如上所述。

一个事件与另一个在叙事上的连接（如果不是建构），才是历史要做的。① 如果轴心国在二次大战中掌权，显然，法国大革命会有一番完全不同的意义。它不再是一件昭示着民主未来的事件，现代欧洲也不会去实现它。谁能说在一个由奴隶主建立的国家，第一位黑人总统的当选，最终不是讽刺般地比喻地实现这个国家在宪法和独立宣言上所提出的国家理想？

事实上，作为一门学科，历史努力实现一个民族国家的理想并为其建立身份。正如怀特在《后现代主义和文本焦虑》（本书第二十二章）中指出的那样：

> 19世纪的专业历史学家为这个国家提供了一个血脉相承的东西，不仅确立了这个群体的血统的纯洁性，而且还确认了这个国家中占统治地位的少数民族的主张。

比喻的关系把历史定义为典型的创意企业，其固有的政治或者意识形态在一定程度上肯定和表达了对一个团体或社区的自我理解和阐释。如果说怀特在历史写作理论中借鉴过文学批评，那也是想表明这一被压抑的真理以及调和史学与人文学科之间的关系，因为他写道："历史是最卓越的人文学科。"②

然而，怀特对20世纪思想最大的贡献是揭示了历史和理论不是互相对立的，而是互相包含的，历史哲学以及严格的历史学之间，文学理论和文学历史之间，有明显的分野——因此说怀特的著作是一个大合成——介于诺思洛普·弗莱的原型**形式主义**和埃里希·奥尔巴赫的比

---

① 可以指出现代媒体以同样的方式开展工作，也就解释了其沉迷于形式和不断重复的原因。媒体首要决定的是，某件事是否"孤立事件"，或者一个事件是否可以与相似事件相联系，因为也就是通过这种方式，**意义**（强烈的）得以生成。就像怀特和我在谈话中提及的一样：事件发生一次是无意义的，事件发生两次可以说是巧合，事件发生三次就是一个叙事。

② Hayden White, *The Greco-Roman Tradition* (New York: Harper & Row, 1973), 5.

喻**历史主义**之间。弗雷德里克·詹姆逊曾说,"所有有关文学作品的形式上的陈述都必须有一个潜在的历史维度来支撑,尽管批评家本身并没有意识到这一点"①,以此类推,我们也可以说在历史主义内部有一个隐藏的形式主义。

---

① Jameson, "Criticism in History", *The Ideologies of Theory*, 120.

致　谢

1. "Collingwood and Toynbee: Transitions in English Historical Thought" appeared in *English Miscellany* 7 (1957): 147 – 178.

2. "Religion, Culture, and Western Civilization in Christopher Dawson's Idea of History" appeared in *English Miscellany* 9 (1958): 247 – 287.

3. "The Abiding Relevance of Croce's Idea of History" appeared in *The Journal of Modern History* 35, no. 2 (June 1963): 109 – 124.

4. "Romanticism, Historicism, and Realism: Toward a Period Concept for Early Nineteenth-Century Intellectual History" appeared in *The Uses of History: Essays in Intellectual and Social History*, ed. Hayden White (Detroit: Wayne State University Press, 1968): 45 – 58.

5. "The Tasks of Intellectual History" appeared in *The Monist* 53, no. 1 (January 1969): 606 –630.

6. "The Culture of Criticism: Gombrich, Auerbach, Popper" appeared under the title "The Culture of Criticism" in *Liberations: New Essays on the Humanities in Revolution*, ed. John Cage and Ihab Hassan (Middletown, CT: Wesleyan University Press, 1971): 55 – 69.

7. "The Structure of Historical Narrative" appeared in *Clio* 1, no. 3 (1972): 5–20.

8. "What Is a Historical System?" appeared in *Biology, History, and Natural Philosophy*, ed. Allen D. Breck and Wolfgang Yourgrau (New York: Plenum Press, 1972): 233–242.

9. "The Politics of Contemporary Philosophy of History" appeared in *Clio* 3, no. 1 (October 1973): 35–54.

10. "The Problem of Change in Literary History" appeared in *New Literary History* 7, no. 1(Autumn 1975): 97–111.

11. "The Problem of Style in Realistic Representation: Marx and Flaubert" appeared in *The Concept of Style*, ed. Berel Lang (Philadelphia: University of Pennsylvania Press, 1979): 213–229.

12. "The Discourse of History" appeared in *Humanities in Society* 2, no. 1(Winter 1979):1–15.

13. "Vico and Structuralist/Poststructuralist Thought" appeared under the title " Vico and the Radical Wing of Structuralist/ Poststructuralist Thought Today" in *New Vico Studies* 1 (1983): 63–68.

14. "The Interpretation of Texts" appeared in *Berkshire Review* 7 (1984): 7–23.

15. "Historical Pluralism and Pantextualism" appeared under the title "Historical Pluralism" in *Critical Inquiry* 12, no. 3(Spring 1986): 480–493.

16. "'The Nineteenth Century' as Chronotope" appeared in *Nineteenth-Century Contexts* Ⅱ, no. 2 (1987): 119–130.

17. "Ideology and Counterideology in Northrop Frye's *Anatomy of Criticism*" appeared under the title "Ideology and Counterideology in the *Anatomy*" in *Visionary Poetics: Essays on Northrop Frye's*

Criticism, ed. Robert D. Denham and Thomas Willard (New York: Peter Lang, 1991): 101-111.

18. "Writing in the Middle Voice" appeared in *Stanford Literature Review* 9, no. 2 (Fall 1992): 179-187.

19. "Northrop Frye's Place in Contemporary Cultural Studies" appeared under the title "Frye's Place in Contemporary Cultural Studies" in *The Legacy of Northrop Frye*, ed. Alvin A. Lee and Robert Denham (Toronto: University of Toronto Press, 1994): 28-39.

20. "Storytelling: Historical and Ideological" appeared in *Centuries' Ends, Narrative Means*, ed. Robert D. Newman (Stanford, CA: Stanford University Press, 1996): 58-78.

21. "The Suppression of Rhetoric in the Nineteenth Century" appeared in *The Rhetoric Canon*, ed. Brenda Deen Schildgen (Detroit: Wayne State University Press, 1997): 21-32.

22. "Postmodernism and Textual Anxieties" appeared in *The Postmodern Challenge: Perspectives East and West*, ed. Bo Strath and Nina Witoszek (Amsterdam: Rodopi, 1999): 27-45.

23. "Guilty of History? The *longue durée* of Paul Ricoeur" appeared in *History and Theory* 46, no. 2 (2007): 233-251.

第一章

柯林伍德和汤因比：
英国史学思想之变迁

（1957）

人们普遍认为，与德国和意大利历史学家不同，英国历史学界既没有产生自我意识的历史哲学，也没有分为代表相互矛盾的阐释历史本质的不同派别，如 A. J. P. 泰勒（A. J. P. Taylor）喜欢说的"英格兰没有历史流派，只有单个的历史学家"。① 另一历史学家赫伯特·巴特菲尔德（Herbert Butterfield）则主张英国的历史学被一个巨大的阐释流派

---

① A. J. P. Taylor, *Rumors of Wars* (London: Hamilton, 1952), 1. 关于英国历史编纂学的概况，参见 Eduardo Fueter, *Storia della storiografia moderna* (Naples: Riccardo Ricciardi, 1944), vol. 2, 212ff. 关于英国历史主义传统起源的最佳综述，参见 Friedrich Meinecke, *Le origini dello storicismo* (Florence: Sansoni, 1954), 155 – 246. 同样参见罗伯逊的评价和对梅尼克的意见修改：Manfred Schlenke, "Aus der Frühzeit des englischen Historismus. William Robertsons Beitrag zur methodischen Grundlegung der Geschichtswissenschaft im 18. Jahrhundert", *Saeculum* 7 (1956): 107 – 125. 关于过去 50 年英国历史编纂学的调查，参见 F. M. Powicke, *Modern Historians and the Study of History* (London: Odhams Press, 1955), 159ff. 其他关于英国历史传统的评价参见 R. G. Collingwood, *The Idea of History* (Oxford: Oxford University Press, 1946), 134 – 156; Herbert Butterfield, *The Englishman and His History* (Cambridge: Cambridge University Press, 1945), *History and Human Relations* (London: Collins, 1951), *The Whig Interpretation of History* (London: G. Bell and Sons, 1931); 以及 Geoffrey Barraclough, *History in a Changing World* (Oxford: Blackwell, 1955), 1 – 54, 135ff.

所垄断,这个流派被他称作"辉格"派①。事实是否真的如此——即英国到底是没有历史哲学派别还是有一个巨大的垄断派——我们不得而知,反正直到最近,在两次世界大战和经济萧条的影响下,英国的历史学家才开始探寻历史知识的问题。这一新运动的两个最重要的代表是R. G. 柯林伍德和阿诺德·J. 汤因比。二者的工作如果被视为一个整体,则是由于在历史思想中对实证主义或科学主义进行的联合攻击。柯林伍德首先向代表大陆历史主义的代表人物威廉·狄尔泰(Wilhelm Dilthey)和贝奈戴托·克罗齐发起攻击。汤因比则以柯林伍德主张放弃实证主义、攻击历史主义为起点,到坚持一个可以被称作神学的历史概念,完成了一个循环。二者的出发点在于坚信历史知识可以用于形成普通的历史哲学,并在此基础上重新建立在现代西方思想史上遭受科学主义侵蚀的文化价值观。②

英国史学不像英国哲学那般一直严守自18世纪以来的经验主义者大卫·休谟(David Hume)和威廉·罗伯逊(William Robertson)有关史学研究的戒律。休谟的哲学是基于排除所有关于"理论的讨论,所有原因的探究,所有'现象'背后'真正的本质'之原则"的③。罗伯逊的哲学与休谟相似,都把史学当作实证科学,认为哲学和历史,事实和幻想,科学与猜想,不可混为一谈。他在一封信中这样表达自己的观点:"历史决定一个国家的状态和特征,不是通过理论和猜想;而是对它大

---

① 参见 Butterfield, *The Whig Interpretation of History*, 8ff. Cf. 关于汤因比对英国历史编纂学的批评及其与经验主义传统的关系,参见 *Civilization on Trial* (Oxford: Oxford University Press, 1948), 16ff.

② 参见汤因比与荷兰批评家皮耶特·盖尔的讨论[Pieter Geyl, Arnold J. Toynbee, Pitirim A. Sorokin, *The Pattern of the Past: Can We Determine It?* (Boston: Beacon Press, 1949), 73ff. Cf. Toynbee, *Civilization on Trial*, 23ff., and R. G. Collingwood, *Autobiography* (Middlesex: Penguin Books, 1944), 62ff]。汤因比所有的重要批评者可见于 Ashley Montague, ed., *Toynbee and History: Critical Essays and Reviews* (Boston: Porter Sargent, 1956).

③ W. Windelband, *A History of Philosophy* (New York: Harper, 1958), 476.

胆做出的每个判断,都能提供事实依据。"①只有可确认的事实才能被当作历史证据,要不惜一切地避免任何基于形而上学的"阐释"。这里套用罗伯逊自己的措辞:"如果我们的研究超出任何历史书写的范围,我们就进入了猜想、寓言以及不确定性之中。而在此方面,我自己既不会冒险,也不会鼓励我的读者这样做。"②

这种观点下产生了一种特殊的英国历史主义,这种历史主义研究历史事件的个体性,因为经验主义拒绝考察事件之间的"联系"。因此,与把个体事件作为一个独特的人类精神和创造性的表现来研究的德国和意大利的唯心主义历史主义不同,英国的实证研究历史主义的产生离不开其科学思想③。而在其发展过程中,只有坚持严格的经验主义观点,才能避免陷入完全的孔德实证主义哲学以及试图建立历史变革的"法则"。

英国历史思想与科学的关系在 19 世纪达到完美④。G. N. 克拉克如此明白地表达了这一观点,他写道:

在我看来,没有任何历史研究可以提供一种哲学,一种宗

---

① Schlenke, "Aus der Fruhzeit", 112, 注释 32。Meinecke, *Le origini dello storicismo*, 191–196.

② Schlenke, "Aus der Fruhzeit", 117,注释 63。

③ 在本书作者看来,关于德国历史主义最具洞察力的文章出自 Carlo Antoni, *Dallo storicismo alla sociologia* (Florence: Sansoni, 1951)[海登·怀特将该书翻译出版为 *From History to Sociology: The Transition in German Historical Thinking* (Detroit: Wayne State University Press, 1959)]。目前,**历史主义**这一术语蕴含了丰富的内涵,但并不是全部都能被接受。对卡尔·波普尔而言,它意味着基于一元论原则的任何社会哲学。参见波普尔的文章 "The Poverty of Historicism", *Economica* Ⅱ (1944): 86–103. [同样参见波普尔以相同标题出版的专著,该书与怀特的文章同年出版: *The Poverty of Historicism* (New York: Basic Books, 1957)。——编者注]对德国和意大利历史学家而言,必须摆脱依据一个或多个概念来解释所有现象,并寻求凭直觉把握每一个历史事件独特性的冲动。参见 Antoni, *Dallo storicismo alla sociologia*, 87ff; Walter Hofer, *Geschichtschreibung und Weltanschauung* (Munich: Oldenbourg, 1950), 319ff.; Ernst Troeltsch, *Der Historismus und seine Probleme* (Tübingen: C. B. Mohr, 1922).

④ Collingwood, *The Idea of History*, 249.

教或替代宗教。如果我只能表达个人意见，我想如果我在此仅仅做个简单的结论说我们的工作目标有其局限性，也许历史学家会与我达成共识。我们试图找到这个或那个真相而非所有事情的真相。我们的工作不是要看到生活的全部和其稳定性，而是要看到生活的一个特定部分，从某一个角度，并且看到它的真实面目①。

在这种观点的指导下，英国历史在克罗齐的把历史和哲学联合起来的历史主义和孔德的意欲构造历史变革的"法则"之实证主义之间，开辟了一条中间道路。它同时也设法避免落入圣奥古斯丁、博须埃和黑格尔之流的神学或形而上学的阐释历史之陷阱。哲学家帕特里克·加迪纳(Patrick Gardiner)在其最近的专著中指出：**历史**要问问题，也要问关于历史的问题，历史关注前者，而哲学家关注后者②。但在柯林伍德和汤因比之前，鲜有哲学家认为**应该**提出这类关于历史的问题，而试图这样做的历史学家也遭到了嘲笑③。尽管如此，在被称为"现代西方文明危机"的影响下，英国思想家越来越多地转向历史研究，从中找寻欧洲和英国没落的答案。

对于历史哲学的兴趣之所以再次被点燃，是因为科学哲学不能解决当代道德问题。柯林伍德开始研究历史知识试图抵抗这一哲学中的科学主义④。20世纪的最初几十年，由于逻辑实证主义者和分析哲学家不断尝试使哲学像科学那样完全客观和具实证性，科学实证主义在英语思想界占主导地位。从历史上看，英国哲学家之所以狂热地推崇

---

① 引自 G. J. Renier, *History: Its Purpose and Method* (London: Allen & Unwin, 1950), 49。

② Patrick Gardiner, *The Nature of Historical Explanation* (Oxford: Oxford University Press, 1952), 60 - 64。

③ 参见 Popper, "The Poverty of Historicism", 86ff; Isaiah Berlin, *Historical Inevitability* (Oxford: Oxford University Press, 1955), 40 - 44; 以及 A. L. Rowse, *The Use of History* (New York: Macmillan, 1948), 123ff。

④ Collingwood, *Autobiography*, 60ff.

逻辑实证主义,也许是以此对抗19世纪后半叶主导英国哲学思想的黑格尔唯心主义。

在格林(Green)、鲍桑葵(Bosanquet)、布兰德利(Bradley)、华莱士(Wallace)以及其他哲学家的领导下,有20年的时间,唯心主义在英国大学占有不容置疑的主导地位。但19世纪末20世纪初自然科学的进步,揭示了唯心主义哲学中很多对许多人而言显而易见的局限性。在英国,逻辑实证主义者发现,如果把唯心主义扩展到物理学、数学和生物学领域,结果常常会毫无意义。黑格尔思想无法包容源自自然科学的知识,这一发现使得人们对所有形式的唯心主义全盘反对,最终导致了唯心主义在英国的失败①。

到了1903—1904年,对唯心主义的攻击演变成一场革命。前黑格尔主义者伯特兰·罗素在那时宣称:自然科学所发现的世界不仅能够自给自足,而且"合情合理",他指责唯心主义者"不是渴望去了解真实的世界,而是为了追求所谓的超感觉去证实其不真实性"②。形而上学很大程度上关注假设问题,因为实证主义宣称能"通过逻辑分析来为所有重要命题提供纯粹的实证参考"③。罗素及其追随者认为哲学的作用并不是构建一个包含并阐释艺术、科学、道德、宗教和政治的世界观。相反,哲学与逻辑的主要作用是出任科学警察:科学家去发现和研究真实的世界,哲学家仅仅保留测试科学命题的逻辑一致性这个权利④。自然科学已经成为所有知识的范式。

在道德领域,这种科学主义导致彻底的怀疑主义。罗素的同事G.

---

① Morton G. White, *The Age of Analysis: Twentieth Century Philosophers* (New York: Mentor Books, 1955), 14ff.

② 引自 A. J. Ayer, *The Revolution in Philosophy* (London: Macmillan, 1956), 45ff。参见 Bertrand Russell, *Our Knowledge of the External World as a Field for Scientific Method in Philosophy* (Chicago: Open Court, 1929), 3-63。

③ Errol E. Harris, *Nature, Mind, and Modern Science* (London: Allen & Unwin, 1954), 319.

④ Russell, *Our Knowledge*, 19ff; Ayer, *The Revolution in Philosophy*, 5ff.

E. 摩尔,在他著名的《伦理学原理》(1903)一书中给出了新哲学家关于伦理的经典定义:"如果有人问我'如何定义善',我的答案是无从定义,虽然这个答案令人失望,但我也不得不这么说。"①在此基础上,摩尔继续阐述说:"同理,除非能够找到迄今为止还没有找到的新的理由,所有哲学上的惊人发现并不比最无知的野蛮人的迷信更令人信服。"②摩尔的追随者们认为此论断构成了"哲学革命",因为它实际上否认了哲学本身的功效。

与布兰德利一样,柯林伍德的首部哲学著作意欲把哲学与实证心理学分开。他尤其反对同时代心理学家断言心理学是有关精神的真正科学,因此能解决逻辑和伦理等学科问题。柯林伍德认为,正是接受了这样的唯心观点,才导致了摩尔和罗素的道德怀疑主义。在他的《宗教与哲学》一书中,柯林伍德试图指出:"虽然心理学完全有能力处理人类精神的生化方面,但如果认为生化表现构成了整个精神范畴,则大错特错了。"认知的心理学与哲学认识论在处理判断力——认识某种事物的行为——上有所不同,它认为判断力是仅仅存在于精神中的事件,是一个生化事件,并且与哲学不同,心理学不会继续探究"这一心理事件与已知**某事件**的关系,以及这一行为中精神所理解的这一思想行为背后的现实"③。

心理学家认为思维是一种复杂的精神活动,而哲学家认为它是一个知识系统。实证主义的划分标准把二者混为一谈:它错以为思维的功能——理性和意志——事实上等同于感觉和欲望。对柯林伍德而言,把理性和意志与感觉和欲望混为一谈,意味着:

> 全盘抹杀了所有的区别,对于理性和意志,这也许说得

---

① G. E. Moore, *Principia Ethica* (Cambridge: Cambridge University Press, 1951), 6ff.
② 引自 Ayer, *The Revolution in Philosophy*, 60。
③ E. W. F. Tomlin, *R. G. Collingwood* (New York: Longmans, Green, and Co., 1953).

通,但绝不适用于感觉和欲望,因为正是这些区别构成了逻辑学和伦理学特别的主题:如真理与错误之间,知识和无知之间,科学和诡辩,对与错,好与坏,权宜之计和不当之举之间的区别。类似的区分构成了每门科学的主干;取消了它们就谈不上是真正的科学。①

因此,科学主义在哲学领域上的胜利,其结果只能是描述精神的生化过程,如此描述将必然导致放弃伦理学,将其视为一门不**规范**的科学。在严格的科学的伦理标准下,哲学家只能说:"伦理哲学只是一个道德行为理论;因此它不能对道德行为的实践产生任何影响……作为一个伦理哲学家,我会告诉你什么是道德行为,但是不要期望我会告诉你如何去做。"②

此种科学哲学的胜利催生了道德怀疑,对柯林伍德而言,这仅仅是西方精神危机的一个方面。把哲学从生活中剥离是心理学有关精神概念胜利的结果,因为精神在一定条件下**会如何反应**,心理学家对此只能构建抽象的想象概括。心理学不能继续告诉精神自己在类似条件下**应该**如何反应。在现代存在主义哲学家卡尔·雅斯贝斯和加布里埃尔·马塞尔的影响下,柯林伍德主张:虽然科学与生活分道扬镳,哲学必须与其再度复合。依据这种观点,哲学反思可以被定义为"捕捉我们生活经验的本体并且为共同的实际参与者之间的交流打开方便之门"③。柯林伍德如此描述第一次世界大战之后的道德危机:

产生于自然科学的 1600—1900 年之间的文明之所以在面对前者时不堪一击,是因为它在热忱地追求现成的规则时,

---

① Collingwood, *Autobiography*, 66.
② 同上,36。
③ James Collins, *The Existentialists: A Critical Study* (Chicago: H. Regnery, 1952), 193.

没有形成一种洞察力,一种在其真实被创造的环境下,而非在某一个特定的情况下,可以指导它应用何种规则的洞察力。①

但作为一个人文主义者,柯林伍德不相信由第一次世界大战所引发的精神危机及其后果仅凭更多的善意和人间真情即可被消融。在他看来,人们当务之急不是需要更多善意而是需要更多地理解人事并懂得如何驾驭人事。因此,为了建立处理人事的人文学科,柯林伍德开始了包括心理、文化和历史之间的关系在内的系统研究。其研究成果是一个与康德哲学相似的知性哲学,一个与黑格尔、狄尔泰、克罗齐观念相似的历史观,以及一个完全独创的文化理论。在所有这些研究的基础之上,柯林伍德向英国传统的历史学展开了进攻。

柯林伍德的历史哲学取决于他有关精神和自然的关系的看法。他认为,自然之演变和发展至少经历了三个阶段:物理自然阶段、动物自然阶段和人类自然阶段。② 与怀特海、亚历山大和柏格森一样,他认为每个阶段与前一个阶段之间都是扬弃的关系。也就是说,每个连续的自然发展阶段从本质上不同于之前的那一个阶段。而直到最后一个人类自然阶段,才有自觉**精神**出现。对人类而言,其自然过程是在经历所有的扬弃阶段之后达到一个新的发展阶段。③ 因此,人是自然的一部分,但是处在一个新的阶段,这个阶段即自觉**精神**产生的阶段。精神的这一独特品质赋予了人类发展一个特殊的品质,即后者需要一个独特的学科来对其进行研究。因此,把人类发展当作精神在宇宙中的独特表现之研究便是历史研究。把精神的表现放在物理生物中进行研究的确是心理学的专长;但断言精神的生物化学表现即精神之全部,心理学未免大错特错了。④ 因此,自觉思维之作用即有目的的思想,就成了区分历史还是自然,以及区分历史知识还是科学知识的标准。在《历史的

---

① Collingwood, *Autobiography*, 70.
② 同上,64。
③ 参见 Harris, *Nature, Mind, and Modern Science*, 445-446。
④ Collingwood, *Autobiography*, 64ff.

观念》一书中,柯林伍德写道:

> 毫无疑问自然包含经历,甚至包括一个过程;这个过程的关键是随时间而变化;它甚至可能(有些人认为)是其所有或所是的;这些变化不只是重复固定的周期性阶段,而是发展和创造自然的新秩序。但所有这一切都无法证明自然的生活是一种历史的生活,或者我们关于自然的知识是历史的知识。成为自然的历史只有一个条件:自然的事件是由一些有思维的存在物或生命体(人类)发出的行为,通过研究这些行为我们可以发现他们所表达的思想是什么,而我们自己对此是如何思索的。①

因此,在历史事件和自然事件的发展之初,思想的存在成为一个区分二者至关重要的元素。一个事件除非具备以下条件才能被称为历史:(1)是某种反思或有目的思想的产物②;(2)这种思想"被囊缩于"某些文化产品中,并且此产品可以被生活在此之后的历史学家所了解。③历史知识试图"重构"这些产品背后的思想。因此设想,历史知识是个体思维为了确定过去哪种思想轨迹才创造出此产品如此独特的各个方面而做的探究。分析柯林伍德对克罗齐的批评可以帮助我们来理解这一思想。

我们是否还记得,对克罗齐而言,历史和自然是一种精神和历史的一部分,自然只不过"不是我们书写的历史"?④ 因此,对克罗齐来说,历史知识不是与自然世界相对抗的人类知识:"它只是关于事实或事件的知识,因为后者真实发生,有其具体的个性。"⑤正如精神和物质之间

---

① Collingwood, *Idea of History*, 302。
② 同上,308;*Autobiography*, 302。
③ *Autobiography*, 20ff。
④ Benedetto Croce, *La storia come pensiero e come azione* (Bari: G. Laterza, 1943), 287 – 293。
⑤ Collingwood, *Idea of History*, 199。

的差异一样,历史与自然的区别是人为的伪概念。对克罗齐而言,历史知识构成所有知识的基础,因为在概括它们之前,必须理解事件的个体性。因此,人们尝试以研究历史的方式来研究自然,也就是说,"把自己放入"所面对的真实事件中进行"思考"。

克罗齐声明,要想了解新石器时期的人,那你就试着"变成"一个新石器时代的人。同样,如果你想要理解一片草,那你就试着"变成"一片草吧。如果你做不到这一点,不能"变成"一片草,那么你就使自己满足于"分析它的各个部分,甚至于把它们整理成一种理想的或幻想的历史吧"。① 这种把各个部分分析和整理成一种理想的历史即科学。因此,直观的研究结果是成功还是失败,而非对研究对象本身的知识掌握之不同,成为区分历史知识和科学知识的标准。

柯林伍德对克罗齐展开盘诘:是否一片草的生长等同于人类的生长? 对此他自答说:

> 我不敢妄论。但当我们谈到水晶或者一块钟乳石的时候,我的怀疑变成了反抗。它们自身形成的过程在我看来就是一个过程,尽管我们不缺乏历史同情心,但我们要从这个过程中找到任何的思想表达,无疑是徒劳的。它是一桩事件;它有个性;但是它似乎缺少那种内在性,按照克罗齐上面的那段话,那种内在性是被当成历史性的标准的(而且我认为这一点是正确的)。自然之溶解于精神,在我看来似乎是不完备的,而且也并没有被相反的事实——即精神若被科学地,而非历史地加以处理时,也能溶解于自然——所证明。② (此段翻译参考借鉴了《历史的观念》,(英)柯林伍德

---

① Benedetto Croce, *Teoria e storia della storiografia* (Bari: G. Laterza, 1917), 119; Collingwood, *Idea of History*, 199.

② Collingwood, *Idea of History*, 200.

著,何兆武、张文杰译,商务印书馆,2009年。——译者注)
因此,与克罗齐相左,但与怀特海、柏格森和亚历山大相似,柯林伍德把人类精神看作一个自然发展总过程的质的不同阶段,精神与自然**或许**都会被科学地看待,这一点并不能证明它们本质上的不同。自我意识的思维这一人类特有的属性出现在自然发展的后期阶段,历史知识本身足以处理其(思维)独特的方面。柯林伍德的一名学生充分总结了这一观点,他写道:

> 尽管我们也承认自然包含整个过程,但我们通过自然科学来研究并称之为自然的是指进化过程的早期阶段。但只有在思想成为人类的品格、能够有意识地安排和他人的合作生活时,这一延续过程才成为历史——人类思维发展的过程中通过自己有意识的努力的过程……历史的研究是研究一切有关的情况:研究人类的选择,因为他们的选择,既构成了他们自身的社会生活,又促进人类自我意识的不断增长以及产生这个意识的世界之发展。①

需要指出的是:柯林伍德一直在寻求严格的定义标准,来建立事件的历史性,这种标准取决于他的假设,即人类思维在某种程度上是独一无二的。他愿意承认低等动物中也存在某些思维形式,如知觉、记忆和本能。但这些思维之所以不能成为其历史性的决定因素,是因为它们既非自觉,也不创造文化产品。当它们出现在人类身上时,与其说它们表现出人性的一面,莫如说它们是其动物生物之功能。因此,只有自觉思维,或者有目的的思想,才是产生历史事件的充要条件。② 所有其他事件都属于自然事件,最好以科学方法加以研究。只有产生于思维并发挥其特殊功能——理性和意志——的事件才是历史事件,才适合用

---

① Harris, *Nature, Mind, and Modern Science*, 445-446.
② Collingwood, *Idea of History*, 449ff., 282-302.

历史方法进行探究。

这种区别足够简单,因为只有发挥其特殊功能的思维才能创造文化产品。有目的的思想"被囊缩于"这些文化产品中(给每一产品都赋予其独特的层面——这与有着统一特性的自然物品不同),思想就这样通过时间保存下来以备之后的历史学家进行研究。因此,文化即思想的物化,历史学家对文化的研究最终是对思想的研究。思想、历史和文化都以某种重要的方式彼此相连。个体生物为自身的成就而创造产品;这些产品之所以是文化产品,而非**自然**产品,是因其"被囊缩于"其中的思想性;这些产品的积累构成了历史发展的记录。人类思维科学地研究这些文化产品的学科即考古学和人类学,把这些产品当作精神产品来了解的过程即历史知识。因此,历史知识的增长使得我们思维知识增长。人类思维关于其他所有思维的知识即哲学,或叫精神了解精神;对于精神的了解越多,人类变得越文明。因此,历史知识是哲学知识的基础,也是人类通过自身独特的有意识之思想变得文明的工具。①

柯林伍德在其《知识地图》(1924)一书中发展了有关思维和文化的关系。这部著作可以从三个方面进行研究:它可以被视为一般的知识理论,被视为文化的理论或者被视为关于历史的思辨哲学。对柯林伍德而言,文化的理论和知识的理论不过是一枚硬币的两面而已。他认为思维有两个方面:主观和客观(或者说反思和表现)。文化被认为是思维的客观或者外在表现,而思维是为了了解自身对其作品进行的研究。思想启蒙唯有自身进步才能保证文明的发展。随着思维越来越意识到自身的这一本质,思想就会以更新的、更微妙的方式出现。当人类随着时间的推移试图定义自己的人性时,有关这些思想方式的历史即

---

① Collingwood, *Idea of History*, 315 - 319, 324ff.

成为人类的历史。①

柯林伍德认为：精神反思的类别即文化的组成部分包括艺术、宗教、科学、历史知识以及哲学。每个类别由于在地图中的位置不同而分为纯表现式或者纯反思式。因此，艺术被看作纯粹的想象，而哲学则是纯粹的沉思。然而，这些类别构成"柯林伍德认识论之梯的梯阶"②，每一个类别在文化中的出现构成了人类不断增长的自我意识的记录。因为尽管在每一个表现类别，思维都在寻求真理，但只有在最后两个阶段，知识的真实对象和精神才会合而为一，成为可辨识的真实知识的对象。

在艺术、科学和宗教领域，我们只能见到部分的真相，而这些部分却被当作整体的真相。艺术永远不会被问及它的世界观是真实的还是虚幻的。③ 宗教，因其是不加批评的信仰以及神话思维，比艺术更具反思性，因为"它能自圆其说（证实自己的想象），就是说，它相信自己想象虚构的真实性"④。科学与前两种思想形式不同，不是因为它理性，而

---

① R. G. Collingwood, *Speculum Mentis, or the Map of Knowledge* (Oxford: Clarendon Press, 1924), 399ff. 关于柯林伍德认识论的最佳讨论见于 H. A. Hodges, *The Philosophy of Wilhelm Dilthey* (London: Routledge & Paul, 1952), 341ff. 柯林伍德的文化概念与荷兰历史学家约翰·赫伊津哈颇为相似，后者写道"历史是精神形式，其中一种文明记叙了自己过去的发展历程"（引用于 Renier, *History*, 35, 注释1）. 参阅克罗齐的观点："La cultura storica ha il fine di serbare viva la coscienza che la socierà umana ha del proprio passato, cioè del suo presente, cioè di se stessa, di fornirle quell che le occorre sempre per le vie da scegliere, di tener pronto quanto per questa parte potrà giovarle in avvenire. In questo alto suo pregio morale e politico si fonda lo zelo di promuoverla, la gelosa cura di preservarla incontaminata, e insieme con ciò, il biasimo severo che infligge a chi la deprime, la distorce e la corrompe."（历史文化以保持人类社会历史过去，当前和自身意识的活跃性为目标，并在选取发展的道路上根据需要不断增强这种意识，随时准备好未来在这条路上接纳有益的事物。历史文化这种较高的道德和政治价值正是热切促进提升历史文化进步的基础，是小心翼翼保障其安全的基础，也是对那些污蔑、曲解和歪曲历史文化的人进行重罚的基础。）[Croce, *La storia come pensiero e come azione*; English version, *History as the Story of Liberty*, trans. Sylvia Sprigge (London: Allen & Unwin, 1941), 199.]

② Hodges, *The Philosophy of Wilhelm Dilthey*, 341–343.

③ Collingwood, *Speculum Mentis*, 58ff.

④ 同上，111.

是因为它**有意识地**保持理性。尽管如此,科学在寻求真理时也是有局限性的,因为它把知识的真实对象当作事实的物质世界来研究,并把它们假定为物理变化的一般规律。① 这样一来,科学忽略了知识的真实对象,即宇宙的独特层面——精神。由于科学否认精神产物如神话、象征和意象是真实的知识形式,否认这些思维形式与自己的现实观不相吻合,从而导致了本身的局限性。② 如同柯林伍德在《知识地图》中所写的那样:

> 我们发现艺术表现的现实世界是隐含的,不能自圆其说;宗教能够自圆其说,但缺乏深思熟虑;科学深思熟虑,但只是虚构的假设。因此在所有这些领域我们都发现了一个假的对象——艺术作品,上帝,物质的宇宙——被公认为虚构之物,而不是**知识**真正的对象。③

很明显,前三种形式的思想(艺术、宗教和某些原始科学)即使在最原始的人类社会也已经存在。④ 然而,历史思想只存在于文明社会中,也就是说,历史的自我意识是区分文明社会与原始文化的标志。只有当人变得能够区分自己产品的个性特征时,历史才真正开始。在此之前,全部都是史前;人与动物一样,都处在永恒的存在之中。但是思维在过去所做的不同的事情使人摆脱了自然的周期,并被提升到一个新的历史发展阶段,在此阶段自然仅仅作为一个背景而存在。此时,人意识到自身精神的各种潜力,因此,历史的自我意识也催生了哲学知识。哲学即人类思维试图通过研究其所表现出来的形式来理解精神;但哲

---

① Collingwood, *Speculum Mentis*, 157.
② 同上,194。
③ 同上,311。
④ 参见 Bronislaw Malinowski, *The Foundations of Faith and Morals* (Oxford: Oxford University Press, 1936), 32ff. 参见恩斯特·卡西尔的分析 *The Myth of the State* (New Haven, CT: Yale University Press, 1946), 278;以及 Robert Redfield, *The Primitive World and Its Transformation* (Ithaca, NY: Cornell University Press, 1953), 23ff.

学若要形成有关精神的概念则只能求助于历史,因为只有历史才能知晓人类思维的不同表现。

尽管形式不同,但无论是理性还是想象,历史知识研究的都是具体思想;它不否认精神的任何一个层面,它们构成了精神真实而完整的画面。因此,历史意识的出现仅仅是"绝对精神"意识的出现,此时,精神回归自身,开始思考自己的本质——这是一种在自然上不可能出现的行为,因为自然(尽管它可能创新和发展)不会意识到自身的行为。但自觉思维包含对之前所有形式的扬弃,所以有关其自身的知识即有关整个世界的知识。

与此相似,历史知识之所以优于之前所有形式的知识(艺术、宗教和科学),是因为它愿意确认以前所有形式的知识都是**有效的**心理活动。如同精神包含了对之前所有存在形式的扬弃,历史知识通过扬弃也包含了所有形式的心理经验。历史知识是心灵的窗口,后者透过它观察自己的许多方面,形成对自己的认识——哲学知识。从这个角度来看,柯林伍德有理由认为科学本身仅仅是"观点"。他写道:

> 从严格的科学的观点来看,科学只是一种思想形式,历史根本不存在。从历史的角度来看,科学确实存在,但只是作为一个历史的元素,仅仅是历史思想的一个武器或工具而已。历史和科学争论的关键在于是否承认普遍化是一种知识手段①。

历史和科学争论的焦点在于知识的适当对象——精神是可以归于人类物理存在的一部分,还是被当作一个不同于物理或者动物本性的新的、不同品质的现实方面,以致需要一门从本质上不同于科学的学科来对其进行研究。

---

① Collingwood, *Speculum Mentis*, 199.

人类如果想要了解精神，必须了解精神所有独特的表现形式，包括神话和科学。因此，必须历史地看待科学，把它当作知识的**另一**层面而非**唯一**的知识形态。唯其如此，精神才能完全地认识自己，即哲学地思考自己。① 历史知识通过对文物的研究，通过直观地重新复活和重建过去的知识经验，认知人类发展的不同阶段。只有当历史知识向人们展示思维活动之愿景——在艺术、宗教、科学、历史思维以及哲学本身等领域——个人通过对这些愿景的反思来认识到自己的精神是绝对精神的一个方面时，人类才能更加了解自己。②

由此可见，从纯粹的表达形式（艺术）到自律的自我意识（哲学），人类意识的发展是反映精神随着时间不断增长的自我意识。柯林伍德把整个过程称为文明。在此阶段，精神尝试把自己模糊的感觉接近理想化并以文化的方式表现出来。他断言，人类发展的后期阶段指向一个更晚的阶段，在此阶段，通过自我知识，所有的思想都在绝对的思想中得以完全实现。因此，历史是人类定义自己人性的故事，而这只是生命寻求自我实现的一个阶段。在这一点上，柯林伍德与雅斯贝斯异曲同工：

> 我的主要观点基于一个信条：那就是人类有原点，有目标。原点和目标对于我们而言都是未知的，完全不能通过任何知识获取。只能靠一些模糊的符号来隐约地感觉。我们真实的存在在两个基点之间移动；在哲学的反思中，我们可能努力或者接近原点和目标。③

---

① Hodges, *The Philosophy of Wilhelm Dilthey*, 342.
② Collingwood, *Idea of History*, 332.
③ Karl Jaspers, *The Origin and Goal of History* (*Vom Ursprung und Ziel der Geschichte*), trans. Michael Bullock (London: Routledge & Paul, 1953), 234ff.

可想而知,超越历史的思想将会进入一个新的发展阶段。① 如柯林伍德自己所写:"绝对的精神把我的思想和别人不同的思想统一起来,不是抽象地,而是具体地组成宇宙。我的精神只是整个历史的一部分。"② 可见,黑格尔的幽灵再度出现,并游荡在英国的历史舞台。

柯林伍德正是从此形而上学的立场出发,向历史研究中的实证主义和经验主义展开攻击的;因为他认为,把思维当作动物和物理本质的一部分是非常合适的,但若止于此便是否定其独特的人性层面。人类思维为了了解过去自身独特的作用,有必要把它们当作个别而非一般法则来进行研究。我们接近一个历史文物时,应该有目的地再现它当时被创造时的人的思维。当我们做到这一点,我们才可以说是历史地了解了这件文物,而非仅仅将其科学地认知和按照时间、空间、相似性进行分类。③ 这一历史知识将作为精神哲学反思的基础,从而使人类获得自知之明;因为

> 如果历史学家了解的是过去的思想,如果他了解的途径是通过自己的反思,那么他通过历史研究获得的知识并非与认识自己相对的情景知识。在反思别人的思想时,他了解到自己是能对其进行思索的。发现自己能做什么,才会了解自己是什么样的人。如果他能够通过反思来了解许多种人的思想,那么他自己也会成为一个具有多种思想的人。事实上,他必须是一个他了解的所有历史的缩影。因此,他对自己的认

---

① 除了引用埃罗尔·哈里斯教授的话,我找不到更好的方法来阐释该观点:"这是一个持续发展的过程,贯穿其中的基础活动,也就是现实的'本质'——思维活动——形成像精神一样的意识本身,创造了自己的历史并反映了自身的发展历程,由此在向上帝这一无限的精神极点攀登中实现进一步发展。"(*Nature, Mind, and Modern Science*, 446.)

② Collingwood, *Speculum Mentis*, 299.

③ Collingwood, *Idea of History*, 257 – 261.

识同时也成为对这个世界人类事务的认识。①

柯林伍德宣称:正是把思想作为判断历史性的标准,才能够区分历史(真事实)和伪历史。19世纪末以来,地质学家、古生物学家以及天文学家在历史叙述方面都不同程度地借鉴了科学领域流行一时的相对论概念。然而,科学固然是发展的,它却不能被看作历史,只有产生于有目的的活动之中的事件才是历史事件:

> 历史与伪历史一样,都包括叙事,然而历史的叙事是有目的的活动,证据包括前人留下的文物,而历史学家正是以此作为自己思索的证据,换言之,来了解它们产生的缘由;伪历史呢,思索没有目的,只有不同种类的历史文物。它们如此不同,以致需要根据不同的时间尺度来对它们进行研究。我用以下句子来表达这一新观念:一切历史都是思想史。②

柯林伍德认为:如果历史学家意识到在历史研究中知识的实际对象是精神,那么他就能够把自己从"剪刀加糨糊"的局限性中释放出来———一种错把历史当作之前所有状态的叠加的观念。只有不再将历史文物视为科学加以研究,而是开始历史地看待它们——也就是说,试图研究引发此创造的思维发展过程——历史知识才能够为人类知识做出真正的贡献。如果认为历史文物以与自然不同的方式存在,那么显然,历史的目的是"理解当前,因为过去这个伪对象被囊缩于当前并构成当前的一部分,只是未经训练的眼睛看不到这一点罢了"。③ 如此看来,历史知识与科学并肩,但又独立于科学,自己是一门"不言自明的、自我证实的",自治的和自我权威的思想形式。④ 对柯林伍德而言,历

---

① Collingwood, *Autobiography*, 78 - 79. 参阅 Collingwood, *Idea of History*, 10.

② Collingwood, *Autobiography*, 75.

③ 同上,73。

④ Collingwood, *Idea of History*, 246.

史是作为"人类事务的科学"而亮相于世的。

很明显,柯林伍德对科学史学的抵制最终建立在(1)他关于自然和精神的区分,(2)他把文化归于精神,以及(3)他断言有目的的思想才是可行的区分自然和历史的独特标准。只有承认精神与自然之间的本质区别,需要不同的学科来对它们进行研究,那么把历史知识作为哲学的基础以及将其归类于直觉,才会有意义。如果自然不可以分为柯林伍德所说的三个阶段,那么他的有关历史的概念是站不住脚的。我们简要地重申一下上述柯林伍德关于历史知识的概念,然后注意它可能招致的批评。

柯林伍德认为科学知识无法解决伦理问题,因为它认为思想仅仅是自然世界的一个方面,对于个体在现存的社会环境中需要应用何种规则,不能提供一种广泛适用的洞察力。因此他把广义的科学知识和历史知识(个体的知识)加以区分,并试图说明只有后者可以用来构建一个科学的人类事务。但他也区分了寻求个别知识的其他知识形式,如艺术和宗教,认为历史知识以研究思想为对象,而艺术、宗教和科学都把世界的一个方面当作它们的研究对象。因为思想是自然发展的最后阶段,在此阶段自然才变得自觉,它包含了所有以前的自然扬弃阶段;因此,思想的知识构成对世界的认识。历史知识与哲学知识的关联在于,历史想象力把思想放在特定情况下,通过重建思想而理解思想;而哲学思想则是从历史提供的证据来概括思维。因此,历史知识把人类的行为作为其研究对象,以此揭示思维的特定功能——理性和意志的运用。对历史文物本身的研究包括超越研究对象,贯穿其背后的、使其成为此而非彼的"智慧""思想""反思"或者"目的"等领域。

思想领域的存在赋予历史事件有别于自然事件的双重特性:历史事件都有"内部的"和"外部的"两个特性。若我们需要理解一个自然事件,我们只需感知它的各个部分并把它置于时空之上,或者指出它是遵循某种一般法则的一个实例;但我们只有在对创造出某种文物的精神之思想进行重建和反思之后,才能了解一个历史事件。这并非说历史文物不可以从外部进行研究,而是说这种外部查考是哲学、考古学和(以研究机构为例)社会学的范畴。我们在说我们可以理解因何此文物是此而非彼时,就已经重建了创建它的人的思想。因此我们反思了许多不同种类的人的思想,从而获得了普遍的知识。

　　首先需要指出的是:柯林伍德的历史哲学并非试图通过严格定义"历史"来彻底变革历史思想。他意在避免历史研究落入固执的经验主义的死胡同——它们只是研究事件——同时避免像实证主义那样把历史归类于社会学。然而,他并非像自己宣称的那样真正建立自治的历史知识,而是通过把历史与哲学合而为一,成功地避免了经验主义和实证主义。历史学家也许会质疑:何以见得将历史归于哲学会比将其归于社会学更令人信服?①

　　其次,将历史与哲学合而为一当然不能产生一个人类事务的"科学"。因为对柯氏而言,建立真理的标准完全是相对的,取决于历史学家的个体精神。在此之外,不存在柯林伍德所希望的有个可以当作社会共同财产的思想命题可供参考。毋庸置疑,"了解自身"固然可圈可点,但把人类精神当作判断任何给定社会行为的唯一标准,则很容易掉入乔瓦尼·秦梯利(Giovanni Gentile)的激进主义哲学以及法西斯主义思想之泥潭。②

　　第三,人们可能会问:如何获得"历史想象力"? 柯林伍德认为,这是精神范畴,很大程度因人而异。但若果如此,那为什么不同文化产生出完全不同的历史观点? 当然印度版的历史概念是完全不同于西方的。但难道西方版的历史比东方版的更接近真实吗? 我们如何判断? 显而易见,柯林伍德的西方人文主义偏见使得他断言我们的历史观比

---

① 参阅 Morris Cohen, *The Meaning of Human History* (LaSalle, IL: Open Court, 1947), 38 - 39;以及 Maurice Mandelbaum, *The Problem of Historical Knowledge: An Answer to Relativism* (New York: Liveright, 1938), 295ff。

② 乔瓦尼·秦梯利(1875—1944)完成了 *A Doctrine of Fascism*,该书在 1932 年以墨索里尼为作者出版。

印度的优越,但此断言并不足以说服我们。另一方面,如果受到不同社会包容的历史愿景同等有效,那么很难令人信服这样的观点:一个同时适用于所有的人类包括东方和西方的"人类事务的科学",可以建立在历史知识基础上。

第四,柯林伍德把思想分成不同的层次,以及他对外部和内部事件加以区分,可能会引起质疑。即使大家认同精神是自觉的自然,但关于何为精神的本质和结构,我们远未达成一致。此外,那种遭到柯林伍德攻击的心理学在我们这个时代已经很大程度地被格式塔心理学所取代;而卡尔·荣格的研究首先假设关于精神和肉体之间的关系,这恰恰与柯林伍德不谋而合①。区别在于,荣格并没有为了既研究肉体又研究精神而把历史知识想象成独立的和自给自足的。

最后可能需要注意的是,不必搬用黑格尔来解释其发展就可以自

---

① 参见 C. G. Jung, *Modern Man in Search of a Soul* (New York: Harcourt, Brace, 1934), 95ff. 关于精神与肉体之间的关系,柯林伍德的观点本质上与荣格和格式塔心理学家一致,注意到这一点很重要,因为对他的批评都是建立在对其心理学的误解基础上的。它常被称为"唯心主义"并被忽视——仿佛唯心主义处于一个自掘坟墓的哲学立场。例如,加德纳想要表明,历史哲学家之间的大多数纷争实际上是"唯心主义者"和"唯物主义者"的争论。如此,加德纳将马克思引述为"唯物主义"的倡导者,而柯林伍德是"唯心主义"的拥护者。在构想出仅存在于他自己臆想中的这种二元对立后,加德纳试图通过"常识"来平息争论。他写道:"人类既不是'完全的物质',也不是'完全的精神',他们就是人类。描写人类的多种方式受到不同利益因素的影响,它们已经被具体化为不同的元素。"(Gardiner, *The Nature of Historical Explanation*, 137-138)学识渊博的哲学家这样讲显得有些外行。几乎没有严肃的哲学家会去争论人类是"完全的精神"或"完全的物质"(这就是加德纳使用引号的原因),柏拉图和马克思不会,柯林伍德当然也不会。只需引用柯林伍德的话,就能揭穿加德纳对他的批评的谬误,"只要人类的行为取决于他的动物本质、冲动和欲望,这就是非历史性的;那些活动的过程就是自然过程。这样,历史学家对人类吃住、繁行生息和满足天生欲望的事实并不感兴趣;但是,他对社会习俗感兴趣,人类通过思维活动的构架建立社会习俗,其中,那些欲望通过习俗规定和道德约束获得满足"(*Idea of History*, 216)。
没有必要指出在探讨人体组织的自然功能不是历史研究的材料时,柯林伍德并非声称人类是"完全的精神"。因该断言而误判柯林伍德的立场,然后像加德纳一样"反驳"这一立场,认为柯林伍德设想了一个"精神世界,**神秘地**隐身于由历史主体和活动构成的世界**之后**,与这个世界**相分离**却又控制着它",这简直是无稽之谈(粗体部分是我加的)。参考加德纳的阐述 *The Nature of Historical Explanation*, 51ff., 以及 Harris, *Nature, Mind, and Modern Science*, 29-42。

然而然地理解一个心理理论。当然,精神通过扬弃,包含所有早期的自然发展,理解这一点并不容易。我们完全可以和约翰·杜威(John Dewey)的追随者一样,假设自然人文主义者的立场,而不必进入柯林伍德的形而上学之迷宫。精神可能是自然的一部分,是自然成为自觉的那部分,但这样的自我意识可能是有机体调整自身从而适应环境,仅此而已。柯林伍德哲学的目的论,即他所说的个体精神有望成为"绝对精神"的说法,听起来太像预言而难以让人当真。

无论如何,柯林伍德的地位不可小觑。一个世纪的艰苦的科学史学工作并没有使我们在重大的历史问题上达成一致,即使它澄清了语言学和年代学的问题。这些进步对于档案管理员而言可谓足矣——但历史学家并不应该仅仅满足于解决此类问题。因此,柯林伍德通过质疑科学史学的功绩,使一个紧迫的问题变得具体化,并迫使他的英国同行来思索他们自 1900 年以来一直忽视的认识论问题。

其次,必须承认,在量子、相对论、进化的世界中,与其他的经验主义批评家相比,柯林伍德的历史哲学无疑与我们所认识的自然更为一致。在一个物质分解成能量的时代,物理科学家已经改变了有关物理事件的概念,无论该改变是否与历史事件的概念有关,柯林伍德所做都不为过。当然,经验主义有关历史的观点本身就是历史决定的;随着精神不断提出新的历史问题——因为科学摧毁了所有意识形态和乌托邦而产生的问题①——历史给出的答案也需要重新定义,这并非不可想象的。将来随着对历史问题给出答案的要求变得越来越激烈,柯林伍德的历史概念可能会成为被历史学家所接受的答案之一。因为已有证据表明,越来越多的英国人对历史哲学的兴趣开始由柯林伍德转向阿诺德·J.汤因比及其著作《历史研究》。如果说罗马帝国的衰败,其积极的历史"意义"是幸运地产生了圣奥古斯丁,那么,在大英帝国倒塌的

---

① Richard Hertz, *Chance and Symbol*: *A Study in Aesthetic and Ethical Consistency* (Chicago: University of Chicago Press, 1948), 9ff.

废墟上,我们幸运地拥有了阿诺德·汤因比。汤因比的出现,使得一个周期得以完成——因为在他最后数卷的著作中,柯林伍德的历史主义渐渐让位于汤因比的历史通神学。

激发汤因比开始进行历史研究的动机与柯林伍德惊人地相似:二者都源于第一次世界大战之后所产生的幻灭,希望在历史上找到一些建立人类事务科学的线索。汤因比意图找到历史变化的规律以便能够以科学家分析自然的方式来分析历史。对他而言,人类之所以使用历史知识,是要帮助他达到创造性而非破坏性的目的①。他的方法是严格的实证主义,最终的设想是建立实证主义法则。一句话,文明被视为生物实体,在其生命周期由于适应其环境而遇到问题时,对这些文明应该进行科学的研究。②

汤因比于 1934 年发表的前三卷著作,遭到了柯林伍德的批评。他认为,汤因比错在没能认识到自然的生命和历史的生命之不同。他反对汤因比把人类社会以明显的、具体的标准任意划分。柯林伍德指出,按照汤因比的逻辑——

> 我们不能说,希腊文明在其发展过程中通过强化自身的一些元素,其他文化的消逝,内部产生某种新元素以及吸收外来元素,而演变成了西方基督教。哲学原则会说:一种文明可以发展成为新的形式而保持自身不变。而汤因比的原则是:如果一种文明发生改变,它就不再是自己,而产生一种新的文明。③

很显然,汤因比的划分标准甚至不适用于生物有机体,从出生到成熟到变老,它们的个性的的确确发生变化而自身保持不变。柯林伍德质疑说,为何我们不能说文明可以从一种蜕变为另一种呢? 因为汤因

---

① Toynbee, *Civilization on Trial*, 16 – 28.
② Arnold J. Toynbee, *A Study of History* (Oxford: Oxford University Press, 1954—), vol. I, 179.
③ Collingwood, *Idea of History*, 162.

比看待文明恰如科学家看待自然现象,认为其内部和外部存在一个明确的界限,把一种文明与其他文明区分开来。① 只有把社会生命看作一块石头一样的自然生命,而非视其为精神生命,如此看待文明的态度才变得可能。

如上所述,柯林伍德认为文明是一个过程,一个精神通过识别其所有方面来认识自己的心理过程。因此,希腊文明与西方文明的关系是精神关系,而不是自然关系;对它必须进行历史的,而非科学的研究。柯林伍德写道:

> 事实上,西方文明正是通过在自我精神内部重新建立希腊精神并将其精髓吸纳发展成新的方向而得以形成。因此,西方文明并非以任何外部形式与希腊文明建立关系。它们的关系是内部的。通过与希腊文明相融合,而不是相分离,西方文明表达了,也确实实现了其自身的独特性。②

因此,对柯林伍德而言,因为历史本身即绝对精神是对自己多方面的表现方式的承认和识别,历史上对于不同文明的划分是任意的。汤因比对于柯林伍德批评的回应,大部分体现在**《历史研究》**第九卷中,然而,它并非质疑柯林伍德有关文明之间的关系的看法,而是根本不承认文明发展的本质是精神的。③

汤因比开始即(错误地)指出:柯林伍德错在指导历史学家"忽略除了思想以外的所有经验"。④ 汤因比认为,这种观点是西方特有的,它源自西方的认知即科学知识比直觉和启示更有效。对汤因比而言,认为思想是历史的总和会导致"把思想偶像化"——"哲学家在自己专业

---

① Collingwood, *Idea of History*, 162.
② 同上,163。
③ 同上。
④ Toynbee, *A Study of History*, vol. 9, 732.

的爱国主义祭坛上所献的祭"①。因此,汤因比认为,柯林伍德的历史概念是一个盲目崇拜的概念,因为在柯林伍德的认识论中,宗教和艺术并不能与哲学比肩,而是位居其次。对汤因比而言,柯林伍德的历史和知识观将来自宗教体验的智慧拒之门外,并且以崇拜人类自我之精神来取代崇拜造物主。因此,汤因比对柯氏最终的反对是后者拒绝承认:世界不是自给自足的,造物主与创造之间有本质的关系,在揭示历史意义之前,历史学家必须考虑到上帝和这个世界的关系。因此,汤因比在历史发展的驱动力上,超越了柯林伍德一大步,以上帝取代了人类精神作为历史知识的对象。如果说柯林伍德将历史发展视为先进的人类精神的自我实现,汤因比则将历史看作上帝杰出的创造。如果说柯林伍德将历史知识视为先进的人类精神的自我认知,汤因比则将其看作一个步向"幸福愿景"的渐进运动。汤氏如此表述自己的观点:

> 历史事实背后的意义使我们发现生命的本质,即上帝的启示和与祂相契合的希望;但在追求圣徒相通那样的幸福愿景时,我们永远面临一个危险,即从寻找上帝转移到崇拜人类;将创造物与造物主混为一谈是个罪,它使得人类崇拜者自身的地位不断下降:从崇拜到幻灭,到最终被弃用,一如所有过分的奉承最终不可避免的结局一样……**当主照亮我**成为人生谜题的答案而代替了"人是万物的尺度"时,人类的虚荣心才可以在圣光照耀之下发生翻转。②

---

① Toynbee, *A Study of History*, vol. 9, 732. 关于该主题更进一步的阐释,参见汤因比最近的书,*An Historian's Approach to Religion* (Oxford: Oxford University Press, 1956), 56 – 73。

② Toynbee, *A Study of History*, vol. 9, 737. 参见汤因比最后四本书的书评 F. H. Underhill, "The Toynbee of the 1930s", *Canadian Historical Review* 36 (Sept. 1955), 225. 此处提供汤因比作品评论的书单来补充 36 页注释 2 引用到的阿什利·蒙塔古的评论。更多文献参见 Karl D. Erlmann, "Toynbee: Eine Zwischenbilanz", *Archiv für Kulturgeschichte* 33 (1951): 174 – 256, 以及 Aloys Wenzl, "Die philosophischen Grundlagen von Toynbees Geschichtsbild", *Speculum* 4 (1953), 201 – 206。

因此"实证主义"的汤因比对柯林伍德的攻击,不是因为后者的直觉说,也不是因为他认为历史事件不同于自然事件,而是因为他没有认识到事件的内在并非思想或精神,而是人类事件和寻找上帝之间的关系。汤因比认为,历史发展的原动力不是精神而是上帝。这一结论是对汤因比早期实证主义的完全否定。在出版前三卷和最后四卷著作之间,汤因比的立场完成了一个华丽的转身。其最终结果是在最后发展阶段产生了与谢林相似的哲学历史。汤因比融哲学、历史和神学于一身,将其发展成接近通神学的唯物主义历史哲学。

如同谢林攻击黑格尔的"否定论"(辩证法无法把上帝由可能过渡到现实),汤因比对柯林伍德以及所有的人文主义的历史哲学的攻击是因为他们拒绝考查这个世界和造物主的关系。① 与谢林一样,汤因比为了将宗教主题融入历史哲学而被迫采取非理性主义立场。其结果是汤因比年轻时的经验主义不能再满足他。他现在认为(和柯林伍德一样),严格的经验主义研究历史事实的方式,掩盖了历史事实的真正含义。

在他的第一卷著作发表将近 20 年后,汤因比发表了第七卷著作,主张研究历史的目的是把世界与上帝连接起来。历史本身被看作是上帝的创造性发展的一个阶段(此概念也是谢林之概念),历史事件之所以重要,是因为在某种程度上它们揭示了不同时期人类寻找神这一行为。历史学家的视角可能只是其一,但"在人类对现实零零碎碎的认识中,它做出了独特的贡献"。② 对于"为什么人们要学习历史"这个问题,汤因比回答道:"为了感受上帝所感受的并找到祂。"汤因比将历史知识与宗教

---

① Toynbee, *A Study of History*, vol. 9, 128 – 177.

② 关于谢林,参见 Windelband, *A History of Philosophy*, 616 – 620, 以及 Heinrich Knitermeyer, *Schelling und die Romantische Schule* (Munich: Reinhardt, 1929), 415ff;参考汤因比个人的宗教信条 *A Study of History*, vol. 7, 420 – 421,注释 6。关于汤因比从经验主义向修正的德国唯心主义转变历程的研究,参见 Othman Anderle, *Das Universalhistorische System Arnold Joseph Toynbees* (Frankfurt am Main: Humboldt-Verlag, 1955), 441 – 449;以及 Oskar Kohler, "Toynbees Bild der Menscheitsgeschichte", *Saeculum* Ⅰ (1950), 165ff。

知识合而为一(如同谢林将哲学与神学合而为一),因为对他而言:

> 历史的贡献在于让我们在人类的经验中,以一个六维的框架来认识上帝的创造性活动。历史的视角向我们展示了宇宙的物理运动是在四维的时空框架做离心运动的;它向我们展示了我们自己的星球上生命进化框架是五维的——生命-时间-空间;它还向我们展示:因为圣灵的恩典,我们被提高到第六个精神维度,即灵魂维度,而灵魂是通过他们精神的自由而有序地运动,不是趋近就是远离造物主。①

因此,如同柯林伍德的概念所假设的,历史知识成为现实的万花筒,能囊括所有其他形式的知识。物理科学的世界局限在空间和时间之内。生物科学可能研究生命-时间-空间的世界,前提是这样一个世界遵循自然法则而变化。但是若想探究"圣灵的恩赐",只有历史才能把这些科学与人类特有的经验模式诸如艺术、宗教综合起来。它通过把这些"圣灵的恩赐"与自然的发展相连接,来揭示上帝的全部计划。历史综合所有知识,并将它们与寻找上帝相连接而提供一个六维视觉的现实。只有历史才能提供一种推动力使"科学和宗教(抓住)机会接近神,共同寻求理解上帝的创造物的千变万化的心理……因为不是智力,而是潜意识才是决定人类精神生活善或恶的关键"。②

汤因比从实证主义过渡到神学的结果之一是他的历史变迁理论的重新定位。在汤因比看来,一如谢林在他的《神话哲学》(1842)以及《启示哲学》(1842—1843)中所持的观点,历史发展是伟大宗教产生的坩埚。汤因比断言:历史研究只有在让我们更接近普世的宗教体验时才会启蒙我们。他写道:"这是文明的历史功能,每次衰败都带来进步,而引向更深的宗教启示,这是个不断进步的过程。"③还有,"(文明)若非

---

① Toynbee, *A Study of History*, vol. 10, 1.
② 同上,vol. 10, 2.
③ 同上,vol. 7, 500 - 501.

辅助宗教进步,则丧失其历史意义"。① 这意味着个体文明的发展是线性的、随着宗教体验的强度而变化的,而非周期性的、遵循某种历史变化的模式。假设这样的发展带领我们从神秘宗教和神话进入伟大的历史宗教(基督教、儒学、印度教、伊斯兰教),直到进入最终启示,所有真理的统一显明之后,人类将被提升到一个更高的发展时期。② 这种观点很容易被称为通神学,因为正如汤因比自己写道:

> 上帝的存在和参与使得不稳定的兄弟情谊变为圣徒相交,在此,上帝的创造物通过与造物主联合而彼此联合……"Vere Jersualem est illa civitas"(耶路撒冷被建造,如同连络整齐的一座城);因为在他们完美和完整的交融中,人与人交融,人与非人类的自然交融……当哲学家摇头质疑时,圣徒欢呼歌颂:
>
> *Altissimu, omnipotente, bon Signorg*
>
> *Tue so le laude, la gloria e l'honore et omne benedictione...* ③
>
> 高天之上的万能主
>
> 颂赞、荣耀、尊贵、感恩都是你的……

柯林伍德的"唯心主义"也好,汤因比的神秘通神学也罢,无论二者如何冲突,但在有一点上是共同的:他们都反对实证主义和经验主义,认为后者不足以回答现代西方人提出的有关历史的问题。最近有评论指出:柯林伍德提出的一些观点引发对长期以来无可争辩的英国历史思想的重新审视④。汤因比自己超越了对经验主义的批评,他坦率地声明了一种非理性的立场,但即使是汤因比的精神说,总还不至于引起

---

① Toynbee, *A Study of History*, vol. 7, 445。
② 同上,vol. 7, 449。
③ 同上,vol. 7, 442 - 449。(诗节出自诗篇"Cantico delle creature", Saint Francis of Assisi。)
④ Toynbee, *A Study of History*, vol. 10, 141; Barraclough, *History in a Changing World*, 1 - 31, 135ff.; Barraclough, Cobban, et al., "Historical Writing", *Times Literary Supplement*, Jan. 6, 1956.

史学上一片惊慌①。

迄今为止,史学传统像一挂密不透风的盔甲,抵挡着任何对大陆历史主义以及哲学史学的冲击。柯林伍德和汤因比二者的工作之所以重要,是因为他们代表了史学传统这一盔甲的裂缝(反传统)。在德国的历史编纂学历史上,否定黑格尔而转向谢林引领了人们转向叔本华和尼采的哲学。

也许如 A. J. P. 泰勒所说,今日之英格兰正站在拜占庭史学的边缘②。另一方面,它可能只是英国历史学家小试牛刀,以使自己能回答一个动荡时代所要求回答的一个问题。他们可以向大陆史学学习传统,如历史学家卡尔·雅斯贝斯那般,后者写道:

> 历史视野创造了一个领域,并引发了我们的人文意识。我们所形成的历史画面成为决定我们意志的一个因素。我们思考历史的方式要么限制我们的潜力,要么以其蕴涵支撑我们,要么引诱我们远离现实。③

柯林伍德和汤因比都试图把他们自己的历史视野变为一个普遍的人类观点。因为在这个危机的时代,如雅斯贝斯一样,他们都认为:

> 通用的历史观和一个人当下的自我意识相互支撑。我看到过去的全部之后,才能经历现在。我对过去获得的认知基础越深,对当下的参与才会越出色。我来自何方以及我活着的目的,我是第一次在历史这面镜子中学习到的④。

---

① H. W. Walsh, *An Introduction to Philosophy of History* (New York: Hutchinson University Library, 1951), 168. 有没有这种可能性,受到艾略特从《荒原》到《岩石》诗篇影响获取知识的一代人,对于汤因比将上帝无所不在与超验联系起来的努力完全不敏感? 汤因比其实意识到了他的使命与艾略特相似。他在《汤因比著作集》的扉页上写下了艾略特《四个四重奏》中的诗句:"唯有度过时间,时间方可征服。"此外,汤因比的作品一定要与基督教存在主义者对比阅读,比如保罗·田立克,发表于《存在主义哲学》[*Journal of the History of Ideas* 5 (1944): 44 – 70]中的文章,至少在态度上接近于汤因比。

② Taylor, *Rumors of Wars*, 18.

③ Jaspers, *Origin and Goal of History*, 211.

④ 同上,269。

第二章

克里斯托弗·道森历史观念中的宗教、文化与西方文明

（1958）

  主流的英国历史思想起源于启蒙运动的"科学"氛围,更具体地说,源于休谟经验论哲学的先入之见。纵观 19 世纪历史,绝大多数英国历史学家与欧洲大陆同行的最大区别在于,他们坚定不移地认为实证物理科学构成一切知识的范式。然而,与法国历史学家不同,英国历史学家在试图构建历史变迁的普遍规律中,不愿意遵循其科学理想而得出逻辑结论。与意大利历史学家不同,他不愿将历史归入一般的艺术概念,也不甘心让自己屈就于与过去的直观交流并将其作为一种审美体验。他也不像德国历史学家那样倾向于把历史当作哲学来探寻历史进程中的形而上学之原因、模式或意义。①

  英国历史学家始终对洛克、休谟和穆勒的经验主义理想忠贞不渝,他(英国历史学家)处于科学与艺术之间的朦胧地带。在他看来,历史根本不是一个过程,而是一系列不同规模和不同复杂性所组成的自给

---

  ① 参见拙文"Collingwood and Toynbee: Transitions in English Historical Thought"(*English Miscellany* 7, 1956),尤其是 148－152 页。(本论文也是本书的第一章。——编者注)

自足的事件,对这些事件必须进行实证性研究和主观性描述。这种研究的方法是实证性的,而阐述的方式则是艺术性的。典型表达方式是小品文。其心理学中的实证元素使得任何探讨个体和群体的动机都停留在表面。因此,其作品产生的知识影响恰似观赏印象派画家的作品:它更像是一种技术卓越的艺术行为,魅力十足并且充满真知灼见(毋庸置疑,这本身就是一种成就),但缺乏深度和哲学自我意识。这种艺术行为,借用贝奈戴托·克罗齐的术语,或许可以被看作是编年史甚至是"学术史",却并不代表真正的历史判断。于是,与以往历史事件的联系以及叙述者的精湛技巧哪一个更重要,这一难以判断的取舍,不可避免地落在了读者的身上。①

最近,在英国思想家中出现了一种趋势,即摆脱长期经验主义传统所强加的桎梏。两次大战期间,R. G. 柯林伍德借用克罗齐的理想主义对这一传统进行了严厉的批判。在提出和解决现代世界必须探寻其自身历史此类问题上,阿诺德·J. 汤因比的鸿篇巨制《历史研究》无疑是矗立在实证主义失败废墟上的一座丰碑。汤因比在其巨著的后四卷中承认实证方法无法解决一般历史所提出的问题。因此,为使宗教理想成为历史研究的标准,汤因比放弃了经验主义立场。于是,英国第一次对史学经验主义的反抗,其结果是使得历史一方面与哲学相结合,另一方面又与宗教相合并。英国现在似乎正在经历 19 世纪一度在德国占主导地位的"历史主义危机"。历史主义者们尽管各执其词,却一致否认历史分析中实证方法的功效。②

如果说柯林伍德从哲学唯心主义着手解决问题,而汤因比的探索立足于新教虔敬派的框架之内,对传统英国历史思想的攻击却在克里

---

① C. V. Wedgewood 最近写道,"现今鲜有历史学家会毫不含糊地将历史作为艺术或历史作为科学。现在人们普遍认为历史是两者的一种结合"("History as Literature", *The Times Literary Supplement*, Jan. 6, 1956, xi)。还有参见本刊 Geoffery Barroclough 的文章 "The Larger View of History",以及同一作者的文章 *History in a Changing World* (Oxford: Blackwell, 1955), 1–53, 154ff。

② 怀特, "Collingwood and Toynbee", 152ff。

斯托弗·道森的天主教阵营中达到顶峰。自1928年第一本书问世以来，道森以惊人的一致性探索历史哲学构想，以便既能涵盖现代社会科学如人类学的研究成果，又能兼顾哲学神学主义的假定预设。从某种意义上讲，道森一生的工作可视为试图构建一种历史哲学，能将现代世俗进步的概念与中世纪的神学观点合二为一，这种构想首次被圣·奥古斯丁明确提出，称之为救恩历史或救赎历史。①

德国的新教思想家类似的努力曾导致了灾难。恩斯特·特勒尔奇的欧洲宗教传统社会学研究以其否认基督教原则的普遍适用性而告终。在马克斯·韦伯的思想中，类似的努力则宣告了物质世界与精神世界二者的全面瓦解。② 可以说，道森延续了德国思想家所遗留的未竟问题，他期望证明天主教自然法传统能够为新教教义认为无法解决的问题提供解决方案。道森突破了路德教义中的性恶说与托马斯主义对历史看法的局限，寻求修正奥古斯丁普遍的历史概念，即否认物质世界的重要性，宣称罗马天主教必然成为人类自然的迫切需要与其神圣义务之间唯一的桥梁，也必然成为物质世界与精神世界之间唯一的桥梁。③

---

① 参见克里斯托弗·道森,"The Problem of Metahistory", *History Today* I (June, 1951),再版于克里斯托弗·道森的 *Dynamics of World History*, ed. J. J. Mulloy (New York: Sheed & Ward, 1957), 293。关于道森论圣奥古斯丁历史观的贡献和局限性,参见他的文章"St. Augustine and His Age", in M. C. d'Arcy and others, *Saint Augustine* (New York: Meridian, 1957), 44。

② 参见 Carlo Antoni, *Dallo storicismo alla sociologia* (Florence: Sansoni, 1940), 39-86, 121-188.[海登·怀特的英文翻译:*From History to Sociology: The Transition in German Historical Thinking* (Detroit: Wayne State University Press, 1959).]

③ 关于圣奥古斯丁,道森写道,"确实,圣奥古斯丁并没有考虑到世俗进步的问题,但是在奥古斯丁看来,世俗的历史在本质上是不进步的。人类一直在追逐自己的尾巴,这是一个奇观。人类的真实历史是在启蒙和救赎的过程中被发现的,人类的天性由此被解放并恢复到精神自由"。(d'Arcy, Saint Augustine, 71)有关道森意欲将神学的历史概念与现代社会学和人类学合一之观点,参见 J. J. Mulloy 的论文"Continuity and Development in Christopher Dawson's Thought", in Dawson, *Dynamics of World History*, 419-447。

道森的史学论文与他的理论著作相得益彰。作为一个史学研究者,他因三部作品而名垂青史:《神祇时代》(The Age of the Gods,1928年)对古代近东地区远古文明的形成和瓦解进行了研究;在《欧洲的形成》(The Making of Europe,1932年)中,他对欧洲文明的起源进行了探讨;《进步与宗教》(Progress and Religion,1929年)一书则是对现代欧洲世俗文化的兴起与衰落进行的探析。

作为其一以贯之的实证主义的代表,《神祇时代》和《欧洲的形成》都涉及同一个主题:地中海盆地游牧武士文化对定栖农民文明的冲击。在道森看来,正是这些不同文化"类型"的冲突和融合,才产生了世界历史中那些奇妙的百花齐放的文明。《中世纪论文集》(Medieval Essays,1953年)是对欧洲"古典时代"的分析,而《进步与宗教》则用实例探讨了这种古典形式的缺陷与衰落。正是通过对西欧文明"类型"的分析,道森推断出了他把握时代变革的法则:《理解欧洲》(Understanding Europe,1952年)、《秩序论文集》(Essays in Order,1940年)、《现代困境》(The Modern Dilemma,1932年)与《超越政治》(Beyond Politics,1939年)。他的理论著作可被视为从西方文明到世界历史这一更广泛的领域研究中所得出的法则的应用。在《宗教与文化》(Religion and Culture,1947年)以及他最近发表的名为"世界历史的动力"(Dynamics of World History)的文集中,他都对这些法则做了简要概述。

对道森而言,历史研究的基本单位是文化。他将文化定义为:

> 文化乃是人类为了适应自然环境和经济需求而采取的共同生活方式。在其使用及修正中,它类似于一种生物物种的发展,其中……主要原因,不是结构上的改变,而是一个新的群落形成,它要么使用新的习惯,要么置身于一个崭新而受限

的环境中。①

因此,在其概念形成和发展中,文化恰似一个生物的有机体:"它是人与其生活区域之间亲密交流的结果。"②因此,文化的形成不仅仅是一个历史事件,它也是一个生物事件。因为,如果人与特定环境的交流能够持久而没有变化,那么"它所产生的不仅是一种新的生活方式,而且还是一种新型的人类——一个新的种族和文化"③。

显而易见,这些观念里面有赫尔德的论调,而道森对此心知肚明。赫尔德正是运用这一关于人与自然和种族之间关系的理论,针对自然法理论和所有形式的世界主义展开致命打击之后,开始了一种新的研究思路的。赫尔德在此观点的基础上,从非理性主义的方式最终过渡到历史主义的方式,后者无疑是自然法理论的大敌。④道森正是在欧洲思想偏离轨道之际重拾了这一问题。他试图通过改进自然法理论,使其回归正途,使其既能恰如其分地对待社会和物理科学,也能还神学思想以公正。⑤

赫尔德19世纪的后继者曾倾向于将自然-历史过程一分为二,或将二者统一置于一个共同的自然框架(因而将历史简约为自然,并以社会学的方法进行研究)或者一个共同的历史框架(如黑格尔那般)中。道森既强调自然与人类之间的相似之处,也很重视两者之间重要的差

---

① 克里斯托弗·道森,*The Age of the Gods: A Study in the Origins of Culture in Prehistoric Europe and the Ancient East* (London: Sheed & Ward, 1928), Xiii。

② 克里斯托弗·道森,*Progress and Religion* (London: Sheed & Ward, 1929), 55。

③ 同上,55。

④ 参见 R. G. 柯林伍德,*The Idea of History* (Oxford: Oxford University Press, 1946), 88-93; Carlo Antoni, *Lo storicismo* (Turin: Edizioni Radio italiana, 1957), 95ff。

⑤ 参见 Mulloy, "Continuity and Development in Christopher Dawson's Thought", 435,以及克里斯托弗·道森,*Understanding Europe* (New York: Sheed & Ward, 1952),1和10章。有关他的自然法理论,参见道森,*Religion and Culture* (London: Sheed & Ward, 1948), 42-44。

异。他认为,人类文化有别于群居动物和昆虫的社会生活的原因是因为其独特的自我意识。正是人类思想才将人类文化从本能支配的自然层面进行了剥离,并为其注入有道德目的的创造性的活力。因此,道森认为,文化其实是我们各独立因素之间的连接点:遗传因素(种族)、地理因素(自然环境)、经济因素(功能或职业)和心理因素(思想)。因此,任何一个给定的文化都应被视为一个四重共同体:它"既是一个工作的共同体和思想的共同体,又是一个空间的共同体和种族的共同体"。①

在文化结构四个层面的任意一个所出现的变化都可能导致文化的变革。在他看来,各种如黑格尔、马克思和斯宾格勒对历史哲学的确定性的研究,错在试图将所有文化变革减少到仅在四个层面之一出现的功能变化。② 道森的功绩在于他强调了从多元化角度来看待历史变迁的必要性,并且身体力行,因此他的亲身实践是最能真正反映出多元化的历史形式是要求理论和行动统一的。他似乎认为历史就是四个层面的相互作用,每一个层面都相互影响并共同左右着思想,从而形成历史存在更高形式的进化。正如人体组织一样,文化也可能因多个因素而发生改变:

> 在现实中,一种文化既不是一个纯粹的物理过程,也不是一种唯心的建构。它是一种生命体根植于土壤的生活,既包括牧羊人、渔夫和农夫简单的本能生活,也包括艺术家和哲学家所取得的最高成就;正如个体将动物生活的营养与繁殖同更高级的理性和智力活动紧密结合一样。我们无法忽视历史中物质和非理性元素的重要性。每一种文化都建立在地理环境和种族遗传之上,它们决定了其最高级的活动。文化的变革不是简单的思想改变,它首先是一种生活方式的变化。③

---

① *Age of the Gods*,ⅹⅳ.
② *Dynamics of World History*,287ff.;*Progress and Religion*,24ff.
③ 同上,45。

因此,通过强调文化和历史中的物质与非理性因素,道森揭穿了唯心主义者的谎言。

道森承认文化中的物质元素,但同时强调精神因素的重要性。他认为,"一种文化是一个精神共同体,是因为该社会拥有更多的统一的共同信仰和共同思考方式,而非任何统一的物质类型"。① 因此,一种文化的显著标志似乎是彰显这种文化的价值观。这种价值元素以文化的"现实的愿景"为中心,以"内心生活"为指标,承载"理性生活"。

对于道森而言,人类的意识层面可以从品质上将其与动物的本性区别开来。文化亦然:

> 文化的内在层面构成了其最鲜明的特色。一种文化的统一性不仅包含社会组织中的某种统一性,同时也包含一种持续的和有意识的社会学科……存在一个对现实的共同构想,一种生活观,即使是在最原始的社会中也可通过巫术的施行和宗教信仰得以表达,而在较高的文明社会中,则以更加充分和更为有意识的宗教、科学和哲学观形式得以呈现……它是文化的活跃性和创造性元素,因为它将人类从纯粹由生物法则支配的动物物种的发展中解放出来,使之能够积累越来越多的知识资本和社会经验,从而能够越来越多地逐步掌控其自身所在的物质环境。②

正是由自我意识精神形成的内在生活才将人类从纯粹自然存在的迫切需要中解放出来。它是文化的创造性元素,因为正是它所产生的那些"现实愿景"激励人们打破自然变化的周期,并将自己投射到物质和精神历史的发展和进步阶段。

一种文化的发展取决于其直观想象的现实与自然的客观现实本身之间的相近度。在早期的文化中,这一现实的想象是通过在陌生且危

---

① *Religion and Culture*, 48-49.
② *Progress and Religion*, 65-66.

险的自然环境中,不断实验和失败而形成的。没有将这一想象付诸实践就没有进步,没有发展。文明面对自然生活中激进变革的冲击,要么被迫改变其生活方式,要么自行灭亡,这样才产生了文化。最初,文明被迫去设想一种"现实的愿景",糊里糊涂地作为纯粹的信仰行为,当然这其中有些比其他行为更为真实。人类对其周围世界的第一次分析,产生了原始文化与文明的分化,因为人类一旦对环境变化做出创造性之响应,并且开始于实践中发现现实之本质,那么人类就被迫踏上了文明之路,即自我意识以更高的思想形式(研究能力)而得以发展。

第一次由于环境变化而产生的"回应"(汤因比的术语)或"突破"(雅斯贝斯的说法)发生在最后一次冰河衰退期。此时,以食物采集和狩猎社会为代表的对世界的原始构想,被另外两种基本文化"类型"所取代。它们是草原上的游牧文化和两河流域的农耕社会,每个类型都基于不同的"现实愿景"。① 对游牧民族来说,接下来的挑战,特别是在公元前 3000 年和公元前 2000 年,导致游牧民族从草原上的大迁徙,以及他们被两河流域定栖的农耕文明的征服及同化。而反过来,两河流域的文明也面临新的挑战,这次的挑战是社会性的,它需要重新构建一个"现实的愿景",以进一步推进整个人类现实的进程。所有这一切都由于理性而变得可能,这种理性就是支配人"内心生活"的独特元素:

> 理性的存在使本能的目的之实现变得更加可能。固有的本能在新环境中发挥作用,由于这种环境有别于其最初适应的环境,这种固有的本能会逐渐被对现实产生新的理解所取代。于是,新的实践领域不断扩大,而且由于人类有理性,因此结果不是单纯地以旧代新,而是经过比较,新旧结合。人类的历史,特别是文明人类的历史,是一个新旧持续结合的过程,尽管进展并不规则,但似乎从未间断。因为理性本身就是一种创造力,它不断组织生活中的原材料,将其与理性的实践

---

① *Age of the Gods*, XVⅱff., 87-107, 235-257.

相结合并将二者纳入有序的思想世界,这个世界不单纯是主观的想象,而是在某种程度上与客观现实相吻合。某位现代作家曾说:"人的精神似乎有某种本性可以使之被宇宙同化;我们属于这个世界;世界反映在我们身上。因此,当我们专心思考一个有限的对象时,我们的感官既有集中力,又有天赋的无限的联想力……"我们无法闭上眼睛无视这种稳步提高的现实愿景,因为它既是人类社会生活的条件也是人类社会生活的结果。①

因此,我们得出结论,传统唯心主义者将世界划分为精神与物质,并认为历史是两种力量相互作用的领域。尽管道森认为精神是自然的一个阶段,在此阶段自然获得了自我意识,但在对待历史与自然的关系上,他仍然显示出典型的黑格尔式的观点。尽管他可能会承认,自然不仅是周期性的,而且是真正具有发展性的,他将历史的周期性予以移除,取而代之以超历史即理性生活的载体。这样,即使自然和超历史同样具有创新性和发展性,历史本身,即人类不同时期的生活也是周期性的,可以把它作为社会学对其兴衰加以研究。正如他在《进步与宗教》中对斯宾格勒的批判所写:

> 然而,虽然文化本质上受制于物质因素,但并不仅限于此。理性或精神的元素构成文化之形式,并且超越种族和地理条件的限制。宗教和科学并不与它们产生其中的文化一同消亡……事实上,历史有两个层面;其中之一,正如斯宾格勒先生所指出的,是由于某一个体民族生命过程与一定的地理环境的联系,而另一层面则常见于不同民族中,是思想相互作用和合成的结果……只有考虑到这两个层面才可能理解人类发展的历史,才能解释历史中连续性和综合性的真正元素之

---

① *Age of the Gods*, xix.

存在,这种存在本身即可证明人类进步中的某种信念。①

由此看来,文化在时间和空间上的联系,即历史演变及研究的寻常层面,在道森的研究中有一种辅助功能。这些联系仅仅开启了那种真正有创造性的变革,那些产生在"内心生活"的文化。个体文明的兴衰取决于种族或环境或思想(或所有三者)的变化,思想(或理性)的生活则不断强化自身。

因此,道森妥善处理了历史学家的任务,也就是必须判断事实,而且还为后者提供了一种激励去发现在每一个历史背后的合理性,那就是,那些因素使之成为现在,所以,可以证明它为何如此与众不同。但他的判断并没有停留在此;相反,他把将来的和过去的个体精神表现归诸一个主导历史的抽象的原则即理性,并且给历史学家一个绝对的标准来遵循以此判断任何给定的文化。我们现在有必要看看道森是如何用行动阐明了其史学的这一观点,并且看看他的观点是否可以还真正的历史即理性以公正。

此时,人们完全可以把道森的文化理论与另一个现代英国唯心主义者 R. G. 柯林伍德的理论展开比较。后者的理论在其著作《知识地图》中得到了详细的说明。该书的完成时间与道森的《神祇时代》大致相同。

柯林伍德认为,生命过程是一个无限分化的总体,历经三个发展阶段:物理自然、动物自然和人类自然。最后一个阶段扬弃并包含之前所有的阶段。这个阶段的特点是自我意识思维的出现(与道森一样),历史被看作不同时期思想的表达。思想生活认识到自己对身处其中的世界有不同类别的解释和认识,因此构成历史。不同类别的思想在逐步

---

① *Progress and Religion*, 46.

出现的更高形式的自觉的文化形态中被赋予具体形式。①

艺术等同于想象力；宗教被看作在现实中证实想象力的产物；科学则被视为用于实现人类实际目的的物质世界的形式。每种思维方式都暗含着错误，因为它们都将部分的现实当作了整体。艺术无法区分自身想象力的产物与客观现实；宗教不加批判地而且非理性地断言现实是某个特定想象的现实；而科学否认艺术和宗教形式的知识，声称只有物质世界的存在，因此否定了精神存在的合理性。每个形式本质上都是完全不同的思想形式，因为每个形式都代表着更高形式的自觉意识。无论是艺术、宗教还是科学都没有提供一个真实的现实，因为它们每一个都为了声称自身即真理的最终表现形式而否认其自身的局限性。②

直到史学思想的出现，人类知识的整体观才变得可能，因为只有历史才包括、接受、证明作为无限创造力的人类精神产物的所有精神的表现形式——艺术、宗教和科学。由于认识到所有产物都是珍贵的并且有助于构建整个生命过程的整体观点，人文学科才合乎情理，独具威严。正是基于这一点，作为精神知识的历史知识，与作为精神科学的哲学合二为一，成为创新精神。③

在此我们对柯林伍德的历史观点或形而上学的观点不做分析。柯林伍德本人是其理论的最好说明物，我们已在其他地方分析了他的作品。④ 历史学家被他的理论所吸引，因为它们步克罗齐后尘否认所有的超验性，将认识论的重点放在史学思想，即个体的知识上。因此，这种理论带有显著的人文主义倾向，并且强烈反对任何出于抽象原则的

---

① 柯林伍德首次于《知识地图》中提到文化这一概念(Oxford: Clarendon Press, 1924)。这本书是他的基本立场的最佳陈述。若想参考更多的版本，请阅 H. A. Hodges, *The Philosophy of Wilhelm Dilthey* (London: Routledge & Paul, 1952), 341ff, 那里有大量篇幅比较了柯林伍德、克罗齐和狄尔泰；以及 Errol Harris 的著作 *Nature, Mind, and Modern Science* (London: Allen & Unwin, 1954), 445ff。

② 柯林伍德，《知识地图》，288ff。

③ 同上，291。

④ 参见本书第一章。

目的把历史多样性简约为幻觉的一元论主义。我们这里所关注的是宗教在柯林伍德和道森各自思想中的不同地位。

对柯林伍德而言,正如对其他人文学者一样,宗教不是错误,只是半真半假。宗教思想与艺术创作只有一步之遥,我们可以将这种艺术创作比作道森的直觉的"现实的愿景"。宗教与艺术唯一(最重要的)的区别只在于其表现思想的方式过于武断。宗教的愿景是现实愿景之想象,其前提是意志行为断言这个愿景的真实性。艺术则不做这种断言,它不关注这一现实愿景是真是假,而只关注它是美是丑。宗教的想象同艺术的想象同出一宗,但是由于宗教断言该想象的真实性而(率先)招致批评。而宗教没有提供任何理性的手段来证明其断言的真实性,以反驳其他想象的愿景可能同样地自我标榜为真实。这是宗教思想的消极层面,因为缺乏与物质世界事实的一致性而引发批判。宗教必须自我批判,因为在维护自己主张的真实性时,它暗指由类似的想象行为构建的其余命题至少有一套是虚假的,却拒绝在真假二者之间做理性的判断。既然关键的问题已经提出,宗教的真实性便通过否认其判断标准或提出一些双重真相之类的理论以作权宜之计,或(像托马斯主义理论那样)认为信仰与理性相统一于信仰之中(这样就弥补了任何缺陷,达到完美)①而试图压制理性。

因此,柯林伍德认为,宗教在个体及文化的思想发展中都是必不可少的阶段,两者都经历一个"宗教阶段",但它这种形式是错误的,如果精神要想获得一种适当的知识对象——不是上帝而是精神本身——的整体认识,必须超越这种错误。②

毋庸置疑,柯林伍德和道森正是在此分道扬镳。在其隐含的知识论里,道森以宗教代替柯林伍德的历史。对他而言,历史思想不是一门特定的知识,而是一种收集材料的方法,需要交给宗教才能得到正确的

---

① 柯林伍德,《知识地图》,80-91,117-158。
② 同上,138-146。

解读。① 正是在这个层面,道森的思想令他更容易被受过实证传统训练的英国历史学家所接受,因为他们都认为历史仅仅是观察事实,而解读这些事实的任务则应该由其他学科完成(如果这些事实需要解读的话)。与道森不同,柯林伍德曾试图将史学思想上升为自我证明的、独立的、自主的思想高度,那种既隐含着艺术、宗教和科学,但又超越了其局限性,把世界看作一个不同元素组成的整体,每个元素都有其存在的理由,都否认任何对现实的不公正的或片面的判断。道森看似将史学思想置于其一贯赖以生存的实证科学,但事实上将其一方面融于社会学(对历史类型的分析),另一方面则将其融于神学(对理性生活的分析)。因此,道森的每一个历史重建中都隐含了三个层面的意义:实证意义(历史个体的客观存在)、类型意义(个体被视为类型,视为一般社会法则的实例)和"内在意义"(个体被视为宗教意识成长中的一个阶段)。当然,基本问题是在第一、第二层面去除宗教因素后应赋予宗教本身一个特殊的位置。道森意欲在历史本身的基础上证明宗教的那个特殊地位。

道森认为宗教契机与人类历史同时出现,事实上,二者互为前提。他指出:比如,"(宗教)是一种古老的人类意识……不管追溯到历史的哪个宗教阶段,我们都会发现那里有语言的起点或社会生活本身"。② 宗教意识是人类自身的觉醒,不是(如柯林伍德所言)一种以弥补人们对宇宙认识的不足之想象,也不是一系列旨在与自然力量达成和解之仪式。但客观地看又正是如此,因为它包含了其所有早期构想对超现实的不完满想象。但如果控制宇宙的超自然力量起初被误以为是与自然力量达成和解,那么人类想要与那些力量和解的冲动证明了后者存

---

① 道森,*Dynamics of World History*,293。平心而论,必须指出,道森觉得如果离开"直觉的理解,创造性的想象力,最终是一个超越了历史理解的特定领域的相对局限的普遍视角,要写出伟大的历史是不可能的"。但是,正如我们所看到的,在道森的思想中,所有这些都包含在他的宗教观念之下。

② *Age of the Gods*,22.

在这一现实:"人类的整个宗教体验——事实上,宗教存在的本身——不仅证明了超验者的感觉,而且证明了超验者的欲望,这种欲望只能通过直接接触——通过对超现实的想象——得到满足。"①道森从这一史学总结推断出任何文化对现实的想象形成过程中宗教契机的首要地位,而由此推断出宗教契机在历史本身中的首要地位:

> 从一开始,群居的生活方式即文化,都是按照生活的更高法则即宗教被有意安排并引导的,如同上苍的力量支配着四季,神圣的力量管理着人与社会的生活。因此一个不按照这些管理行事的群落,恰如一个不按四季更替而耕种土地的群落一样不可理喻。纵观人类历史的大部分,在所有年代,所有的社会中,宗教已成为传统的捍卫者、道德法则的保护者、智慧的教导者和传授者。②

尽管道森并不否认宗教本身受文化的影响,但他指出我们永远都不应排除这种交替关系,"宗教塑造并改变了文化",因为:

> 虽然在实践中,一个民族的宗教受到文化的局限甚至制约,但在理论上——甚至在原始人自身的理论中——文化就是一种为将人类生活带入神圣的现实之中,并使之从属于神圣力量而做的蓄意的努力。③

因此,在道森看来,历史时期被一分为二。事实上,文化随着来自两个不同来源的,一个是物质的,一个是精神的变化而变化。世界文明的巨大变革也来源于两个方面,一是不同文化冲突的结果,二是一些预言性的"突破性变革"进入一个超时空的境界的结果——与神圣现实之

---

① Jacques Maritain, Peter Wust, and Christopher Dawson, *Essays in Order* (New York: Sheed & Ward, 1940), 179.
② *Religion and Culture*, 49-50.
③ 同上,58。

接触——它给文化一个新的现实愿景,促使其开始崭新的激进的变革。① 在道森看来,这些现实的愿景是决定性的,他因此得出结论:"宗教是历史的关键。除非理解其宗教根源,我们无法理解一种文化。"②

然而,请允许我再次强调,在道森所阐述的观点中,并非所有的文化变革都是宗教变革,宗教也并非不受文化或物质的影响。但因为宗教是文化关于现实观点的主要表现,是对现实愿景的一种道德保障,因此唯有它催生文化变革,唯有它才是文化"内在生命力"的真正指针。或者,正如他在《文明与道德》中所言:

> 事实上,新的生活方式或新的关于现实的认知,似乎早在被知性地理解之前就被本能地感觉到了,哲学是成熟文化的最后一个产物,是漫长社会发展过程中的顶点,而不是其起点。正是在宗教和艺术中,我们得以最清楚地看到被创造物的主要意图……
>
> (如同)精加工塑料材料一般,文化的精髓,同样表现在艺术中。希腊的雕像必须是首先构思,然后活过,再后制造,最后才是思考。这才是有创造性的希腊思想的整个周期。首先是宗教,然后是社会,再后是艺术,最后是哲学。③

因此,宗教契机首先确立的是文化的形态或模式,然后发展,然后再进步到哲学的自我意识。如此说来,艺术仅仅是一个时代宗教价值观的表达,而哲学是使用理性术语的自我意识表达,社会本身则是基于其假设的生活实践。但鉴于文化被赋予如此特性,道森将每个历史事件都看作有其宗教意义就显得很有必要。而反过来,这要求有个标准来确定哪个宗教在终极意义上属于真理,如若不然会有许许多多个历

---

① *Essays in Order*, 176; *Religion and Culture*, 66ff.
② *Religion and Culture*, 50.
③ 克里斯托弗·道森,"Civilization and Morals", *The Sociological Review* 13 (Apr. 1921),重印于 *Dynamics of World History*。

史观点,因为有许许多多个宗教存在。在研究宗教历史的基础上,他试图说明基督教是满足终极宗教所需的所有要求的。尽管顶着社会学头衔,道森实际上运用了经院哲学并同时继承了其优点和缺点。因此,在构建其观点的过程中,道森的很多深刻的见解并非为我们解读宗教历史,而是告诉我们如何将经院哲学的宗教观点变成解读历史的标准。

道森是在各种较高文明的宗教体验上建立其世界历史框架的。在区分文明与原始文化时,他凭借一个事实,那就是在原始文化时期,人、自然与上帝之间没有任何实质意义的区别。只有发现了自然法则,文明才应运而生,以此类推,产生于干旱的亚热带气候区的两河流域文化的发现,对于道森而言,是宗教的而非科学的。正如他在《神祇时代》中所言:

> 原始的食物采集和狩猎并不一定有什么合理的目的或任何对于现实的反思性认知。因此,它并不意味着文明。真正的文明只有在发现了自然法则之后才产生,或毋宁说在人与自然力量之富有成效的和解变得可能之后。①

但他认为,新技术、新的经济和社会组织形式,或者科学(与宗教相对)的出现并不标志着文明的到来;因为所有这些都已经暗示:它们产生的前提是新的现实的愿景,一种宗教的想象。标志文明出现的制度不是一种社会经济的制度,即城市,而是一种宗教制度,那种源于萨满(shamanate)的祭司制度。②

这是因为祭司,与萨满不同,"必须拥有智慧,而且他的影响力为整

---

① *Age of the Gods*,ⅩⅩ.
② 这并不是说道森没有认识到城市在文明进程中的重要性,他将其视为一个民族文化遗产的集中点并赋予它在文明冲突之后的融合中以首要的地位。参见 *Dynamics of World History*,434。但在阿摩斯以及何西阿的传统中,道森也认为城市是传统的道德崩溃的地方。它往往会切断与农村的联系,而后者提供了文化赖以生存的至关重要的物质基础。因此,他认为,希腊文明不是因为精神失败而崩溃,而是因为生命的失败。它的力量依赖于一个"区域和农业基础",当它变成一个城镇居民的国家时,它摧毁了自己的力量源泉(*Progress and Religion*,65)。

个原始人的生活带来新的秩序原则"。① 祭司制度是思想文化的知识库,祭司制度设置并指导礼仪年(依据农业年度),祭司制度包含"整个社会的社交和思想生活"。因此,预示着两河流域古老文明的礼仪秩序同时也是"宇宙秩序的反思与实现",因为"它协调了上苍与季节的秩序,并且通过不断的祭祀和祷告辅助自然力量发挥功能"。② 这些宇宙论导向的文明一直持续到公元前 1500 年左右,之后,随着草原和沙漠民族的野蛮入侵,这些文明便随之湮灭了。

这一游牧民族的入侵,他们对上苍神祇的崇拜和崇高的道德观念,迫使人们在古老两河流域所建立的文化基础上重构现实愿景。宇宙论导向的文明之所以失败是因为它们过去太过完全地受礼仪生活限制,因为它们已经在自己有限的环境和社会经验基础上形成了现实的愿景,没有设想到剧烈的社会变革本身的可能性。古老、稳定秩序的摧毁使得人们对现实愿景产生分歧,并形成将变革与冲突的时代与早期宁静时代并置的趋势:

> 于是,出现了一种道德二元论,到底是什么和应该是什么之间的对立,人类方式与神祇方式之间的对立……神圣的秩序不再是一个礼仪性的体制,而是关于正义和真理的道德法则。③

因此,与汤因比、雅斯贝斯、芒福德(和其他人)一致,道森将公元前第一个千年描述为"轴心时代",这个时期的标志就是对于世界二元的发现,即精神秩序(或道德秩序)与自然秩序相并列。④

但(不同文化)对古代唯物主义的辩证反应则过于极端。其结果就是产生了一种普遍的倾向——逃离这个世界以便为下一个世界做准备

---

① *Dynamics of World History*,104;*Religion and Culture*,69。
② *Progress and Religion*,111-112。
③ 同上,120;*Age of the Gods*,235-237。
④ *Progress and Religion*,119ff.;*Essays in Order*,186ff.

或服务于下一个世界。在印度、中国和希腊,以及近东,人们的反应以过分荒淫的行为为特征,这种行为"作为一种社会力量对宗教带来的伤害"不亚于其对物质文化的伤害,因为:"将物质和身体定罪为邪恶,从自然和感觉世界的逃离,对现实世界和社会秩序价值的否认——这一切似乎都使得宗教和文化之间有不可逾越的鸿沟。"①在犹太教中,社会生活精神化方面表现最为激进,而且在犹太先知那里,宗教契机和特定的物质文化之间的联系开始变得松动了。②

这种自由自在的犹太宗教生活有利有弊。一方面,它使得人们开始发现和调查研究道德法则;另一方面,它也使得人类开始否定物质力量在其生活中的重要性,因此倾向于抑制人们征服自然的冲动以及为此征服而使用的适当的方法和工具。但在基督教中——借用道森所用的术语,它(犹太宗教生活)应被视为:(1)历史个体;(2)两种类型即两河流域及犹太人宗教经验的辩证综合;(3)最高形式的宗教经验——一切较为古老形式的宗教经验都通过扬弃而得到了超越。耶稣道成肉身这一概念,瞬间解释了所有古老的神话,并且在重建了人、自然与上帝之间的动态关系中赋予这一关系新的内涵,请看:

> 绝对与有限,永恒与短暂,上帝和世界不再被看作两个相互隔离相互对立的互相排斥和互为左右的秩序。这两种秩序互相渗透,甚至尘世间的物质和意识也能够成为神圣生活的载体和渠道……世界的进程不是受制于一成不变的需求法则,而是一出神圣的戏剧,一幕一幕依次上演:从人类被造和人类堕落,到人类的救赎和他光荣的复兴。③

借助于罗马帝国和古典文化的媒质,这种新的现实的愿景在公元4世纪成为地中海世界的共同认知。但是随着新一波来自地中海盆地

---

① *Religion and Culture*, 207ff.
② *Progress and Religion*, 149ff.
③ 同上,155-156。

周围的草原和沙漠的游牧民族的到来,这一认知被撕得粉碎。只有在西欧,由于"恰到好处"的条件,这种综合体才得以以其最完美的形式绽放,只有在这里才会出现"宗教与文化的有机结合"。

很显然,正是从这一点开始,道森推衍了对所有宗教的评价标准,而且,既然"宗教是历史的关键",也推衍了他史学辨析的标准。从有关人类宗教历史的史学证据中,他推论出这些宗教所呈现的是两个阶段这一现实。在第一阶段中,人类对现实愿景的探索与客观现实的一致性使他能够发现自然世界之特性。第二阶段则迫使他明白尘世间的秩序永远无法与完美的神圣秩序相媲美。这一阶段的特点是开始拒绝尘世。但人类永远不可能否认其动物本性,就如同无法否认其精神渴望一样。这种辩证使得人类在肯定动物本性与拒绝动物本性两个极端之间采取了折中的立场即回归至基督教,世界上唯一通过人在社会公益服务中超越自我、委身上帝而达到救赎的宗教。于是,宗教成为文化发展中最为辉煌的时刻;这里的隐含意思是,基督教等同于宗教本身;而西方文明等同于文明本身。基督教确立之后,所有留给文化历史学家的任务就是随着它在时间上的发展和空间上的扩张(或缩减),来记录其发展历程、有机联系、成就和磨难。

在《欧洲的形成》中,道森展示了基督教在罗马帝国领土上三个文化区域中的发展。在罗马帝国附属领土盛行的这三种文化综合体分别是希波文化(古老的美索不达米亚古文化的后裔)、闪米特文化(古老的埃及古文明的后裔)、希腊罗马文化(古典文明的后裔)。在三种文化领域,基督教都经历了其被本土思想化的转变。

在拜占庭帝国,东方和波斯文化大获全胜。宗教成为国家的辅助品,在涉及上帝本性方面,神学在"毫无意义的推测"上耗尽了其创造力。这种对基督教纯洁的破坏并未满足近东地区的闪米特文化,这种不满的结果就是伊斯兰教的反抗:

> 一种向更简单类型宗教的逆转,这种宗教认为根本不需要什么道成肉身的耶稣或任何不断进步的人性。神人之间的

桥梁被打破,神的大能再次独放光芒,一如沙漠中的太阳。①

于是,在道森视其为基督教的异端邪说之伊斯兰教中,先知元素在宗教中压倒一切、摧毁了稳定的祭司元素,将国家降级为一个纯粹闪米特构想的社会生活,将创造性的社会努力连根拔掉。在拜占庭帝国,波斯对于宗教和文化的构想大获全胜;政教合一的体制开始产生,文化中的宗教契机开始服从于政治利益,从而摧毁了宗教中创造性的先知元素。②

只有在西方才可能实现真正的政教合一。在西方,政教之间的动态张力得以维持——一个是人在尘世有自己的组织,也就是国家;另一个是人为自身所预备的另一个世界,也就是教会。人的精神诉求与其政治需要之间的平衡赋予了西方文明特有的生命力,并且这个不断变化的社会和自然环境使得基督教的现实愿景得以逐步深化和逐渐清晰。这种有机的关系从孕育到成熟的阶段,必须被视为所有时代最有创造力的时期。③ 正是基于此,道森认为中世纪是西方文明的,事实上,也是世界文明的"古典时期"。

道森认为,野蛮人的入侵拯救了西方教会,尽管他们摧毁了罗马政权,但可以使一种新的日耳曼拉丁文化在教会的庇护下得以自由地发展。西欧处于"一个非常特殊的宗教创造时期,因为它是基于教会的统一而不是政治的统一"。④

---

① *Progress and Religion*,162。以及参见克里斯托弗·道森,*The Making of Europe*(New York:Sheed & Ward,1945,首次发表于1932年),141ff,159,166。

② 同上,105ff,113-122。

③ 道森认为一个"古典时期"是一个文明的历史时期,是一个文化承受了一个外族的入侵,并与之融合之后重新出现的一个文化。"因此只要这种特定的文化幸存下来",由此产生的文化形式"就拥有一个经久不衰的经典特征"(*Religion and Culture*,200)。

④ *Progress and Religion*,166。参见 *Making of Europe*,189ff,以及克里斯托弗·道森,*Religion and the Rise of Western Culture*(New York:Sheed & Ward,1950),第4和第7章。

这一时期的"黑暗时代"是一个大杂烩的时期,四个文化传统在此相遇,并在普世教会大熔炉时期混合在一起。在欧洲各个地区凯尔特、日耳曼、拉丁和东方(基督教)思想不同程度地融合在一起,在超级文化中打造各民族的文化,成就了欧洲和基督教。在斯拉夫人、阿拉伯人和北欧海盗不断入侵的重创之下,西方的基督教民族逐步形成了一种有别于他们的敌人和邻居的现实新愿景。①

新文明的地理和文化中心就处于势均力敌的北欧日耳曼和拉丁文化所交汇的欧洲部分:在卢瓦尔河和莱茵河两河流域之间的高卢,正是在此处二者进行了最初也是最完整的融合。在这里,在一种基督教主教制度和祭司制度的指导下,拉丁古典文明与日耳曼部落文化互相交融,也正是在此,新的文化统一的首次政治代表——加洛林王朝得到了蓬勃发展。繁荣昌盛于13世纪的文化融合之各个体系正是从这一文化中心发源而出。

道森认为这些体系为欧洲所特有。因此,一旦这些体系消亡,欧洲也随之消亡。这些体系分别是:基督教亚里士多德主义、莱茵河和北方的大学、公社和自由城市、不动产的代议制、哥特式建筑、宗教秩序和骑士精神。② 所有这些体系都共存于一个框架中,并且受罗马天主教的超越国际的祭司制度、礼拜仪式、通用语言和世界观所共同指导。所谓的黑暗时代是孵化期、有机融合期;仅仅是在11和12世纪,新的文化开始开花结果。

当西欧社会开始复兴时,这种新文化以宗教动机为灵感,并直接继承了精神社会的传统。授职权斗争和经过改革的享有国际霸主权利的教皇权是欧洲社会中精神力量战胜封建和野蛮文化的显著标志。在基督教世界的英联邦国家,无论身

---

① *Making of Europe*, 214 - 233; *Religion and the Rise of Western Culture*, 193 - 239.
② *Religion and Culture*, 201; *Making of Europe*, 286 - 290.

处何方,每个人都意识到他们联邦公民的身份。而这种建立在共同信仰之上的公民身份恰恰是建立新社会的基础。①

事实上,教会战胜国家后真正的危险在于可能会导致继伊斯兰教模式之后一个强大的政教合一的国家,而教皇成为信徒的最高统帅。这可能会引发西方世界的社会动荡,正如伊斯兰反叛以来困扰着阿拉伯世界的社会动荡一样。方济各会的复兴避免了这种危险,它对人类本性的态度"标志着西方历史上的转折点"。②

道森发现了方济各会敬虔主义来源于奥古斯丁传统,但二者有所不同。圣方济各的教义指出:

> 信仰和生活,精神和物质,二者不再互相对立,因为这两个世界已经在个人生活经验之现实中融合在一起。③

人们最初"神化和崇拜",后来随着意识到精神的超越性特征而否认的自然力量,现在又被重新纳入了宗教世界:

> 在永恒大光照耀下而相形见绌的人类本性和稳步不前的世界经过漫长的时期在此结束,一个人文主义和对自然感兴趣的新时代在此开启。④

这种新的思想被托马斯主义赋予了哲学含义,它有意识地尝试"打破旧的东方唯心论的既定传统和新柏拉图的理想主义,让人类回归至自然秩序中"。⑤ 因此,托马斯主义的诞生,标志着基督教的发展达到了哲学自我意识阶段,而且西方文明在其知识成就上已经登峰造极。

用道森的观点来看,鉴于他相信文化经历四个阶段(宗教、政治、艺术和哲学阶段),而且鉴于他认为基督教是所有宗教的最高形式这一事

---

① *Progress and Religion*, 167.
② 同上,171。
③ 同上,170。
④ 同上,171。
⑤ 同上,173-174。

实,似乎文化复合体这一理想已经实现。任何进一步的发展似乎都变得不再可能,任何变革都不得不以衰退告终。事实上,他认为在西方达到文化自觉那一刻,离心力正在内部摧毁它的统一。这些离心力并不是宗教性的,也不是基督教本身所固有的。更有甚者,这些力量渗透并毁坏了教皇权本身。那么,这些离心力到底是什么?它们来自何方?

道森将这一经典时代理想文化的衰退,归结于"外来"文化对西方的入侵。这些文化早在野蛮种族被**彻底**同化并通过十字军东征由东方进入西方之前就在西方得到了加强。① 比如,与拜占庭式的政教合一相接触导致了肆意加强国家政权,甚至到了败坏教皇的地步,使得它们欲与国家争夺最高政治权力。与伊斯兰教的接触,一方面强化了叛逆的先知文化(导致了异端),另一方面则强化了世俗哲学的传统。总之,与东方文化的接触导致了贵族、宫廷和世俗文化的兴起,产生了白话的和民族主义文学、希阿哲学传统,以及鼓动下层阶级反抗祭司权威的异端邪说。所有这些思想从根本上切断了由国际教皇统治的圣典社会,而且中世纪的统一也被某种力量撕得粉碎,这种力量"本身在文化和宗教、政治和教会的组织中都产生相似的摧毁力量"。

在欧洲南部,反对世界统一的运动表现并非反基督教而是反日耳曼(或反哥特),它所展现的是其本身意欲回归早于基督教的更古老的古典文明。于是兴起了文艺复兴时期的人文主义文明。②

在欧洲北部,民族觉醒的运动不得不寻求不同的表达形式,因为在中世纪之后不存在更高形式的文明,存在的只是野蛮部落的异教世界。自路德开始,北欧文化从生命中枢中分离出来,拒绝民间一切精神和体制生活中的拉丁文化这一理想。关于路德,道森这样写道:

> 他具体表达了觉醒的日耳曼民族精神对任何一种被认为是外来的或压制性影响的反抗;反对禁欲主义以及诸如此类

---

① *Making of Europe*, 288ff; *Progress and Religion*, 177ff.
② 同上,178。

的阻碍自然本能的思想，反对亚里士多德和圣托马斯的理智主义，反对整个拉丁传统，最关键的是反对罗马教廷及其意大利官员，因为对他而言，后者代表着敌视基督和日耳曼灵魂的头号敌人。尼采写道："路德的宗教改革，从整体来看，就是简单对复杂的义愤。"是"精神上的农民起义"。①

由此可见，是路德教教义从基督教中消除了哲学和希腊元素，并强调一切都是"闪族的和非智力的"。路德"接受了没有希腊精神的圣保罗和没有柏拉图主义的圣奥古斯丁"。其结果并没有实现路德所设想的基督教回归到使徒时代的目标，而是表达了"纯粹的西方元素"，更加速了宗教改革所一直反对的宗教世俗化。在此，宗教改革与文艺复兴为了一个共同的目的而联手，那就是消除宗教作为文化生活中的重要力量。这个世俗化过程摆脱了所有的道德约束，在科学和技术方面尤其肆无忌惮，并且产生了一种"在物理方面无限优越于13世纪"但"因其不再包含整个现实而处于劣势的"文化。② 现代世俗文化切断人与超自然的关系，将物理世界视为唯一的现实，从而破坏了可以作为推动力的道德保障——这种道德本身可以提供一个统一的、连续的和创造性的社会生活。这种随心所欲的科学导致的必然结果就是欧洲文明的混乱和自我毁灭，由于失去方向和共同的目标，必然在野性的、民族冲突的恣意中自我摧毁。

取代祭司制度成为社会的引领者（首先是人文主义者，其次是自然科学家）之知识分子阶级无法提供一种超越动物意愿和残暴自利的理想。道森发现欧洲衰落的直接原因正是祭司阶层的消失：

> 对于……是否一个文化一度曾具有这种祭司制令人怀疑——我的意思是指一个一度曾是神圣文化传统的捍卫者——精神阶层或者秩序——竟然可以摒弃祭司制而没有迷

---

① *Making of Europe*, 288ff; *Progress and Religion*, 180.
② 同上，185; *Essays in Order*, 161.

失方向走向穷途末路。这正是西方文化世俗化过程中出现的……那些取代祭司,作为西方文化的更高传统的捍卫者的知识分子们,也对祭司制大加挞伐并公开瓦解之。他们尚未形成一套完整的价值观和标准体系来统一现代社会,因此无法抵抗正在摧毁人文主义以及西方文化的基督教传统的非道德的、不人道的和非理性的力量。①

因此,道森得出以下结论:现代西方文明的不稳定性是传统文化和传统宗教分离的产物。

那种破坏性冲力也并未因为这一分离而结束,因为现代非道德的科学之特征就是既要破坏人与超自然的关系,又要破坏人与自然规律之间的关系。在道森看来,19世纪的经济和社会变革产生了一场革命,这场革命的对象是从人文主义开始就已经存在的人与自然的关系。借用刘易斯·芒福德的说法:

> 它们摧毁了人类社会与自然环境之间的生物平衡。迄今为止,在每个欧洲社会中,较高的城市文明曾经是比较基层的上层建筑,依赖于农村社会广泛和坚实的基础。[农民生活]是一个人力资源库,城市文化的积极元素和统治阶层都能从中获得新的生命和活力。乡村的人口不断迁移到城镇,下层社会的人口也不断升移到上层社会,这种移动的作用就是替换在人为的生活方式中以及形式更加紧张的社会活动中已经耗尽的人力资源……在所有地方,生活条件正在变得越来越人工化,因此人类就越来越需求精神力量。②

因此,现代世俗化不仅导致人类在精神上疏离,同样使得其与自然本身的创造性源头渐行渐远。他生活在自己创造的世界中,在这里他

---

① *Religion and Culture*, 106.
② *Progress and Religion*, 210 - 211;以及 212 - 219 页。

的创造力由于缺少与其精神和肉体根源的接触而枯竭。恢复中世纪类型的基督教"将为欧洲提供其社会统一所急需的必要的精神基础",而这一基础在现代的世俗世界观范围是寻找不到的。即使在1954年,面对全球文明建立之后所提出的问题,道森依旧重复了这一治疗欧洲痼疾的药方:

> [欧洲]传统的创新发展取决于精神力量之生命力,这种生命力激发了欧洲文化的成就、基督教的宗教传统和人文主义的知识传统;而且它们迄今仍充满活力。它们存在于欧洲内外:一方面,存在于天主教教堂,另一方面,存在于西方传统的科学、学术和文学之中。我们必须在这两种力量当中寻找建立一个新文明,在一个兼容并蓄的精神共同体中来统一各个民族和欧洲大陆。①

道森公然宣称要在奥古斯丁的模式上构建一个历史观点,它将提供一个物质和精神文化的空间克服这种模式的局限。他到底成功了吗?我认为没有。

首先,很明显,他为我们提供的是一个地中海世界从大约公元前4000年到大约公元后1400年的宗教历史的抽象概念,因为基督教就是在此精神大熔炉中脱颖而出的。此时,物质文化本身仅仅成为刺激辩证过程发展到其下一阶段的负力矩。

但道森这里有些自相矛盾,因为他不愿承认辩证过程可能会超越基督教在某一阶段的发展所到达的顶点:中世纪。在这里他做了连黑格尔都没敢做的事情:终止了辩证过程。道森给我们的不是普鲁士王国,而是将天主教会作为所有西方真正精神的"载体"。在此发展点之外的任何变化都是"衰退"。只有在其范围之内,真正的进步才可能继续。

---

① *Dynamics of World History*, 412.

既然确定了文明只是多方面的表现形式之一,道森肯定会认为西方文化的所有成就,不是个体或群体的人类创造力,而是这一特殊宗教情结的表达或残留。这使他得出结论:所有的社会混乱都是由于偏离这一特殊的精神理想,都是因为西方遗弃作为其阶段发展特点的制度化宗教的结果。在这种观点中,剥开道森华丽的文化历史的社会学和历史学外衣,我们再一次看到了圣·奥古斯丁的世界,在这个世界中,除了在宗教的辩证发展中作为载体或负力矩,人类所有的成就都被否定了。

关于道森社会学"类型"的构建,乍一看似乎非常健全。自然宗教并没有远离现代宗教的社会学:它像斐洛一样古老(或者更老),并且在托马斯主义的社会哲学中以基督教形式大获成功。但真正的社会学的基本原则是,一种类型的构建建立在对一个物种的所有种类的实证检验以及对它们共性特征加以概括的基础上。区别的标准可能会发生变化,但是一种类型应该包括所有种类的实例。道森在构建他的"文化"的原型中并非包括了所有类型的实例,而是把一个排除在外。他认为,由于之前所有的文明中都渗透着一种特殊的宗教信仰,那么我们所可能发现的任何一种世俗文化不是这个物种的变异而是一个突变,或者是纯粹的和唯一可被接纳的类型之衰退。对他而言,一个文明只有与一种假定的时间和地点中存在的类型相一致是才是健康的。事实上,充斥这一文明的不是一般的宗教理想,而是一种特有的宗教理想——那种产生于亚热带和温带地区季节性周期的高度发达的仪式秩序,那种由一个祭司阶级指导的宗教理想。那些没有发展到祭司制度的文明,他称之为原始;而那些拒绝了这一宗教理想的,他称之为衰退。

在现实中,道森的文化社会学并非名副其实,而是宗教社会学。它甚至也不是宗教社会学:它只是一个特定的地方(地中海世界)以及一个特定时期的宗教社会学(公元前4000年—公元1400年)。道森所有研究的成就都归功于其对于这段时间和地点的宗教史的敏锐研究,然而,他却将其转化为评判其他宗教的标准。因此,一个宗教的"内在生命力"和"外部形态"之间的区别只局限于其对地中海地区宗教的研究,因为他所谓的"内在生命力"仅仅意味着"近似基督教"。

由此,我们不得不对道森的历史观念提出批评。柯林伍德在《历史的观念》中写道:"人类历史上真正的史学观点认为那段历史中的一切都有它自己存在的理由,那就是为了满足人自身的需要,而人类思想也参与创造了它。"①将任何人类的创造,包括宗教在内,视为一个畸变或一个突变都是反历史的。社会学或历史学分析中"运动"这一理念,相当于科学上的"可能性"。其用途是承认分析的失败。我们把多种的现实即历史分门别类,对之进行研究,目的是通过与一般进行比较来提高对个别的认知。但类型本身总是被任意构建;它总是由一个有限的特殊群体组成的,我们对之进行考查以找到它们所共有的一般特点。除基督教外,道森在所有研究中都将宗教分解为各种类型。在这一点上,他回归历史来强调其个性,然后将这个史学的个性转换成某种宗教原理,以此作为判断其他历史存在的标准。然后在基督教,他采取了相同的手法:真正的基督教只存在于其中一个阶段,在祭司圣典中,在中世纪类型的基督教中。所以,他认为希腊东正教是失败的基督教,伊斯兰教是异端,而新教则是一种衰退。这使得他假定犹太教在先知那里停止了发展,这些先知现在成了传统的基督教徒。在这种模式下,根本没有后圣经时代以及遵从犹太教法典的犹太教的地位。尽管他把伊斯兰教和犹太教的宗教观点之失败都归结于没有产生一个高级的物质文化,新教的宗教观点之失败归结于现代西方世界之邪恶,他却认为中世纪文化的邪恶与缺陷,不是因其宗教原因,而是因为"外族文化之入侵"。因此我们看到道森的"原因"这一概念,乍一看似乎包罗万象,事实上别有用心。他指出近东落后的"原因"不是因为物质上落后,而是因其宗教观点上落后;但在探讨中世纪社会弊端的原因时,他却发现其"原因"不是宗教观点,而是弃绝了或者没有成功地继承罗马天主教。

---

① *The Idea of History*, 77.

以此类推,一个既定社会的失败,是因为其现实愿景之不足;当罗马天主教文化失败时,它却不是因为其现实愿景之不足,而是个人失败的结果。①

再者,除了我们对其说法——原始人的生活"意味着没有合理的目的"——高度怀疑外,道森是否能从现实之观点证明所有的变化都是宗教的变化,这一点也仍是可疑的。在原始社会中,宗教往往代替了技术在现代社会的功能,甚至,原始人试图在一个落后技术控制不了的地区来使用一种特殊技术(巫术)支配和控制这些地区的生活。② 人类的文化生活一直包含着混合的两种秩序,一个是技术秩序,另一个是道德秩序。原始文化和文明之间的差异可以视为一个是道德秩序占据了主要位置,一个是技术秩序占据了主要位置③。人类存在的最初几千年,人的技术保持相对不变;人不能理解构成自己世界之力量,因此,在实践中以神秘或精神力量来支配世界。宗教的任务是发掘这些力量的本质并保持与它们和解。正是因此,当道森提到祭司制度时,他称之为"辅助自然力量发挥功用"。

但同样,萨满也有辅助自然力量的功能。尽管他实施的框架可能不如祭司制度之宇宙观那般成熟,他实施的框架知识是设想一个可重复的因果模式来作为这个巫术的必要基础。因此,虽然说"当人类发现自然的秩序时,文明才成为可能"这一说法有其真实性,但没有理由称这种发现为宗教的而不是技术或科学。是埃及的沼泽排水系统,运河的复杂的灌溉系统,在一年合宜的时间种植,才使得尼罗河流域文明得

---

① 自然而然地,道森发现自己与 T. S. Eliot 有异曲同工之处,参见其论文"T. S. Eliot on the Meaning of Culture", *The Month* Ⅰ (Mar. 1949),重印于 *Dynamics of World History*, 103 - 110。

② Bronislaw Malinowski, *The Foundations of Faith and Morals* (Oxford: Oxford University Press, 1936), 32ff,以及 *Magic, Science, and Religion and Other Essays* (Garden City, NY: Doubleday, 1954), 25ff。

③ Robert Redfield, *The Primitive World and Its Transformations* (Ithaca, NY: Cornell University Press, 1953), 15 - 23。

以发展;若非如此,再多的宗教仪式也产生不了奇迹。虽然这一过程的指挥者可能是牧师,但至少也是身为科学家的牧师。

我们可以像戈登·柴尔德那样强调河谷流域历史文明的出现纯粹因为其物质环境①。但与道森一样,柴尔德错在他的一元论上:二者都没有公平对待人类创造力的多样性。文明可以定义为在道德秩序所控制和解释的地域中,技术秩序入侵之产物②。但就在这个时候,人的宇宙观一分为二。这一刻,我们看到道德秩序不断后退,道德秩序逐步递减。几千年来,祭司制将两种秩序在一个共同的宇宙框架下相结合,形成共同的神圣的知识传统。但一旦这种技术秩序催生出一种与支撑旧道德秩序和祭司制的神话根本对立的宇宙观念,这一共同框架将不复存在。

人类历史上从大约公元前1750年到公元1750年的各种宗教冲突,其根源在于技术需摆脱某种强加于它的神话之限制,此神话从原始时期继承,经过产生于大约公元前4000—公元前1500年的第一次伟大的技术革命之修正,只在18世纪的西方才获得成功。由于自由科学之产生,新的宇宙观得以构建,理性哲学对古老的神话观进行了严厉的批判。随着古老的宇宙观的毁灭,建立在古老的地球中心、万物有灵论的宇宙观和宇宙进化论基础上的代表仪式的祭司制之权威也随之毁灭。事实上,正如雅斯贝斯和汤因比所宣称的,完全应该把世界历史分为三个阶段:史前或原始文化,产生于大河流域的基于有限的宇宙导向的世界观之文明,和当前正在形成的不再以地球为中心的宇宙观基础上之文明。现代宗教的任务似乎不再是固守古老的地球中心之宇宙观及其随之而来的宗教仪式,而是建立一个新的世界观。在此框架下,曾经产生旧的宗教产品的道德信条,将在新的宇宙观下被重新阐释。

古老的宇宙观以及随之而来的宗教仪式和祭司制度的消失并没有

---

① 参见 V. Gordon Childe, *Man Makes Himself* (New York: New American Library, 1951),尤其是第5章以后。

② Redfield, *The Primitive World*, 22ff.

47 造成绝望。这并非意味着道德秩序的毁灭。受过古老神话训练的宗教知识分子不愿或不能以新的宇宙学所接受的术语重新诠释其道德戒律，使得道德秩序削弱了。新环境要求部分放弃以地球为中心的神圣的秩序。在这种重新适应中，根植于旧秩序的宗教也必然受到影响，而那些宗教比如犹太教、佛教、印度教和伊斯兰教——它们在道森看来错误地使自己摆脱了严格受限和有限的自然和宇宙的观点——却恰恰可能对这个超越地球中心的时代提供适当的道德戒律。

的确，如果罗马天主教或任何宗教在现代世界已经失去了它的意义，这是因为它的象征过于依赖于一个小宇宙的一部分才产生意义。这些象征在地中海盆地被发现，在真实体验中被神圣化。随着现代科学将世界转化为能量，人类超越了地球中心，他必须进入一个不同的象征世界。艺术已经发生转变，或至少正在为此而进行试验，宗教必须很快跟进。我们注意一下印度教，用拉达克里希南的话说，"它可以在试管中找到上帝"，"马克斯·普朗克、阿尔伯特·爱因斯坦和尼尔斯·波尔的新科学，不难证明这一点"。① 这是因为它从未像基督教那样，产生于干旱亚热带和温带地区，由于季节性变化和世界运行的限制，已经于经年的仪式中形成了某种宗教。这似乎表明，在新的宗教理想的形成中，如果基督教想要生存，它必须放弃旧的宗教秩序或者至少彻底修正它；这并不是说必须抛弃包含在登山宝训里的基督教伦理的内核，而是抛弃其历史附加物。如果有人认为没有历史附加物的基督教不是基督教，我只能说，这种观点与反基督教的态度不谋而合，把宗教等同于给定的文化。如果基督教是如此有限，那么它就应该随着孕育了它的文化而陨落了。在这样一个由现代科技统一的世界，此等文化民族优越感无疑如同部落中的血液崇拜一样过时。任何维护古老仪式秩序的尝试都已经注定了失败，如同道森希望把欧洲限制在一个 13 世纪的宗

---

① Sir Sarvepalli Radhakrishnan, *The Hindu View of Life*; Upton Lectures Delivered at Manchester College, Oxford, 1926 (London: Allen & Unwin, 1927).

教仪式的范围内,固然有其充分的理由,也从此屈服于历史的审判。

最后再说一下道森有关欧洲文明的概念。道森如此振振有词地宣扬过的中世纪的统一,从未真正存在过,然而道森试图解释其消逝的原因。他能找到的唯一原因是"东方潜移默化的影响",欧洲从来没有免受其害,这种影响在十字军东征期间及之后基督教与东方的接触中得到了强化并获得新生命。基督徒接触东方导致一系列破坏性元素的产生,诸如白话文学(不利于由教会推行的国际文化统一)、贵族传统世俗化(阻滞了祭司的权威)和希腊-阿拉伯哲学(损害了圣托马斯建构的哲学统一)。所有这些因素以其世俗化和个人主义倾向扰乱了中世纪的统一,直到东方主义和中世纪精神本身在反抗宗教的文艺复兴和宗教改革中全军覆没。

但是肯定有地方出现了问题。怎么可以想象一个没有世俗文化、白话文学、希腊-阿拉伯哲学这些构成现代科学根基的欧洲呢?如果欧洲文化少了这些元素,那就不能称其为欧洲,而仅仅是一个无限延伸的13世纪之合成、一种毫无生机的状态,它使那些构成欧洲的典型动态元素在成长初期即遭夭折。

没有了在某个阶段存在的宗教特征,欧洲就不是欧洲了吗?这种说法的潜台词是否认一件事可以在保持自身不变的情况下而改变。为什么13世纪被认为是欧洲的"古典时期"?为什么不是18世纪?或者是19世纪?为什么要有"古典时期"?就纯粹的历史而言,不可能存在这一时期;正如利奥波德·冯·兰克(Leopold von Ranke)所说,每个时代都直面上帝,它都有自己合理存在的理由。就社会学而言,"古典时期"可能被当作一个抽象概念,但它同时也认为这种抽象实际上并不存在,只是一个分析工具。因此,是什么给了道森的"古典时期"一个道德律令,以此判断西方从13世纪理想的衰落或改变是造成其所有危机的原因?放弃13世纪社会理想本身不正能说明其不完善性吗?对道森而言,如果探讨任何除罗马天主教类型的基督教之外的其他宗教,这种判断都是他必须面对的。

但对他来说,罗马天主教不是历史学的特性或社会学的抽象,它是那个真正的宗教;它是宗教本身。他将时间过程分为两个领域,并发现教堂使二者结合在一起。因此,这一机构(教堂)所构成的社会具有永恒的意义①。这使得他把罗马天主教基督教实体化并作为一个永恒的原型,任何对它的偏离不是由于教堂本身有错,而是那些放弃信仰的人的错,因此才产生衰落。以偏离信仰作为西方混乱的"原因"似乎在暗示:今天的人们不如他们在更古远更快乐的时代那样道德。它使人梦想回到黄金时代,回到一个古王国之后的埃及人,赫西奥德之后的希腊

---

① 这是任何在宗教(或一元论者)基础上建立起来的历史哲学的必然结果。正如克罗齐很久以前指出的那样,如此的历史观只能被看作一种神话,其特点是混淆概念和想象力。参见贝内戴托·克罗齐,*La storia come pensiero e come azione* (Bari: G. Laterza, 1943), 138。必须指出,道森与黑格尔在其著作中所犯的错误是一样的——对于其著作,克罗齐批评所有的"历史哲学"的观点也许同样适用于批评道森的著作:

　　因为历史哲学在工作时或游戏时(看你怎么想)愿意把通常的史学分组,它不关心历史的原始想法或建设,反而会处理现成的、深思熟虑的、重述的,或者提供好的标题、摘要,然后把它们作为基础。据称,通过提炼或扭曲这些资料,"内在"的历史,真实的、潜在的历史得以产生;这就是我们之前所提到的神话。这样我们就面临一个二元性:一方面,历史叙述通过批评得以建构;另一方面,超越批评的解释是启示的结果,或是将来的愿景之结果,或是一种无法描述的能力,或是与人类精神的其他能力之间的关系或和谐。这种二元性在二元论中被称为"预言主义":它既不是归纳,也不是演绎,而是两者的混合。(同上,139 - 140; Sylvia Sprigge 的英语翻译为, *History as the Story of Liberty* [New York: Meridian Books, 1955], 135 - 136)。

可以说,道森不是封闭在一个圣奥古斯丁信仰的系统和现代理性之中,而是重申了后者从属于前者,这也是任何这类综合的尝试都必然产生的结论。他的目的是否认世俗文化的积极意义,尽管他的主张是相反的。例如,他同意纽曼的观点,即认为国家是建立在罪恶的基础之上的。参见《圣奥古斯丁和他的时代》("St. Augustine and his Age")第63页。道森思想的这一方面,在这个方向上,就像18世纪的哲学家,后者对宗教有明确的憎恨,二者一样都是错误的。启蒙运动的极端理性主义态度的结果是一个基本的反历史立场(Collingwood, *The Idea of History*, 77)。道森的反历史观点使得他主张:需要有特殊的理解能力,才能对历史图景发表洞见。例如,谈及中世纪及其精神生活,他说:"对于任何一个不是天主教徒的人来说,理解这个伟大传统的**完整部意义**是非常困难的"(*Making of Europe*, 第十八章;重点为我所加)。这里的"完整意义"是暗示在历史文献中有一个真理,它不需要人类的理解历史的能力,而需要一个特殊的认识论方法。

人,以及斯多葛学派之后的罗马人的神话世界。

同理可证,如果说比起中世纪,在现代世界人类有更多的焦虑的话(这本身是高度可疑的),这是因为人类意识到对于给定问题的任何既定答案(在宗教和文化方面)永远不可能是对所有的问题一成不变的答案。不管愿不愿意,现代人类都必须为自己的行为承担责任,而非需要一个自称与唯一一个真正的上帝接触的神职人员来为他们祛邪除怪。如果早期社会真的能比现代社会更好地适应环境或更为和谐,这是因为政教联合不是鼓励个人承担责任,而是亲手摧毁了这种责任感。不管善恶,现代科学已经突破这些古老的强迫力,使人学会对自己所作所为承担责任。这个礼物有些惊世骇俗,但是非常值得拥有。要求人类为了"内心的宁静"而拒绝这个礼物是一种侮辱。正如科学、哲学和历史一样,宗教必须提供一个有修正可能性的事实。如果能做到这一点,那么它便不需要什么镇静剂。

第三章
克罗齐永恒普遍联系的历史观
（1963）

"形而上学是敌人。"
——托马斯·曼小说《魔山》的主人公塞塔姆布里尼

　　埃里希·奥尔巴赫在学术讨论中谈道："书写历史困难重重，大多数历史学家不得不采用传奇写作技巧。"①而且，他已经轻而易举地将这种概括泛化到社会学理论和社会学批评的方方面面。传奇思维方式将不可避免地渗入社会理论家的论述中，觉察、认识不到这一点的社会理论家只能被视为认识论不成熟或是只将精力投入在琐碎的细节争论中。传奇的使用是科学借助语言进行表达而向虚构神话所付出的代价。由此，一个特定的时代是否被认定为是"科学的"，更多取决于其对固有的神话思维方式倾向的处理态度，而非它对知识的实际贡献。奥尔巴赫时代的历史学家将采用传奇写作技巧视为被迫做出的让步。然而，在我们所处的时代，传奇写作技巧得到了广泛认可，并被尊奉为挣

---

① Erich Auerbach, *Mimesis*: *The Representation of Reality in Western Literature*, trans. W. Trask (Princeton, NJ: Princeton University Press, 1953), 17.

脱恼人束缚、进行理性探究的有效途径。

在我们所处的时代,神话、寓言和传奇既作为研究客体(对象)又作为探究方式,对社会思想观念的影响与日俱增。那些对人生的复杂性极其敏感且时刻提醒我们提防神话强大力量的人们,极少获得公平的大众听取机遇,他们的真正价值更得不到足够的公众认知。正是这样,智者在免于神话困扰的同时免于受到大众评论麻醉的影响。实际上,内容连贯的神话故事经常因其自然而然的完整性让我们自惭形秽,而我们要么完全将其忘却,要么将其神化,以此免于被迫对其模仿。但是,我们常在特定的时间想到它们,特别是当它们融入过往的历史之中立地位的时候。我们也许会想到人类知识是英雄和史诗对话的产物,而人的生命对多数人而言是为了令人敬畏的自给自足进行的永恒抗争,而到目前为止,这只是特权阶层享有的令人垂涎的权利。

贝奈戴托·克罗齐已经去世十年。他漫长的人生一面沉浸在荣耀和理想化中,另一面则被包围在充满敌意的批评、孤立和暴力威胁中。然而,谈及他对现代思想所做出的贡献,尽管公众的评价态度游移不定,他仍为意大利乃至整个欧洲提供了一个范例,即作为知识分子,在不丧失独立人格的同时,从始至终关注所处时代的重要问题。吉尔伯特·穆雷曾把克罗齐比作托尔斯泰,进而指出克罗齐的坚忍不拔远胜于托尔斯泰,因为他回避宗教信仰带来的慰藉,并纯粹从对人的研究中获取指引。①不论我们如何评价克罗齐对特定历史事件做出的评判,例如,我想到了他在法西斯早期对墨索里尼的支持等,但将他毕生的心血和事业视为一个整体,仍是旧时欧洲人本主义文化中的卓越和重要因素的里程碑。②

---

① 参见 Gilbert Murray, "Croce as a European", in *Benedetto Croce: A Commemoration*, ed. Gilbert Murray (London: Publications of the Italian Cultural Institute, 1953).

② 关于克罗齐在法西斯主义之前、兴起和之后的政治活动和政治哲学争论综述,参见 Giovanni Mastroianni, "La polemica sul Croce negl studi contemporanei", *Società* 14 (July 1958): 711-737.

克罗齐对现代意大利影响深远,这一点毋庸置疑。他教会了同时代的人如何去学习,并将他们从文化地方主义的静止点中解放出来。在塑造现代意大利文化的过程中,他不仅仅是一股知识力量,也是道德力量。正如他的朋友评论家圭多·德·拉吉罗在二战结束时所说,"与德国的情况相反,如果我们中间只有一小部分知识阶层人士向敌人屈服而其余绝大多数仍守护着西方传统价值观,那么这一定是克罗齐的功劳"。①我们很难详细论述当代欧洲文化受惠于克罗齐的方方面面。也许只体现在这一事实中:在一战和二战之间,当大多数欧洲人盲从迷信于一个简单的方法即能解决欧洲各种复杂的社会问题时,孤立无援的克罗齐继续以社会评论家的身份进行创作,笔耕不辍地在知性主义的不毛之地和感伤主义的自怜自艾之间争取制高点。在过分简单化行事盛行的时代,克罗齐不断告诫欧洲,人性是一个值得研究的问题而绝非一个事实;而在自满情绪充斥社会之时,他反复强调任何新思想都可以充当解放人性的工具,然而,一旦处理不当,它也可能同样轻易地沦为压迫手段。

如果这些是真实的,我们如何解释在关于当代社会问题的探讨中每每谈及克罗齐随即引来对立的现象?去世十年后,克罗齐在国内外的声誉都跌至谷底。在当代文学评论家看来,与当代历史学家、哲学家和社会理论家相比,克罗齐的命运与托马斯·曼最为相似,多数评论家赞许其思想的崇高性,少之又少的人认为他的著述与时代毫无关系。年轻的知识分子倾向于将克罗齐视为负担和"文化独裁者",认为他长期持久地反对社会思想中的"科学至上主义",阻止了意大利知识分子实际地面对大众文化和工业社会的具体问题。②在英语学术世界中,克罗齐常被贴上神秘主义者和保守派的标签,除了被视为 19 世纪黑格尔

---

① Guido De Ruggiero, *Il ritorno alla ragione* (Bari: G. Laterza, 1946), 12.

② 关于克罗齐在当代意大利思想界的地位,参见:Norberto Bobbio, *Politica e culture* (Turin: Einaudi, 1955), 100 - 120, 211 - 268;以及 Pietro Rossi, *Storia e storicismo nella filosofia contemporanea* (Milan: Lerici, 1960), 287ff.

派哲学家代表之一外,并没有受到重视。① H. 斯图尔特·休斯的作品《意识和社会》是最近一部关于克罗齐时期思想史的研究著作,该书视角敏锐、明断是非。克罗齐在书中被视作过时的人文主义守护者,这种人文主义因其对科学的敌意而受挫,又被其"悲剧感"的欲望而蒙蔽。②

同类批评在过去经常针对歌德展开,而克罗齐和曼总是被用来与之比较。歌德在19世纪去世后随即遭遇了相似的黯淡期。在国家统一和扩张时期,对更为"实用"的席勒和更为"现实"的海因里希·冯·特赖奇克的关注让德国人获得了更多的满足感。直到最近我们才意识到,对歌德的否定与其说是现实主义在欧洲得到不断发展的证据,不如说是将现实主义与反人文主义进行认同的第一步。因此,也可以这样提出问题,即在我们所处时代的文化中,现今全球歌德派思想的伟大代表是否没有表达相似的错误认同。其最终目的是要将克罗齐思想的精华进行孤立,再次指出其核心价值,并且在假设中开展其对当代文化对话贡献相关性的研究,绝对不去证明其不全面充分。

在20世纪大部分时间里,究竟哪些事件让克罗齐蜕变成为意大利文化的权威人士,反复思索这些完全没有必要。③ 与更早一代哲学家雅各布·布克哈特不同,克罗齐从不为了享受与生俱来的优越生活而放弃创造美好世界的积极斗争。终其一生,他致力于使自由主义的传统更加纯净和进步,而布克哈特认为这种传统枯燥乏味并注定将要消

---

① 参见 A. L. Rowse 的评论,*The Use of History*(London: Hodder & Stoughton, 1946), 149; G. J. Renier, *History, Its Purpose and Method*(Glencoe, IL: The Free Press, 1959), 249, 268。

② H. Stuart Hughes, *Consciousness and Society*(London: MacGibbon and Kee, 1959), 229。

③ 参见 Antonio Gramsci, *Il materialismo storico e la filosofia di Benedetto Croce*(Turin: Einaudi, 1955), 174 – 177, 210ff。葛兰西是一位令人敬仰的意大利共产党领导人,他在法西斯监狱中结束了自己的生命。在指出克罗齐的阶级和地域贵族身份是其哲学立场决定性因素方面,葛兰西不是唯一一人。在1954年,沙尔非米尼,一位自由主义者,仍可以写道"出生于一个在政治和社会问题上仍延续和保持伟大南部地主特有的兴趣和思想态度的家庭"[该信写给 *Il Ponte* 10(Nov. 1954), 1741]。

失殆尽。然而,社会地位和承袭的财富确实让克罗齐免于受到专业从事学术研究带来的困扰。与同一时期的亨利·柏格森、马克斯·韦伯、恩斯特·特勒尔奇、弗列德利希·梅尼克、弗洛伊德等人相比不同的是,克罗齐不渴望也不需要成为大学教授。如此,他摆脱了不得不在几乎所有场合讲学的负担,这就能让他把全部精力投入更重要的积极社会论战中去,在那里展现强大的个人魅力。事实上,我们并不能将克罗齐归入任何哲学学派。可以说克罗齐是在西方人文主义传统影响下最后一位伟大的自学者,而他多元化的思想也许正是源于此,他承袭了同胞先辈彼特拉克和马基雅维利的传统,试图糅合二者在文化和政治上各自的立场。

克罗齐不仅能远离大学讲堂,他同样能摆脱政治讲坛的各种诱惑。然而,作为杰出的社会哲学家,对政治的厌恶丝毫不影响他担任社会公职并走上政治舞台。就克罗齐的脾气禀性而言,登上政治舞台需要极大的勇气,尤其在面对重大政治事件时,形势要求采取强硬的姿态进行合理的妥协,这就更需要勇气去权衡选择负责任的立场。现代社会的本质决定了同时成为人文主义者和大学教授很困难,不论官方的学术神话怎样引导我们,在做务实的政治家的同时还要保持人文主义者的身份更有难度。克罗齐的人文主义观点既阻止他成为一位迂腐的学者,又阻止他成为成功的政治家。但是,他的"失败"恰恰证明了真正的伟大。这种伟大的魅力在于不惧怕所见生活的多样和复杂,并出于人文关怀为不复存在的道义对公众进行问心无愧的考评。克罗齐拒绝被一时兴起的风潮所影响。每每面对压力,他都可以秉持公正无私,以自己的方式记录思想状态和言行。这被他的对手苛责为保守,而在他的朋友看来又是张狂的,但他认为这正是一种将分析社会问题时采取的现实主义态度和解决这些问题时采取的理想主义态度的必然结合。

克罗齐违背本意成长为一位哲学家,其实,一直以来他对历史是非常感兴趣的。然而,出于对道德两难问题的敏感,以及意识到没有搞清楚自己伦理道德深层基础的道德家(至少是对社会有实际意义的道德家)几乎不存在这样的事实,他逐渐转变为哲学家。在本该为已取得的成就和未来的计划深感欣喜的时候,自由主义显而易见的失败将他从自己年轻狭隘的复古主义中惊醒。他将这种困难视为自由主义理论与实践相脱节的一次失败。

在 19 世纪末期,自由主义者们开始怀疑曾经支持其反对偏见、反启蒙主义和权威主义斗争的所有假设的真实性。机械论心理学摧毁了精神和物质之间的划分界限;功利主义伦理学将理性和意志的分界视为一种融合而不是一个必要假设。这种融合最终将被理性让步于外在感受,意志让步于欲望的变化而替代。不论是否合理,自由主义者们曾使用的概念工具限制了现实世界的人类事务并将道德责任赋予其中,而各种变化又钝化了这些概念工具。这反过来引发了从未在自由主义者身上发生过的迷失,折射出他们对自由的本质越来越迷惑不解(艾克顿公爵曾指出)和在自由主义名义下需要有所作为时他们却无法采取行动(马克斯·韦伯提出)的状况。在晚年,克罗齐把 19 世纪最后 25 年的特点归纳为"平淡"但充满"怀疑和不满",发现怀疑和焦虑的原因其实是:

> 一度支持实践尝试的自由主义者们不再认同其深刻的内涵,不再欣赏其全部意义,也不再认可其具有不可估量的价值;于是宗教和伦理意识被淡化,提炼生成和转化必要概念的能力不断降低,道德心的内在价值遭到贬抑,在经历凄苦的生活、悲伤和痛苦形成的合力洗礼后,这些转化为抚慰人心和新生的力量。①

他意识到,所需的时代和宽泛到足以涵盖现代科学关于物质、思想、社会所有发现的对自由主义的理想表述,都不能用来扬弃亦真亦假的反自由主义意识形态,而决定论、活力论和唯心主义则是一般的

---

① Benedetto Croce, *History of Europe in the Nineteenth Century*, trans. H. Furst (New York: Harcourt Brace, 1933), 317.

代表。

在他看来,根本问题在于找到既超越又包容精神和物质的共同点。这里,精神层面的传统观念能够与新阐明的物质概念相融合,以此将二者呈现为同一过程的不同侧面。这种融合会重建自由主义世界观必要的道德原则并以此来维护其尊严,并在尊重自由主义道德传统条件下重拾自由主义者的信心。他相信,历史会为其提供相应的平台。在他看来,历史的人文观不仅构成了每一门真正科学的方法论前提,同样也是欧洲文化为人类自我认知做出的最为卓越的贡献。

克罗齐不能将历史的人文观用来解答自由主义评论家提出的问题,因为他们中的绝大多数人将问题置于自己独特的历史观之上,每个人都声称能够揭示人类生活的"真实"本源和社会行为的"真实"目标。尽管不同的反自由主义思想流派从各自独特的对"真实"观的理解推导出不同的行为理论,但是所有流派在自由主义时代即将结束这一点上形成共识。对于言论攻击,心灰意冷的自由主义者们诉诸保守的历史决定论,也就是对于当前社会划分永恒不变的阐释。

对克罗齐而言,自由资本主义对永恒不变的阐释和反自由主义历史决定论的不同论断一样不妥。因为在他看来,现代西方文明之所以与众不同是因其接纳"变化是生命的本质特点"这一理念,以及坚信历史的多样性为人类提供了挑战,通过挑战,定义了人性并显现了潜在的精神特质。总之,历史感的缺失是自由主义欧洲陷入困境的基本原因。这种缺失使人们相信历史是人类力量所不能企及的存在,而非人类的产物。或者说,根本不能称其为力量。因此,他所面临的问题可以归结为对欧洲缺失的历史感再次进行普及教育。他认为,仅这一点就可以为重要道德伦理意识的复苏提供基础,并使毫无生气的文化获得重生。从1893年至1906年,也就是在撰写极富争议的文章《将历史归于艺术的一般概念中去》到撰写有关黑格尔的文章《黑格尔哲学中的活东西和死东西》期间,克罗齐在直面主要的历史反自由主义理论的同时,系统地定义了自己在美学和逻辑研究中的地位。1902年,在一篇为《历史审查提要》撰写的关于意大利史学现状的文章中,他将实证主义和自然主义作为主要目标,并将作品定位为反对维柯倡导的社会批评机械论断传统的代表。① 面对当前唯科学主义的历史决定论,他认为,历史作为知识的一种形式,与其说是一门科学不如说是一门艺术。当被问及如何理解这一命题时,他不得不采用唯心主义术语,但他同时拒绝被称为传统意义上的唯心主义者。他潜心研究黑格尔的早期著作《精神现象学》和《哲学全书》。与马克思相似,他希望能够用黑格尔的著述支撑自己的论述,将世界精神视为人类的精神。② 1913年,他在自传草稿中写道:"我的世界观常被称为……'黑格尔主义'和'新黑格尔主义';但是也能够被称为……'新实证主义''新康德主义''新价值理论'和'新维柯主义',等等。"③

事实上,与同时代的人相似,克罗齐自己也被同时代的主要哲学思潮影响,一方面这些思潮在对现代社会的理解方面具有深刻的洞察力,他受其吸引;与此同时,他也遭到这些思潮一元论的排斥。与很多同时代的人不同,他并不排斥蔓延的反自由主义意识形态,因为他相信每个思想体系都源自人类的基本冲动,并由此为相关问题的解决提供了启示和线索。因此,他秉承同理心批判性地处理这些问题;一次他甚至被一份马克思主义杂志誉为"克罗齐同志"。对他而言,伟大的反自由主义体系至少将人们的关注点集中于把历史当作前进的动态过程来看,

---

① Benedetto Croce,"Les études relatives à la théorie de l'histoire en Italie durant les quinze dernières années",*Revue de synthèse historique*(1902),现在与其他历史编纂学理论早期论文集结再版,*Primi saggi*(Bari: G. Laterza,1951),171 - 199.

② 参见收录于题 *Saggio sullo Hegel seguito da altri scritti di storia della filosofia*(Bari: G. Laterza,1927)的书中的论文,特别是重要的"Ciò che è vivo e ciò che è morto della filosofia di Hegel"(What Is Living and What Is Dead in Hegel's Philosophy),78,96ff.

③ Benedetto Croce,"Contributo alla critica di me stesso",最早发表于1918年,之后又在1945年得到补充,现在发表于 *Etica e politica aggiuntovi il contributo alla critica di me stesso*(Bari: G. Laterza,1956),441.

有助于反驳社会停滞不前的论断。此外,这些体系均代表人类生活的一方面发声,这些方面常被自满、易受蒙蔽的资产阶级忽略和否定。在社会日趋将社会生活视为一个没有特征、变化、独特形式的未分化统一体时,马克思主义将矛头指向了由工业革命衍生出的急需解决的问题,并提倡通过大众思想政治教育来实现问题的解决;活力论关注的是人类生命永恒的非理性特征;理想主义则提醒人类应追求更高的目标。

克罗齐认为,因其对生活本身的独特人文倾向极不敏感,最终唯物主义的多种表现形式和传统的理想主义退出了历史舞台。克罗齐并没有在伪装能够详细阐释人文面向的本质;在与还原主义各种形式的对抗中,克罗齐模仿尼采,并早于同时代的人肯定尼采的观点是19世纪歌德精神最后一次重要体现。① 他辩称,所有主要的反自由主义体系都源于对所处人类社会现状困境的认识,但在探寻的过程中忽视了对于人的关注,并从此失去了关注人自身存在问题的机会。唯物主义者将所有的人类行为简单归结为生理行为,并将其归纳为动物本能。理想主义在人文学科中昙花一现,因为理想主义所追寻的精神存在感并不存在于人的头脑中,而是与人相剥离或凌驾于人之上,也就不免将人类生存的某些物质方面苛责为低等的。简言之,人们在19世纪末期的主要世界观都是基于对世界的部分认识以及由此产生的隐喻。在寻求人类生命本质的道路上,这些世界观全是错误的。克罗齐就此提出问题,他们究竟有没有可能错在试图解释这些问题上呢?西班牙思想家奥特加·加塞特几乎在同一时期对这个问题有着同样的关注。克罗齐与奥特加·加塞特一同肯定:"人类没有本质,有的只是……历史。"

因此,不同于克罗齐的评论性文章,在成体系的作品中,克罗齐试图把历史的概念塑造为不取决于单一隐喻的表征,而指向一个复杂的存在来对抗本质、技术和纯粹思想的相似体。历史被视为一个独特的

---

① 参见克罗齐对弗里德里希·尼采《悲剧的诞生》(1907)意大利版翻译的综述,发表于 *Saggio sullo Hegel*,411ff。

类别。他在早期的文章中写道:"社会不是一个原始因素或主要功能,也不是一种形式;它只是人类精神的产物。"① 在随后的一部作品中,他深化并扩展了该观点,将人性和历史归纳其中。在出版于1938年的《作为思想和行动的历史》中,他写道:"'人性在历史中显现'和'历史是人性的假设'这两个命题,通常看上去是有区别和矛盾的,但二者必须并在事实上形成一个命题。"②

对克罗齐而言,历史的演进是世界发展的组成部分,但恰同人类超越动物本能一样,历史的演进同样超越了物质阶段。因此,他把人性定义为世界进步的一部分,能够进行自我探寻并在不受物化特性的影响下塑造周围环境。克罗齐认为这样看待人类本性合乎情理,不是因为人类是特殊的或是传统宗教的传道者,而是因为历史记录提供了生动的依据证明人类是极富创造性的,试图创造一个人文主义纯粹的"精神"世界,人类的思想和行为与低等动物相比更加的成熟。他总结以这种宏观视角看待历史足以验证一个人的人文主义情怀。从该角度书写的历史应当是人类自由的历史,立即改变历史是故事的论断。

这并不意味着我们有理由将生活视作不受约束或完全容易的;事实上,这里暗示着最轻松自如的生活恰恰是最可悲和恼人的。人类在很大的程度上受基督教神学家所谓的"低级本性"制约,但这种低级本性并不如某些关于堕落的神话所言是强加给人类的惩罚。它是人类了解和探寻纯粹物质世界进而实现必要的和自由意志的载体之一。反过来,人类所谓的精神实质也并非神赐予物质的一丝火花;相反,它能够培养人与人之间建立联系和沟通的特有方式的能力。因此设想,历史不是记录奖惩的,只是人类记录劳作或活动并以此来定义自身特性的过程。自然属性和人类属性共同作用,通过特定的道德孕育条件践行

---

① *Primi saggi*, 190.
② Benedetto Croce, *La storia come pensiero e come azione*, 英文版 Sylvia Sprigge 译, *History as the Story of Liberty* (New York: Meridian Books, 1955), 273.

人类责任，为超越单纯的物质需求提供了可能。这样，人类天性中的生理、生物和心理特征都应被视为历史中必不可少但并不是完全起决定性作用的因素。克罗齐在历史和史学史的总体研究中写道(1915)：

> 通过将思想从超越现世的意志、盲目的动物生理需求、所有的超然存在和虚伪内在中解放出来，它开始将历史视为人类劳动的结晶，智慧和意志力的产物。我们称人类所达到的这种历史形式是人文主义的。①

《历史学的理论和历史》是克罗齐"精神哲学"的最后一卷。在该书中，克罗齐汇集融合了各种形式的唯物主义和理想主义具有局限性的论点并形成一套广泛全面的史学理论。他设想历史是一个领域，在此之中人类生活的无数瞬间演绎成一个个自然而然过程的连接点，克罗齐在其系统的哲学著作里按照美学、逻辑学、伦理学和重要内容分类来进行研究。② 在这个过程中，每一时刻都充满积极的能量，引导人类生活向着特定的需求方向进步，对于消极的能量，在与其他能力的周旋中，为了实现自己的需求，又转化为正向的能量。这一人类生活继发的不均衡和调节均衡的过程促进了人类知识的积累和对物质世界的控制，起初这些都是建立在基督教救赎论的历史观，自由主义中产阶级的论断，对历史是物质和经济的认识，认为科学知识不断增长的实证主义和重要力量作用的活力论中的。③

与想象的境界相似，精神层面这些瞬间的交互作用可以从政治和经济的实际领域得到研究。政治、经济和知识革命都产生于一个领域

---

① Benedetto Croce, *Teoria e storia della storiografia* (Bari: G. Laterza, 1954), 85.

② Cf. Carlo Antoni, *Commento a Croce* (Venice: Pozza, 1955), 131ff.

③ 参见凯瑟琳·吉尔伯特关于克罗齐的出色文章，"The Vital Disequilibrium in Croce's Historicism"，刊登于 *Essays in Political Theory Presented to George H. Sabine*, ed. M. Konvitz and A. Murphy (Ithaca, NY: Cornell University Press, 1948), 216ff.

内相互抵消性力量的此消彼长,当这股力量与其对抗力量在一个层面内都达到极限,那么在作用显现的同时力量削弱,思想和行为也是如此。克罗齐认为,革命通常由对无法控制的特定事件的反应引发,总体上来看,以自由为名,只有在对坚持的特定原则认同的条件下才能获得成功,并且在坚持这种认同的条件下,革命也更具创造性。当发起革命一方的特定利益处于上风并为实现其目的将自由的总体原则吸纳进来,它就会退化为暴政统治并将遭到公民的反对。基督教的发展史和法国大革命可谓是自由解放运动演化为暴政的经典案例。二者最初均代表受压迫者反对各种形式的暴政,但最终都沦为服务狭隘利益群体的意识形态工具,前者成为教会实施暴政合理化的工具,后者纵容寻衅滋事的暴徒。自由主义也未幸免于难。将对自由原则的认同运用于经济放任政策中是一个绝好的例子,也是克罗齐抵抗自由主义险恶用心的原因之一。①总之,宏观的历史和特定历史阶段或事件的历史一样,并不能被简单看作一条提升轨迹或同源力量的表达;而是人类生活不同侧面微妙相互作用的过程,每个都有存在的理由和有效的个人主张,都需要维护富有创造性和发展的人性。

然而,克罗齐并非意指我们应将所述的机制或人文精神的个别时间点视为原历史力量,而人类行为只是这股力量的印证。离开了人类,这些机制和单独的时间点都不会存在,而且我们只能在人类行为的范畴内了解和研究它们。总之,当我们将这些时间点和过程作为整体来看待时,我们就在用理论支持研究,与此同时,并没有假定存在凌驾于人类之上"更高"的力量来引导人类生活。与人文学科的整体性一致,对整个历史进程而言,"除了形成过程外都是无形的存在,其形成从来也不是一概而论的,而是一个起决定作用的历史任务"。②

克罗齐辩称,历史如此构思,为分辨"真正"的历史分析和各种形式

---

① Croce, *History of Europe in the Nineteenth Century*, 319-320.
② Croce, *History as the Story of Liberty*, 274.

的伪历史学提供了标准。在真正的史学史中,自然规律、物化和心理需求作为特有的机遇赐予人类生活,但它们并不是生活的管控者。因此,历史学家对此感兴趣,不论是恶还是善,他们能够发声,指出人类具有的能力非动物能够企及。只要不是特别标注,它们不会出现在历史记载中,只会在科研论文特别是将人类视为"人类动物"的领域内得到研究。总之,克罗齐认为,"历史是书写人类的所作所为的,与人类发生了什么无关。"①也就是说,该论点使我们免于陷入无意识地将物质和精神分离和对立的二元论中。事实上,克罗齐认为,物质和精神相互关照,因为彼此"同质存在,属于单一的精神性和单一的历史"。②

那么,真正的历史洞察力需要历史学家具有鉴别力的同时遵循一定的规则,这样才能让他在古文物研究者、年代史编者、形而上学者身份的需求和社会人的身份之间进行考量。历史学家必须能认识到人类在一定程度上受制于情感和动物特性的羁绊,但最终关注的是独立个人或在事件中所反映出的从道德角度进行决策的责任能力。人类对生活会投射出各种理想化的期许,而所处现实生活中实现理想意味着去解释、包容和建立秩序,真正的历史学家的任务是去描绘这些图景。如此,适当加以描述,历史在将权力转化为悲剧诗歌上同等有力;当极具抱负的人类倾其所有为实现预期的理想奋斗之时,历史促使人类去思索,它在衍生恐惧和表现怜悯同情时也同等有力;当受挫的人类为了追求自由被激励返回战场,历史在鼓舞人心和赞美英雄美德时也是同等有力。

历史和哲学在此融为一体。如同每一次哲学探寻必须以史学意识为基础而且必须运用史学技巧进行资料分类,史学探索本身否定了在历史事件中判断是非善恶或进行预判后形成简单论断模式的可能性,因此,无限衍生出新的哲学探寻。历史能够证明人类对道德意识的认

---

① Croce, *History as the Story of Liberty*, 153.
② 同上,286。

知,但除普遍性外,无法对道德准则进行研究。

历史告诉我们在制定伦理决策时必须考虑到所处境遇的全部相关情况,也要尽量忽略这些决策为周围环境带来的后续效应。与此同时,历史为我们提供了在一定范围内人类行为的生动模型,并以此提醒我们同样具有这样的勇气。伟大的历史作品像柏拉图对话一样作用于读者的心灵,表面上看似乎矛盾的调子结束,但实际上欲扬先抑,目的在于揭示问题本源,读者就此展开逻辑论证,这些成为其道德意识的一部分并被不断完善。这不仅仅是思索的过程,而且是读者找寻自己的过程。如此,历史知识可能不仅限于关注真实的人和事件,它需要语言学能力、逻辑能力和整理组织文献材料的常识。不只是这些最低要求,它需要对人类生活多样复杂性的动态认识,语言概括灵活谨慎以及面对模棱两可时的负责任态度。去世前三年,克罗齐在《历史编纂学和道德理想》中写道:

> 真实的史学史不能成为"生命之主",因为它为我们提供实现目标的实际行动方案,但这些都只是道德和宗教行为刺激物,这些行为能将上帝的存在显现于人……让人看到使命所在,不论在世界不断的变化中看起来多么渺小。史学史是初步的和无法定论的。①

只有在此基础之上形成的历史才能够为人与人之间的交流合作和彼此宽容提供基础,使文明成为可能。

通常对于克罗齐的批评与他的初衷相去甚远。在从历史分析角度消除决定论、活力论和唯心主义形而上学的印记时,他是焦虑的。圣奥古斯丁将历史进程的发展归于教会,黑格尔将其归于理性,马克思将其归于生产方式,最终,克罗齐将全部历史进程的发展归于其特质并就此画上句号。简而言之,他最终形成了对历史本身的极端崇拜。这种对

---

① Croce, *Storiografia e idealità morale* (Bari: G. Laterza, 1950), 112.

于过去的态度不会借理想之名造成直接影响,却会带来对历史多样性的终点的思考。从这个角度看,历史赋予人类活动圣洁的光环,从而阻止改革运动者对其进行任何人为的变革。所有改革运动者能做的只是等待并期盼历史能朝着他所期待的方向发展。其次,克罗齐的评论者们始终保有对历史事件和人物的敬畏与尊重,这与中世纪人们对创世纪不敢怀疑的态度相似,它禁止了对历史的实证研究,并否认了制定描述历史进程的因果法则的可能性。

最终,大家认为克罗齐也未完全忠于自己的原则。在他的理论作品中,他抨击所有元史学;然而,在他的史学史作品中,关于精神、自由女神等形而上学实体的介绍表明,表面自由的人类行为正是由这些潜在力量控制的。①

尽管这些评论有一定的合理之处,但也不能阻挡我们正面认识克罗齐对当代文化对话所做出的积极贡献。克罗齐主张把历史当作一门科学来探寻其可能性和有利条件,由此看来,指责克罗齐历史观不科学或反科学的论断回避了问题的实质。此外,它掩盖了事实,克罗齐在否认科学历史存在可能性的同时并没有否认科学以其简明的组织方法在探寻自然界时的作用和重要性。他也同样没有否认历史是知识的一种形式。他只是指出历史为我们提供了一种知识,这与科学能够提供给我们的知识不尽相同。克罗齐并没有立即与将"科学"当作"一般知识"的人展开论战;他只是探讨是否有不同知识类型的存在。对于这个问题持否定态度的人需要提供一个科学概念,即是要将艺术知识排除出去还是包含其中。如果将艺术作为知识的一种形式,那么他们必须放弃天真经验主义者和实证主义者的态度;这样,关于历史知识本质的探讨再次开启。如果将艺术从科学概念排除,那么他们对艺术的无知将显露无遗,而且在对历史本质的探讨中将不会展示更多智慧。

---

① Federico Chabod, "Croce storico", *Rivista storica italiana* 14 (1952): 484-485,497.

可以肯定的是，在早期的作品中克罗齐以19世纪末期专业术语谈及科学。在对历史本质的探讨中，他的对手是伊波利特·丹纳和赫伯特·斯宾塞等人。在与他们进行论战的过程中，他专注于说明尽管历史知识会运用经验主义和实证主义的方法，但远不止这些。然而，克罗齐指出，与自然科学相比，历史与艺术更为接近，这样一来，他不仅将历史置于不合理、神秘和完全主观的境地，而且与此同时，他反对艺术仅只是用来娱乐身心和麻醉精神的普遍概念，试图将其上升到知识层面。他认为历史之所以不同于科学，是因为历史对构成的素材产生怀疑，历史关注人与人、人与动物、人与植物等的互动。克罗齐相信一些在动物、植物身上无从获得的答案在人身上是有可能获取的，因为对人类而言，动机元素是理解行为的重要组成部分。这意味着历史学家更青睐去理解事物本身而不是去描述它们，克罗齐所指的"理解"是识别并与人类行为的意识过程产生共鸣。他认为，"描述的科学"（历史学家视域中的语言学和时间脉络）是可能的，而"理解的科学"没有意义、不成立。在方法论的机械规则外，人类间由沟通形成的"理解"是可能的。不论规则是否传统，比如礼仪礼节，或是否科学，比如实验室方法规则，都极有可能破坏学者与研究对象之间的紧密联系。

就一般特征而言，克罗齐和科学历史学家的争论与心理分析学家和实证心理学家的争论相似，或者说更好一些的，与传统的道德家和语言分析学家的争论相似，语言分析学家将道德定义为与道德行为无关的伦理道德语言研究。对于克罗齐而言，谈论"历史的科学"和谈论"道德的科学"一样无意义，如同讨论道德行为时总是以道德意义作为行为存在的前提一样，历史理解总是预设为既定人的理解。正如在特定条件下"道德感"起作用去决定应该使用哪种"规则"一样，历史观引导历史学家去关注历史记载中折射的人性某些元素。对于那些缺乏对人性的理解并坚持只看到人类和低等动物生命形式的共同点的人，克罗齐无话可说。他只能用批判思维能力向其说明当他们表面上谈论人类时，其实是在谈论石头、植物、微生物等其他事物。他们所谓的历史阐释了对于人性的理解，只是在"这些其他事物"恰巧出现在研究过程中时。

至于控诉克罗齐自相矛盾，指出他在理论著作中抨击元史学却又在史学史中使用元史学，这一问题可以这样解答，他从未想过让读者脱离现实，在**真空中**阅读其作品。他的绝大多数史学作品都是经发表的讲座合集或日常撰写的文章，这些作品被一些特定社会情境所需要。克罗齐曾说过，他从未渴望撰写一部"权威"历史学术作品。因为，首先，他否认创作权威学术作品的可能；其次，他认为为了实现"权威性"，历史作品所能涵盖的范围会过于狭隘，在叙述历史事件和采取影响历史的态度时必须保持中立。

与"纯粹"的学术作品相比，克罗齐的所有历史作品都可以被誉为道德著作，这完全吻合他将历史视为负责任的道德行为的历史理解观。在克罗齐看来，真正的历史研究总是由道德因素引起，能够影响到社会决策才是其价值的实现。这样，他对过去的研究一直是照亮前路的工具。

这并不意味着历史学家只是当今社会意识形态的宣传者。事实上情况刚好相反，克罗齐认为历史学家是和谐社会生活的守护者。这意味着其掌握的原则能从站位更高的角度引导他看问题，历史学家必须置身行为世界中，克罗齐的作品引来了一个又一个这样的趋势。早在阿尔贝·加缪通过《反叛者》使大众接受相似的观点时，克罗齐就认为历史学家的主要任务是为遭到简化者忽视和不公正对待的观点和行为辩护，这些简化者对人类而言无疑是一种威胁。克罗齐持久的敌人是狂热盲信主义，包括对于信仰的盲从（即明智的判断对永恒规则屈服）和无信仰的狂热（意志对怀疑主义的屈服）。在《十九世纪欧洲史》中，克罗齐赞成并引用歌德的话"所有盲信者都应在三十岁时被钉在十字架上，因为他们一直被错误的信仰所迷惑，恢复理智之时，已不可理喻"。①克罗齐在很多方面与歌德相似,至少在对待埃里希·海勒在现代学术风尚中称之为"平民"元素的话题中如此,"过度的好奇心或心理不适应引起的自卑或理性的自负元素,对意义缺失的怀疑逃避定义或实验证据"。②与歌德相似,克罗齐对那些对人类缺乏信念的人而言是不可理解的人物。

克罗齐的历史作品对欧洲而言是一个持久的警告,警告思想上的简化主义和行为上的盲从狂热带来的潜在危险,其反复强调在被推至能力发展边缘时,即使是最高理想也能变得枯竭和具有压迫性。这样,《历史学的理论和历史》和《作为思想和行动的历史》随即成了乌托邦计划吸引眼球的解药,极简主义的政治理论和人类、社会和人类历史一元论的概念。每一个道德行为不可避免的矛盾性是《冒险、信仰和澎湃人生》和《那不勒斯王国史》的主题。在这些作品中,克罗齐试图描绘人类是在道德意识的半启蒙状态下采取行动,一方面显示不可控的力量将人类归于自然本性;另一方面展示了人类不屈服于困难的精神使其勇于直面既是主人也是敌人的世界。同时,这些作品试图证明在没有知识或神力相助的情况下,英雄史诗般的生活和文明的生活也可以并存。道德行为的模糊性让我们能够在体验新经历时自由转换方向,让我们能够追寻既自由又自控的道德理想。③

《意大利巴洛克时代历史》和《1871—1915 年意大利史》肯定了克罗齐的论断,在没有限定的条件下,自由永远不会被给予某个人、某种文化或某个时代,却凝结于和征服在每次具体的劳动中。前者是建立在人类自我欺骗能力基础上的文化研究,而后者是对道德缺失的研究。道德缺失始于意大利人民无法从高尚的革命理想转变到平凡的日常工

---

① Croce, *History of Europe*, 33.
② Erich Heller, *The Disinherited Mind* (New York: Meridian Books 1959), 83.
③ 对克罗齐历史著作的最佳英文研究是 A. Robert Caponigri, *History and Liberty: The Historical Writings of Benedetto Croce* (London: Routledge & Paul, 1955)。

作中去,而这些日常细节很有可能会巩固革命取得的成果。这些历史作品反映了克罗齐确信现代意义上自由的伟大光环存在于解决人类问题的每个希望中。历史的终结不存在于对某些理想和原则的实现中,而存在于人类对于"更深层次自由"的追求中。①

马克思主义批评家格奥尔格·卢卡奇在所有这些反动的非理性主义的颓废和寄生的中产阶级面对帝国主义时代的严酷现实。② 卢卡奇对克罗齐的敌意是可以理解的。可以回忆道,卢卡奇是《魔山》中狂热分子纳夫塔的原型,登布里尼反映出克罗齐的许多人文信念。但与登布里尼不同,克罗齐不是"街头风琴演奏师",不是不加批判的传统人文主义的崇拜者和传统中产阶级价值观秉持者。他知道,一些机构或想法可以创造性地解决不断变化的问题。最终,甚至自由理想本身就会侵蚀成功带来的傲慢,在意大利法西斯权力的顶峰,在《十九世纪欧洲的历史》(1932)中,他变成了失败的自由主义的实验者。这本书,在不止一个方面向托马斯·曼和处理历史主题的《魔山》致敬,不是被指控的那样对19世纪自由主义不加批判;也不是一个乐观的自由主义的胜利必然性的断言——这将使得它成为一种史学研究《神曲》;而是一项对失败的自由主义者的研究,他们历尽艰辛去创造一个世界,英勇地肯定了道德理想,这使得他们的故事成为一个悲剧。

在对自由主义的研究中,克罗齐将历史现实作为自由主义理想的背景,作为一个既定的时间点来提醒我们,即使在顺境中美好的事物也常可以变得邪恶,邪恶的事物也可以变得美好。简言之,他的悲剧观是索福克勒斯式的,而不是埃斯库罗斯式的。也正是索福克勒斯式的乐观主义促使其在充满希望而非绝望的状态下完成创作,这种乐观是人类绝处逢生能力的现实写照。他对于历史的书写结束于1915年,不是因为他无法"解读"法西斯主义,其实他的解读是同时代人中最早的,而

---

① Croce, *History of Europe*, 13.
② Georg Lukács, *La distruzione della ragione* (Turin: Einaudi, 1959), 19ff. (*Die Zerstörung der Vernunft* 的意大利语翻译。)

是因为他笔下的论点在这一时期需要做出决断。他认为第一次世界大战构成了自由主义者的一次失败，从自身角度他了解战争带来的挑战是他同时代人无法承受的。因此，未来一代需要在背弃的理想和简单信仰间做出选择，后者超越了理想，但在现实中只是背叛的表现。

克罗齐放弃成为立法者和预言家的意愿表现出极大的谦逊，即使在最艰难的情况下，他也满足于扮演更艰难的身份去提醒读者们在定义自身命运之时还有自身的职责。与柏拉图对话相似，他的历史意味着以实际行动终结，而非言语能及，实际行动是我们自主选择而非由文字之美激发。因此，他如此总结自己的作品：

> 迅速总结一下，这些内容不是预言，预言对所有人来说都是禁止的，原因很简单，因为预言无用。但是，伦理道德意识和基于对当今情况的观察从而选取道路的建议可能为在指导概念和对19世纪事件的解读上与历史给出的叙述一致的人列出大纲。其他人，拥有不同的思维方式、概念、文化内涵和气质禀性，将选取不同的道路。如果他们精神纯粹，遵从内心的召唤，也能对未来应对自如。即使在实际和道德双重推力作用下，受自由主义思想观念启发的历史也会以绝对反对和指责不同想法的人而终结。它只对那些赞同者说："根据要求任务已经为你指派，体现在你每时每刻全心全力的每个活动中；相信伟大的上帝与我们同在。"我们经常在基督宗教教育和生活中听到并说到这些话语。和其他同源的话语一样，它们在"自由的宗教"①中占据地位。

---

① Croce, *History of Europe*, 362.

第四章

浪漫主义、历史主义和现实主义：
19世纪早期思想文化史的时期概念[*]

（1968）

在1825年至1850年之间，历史主义和现实主义同时萌芽于浪漫主义运动中，这就不可避免地涉及二者关系的问题。然而，对该问题的探讨到目前为止仍沿着两条路线进行，而这两条路线不可能在二者关系的本质问题上达成任何具有一定意义的共识，即对于二者异同的明确判定和对于二者间相互影响的研究。历史主义和现实主义，无论是关于前者对后者，还是关于后者对前者直接影响的探究都一无所获；试图将这两场运动与早于它们而兴起的浪漫主义结合起来的努力也同样是徒劳的。法国现实主义的杰出代表人物——司汤达、巴尔扎克和托克维尔——通常对黑格尔（在哲学方面）和兰克（在历史编纂学方面）等德国历史学家的主要作品不感兴趣。如果说德国历史主义"影响"了法国现实主义，那么此举也是一次兴趣的转移，与1800年至1825年间遍及欧洲的浪漫主义运动孕育的大众历史兴趣无法区分。19世纪20年代和30年代，米什莱和维克多·库辛试图将德国思想推广到法国，但

---

* 这篇文章最初发表于1965年12月旧金山举办的美国科学史协会和美国历史学会联席会议，即美国历史学会会议。——编者注

是没有证据表明司汤达或巴尔扎克注意到了他们的努力;尽管托克维尔对谢林、费希特和黑格尔进行了研究,但他认为三者过于教条且空谈理论,不符合其喜好,因此对之持否定排斥态度。

对三者相互影响的探索以失败告终,这激发了对三场文化运动以其他途径进行研究的兴趣。这种正式或比较的方法赋予历史学家首先建立三场文化运动表面相似模型的权力;然后,由上至下分解至细节,来展示他们在细节上的差异;最后,结合文化运动各自兴起的社会环境的不同,来详细说明这些细节的差异。马克思主义批评家格奥尔格·卢卡奇和人文语言学家埃里希·奥尔巴赫是此方法最重要的倡导者。

卢卡奇和奥尔巴赫都将19世纪早期的文学现实主义视为一场运动,该运动把诸如普罗米修斯之类的赋予生命人格的浪漫观念,与随法国大革命产生,并在历史主义中达到顶峰的,对社会进程"邪恶"本质的新敏感性相结合。他们二人和他们的继承人哈里·莱文一样,将司汤达和巴尔扎克理解为"幻灭"浪漫主义者。他们将这种幻灭表述于作家们对由人类意志或理智支配的每况愈下的社会环境的敏感性中。作家们的艺术是"现实"的,因为其中包含着一些对社会范畴问题的考量,研究者将其视为历史进程中不可忽视的因素;而且由于这种敏感性又是德国历史主义的主要特征,因此可以得出这样的结论:现实主义在某种意义上是一个结合了浪漫主义人格理论和历史主义社会契约性理论的产物。

但是,如果这样理解,卢卡奇和奥尔巴赫都不能解释浪漫主义的人格概念与社会自治的高度敏感性是怎样结合起来孕育了法国现实主义,而在德国遭遇了失败。二者都提及了19世纪德国所获得的特殊的社会、政治和经济条件,并讨论了直到社会环境发生变化几乎接近19世纪中期几十年内法国所具备的各种条件,一场彻底自发的现实主义还是未能实现。并且,他们都为其分析找到了确凿的证据,即当这些条件的确发生改变时,在1901年托马斯·曼出版《布登勃洛克一家》时,现实主义兴盛起来。但是,在德国现实主义成为可能之前,德国知识分子一直满足于现实主义的不完整版本,即历史主义。

因此设想,历史主义不过是一种未成形的现实主义,反过来看是一种反映中产阶级意识形态需求的世界观。按照这种解释,现实主义与资产阶级霸权可谓齐头并进。只要把浪漫主义的人格概念,革命时期的社会实践与日渐崛起的资产阶级特殊需求结合起来,就可以贴近现实主义;将同样的结合产物置于社会反应或社会萧条的背景下,就会产生历史主义。奥尔巴赫并没有像卢卡奇一样毫无掩饰地进行论述,但他的论点本质上是一致的。

该论点的主要问题是模糊了历史主义的独创性和丰富性,但它同样对于19世纪早期的现实主义是不公平的。如同卢卡奇和奥尔巴赫构建的一样,我们应将历史主义和现实主义视为一部更大的思想戏剧的不同阶段,它只会在20世纪意识的特殊秩序中,也就是被称为"真正的"现实主义萌芽时,达到登峰造极。对卢卡奇而言,这种真正的现实主义只不过是社会主义阶级意识;而对奥尔巴赫而言,它就是出现在乔伊斯和普鲁斯特小说中的对内在和外在世界的充分表达。

卢卡奇和奥尔巴赫为我们提供的拓展视角毫无疑问具有很多优点,但它的缺点也是显而易见和至关重要的。因为这两种视角都不能将研究19世纪早期思想文化史的学者引入历史主义和现实主义中,反而使他渐行渐远:向外引至社会政治环境,由此进一步转入现代"真正的"现实主义——这是西方文化的一切从源头起竭尽全力想要实现的。最终,关于19世纪思想文化史的这一强有力观点使浪漫主义、历史主义和现实主义间的本质差别变得模糊。这体现于奥尔巴赫在某个语境中定义历史主义的倾向,而使历史主义与他在另一语境中关于现实主义的定义模糊不清、不易辨别。将浪漫主义与历史主义、现实主义同时联系起来的尝试也可谓是相似的情况。根据卢卡奇独特的辩证运动理论,小说家沃尔特·司各特成了同时代作家中最为"现实主义的"作家——这一论断从未被黑格尔和兰克等史学家接受,而巴尔扎克则费尽心思予以否认。

这里出现了真正的混淆,部分源自分析**大致发生于同样时间和相似地点**的文化运动间关系的比照法的运用。由于这些运动被视为源于共同的组织隐喻基础,由对同类别问题的反应形成,并用以应对同样的公众——一般的相似之处将倾向于包含所有差异的细节。然后,史学家倾向专注于相似点,并由此推断一种无处不在的时代精神的存在,或者在研究中过分注重细节差异的意义,以至于成为抵制时代所有统一思想的特殊主义的牺牲品。在关于浪漫主义本质的讨论中,雷纳·韦勒克的追随者和 A. O. 洛夫乔伊的继承者之间的分歧就是一个恰当的案例,柏拉图学派和亚里士多德学派之间关于文学历史主义和现实主义也存在相似的分歧。

从常用的方法看(一方面是形式主义方法,另一方面是对影响的追寻),对待同时期和连续的文化运动相关联所需要的似乎是一个不同的分析模型或符号系统。我因此准备通过哲学家路德维希·维特根斯坦关于"语言游戏"讨论中引申的隐喻为角度讨论浪漫主义、历史主义和现实主义的关系。我要试着用这个隐喻表明,我们可以考虑为19世纪早期思想文化史构建一个时期概念,它既不会将我们投射到时代精神的教条中,也不会要求我们完全放弃对于一般特征的追寻。

在《哲学研究》中,维特根斯坦谈到对于他未能定义"语言游戏本质以及语言本质"这一哲学主题的指责。维特根斯坦辩解道,当他提及"语言游戏"时,并没有认为"这些现象"具有任何相似之处,"这使得我们想用相同的词表达一切——但它们在相互关联中有着千差万别"。这是"因为它们在相互关联中存在千差万别……我们都将其称为'语言'"。因此,如果有人问"它们的共同点是什么",或假设"一定存在共同点,否则就不能将其称为'游戏'",那么这个人就是在弄巧成拙地探寻定义问题。因为,他指出,如果观察所有能被称为游戏的案例,你将不会看到适用于它们所有的共同点,而是看到相似性、关联性和由此产生的一系列内容。事实上,你看到的是一个"复杂的相似性和交叉性的纵横网络:有时候呈现总体相似性,有时候呈现细节相似性"。之后维特根斯坦总结道：

> "家族相似性"是我能想到的描述这些相似特征最好的表达式；因为，一个家族成员之间的各种特征：体型、容貌、眼睛的颜色、步态、气质等，以相似的方式重叠和交错。——我要说："游戏"组成一个家族。①

现在，在本文中，我将利用家族相似性的隐喻来考量浪漫主义、历史主义和现实主义作为一个"家族"的"文化游戏"。我要比维特根斯坦更进一步按照该隐喻的字面意思进行研究。也就是，我认为作为一个家族的成员，浪漫主义、历史主义和现实主义不仅彼此相似，而且它们是以家族成员的关联方式相联系，即从基因方面关联。

如同一个家族，至少和一个19世纪资产阶级的富足家族一样，浪漫主义、历史主义和现实主义是代际关联的，并且它们处于相同或相似的社会环境中。它们存在某些相同的问题，能在顺利解决问题的资料分类方式上达成一致，面对同样的公众，在向公众呈现社会问题的解决时运用同样的文学体裁，采用相似的创作手法展现他们的成就。并且它们彼此间的差异方式与经过两三代传承的家族成员相似，也就是它们共享的某些特征的突出显现和逐步消失。如果进一步探寻家族的隐喻，应看到我们有方法确定这个家族消失或由邻近家族取代的时间；也就是彰显家族特点的显著特征被其他家族取代。

由于时间原因，我只能专注于三场运动共同存在的一个具有代表性的问题：历史变迁问题。19世纪早期的思想家们认为，在何种意义上确定自己所处时代优于或衰落于刚刚落幕的时代很重要。18世纪或19世纪末期的思想家们对此没有给予关注。评论他们在革命时代过分受到得失问题的困扰一点也不过分。对后革命时期的价值，他们可能最终意见不一，但他们都同意：对他们自己生活现状的价值和主要

---

① Ludwig Wittgenstein, *Philosophical Investigations*, trans. G. E. M. Anscombe (Oxford: Blackwell, 1953), §67.

趋势的确定，是一个值得认真探究、思考、讨论和分析的问题。

此外，在试图终结这一问题的讨论时，19世纪早期的思想家和作家们为融入解决问题的方案，分辨了三种不同的资料：（1）物质自然过程的资料，（2）人类个体意识的资料，（3）社会进程的资料。在这三种资料中，物质自然过程的资料提出了理论难题。19世纪早期的思想家们关于自然究竟是被预设为机械化的还是活力化的意见不一，而司汤达和托克维尔倾向于其机械论学说的概念。黑格尔在两种观点之间摇摆不定。但是，自然是构成历史时代面貌的一股特殊的因果力量则是浪漫主义者、历史主义者和现实主义者共同认定的理念。在将自然视为特定因果力量的过程中，19世纪早期的思想家们当然没有背离他们的启蒙运动支持者。他们的区别——并使其成为一个特定家族的成员——在于他们把那股原始力量与拥有相似的自主权进行比较。

浪漫主义在这里做出了独特的贡献，因为迄今为止提到的所有思想家都将人类个体意识视为历史进程中一股因果的力量。另外，他们认同人类心理的本质是这股力量原发动力这一概念。他们所有人都从卢梭的人类意识结构概念中吸收了一些内容，或是直接或间接继承了康德的第二和第三**批判**。也就是说，所有思想家都承认人类禀性蕴含的自然能量中情感的重要性。他们认为感觉只有在大量个人条件因素的渲染下才会进入意识中。因此，他们倾向于相信历史剧中的个体演员与其说是"感知"现实，不如说是"构建"现实，他的行动是基于纯粹的个人主观需求和欲望的。所以，所有思想家都倾向于相信人类个体实际上是孤立于对世界究竟是什么和应该是什么的主观认识中。在他们看来，人类生活在假定的不同世界里。他们也许否认其以不同方式"观察"世界的原因，但他们对人类个体观察世界的不同方式从未有过一丝怀疑。

当然，司汤达是所有19世纪早期研究人类意识结构内涵的思想家和作家中的大师。他的小说在分析个体意识和客观现实之间的冲突时有着优美清晰的固定表达形式。在小说中，他以细致精到的笔法详细描绘由个人主观意识引发的情境前戏剧化现象,也就是主人公发现自己所处情景的预期、回顾性的合理化和有悖常理的错误想法。然而,司汤达不及黑格尔精妙,黑格尔在《精神现象学》中以一种更为抽象的方式对文化做出了总体上同样的贡献。对于黑格尔,与对于司汤达一样,欲望(Begierde)是个人行动和思想的直接推动原则。对他们二人而言,个体意识与社会和自然的无意识世界间的冲突组成了人类探寻研究的核心问题。在这一点上,他们都是浪漫主义,尤其是卢梭的传承人。

司汤达和黑格尔的区别在于对个体与外部世界冲突可能给社会带来的利益的不同认识。于连·索雷尔在23岁自我选择的死亡被视为唤醒了司汤达读者们的一种对于社会存在荒谬性的意识;在黑格尔看来,同样的死亡会被视为必然导致人类日益增长的意识本身。司汤达告诉我们,只有通过与社会的冲突我们才能成为人类,然而我们的人性在人类文明历程中的一些领域脱离我们的掌控一直成为一种历史上积极向上的力量。不论个体是作为守本分的公民还是反叛者存在,人类集体意识的载体——国家和文化——都起到了作用。这是由于意见分歧而带来的关系破裂,在这里历史主义和现实主义与浪漫主义分道扬镳。关于司汤达,如果我所表述的是正确的,我们可能想要区分他和历史主义者以及现实主义者的态度,并通过指出他关于个体永远是社会受害者而绝非受益人的理念,来平息关于他本质上究竟是否是一个浪漫主义者的纷争。这是浪漫主义特有的态度,但对于巴尔扎克这样的现实主义者和黑格尔这样的历史主义者来说却是陌生的。

简言之,浪漫主义、历史主义和现实主义的差别在于对解决个人和所处社会环境之间的冲突期望值有所不同。但是他们对于特定的社会现象具有一个重要的共同态度,请允许我们宣称他们是文化游戏中同一家族的某个成员。他们都认为社会力量是历史剧中相对自主的因素。浪漫主义者将社会力量视为人类生活中的负面因素;历史主义者视它们为积极因素;而现实主义者认为它们既能发挥正面作用也能发挥负面作用。尽管他们成了文化游戏中同一家族的成员，但正是这些历史进程中对社会力量自治的不同认识将他们区分开来。

有鉴于此，我并不是想表达18世纪的思想家们不关心社会问题。但是他们中的大多数倾向于将社会问题当作其他问题的次要方面来考虑，例如：上帝的本质（如莱布尼茨），物质世界的本质（如孟德斯鸠、霍尔巴赫和爱尔维修），或者人类意识的本质（如休谟和康德）。总的来说，启蒙运动思想家将自身所处社会值得称道的方面视为本质上和谐自然过程的功能；将不尽如人意的方面视为对大自然运行认识的错误观念的残余。因此，他们才倾向于陷入颓势，如果他们能厘清物质世界本质的问题或者正确阐述认知主体和感知客体间的关系，则能为多数社会问题提供解决方案。如此，社会对于康德这样的思想家来说才不会是一个问题，历史也不是问题。

卢梭是这些一般化概括的一个重要例外：对卢梭而言，社会问题既非自然问题，也非个体意识问题。他认为社会存在是矛盾的，虽然不是荒谬的，即使再多的知识进步也不会缓解这种状况。卢梭教导同时代人：社会问题必须通过社会手段，也就是彻底的社会改革来解决。这将卢梭塑造为浪漫主义先驱和现实主义者卓越代表的合体。他相信人类发展的社会阶段可能有一天被一个真实共同体的实现所超越。这一共同体出现在《社会契约论》中，指向一个超越历史的国家，存在的可能性整体上未得到史学家的认可。像维柯一样，史学家们倾向于相信人类无可救药地受到了历史的谴责以及社会的谴责。

但浪漫主义者、现实主义者和历史主义者都赞同卢梭的观点，认为社会存在在获得完整人性的使命中既带来了责任也带来了福利。他们的差别在于接受义务的乐观程度不同：对浪漫主义而言，主角与社会的人物冲突本质上没有改变任何事物。至少，没有新生事物可以被公然夺走；最多是个人在纯粹人类本质问题上获得一些新的深刻理解。因此，司汤达的男主人公于连·索雷尔，一个出类拔萃的浪漫主义者，被允许具有一个理想完整性的短暂瞬间——在他的牢房里，在等待被处决的时候——在自然的吞噬中,司汤达认为其既是强大的,也是无意义的。相比之下,黑格尔和兰克将个人的苦难归结为普遍的、个人和社会活力产生的根基。因为对于这些德国思想家而言,历史的根基是作为社会冲突的结果被人类充分了解的。

由于在整个历史进程中对待得失的方式,准确地说,巴尔扎克和托克维尔可以被称为现实主义者。二者都认为尽管利己主义、自我欺骗、表里不一和虚伪是人类社会生活的特征,历史总体上还是具有"人间喜剧"一面的。巴尔扎克告诉我们,尽管有足够的理由不去相信,然而人类有时可以被社会塑造得更好。尽管大部分情况下坚定而自信的个体会被他所处的社会摧毁,但也不乏人类战胜社会的例证来印证人类**有时**可以改变所处的社会的信条。因此,托克维尔一再重申他的信念:历史并不是人类被一种反常的本性所驱使而进入的一条死胡同。他认为历史以两步向前又一步倒退的节奏向前推进;而最终,他感觉,人类自由和尊严会获胜。

然后,在对历史喜剧色彩问题的概念认知上,巴尔扎克和托克维尔类似于史学家黑格尔和兰克,而不同于浪漫主义者。他们与历史主义的不同在于不愿认同任何特定的制度、阶层、群体或国家在兴起或改进方面取得的进步。他们在历史进程中对因果效力和利益的分配更为现实,是因为在对二者的概念认知中他们更为多元化。在这方面,他们不仅与同时代的浪漫主义者和史学家不同,也不同于19世纪末期自称为"现实主义者"的人群——后者的"现实主义"总是需要将历史现象的一元论简化至某些更为原始和元史学依据的功能地位。

因此,我的观点是浪漫主义、历史主义和现实主义确实存在相似之处,这种相似也出现在19世纪早期文化运动区分它们的方法中。它们本质的相似性存在于对历史领域内运行的因果关系力量种类的概念认知上。它们的差别在于将普遍的人类意义赋予这些力量时所参照的价值体系不同。如此,例如,我们也许想说自相一致的浪漫主义**承认**历史是一个领域,在此自然力量、人类力量和社会力量相遇、交融和冲突;它将主要的因果效力赋予自然,并将其设想为一股黑暗、无法抵抗和充满活力的源泉。但与此同时,浪漫主义珍视并由此鼓励任何个体去尝试超越单纯自然存在的局限性。浪漫主义对社会制度的评价只能限于将社会制度作为神秘自然力量的表现或个人意志的表达范围内;然而,总的来说,浪漫主义把社会制度、思想和价值观视为需要逾越的障碍,阻碍自然和人的个体意志自由表达的堡垒。因此,我们可以说,对浪漫主义而言,**因果关系效力的层级**以自然为顶峰,由自然通过人类降至社会;而对这些力量或肯定或否定的**价值估量层级**始自最受珍视的人类个体,通过自然降至社会。浪漫主义的典型张力是由对现实的感知(历史因果关系效力的理解顺序)和对现实的期许(理想的评价顺序)间的冲突引起的。

我们可以继续说自相一致的历史主义在特定的历史结构中视自然为一股中性或消极的力量;对史学家而言,自然提供个体和社会产生的"物质资料"或环境。兰克和赫尔德一样,认为社会制度与其产生的自然环境是相连的;然而只是以植物与生长环境相连那样的方式相连——维持植物生长的土壤、阳光和空气,到植物本身的贡献,直到作为一套循环体系与周围环境完美融为一体。因此,同样对于黑格尔而言,"一个民族精神"的定义无非是人组成的群体与赖以生存的自然的**相互作用**。然后,对史学家来说,自然不是历史中一股主要的因果关系力量;它仅仅是历史展现的一个基础或舞台。主要的活跃力量有两股:人类和社会制度,即被赋予意识、意志、意图的不同顺序的实体。但由于人类个体变化较快,而社会形态相对稳定,史学家给予后者而非前者更高的价值。黑格尔和兰克都在人类意识的发展中发现,历史的意义因其在社会、政治和文化(即集体)形式中变得更具体化。

这也就是历史主义缺乏浪漫主义所特有的张力的原因。对史学家而言,历史中因果关系效力的顺序与其界定历史进程意义的评价尺度**相符合**:是什么和应该是什么在史学家思考的每个情况中是完全一致的。这种和谐给予黑格尔和兰克这样的思想家在面对每一次社会动乱和人类个体悲剧时一个免除惩罚的条件。与浪漫主义倾向于将个体和社会的冲突以悲剧角度审视不同,史学家通过赋予社会形态一种与在人类个体中发现的相似却又更为高级的意识顺序来解决所有显现的历史冲突。对史学家来说,每一次历史冲突都具有"喜剧"色彩的一面,因为总体而言,意识(Bewusstsein Übernaupt)不可避免地受益于每一次人类能量的消耗。

巴尔扎克和托克维尔的"现实主义"在于其不愿对单一的因果关系决定因素或每个历史条件的单一受惠者进行详细说明。他们想要区分不同类型的因果关系力量,并且他们想要表述不同的得失发生在不同的历史时代和不同的情况中。至于他们肯定或否定的方式是什么,在这里他们也是多元论者。有时他们会承认大自然对于人类的要求确实暗示着人类高贵性这一事实的正确性;也有其他时候,他们会证实社会需求与自然紧急状态和人类愿望相排斥。

总之,不论是通过允许考量的历史哲学问题种类还是预设为历史进程基础的因果力量,19世纪早期的现实主义都不会与浪漫主义和历史主义区别开来。而且,由于其对**个体**现象本身产生一定的兴趣,也不能与这些加以区分:这种兴趣存在于它与浪漫主义和历史主义共有现象的丰富性和多样性中。现实主义将这些现象收集组成分析类别,这与浪漫主义者和史学家利用的分析类别相似。但是现实主义向下转入探究层面,使其可以区分特定情况下运行的因果力量,而浪漫主义则倾向于对其进行一元简化,历史主义则趋于二元和解。

所有这些运动都是启蒙运动的理想和大革命经验揭示的历史现实之间冲突带来的后果。它们都对社会力量"邪恶"的特质格外敏感,人类理性和意志无法驾驭,大革命对其进行了揭示证明。但是鉴于浪漫主义谴责这种揭示,而且历史主义受到其暗示的影响,现实主义则试图一方面吸收启蒙运动对于自然的揭示,另一方面吸收浪漫主义对于人类心灵的揭示。它们都承认,社会这种"邪恶"的特质已经在世界历史舞台出现的新阶级中表现出来,都试图按照期望去书写一本新阶级在未来所扮演角色的脚本。这些都有助于随后理解资产阶级和无产阶级是如何表现的。它们的分歧在于对新阶级进行分析时表现出的客观程度。浪漫主义在对新阶级的盲目崇拜和对他们的诅咒之间摇摆不定。历史主义将新兴资产阶级作为既成事实予以接受,而后试图让历史止步来阻止随后出现的无产阶级。伟大的现实主义者,基本上作为个体是保守的,试图疏远中产阶级和下层阶级并公平地将善与恶分别赋予他们。因此,现实主义,而不是浪漫主义和历史主义,在19世纪后半叶对于真正客观的社会科学的形成贡献最大。

对于历史描述和分析的基本问题组成所形成的共识使我们从一个家族角度考量这三场文化运动;它们也赞同为了理解现实而必须进行分类的方式;它们也认可分析任务的紧迫性。这个家族的父亲是浪漫主义:他是最难驾驭的,最具创意的,随着年龄增长,也最为不满意所取得的成就。这位桀骜不驯的父亲的第一个后代是历史主义,更渴望融入共同经验给予的世界,对于创新和冒险不太感兴趣,是家族事业天生的继承人。现实主义,是一个出生即享受特权和由此带来的敏感的年幼孩子,试图把父亲的审美感知与年长哥哥随遇而安的智慧相结合。但是,现实主义留给欧洲知识界的遗产是复杂的,对于在19世纪50年代成人的一代人的简单吸收而言过于错综复杂。下一代人对现实主义世界观的艰深复杂性进行反抗,并将其精力扩大运用于寻找能够解释历史进程多样性的**单一**原则。自然主义、象征主义、实证主义、社会达尔文主义和活力论都试图寻求将现实主义世界观的复杂性缩减至简单清晰的公式化程度。这些组成了一个新的家族。只有在19世纪末,在这些一元论精疲力竭时,现实主义的成就才得到充分肯定。此时,欧洲知识分子做出了一致努力去重新获取现实主义,想让自己获得的复杂的历史视野。直到那时,黑格尔、托克维尔、巴尔扎克和司汤达才进入他们的视野。但是那时已经太晚了。第四代的使命已经终止,"新现实主义"已经唱响它的挽歌。

第五章

思想史的任务

（1969）

尽管由来已久，思想史，即尝试书写普遍意识的历史，而非书写如政治、社会、经济活动、哲学思想或文学表达这般单个学科的历史，是一门比较新的学科。思想史的源头可以追溯到古代哲学家和神学家之间的教派纷争，二者通过建构对手教义的"历史"，试图揭露导致对方犯错的原因或者精确定位他们开始偏离真理或正义之路的那个点。当然，在思想和表达的历史上，这个特殊的点就是文化生活中的过渡时代；一如在希腊化时期和中世纪晚期，当既定传统思想似乎与当前社会问题脱节，伟大的天赋已经与现实格格不入时，思想史就会出现。在这样的时代，思想家可能会尝试从所谓"历史的角度"，来从他们的文化遗产中获得灵感，并区分"哪些可以继承，哪些应该摒弃"。

知识社会学家卡尔·曼海姆（Karl Mannheim）坚称，只要社会稳定能够保证人们相信"内部统一"，专业的哲学家传统使用的"思维方式的多样性"，对普通的知识分子或学术专家而言就不构成真正的问题。只要一个占统治地位的社会群体的世界观能够充分发挥作用，有助于维护该群体的权力，那么其他从属的或隐性群体的理想以及观念通常会被视为纯粹的另类，完全的错误，或必须镇压的异端——而不会被视为其他可能的选择；知识领袖也几乎不会把后者作为严肃的哲学或历史研究的对象。然而，当重要的社会或文化变革破坏了统治集团的权威，进而对其所持世界观产生了质疑时，许多其他的思想系统才有可能成为解决现实问题的同样可行的方法。这时，思想和思想者的身份，才有可能成为社会普遍关注的问题，而非职业哲学家的专属问题。在这样的时代，思想史，即探讨人类过去对所处世界不同的认知方式，这项事业如果不是必需的，至少也是合情合理的。历史学家从研究过去**实际发生过的**事情，到开始认真思考过去人们**认为发生过的事**，人们对过去事件的认知方式如何影响了他们对现今问题的应对方式。

换句话说，历史导向的文化，比如我们自己的文化，特点是对过去产生兴趣。只有在此之上，超越这一点，我们才可以区分专业历史学家对于"作为行动的历史"（做过的事、**往事**）之兴趣及其对于"作为思想的历史"（人作为感觉、思维、意愿之实体，文化作为一个意识之产品）之兴趣。同时也可以辩称，前者往往在思想自信时期的史学中占主导地位，后者则在文化自卑和社会动荡时发挥作用。可以肯定的是，对于思想史的兴趣本身并不会引发文化危机。文艺复兴时期和启蒙运动这样的时代，对自己独特的推理形式的历史十分自信，因此思想史在这样一个人类文明中不难成为非常重要的学术活动。只有当思想史，**作为思想的历史**或**作为意识的历史**，开始取代作为行动的历史成为史学的主要形式——如上个世纪末的德国或者今天的法国——我们才能合理地探讨是否一个稳定的社会已经出现危机，是否为了追求学术而导致了道德沦丧。社会保守主义和哲学唯心主义二者之互补性，已经是老生常谈。同样，思想史在史学中具有与唯心主义在哲学中一样的思想地位；每一对都是结伴而出，如影随形。思想史关注人的最高能力——他的理性，他的意志，他的情感——但奇怪地，它同时会产生一种叔本华式的悲观以及那种使人联想起克罗齐的与事物的和解（**情势变迁法则**）。

思想史中的悲观和迁就基调一部分是其主题造成的。因为人类对世界的恐惧远超于对它的理解，作为意识的历史注定要以与作为行动的历史不同的方式讲述人类失败的故事。这种宿命与**成长小说**一样，

82 　成长小说或称教育小说，其中主角的身心成长通常以自身的死亡或者毁灭为代价——例如司汤达的《红与黑》和托马斯·曼的《魔山》。像成长小说一样，思想史学的主要基调趋于挽歌而不是史诗。只有当思想史的主角是抽象的，如黑格尔所说的**世界精神**或克罗齐所说的**自由**，而不是某个人具体的愿望和思想时，它们才臻至一个真正英雄的境界。这也许是因为抽象总不会死，像索福克勒斯的俄狄浦斯或但丁炼狱里的那些灵魂，总有第二次机会。

　　意识的历史必然会站在某个角度，将破灭的希望、未实现的计划、不切实际的野心载入编年史。黑格尔在《哲学全书》和《美学》中都认识到这一点，因此他把思想的历史以及艺术当成历史学的附属，两次把它们从真实的政治、社会和经济世界移除，因为他认为在现实世界，有了悲剧愿望本身就足够了。他的直觉无疑是可靠的。思想史如同哲学史，会给关键的事后批评提供无穷的可能性。对于历史学家而言，发现以往思想家的认知或逻辑错误，远比事后批评的行动派试图解决社会、政治或者经济事务，改变自身的命运或者提高自己的境遇容易得多。

　　作为历史阅读，思想史更像是替代之性：既不令人满意，最终又不对行为起多大指导作用。然而，它诱导某种性交后的悲伤情怀。如果坚定地认为意识比**现实**更有趣，人们认识世界的方式与在这个世界的行为方式一样有指导作用，那么，思想史就可以替代市场、战场、议会的丰富多彩，及书房、图书馆和学术大厅的氛围。当一个时代或文化的史学界盛行这种风气，它可能并不代表着某种东西死了，但它肯定意味着某种东西已经发生改变。这可能表明，如同哲学唯心主义给人的启示一样，人们对改造他们的世界越来越不感兴趣，反而享受他们在其中所占据的特权地位。它甚至可能表明，作为史学的一种主要形式的思想史的出现标志着某些时代的到来，在这些时代，统治阶级希望目前的社会状态固着不变，或拒绝任何形式的可能的或期望的社会变革。

　　如果是这样，那么史学思想史的对立概念是辩证唯物主义。事实上，在苏联，(正是因为)辩证唯物主义被尊崇为史学的正统观念，人们对思想史的兴趣不大。我们不需要猜测这是否反映苏联的社会体制充满自信,认为它有能力应对任何敢于挑战它的敌人,或它是否一个普遍坚持马克思主义理论的结果,认为重要的社会思想总是伴随(以及由)生产方式的变化而产生。辩证唯物主义更关注上层建筑和生产方式之间的关系,而不是不同时代和不同地点人们的思想如何,这完全可以理解。对于一个一以贯之的辩证唯物主义者来说,人们的思想始终是一个完美的可理解的关系的作用,即个人在社会政治秩序中的位置和他维持或改变目前的生产方式的兴趣之间的关系。这并不是说他对思想史根本没有兴趣;而是说人们的思想及其背后的原因对他而言不是一个**特殊的问题**,尽管对于其他没有遵循他的解释系统的人而言确实如此。

作为一个历史学家,一个辩证唯物主义者会珍惜那些"正确"地预见历史在一个特定时间的发展趋势,以及那些在他们时代的主要社会问题上站在"正确的"立场上的个体。原则上,他应该不难与以往的背负意识形态的思想家保持距离甚至同情,因为他们有意或无意地对现实的扭曲已经被马克思有关阶级斗争在历史上无处不在的观点分析得十分透彻。但由于他占有了自认为是完美的在任何社会条件下评价什么是"进步"、什么是"保守"的标准,无论是过去还是现在,他会更关注人类如何在所处时代的社会政治体系中实施自己的想法,如何维持或改变那种秩序,以及他们在何种程度上统治或被统治,而非人类以何种方式看待社会问题。

这似乎很奇怪:一个应该是以严格的决定论为前提的辩证唯物主义史学,竟然更加重视"作为行动的历史"。事实上,辩证唯物主义首先把历史看作过程,而不是行动或思想;但正是由于这一原因,马克思主义历史学家更关心的是人类如何**适应或主宰**现实,而非如何**认识现实**。应该记住的是,马克思本人也经常把哲学的现代使命定义为"改变世界",而不是"解释世界"。他认为,人类对世界解释的关键,取决于他们在支持或改变所继承的社会制度中所占的利益。他们判断在这些行动中成功或失败,取决于在一个给定的时间和地点的生产方式下存在的社会客观可能性。如此说来,对马克思而言,思想与社会现实的关系不存在任何问题。

当然,马克思的共产主义接班人通过列宁的《唯物主义和经验批判主义》(1908)来切入西方思想史学家处理的种种问题,此著作驳斥包括新康德主义在内的各种形式的"唯心主义",在共产主义的经典中占有一席之地,在外部现实与意识之间的关系问题上最有发言权。上世纪20和30年代一批马克思主义知识分子试图超越这个引起争论的著作中的简单化观念[格奥尔格·卢卡奇、卡尔·柯尔施(Karl Korsch)、恩斯特·布洛赫(Ernst Bloch)和其他人]。特别是卢卡奇,他的《历史与阶级意识》(1923)一书,试图在马克思主义史学中嵌入一个黑格尔式意识与实践之间的关系。他首先关注的是,文学和哲学的知识分子在多大程度上超越了他们本阶级的意识局限和思维能力,这种思维能力因为他们面临衰败或解体的社会处境而对社会现实的认知远比许多自命的辩证唯物主义者要高级得多。但是,卢卡奇受到了来自共产国际的思想仲裁者尼古拉·布哈林(Nikolai Bukharin)和季诺维也夫(Grigory Zinoviev)的批评,二者指责他是唯心主义异端;最终他没有发表这本著作。然而,其中包含的思想后来继续在他的文学史研究中占据主导地位(《歌德和他的时代》《欧洲现实主义研究》和《历史小说》)。资产阶级艺术家如歌德和司各特以及巴尔扎克这样的"反动派"受他启示,更加深刻理解了他所谓的"社会现实",远远超出传统马克思主义者可能提供给他们的视野。当然,对其品质的检验在于它们多大程度接近或偏离了马克思对历史的认知;但卢卡奇所阐释的19世纪意识与现实之间的关系十分令人钦佩,且在广义上讲大部分是令人信服的。

卢卡奇在《历史与阶级意识》一书中所举的例子以及展示的历史意识理论对当代马克思主义历史学家颇有启发,后者对两个蓬勃发展的、远离马克思主义教义的研究思想史的主要方法产生怀疑:一个是升华的唯心主义,另一个是达尔文进化概念——认为在思想史中所有西方思想中存留下来的,无论其在党派社会斗争中所占思想的分量如何,都有其自身存在的社会学理由。

当代西方思想史最主要的前身**文化史**(Kulturgeschichte)出现在19世纪中叶,雅各布·布克哈特(Jacob Burckhardt)是其杰出的践行者,它的政治姿态显然是保守的。布克哈特表达主题的途径,其方法是写意的,表现方式是类型学的,在程序方式上反科学,在预期效果上是自觉的唯美主义。这种唯美主义方法在科学领域对应威廉·狄尔泰的**精神史**(Geistesgeschichte),其主要继承人是马克斯·韦伯和弗里德里希·梅尼克(Friedrich Meinecke)。狄尔泰在其历史研究中一直采取尊重实证主义的态度,这要求他以文化科学为心理理论的基础,立足于社会学、心理学和兰克的历史主义,口头上承认社会科学的理想。但是如同布克哈特赋予历史一种难以形容的叔本华之意志动力,狄尔泰重新反思**体验**这个概念,一种日耳曼民族的**生命活力**,这说法有些令人费解,因其被认为能催生新的文化形式。两种思想都反映出一个19世纪晚期思想史的倾向,即在始于法国革命的社会发展之背景下重估西方文化的主要成就之必要性,也就是说,一方面评估传统的欧洲文化的价值,另一方面评估大众民主的相对价值。

虽然**文化史**和**精神史**均被解释为黑格尔精神现象学的后来之同行,但实际上可以理解为:它们是社会保守派为了应对新实证主义哲学以及马克思主义政治学对其造成的威胁所付出的努力。布克哈特和狄尔泰的非理性主义的结论实际上否认意识**科学**的可能性。他们努力把思想意识的研究作为文化生活的一个独立元素,值得像早期的历史学家重视政治、社会和经济现象那般加以研究,具有把意识本身历史化的作用,移除它在黑格尔的思想中所享有的优势地位,也使它脱离马克思在他的著作中嵌入的社会经济矩阵。倘若它也能颠覆康德和奥古斯特·孔德所赋予科学之权威,把它也看作诸多可能的世界观中的一个,以此推翻马克思关于科学社会主义的主张,代价可谓不足挂齿。

19世纪晚期有关意识的理论家——柏格森、克罗齐、马克斯·韦

86　伯和涂尔干必须位列其中——对于他们列为研究对象的"精神"之精确含义，说法不一。但他们一致同意，科学在解决现实问题上能力是有限的，马克思主义作为一个改变现实的工具是不够的。由他们的追随者和后辈所写的思想史都无一例外地试图表明：意识最终独立于所有世俗的关注而存在，它的起源和目标都有内在超越性，它建立在某些超越或低于社会现象的本体论基础上，不受理性理解力的影响。当代知识分子史学的这一侧面恰恰是发生在20世纪初的新唯心主义复兴的一部分，尽管有违其践行者的初衷，它具有鲜明的意识形态的作用。总之，当代西方思想史上的非马克思主义者已经不再努力精确定义意识与社会的关系。大多时候，人们有种默契，认为在这种关系中的决定性因素是结构的相似性而不是因果关系。暂时假设思想和行动存在于一个威廉·文德尔班（Wilhelm Windelband）所谓的**相互启发性**（zusammengehörigkeit）关系中（这也许是最好的翻译）。知识规则（adequatio rei intellectus）构成大部分史学思想的基础；思想总是足够解决客体问题，根本不存在马克思主义的"虚假意识"问题。那百科书、类型学，或（用借来的一个文化人类学术语）"共时性"基本上构成最好的西方思想史的特征。

　　思想史领域三位的名家可以在此作为例子：恩斯特·卡西尔（Ernst Cassirer）、约翰·赫伊津哈（Johan Huizinga），和A. O. 洛夫乔伊（A. O. Lovejoy）。他们的组织原则都是类型学的：卡西尔的"思维模式"，赫伊津哈的"思维与表达"，和洛夫乔伊的"单元观念"，莫不如此。所有这三位都专门研究重大的全球或时代发展趋势，但总的来说，他们都回避了思想史的动态问题。他们倾向于把意识的历史看作意识本身内部的事情，并从他们的思想和文化的历史数据得出更广义的、宏大的意识变革——如从**神话**中产生**逻各斯**（卡西尔），从一个存在之链中产生一个主要的进化论观点（洛夫乔伊），或从中世纪的"游戏"中产生现代文化的"游戏"。三个人中只有赫伊津哈对思想和社会经济结构之间的关系感兴趣，因为只有他认为人类之游戏能力导致其忽视或无视自己的使命。像卡西尔和洛夫乔伊一样,赫伊津哈沉迷于意识的自我超越能力;但并不像另两位尤其是洛夫乔伊一样专注于建构思想谱系;作为一个学者,他着重研究意识的连续性而非其断裂和转换。

对思想史上马克思主义之外的卡西尔、洛夫乔伊和赫伊津哈等践行者而言,唯一一直对其构成严重挑战的是精神分析学对文学史的影响。莱昂内尔·特里林(Lionel Trilling)、诺思洛普·弗莱、史蒂芬·马库斯(Stephen Marcus)、诺埃尔·安南(Noel Annan)、莱斯利·费德勒(Leslie Fiedler)和许多其他人已经成功地使用精神分析(弗洛伊德、荣格,后弗洛伊德)的理论,来努力解释文本并将其与自身所代表的群体的文化体验相结合。此外,一个古典主义者诺曼·O. 布朗(Norman O. Brown)和一名精神科执业医师埃里克·埃里克森(Erik Erikson)的作品,都在目前这一代年轻的历史学家中享有一定的"地下"声誉。尽管历史学家如菲利普·阿利斯(Philippe Ariès)和彼得·拉斯利特(Peter Laslett)在作品中努力使用深奥的心理学概念,并已得到大西洋两岸的专业历史学家的公开认可,精神分析作为思想史的工具仍然普遍令人怀疑。一如对马克思主义者心存恐惧一样,大多数历史学家憎恶弗洛伊德派所使用的"还原论"策略。对一个从未有过任何站得住脚的解释理论,也没有一个单独的、毫无疑义的因果律典的专业(思想史)而言,它们似乎同样太过"一元化"。

历史总是吸引那些折中主义者,其专业认可的成就往往是多种解释模式的产物而非整体一致的单一理论体系。从认识论和方法论上讲,专业人员在科学工作中一直采用前牛顿(更具体地说,前培根)概念,而在适当的表现形式上采取前期象征主义(即现实主义)的概念。既然承认思想史作为一个可能的专业领域,此专业就应在整体上扩大它传统的研究对象,而不只是改变研究方法。思想史不研究房地产契据册、各类公文证书、个人日记、正式文件或业务记录,它主要研究哲学和宗教作品,艺术和文学古迹,以及社会和政治著作——或者其他他认为有意义的可以启迪思想的如传记和社会历史材料,诸如研究为什么某些作品会出现、变得流行，什么时候以及哪些地方会如此，等等。对于专业认可的思想史学家，使命仍然是——这也是兰克的使命——"真实地"重建过去，过去是指一个时代的，或过去的思想或精神基调，而不是指它的政治或社会机构。

试图提供一个过去的"思想气候"全景图或"思想所关注的问题和成就"，不可避免地使得历史学家进入其他领域，而此领域的宝藏已被专家诸如哲学或文学历史专家率先占据，并且已经以自己的方式开采出了宝物。思想史学家们虽然没有受过传统学科的训练，却声称拥有一般历史知识，致使被人们指责为业余性和庸俗化。指责历史学家庸俗化，通常是指他们把知识分子在某个领域取得的成就"减约"为一个"反映"在其他某些领域的成就。例如，弥尔顿的诗和伦勃朗的画被看作一种世界观的表现，而这种世界观在科学界已经由莱布尼茨给予了最完美的表达。类似的反对还指出：传统思想史学家倾向于使用类比和强调表面上的相似性，其解释价值至少也是有问题的。

把思想史看作史学的一个特殊领域，其拥趸通常会说，历史学家是一个超群的通才，一个合成者，或者是许多不同领域的研究之协调者，他努力提供一个"一般全景图"，而此图难免被诸多专业研究的建构所淹没。然而，这种说法缺乏说服力，更专业的哲学家已经指出大部分历史解释的墨守成规性，以及现实中历史表现根本不可能达到科学般严谨。同样不可忽视的事实是，比起历史学家在构建他们时代和群体的"思想气候"之"一般全景图"时不得不利用文学和哲学专业的研究成果，文学或哲学史专家〔如埃里希·奥尔巴赫，和 J. H. 兰德尔（J. H. Randall）〕在建构他们的专业历史时显然更容易利用历史学家之成果。这种情况只有在那些致力于研究自己的社会和政治的思想史学家的工作中，才有可能例外。在那里，他们所研究的本时代的社会和政治机构的专业知识，已经在其一系列的专著和总体性研究上，成功地显示出他们值得称道的综合实力与丰富的表现手法。当然，在语文学领域训练有素的历史学家，如研究古典、中世纪、拜占庭、伊斯兰教和文艺复兴的历史学家被迫——受他们研究文献的性质和他们的语言学兴趣影响——比现研究当代的同行更为长时间地关注思想史研究；因此他们也表现出了相应的更高的综合能力。然而，现代社会思想史上最卓有成效的工作都出自非历史学家之手，即出自那些受过哲学、文学、艺术训练的专家们，而不是出自历史学家之手。

产生这种情况的原因不难寻找。在一个独立的知识领域工作的专家，随着越来越多地解决本领域的特殊问题，能力增长之后，可以跳出本领域转而研究其相邻的领域。他可以有选择地利用社会政治环境的研究，只选择那些受他的研究结果影响的地区，而非试图构建所研究的整个时代、文化或群体的"全景图"。与之形成鲜明对比的是，一般的历史学家必须应用某种相关理论，才能使一个时代的各种不同的精神表现与本时代的制度和习惯行为建立关系，而**鉴于其专业极为盛行的反理论本质**，这恰恰是历史学家不愿做的事。此外，从人们所做而研究他们这样做的可能的原因比较容易（至少是常见）；而研究某个时代的知识领袖都在思考的问题，普通人行为背后的理论基础，要困难得多。前者的策略至少可以借用常识或人性，或经过普遍使用而被认可的想象；而后者则要求首先建构那个时代的普遍思维模式，然后从这样的假设模式中推导出人类行动。马克思主义或某种形式的社会决定论在这里体现出其优势所在：因为二者都坚信观念形成必须遵循制度形成的过程（如维柯所说的），坚信有一个让思想和行动之间必要的转换规则。但对于像马克思这样专业的历史学家来说，"社会学主义"已经为其所厌烦，使得他不得不进入一种稀释的唯心史观的思想史，而后者缺乏多样化的黑格尔哲学的活力和清晰，因此同样令他不安。

无论喜欢与否，思想史学家都不得不决定一个时代是思想启发了行动，还是相反。当然，这不是一个二选一的决定，但除非历史学家能在其叙事建构中做出**享有同等权益**的选择，他所做出的判断才不至于过于含糊或模棱两可。作为一个一般历史的特殊分支，思想史学必须有一些标准来确定哪些数据可以作为证据，哪些可以排除不计。然而，标准越空泛,产生的叙事越站不住脚;标准越具体,结论才越与众不同。

声称代表某种文化(如希腊文化)的精神或某个时代(如文艺复兴)的世界观的那些思想史,总会在专业历史学家那里受到最严厉的攻击。对每一个建立了希腊文明之人文基础的思想史,都有 50 个普通历史学家准备为其至关重要的有神论提供证据。无论是文艺复兴、巴洛克、启蒙运动时期,风格主义、理想主义和浪漫主义等概念,还是某种情绪化的氛围,如启蒙运动的"乐观主义"或罗马帝国晚期的"悲观主义",莫不如此。和史学的其他分支一样,思想史的发展之路似乎充满专业的著作和一般的综合作品之间的冲突;但思想史似乎更容易产生争议,因为它的类别不仅包括不同年代或群体的"本质",而且包括人性的"本质",在某种程度上,社会、政治,甚至经济史都做不到如此之包罗万象。这也许是为什么在现代思想史上的一些最好的作品出自艺术史、科学和文学领域的专家,他们曾亲身受益于实验心理学的后期发展,最重要的是,他们熟知格式塔学说或结构主义理论。

贡布里希(E. H. Gombrich)、托马斯·库恩(Thomas Kuhn)和卢西安·戈尔德曼(Lucien Goldmann)的成就,分别可被看作在艺术史、科学史和文学史上这一新潮流的代表。贡布里希和库恩的作品因其介观推广之丰富而尤为有趣,它们可以孕育新问题和提供新的研究线路。他们一般采用的方法,在他们关于历史成就之观念上,比戈尔德曼更加"波普尔式",尽管后者是让·皮亚杰(Jean Piaget)的学生,仍然因其流于更浮夸的黑格尔哲学和马克思主义的泛泛而论,而令英美学者忍无可忍。尽管如此,戈尔德曼是思想史上一个重要人物,他的著作给修正的马克思主义思想的发展带来希望,这种方法也许能够解决贡布里希和库恩没有触及或只是一带而过的问题。

贡布里希和库恩研究了何为真正的西方知识分子传统:致力于"**现实地**表现现实",即以发展成为经验和一整套调和的概念系统为标准,来衡量它们的不确定性及其持续的修改与演变。贡布里希的西方艺术之精华和库恩的西方科学之精华体现在:意识对环境反应时,"制作"和

"匹配"之间存在着内在的不稳定关系。贡布里希强调了传统接受的绘画之"编码"习俗与艺术家设计新的编码系统并将其强加给公众的天才冲力之间的相互作用。库恩关心的是一个时代或一代的"常规科学"如何在专业研究领域实践中变得不堪一击,期间必须处理在实验中出现的"反常情况",并聚集一系列类似的情况,与此同时,"常规科学"的世界观(或"范式")不再被视为权威,从而引发"科学革命"。

贡布里希和库恩应用二进制的计算机模型,其反馈机制要求每个连续的与现实世界相"匹配"的图片,都必须伴随着另一幅"制作"的图片。在贡布里希的理论中,"改造"即新的艺术风格产生的机会;对于库恩,这是一个新学科的创立之际,也是对合格的理论经典所认可的"范式"或世界观之检验。此外,对于这两个历史学家来说,真正的感性革命——如希腊艺术中的现实主义创作,或哥白尼、牛顿在17世纪的综合体——是已有的编码体系超出其能力发挥所有功能的超载结果。在库恩的比喻中,超载被隐喻为感性的量子飞跃,旧的"常规科学"在其中的"反常情况"下,被作为主要数据而产生新的"范式"以及由此产生新的"常规科学"。库恩认为,科学界分别在17世纪以及20世纪初发生这样的反转;而贡布里希认为当代艺术界似乎正在发生这样的反转。

这些理论的重要贡献,与其说是帮助他们设计何时出现感性"革命",不如说是用来给本领域的其他研究者指明应该从事的研究方向。正如思想史上古老的唯心主义概念那样,贡布里希和库恩的理论不是**引出**到人类意识或人类的本质和命运等世界历史进程的普遍问题上,而是**引入**到专门问题,既集中地研究特定学科和文体传统内部的理论和实践关系,又集中地研究互相冲突的思维方式之间动态的相互作用以及相互影响的关系。通过集中研究思维方式的理论和应用之间的关系,贡布里希和库恩研究在动态的历史维度之下复杂的社会学、心理学、意识的人类学之具体表现形式,这大大有别于以往的仅仅建构知识谱系的研究。他们的方法可以应用到思想史的各个分支,比如政治、经济、社会思想等领域,虽然这些领域已经被先入为主的意识形态所占据,甚至可以应用到哲学和宗教的历史领域,虽然这会更有难度。

然而,思想史上集中研究介观推广的生产,这一决策是有代价的:这种方法无法解决如此巨大的翻天覆地的世界观之变化——这种转变是知识分子承担历史研究最主要的原动力。事实上,贡布里希可以说仅仅应用了一点希腊的"奇迹",即具体解释了文体传统,库恩被迫使用一个神秘的感性的量子飞跃来解释所发生的科学革命,这说明他们的研究方法有局限性。当然,他们接受自己方法的局限性可能只表明他们认识到,没有任何方法可以解决所有的问题,他们想把思想史停止在某处的想法缺少一个形而上学的思辨,往往有自我辩护之嫌。但是,马克思主义会认为这种表面上的谦虚和正确的决策力只不过是一种特殊的自我辩护,反映出小资产阶级不愿意把思想的历史与社会经济基础相联系,因为后者自身即可了解**跨越**不同的时代和传统的历史变迁。

这其实一直是对旧的思想史上唯心主义观念和新的反社会学的法国结构主义以亨利·列斐伏尔(Henri Lefebvre)和卢西安·戈尔德曼为代表的新马克思主义者的指责。世界大战期间,法国盛行结构主义史学,上述思想家的思想史理论恰是对它的继承和批判。历史学家马克·布洛赫(Marc Bloch)和吕西安·费弗尔(Lucien Febvre)的思想启示了结构主义史学,人类学家克劳德·列维-斯特劳斯给它以理论防卫,文学史家罗兰·巴特和心理学家历史学家米歇尔·福柯乃至《年鉴》杂志撰稿人[由费尔南·布罗代尔(Fernand Braudel)出任主任的巴黎高等师范学院研究部第 6 部],一直都是结构主义的代表人物。

马克·布洛赫和吕西安·费弗尔为代表的运动整合所有的社会科学,将其置于一种不拘一格的历史主义编程方式的秩序下,以这样的方式来重建意识和行动的结构和特色,曾给某个特定的过去的时代提供了一个独特的生活方式。吕西安·费弗尔以他的著作《十六世纪的无信仰问题:拉伯雷的宗教》(1942)引领思想史。这本书的第三部分,用他的学生布罗代尔的话说,是献给"这个时代的'精神装置'——话语、情感、概念——20 世纪思想的基础结构。以此为基础,一切都被建造或可以被建造,或可以阻止某些东西被建造"。他的方法已被列维-斯特劳斯作为结构人类学的灵感之一而借用,这是一个几乎包含一切的人类学,为了构建一个"共时性"图画,以便人类行为可以通过这种渠道运行并在此结构下创造各种形式的表达,而不得不忽略所谓社会的"历时的"(或发展的)一面。用布罗代尔的话说,强调"话语、情感、概念",把它们看作"20世纪思想的基础结构",迫使这个流派的追随者转向结构语言学(费迪南·德·索绪尔、雅各布森和其他学者)来寻求语言研究的模式以及使用隐喻来展示他们的研究结果。由此产生的对"意义性"结构、意义和关系的结构的探求,成为一个思想家、一个群体、一个时代,或整个文化的一种独特的生活方式,并由此催生了米歇尔·福柯和罗兰·巴特的具有想象力和影响力的作品。

福柯的《古典时代疯狂史》[《疯癫与文明》(1961)]和《词与物:人文科学考古学》(1966),巴特的《米什莱自述》(1954)和《论拉辛》(1960),与其说是思想历史甚至行为历史,毋宁说是大师们在"挖掘"使具体的思想和行动风格成为可能的"结构"时,努力想看看一个人能如何更好地利用马克思、弗洛伊德、萨特、黑格尔、涂尔干以及其他历史学家偶然熟识之前人,而对相关已有建树的文献进行的"阅读"。由于既借鉴尼采的《道德的谱系》,又借鉴许多前人的文献,这些都是真正"地下"的思想史或情感史。也就是说,他们在寻找压抑中被遮蔽的心理数据,希望透过或揭开"现实生活"的面纱,发现规范的思想和表达只不过是其升华。

在他的《疯癫与文明》一书中,福柯研究对待理智和疯癫的态度,把它作为一种方式,来确定"理性时代"本身的**真正含义**。"理智"和"理性"在古典时代的真实内容是由这个时代对"疯癫"和"非理性"的定义决定的——而首先,是由自认为"理智"的一方对待疯癫的一方的方式来决定的。但福柯不是为某个机构写作历史;对于疯狂的、贫乏的和一群离经叛道者如何被监禁,福柯在这方面并没有新贡献。他的兴趣在"被监禁"的种种表现之"结构";他发现:**一个共同的结构**一直主导着西方从17世纪晚期到20世纪初的历史。这种结构的特点是在决定什么或谁在那个时代疯了这一点上所产生的所有变革中,被监禁者和监禁者之间的一种"沟通",他认为这种沟通在20世纪的极权主义氛围中已经消失。

巴特在研究米什莱的传记中使用同样的方法,他把米什莱描述为"组织有序的困扰网"。著作的格式本身是重要的,即使它某种程度取决于该系列的整体格式,如献给"敬爱的 Ecrivains"。它根本没有打算有任何叙事的主线;相反,米什莱著作的所有文本都以某种结构规则汇集在一起:"吞噬历史的米什莱"(Michelet mangeur d'histoire),"死如长眠与死如太阳"(Mort-sommeil et mort-soleil),"血之花"(Fleur de sang),"超性"(L'Ultra-sexe),等等,每章还有进一步的结构细分,每章前面都有巴特自己对于一个结构集合和另一个之间关系的评述。目的是表明在米什莱一生的作品中有某种结构的连续性,它不是来自有意识的思维而是来自心理困扰;思维通过结构之间的关系而获得独特的表达。这种方法的优势令人印象深刻:它允许把米什莱的史学和非史学著作——特别是他有关植物学和动物学的散文,迄今为止还没有发现有历史学家对此进行研究——以共享的意义结构进行链接。它允许巴特解释米什莱从开始的人气爆棚到后来的默默无闻,他和他的读者之间的"困扰":由开始的一拍即合到随后的分道扬镳。可以肯定的是,这种思想史一直被批评为过于**矫揉造作**和一味迎合时髦的巴黎知识分子的时尚,是对所研究的文本及其同行学术专家的不负责任,以及最重要的,是与列维-斯特劳斯对原始文化的研究一样具有相同的"共时性"偏见[如在《野性的思维》(The Savage Mind)中]。这引起了学术右派以及马克思主义左派的共同攻击。但该方法受到强有力的《年鉴》派同人的青睐,因此在不久的将来才会呈上升而非下降趋势。

皮亚杰的学生、哲学和文学史家,思想史家卢西安·戈尔德曼已经跨越了"共时"与"历时"的结构主义者之间的差距,成为继承黑格尔哲学的马克思主义者(或者,更确切地说,早期卢卡奇主义者)。戈尔德曼的工作范围包括从17世纪(研究帕斯卡和拉辛)到20世纪(研究安德烈·马尔罗)整个西方的思想和表达。他自称为"生成结构主义者",以区别于上面提到的非历史派别。在戈尔德曼看来,思想史的问题,不是研究主要的文学和哲学作品之**内容**(因为在这一点上艺术家和思想家能够行使最大的选择自由),而是从"作品所处世界的结构",探讨它"与某些社会群体的心理结构之同源性"。戈尔德曼坚称,这个群体"逐渐形成了一个结构化,它阐述其成员在面对自身与自然的关系以及人与人间的相互关系问题时,从始至终所表现出来的情感、知识以及实际的反应"。①

戈尔德曼认为,假定精神范畴只是以一个模糊的、不完整的方式存在于某个作为整体的群体,只有在最优秀的思想家和作家的作品里才获得严格的一致性;他们创造一个"想象世界",其结构与"整个群体的走向"相"一致"。因此,问题就是要确定一个时代作家的"想象世界"的"构成元素",并要指明这些世界与社会群体之结构同源性。

很重要的一点是,并非任何给定的思想家和作家的作品一般都受其"时代"所启迪,虽然缺乏普遍共享的观点和问题就无法展开进一步分析。任何一个"反思的"的思想活动的概念,尽管它在所研究的工作中寻求一个历史数据为"代表",也不足以把一个思想家与他的时代相联系,**同样重要的是**,不足以把他所属的文化与以后的时代相联系。这只能从非常谙熟思想家的主要著作,**通过传记信息**,**到**不断扩大社会参与圈子,才能解释在该领域工作的专家一致认可的所有"事实"。戈尔德曼称这种方法为"逐步近似法",把一个工作嵌入一个总体性的经验中,研究对象与环境的关系既是"**理解的**"又是"**说明的**"。也就是说,知识创造的独特结构可以理解为"当它嵌入一个更大的结构,进入一个说明的过程时就构成了理解的过程"。戈尔德曼以自己划时代的作品

---

① Lucien Goldmann, "The Genetic Structuralist Method in the History of Literature," *Towardsa Sociology of the Novel*, Alan Sheridan 翻译,(London: Tavistock, 1975),159。

为例说明如何操作这个步骤[《隐蔽的上帝:帕斯卡思想中的悲剧视野以及拉辛的悲剧研究》(*The Hidden God: A Study of Tragic Vision in the Pensées of Pascal and the Tragedies of Racine*),1955]。

在《隐蔽的上帝》中,对于帕斯卡思想中共享的"悲剧结构"之分析以及拉辛戏剧中"理解"的操作,似乎对应德国社会学的**理解**技巧或者文学研究的新批评。"说明"这一悲剧结构是通过"嵌入"17世纪的法国激进的詹森主义的历史——对这个历史的建构是"理解性的"——来实现的。也就是说,通过传统的史学性的操作,通过揭示它们的结构同源性,将激进的詹森主义嵌入詹森派的一般历史中,是一个对前者的"说明"以及对后者的"理解"。因此,在越来越广泛的社会存在范围,从詹森派以及它在17世纪**长袍贵族史**上的地位,从**长袍贵族史**到它在法国贵族史上的地位,并从法国贵族史到它在所研究的时代作为一个整体的法国社会的历史上的地位。戈尔德曼最想说的一点是,研究应该不断拓展,**从文本到**与之结构同源的社会团体,而不是**从文本到**其作者的心理研究。该策略是社会学的,特别是马克思主义的,然而戈尔德曼的马克思主义是早期卢卡奇的黑格尔变种,这意味着他敏感地认识到,不同的作家和思想家意识可能产生巨大的变化,在保守和进步的思想家那里,同样有着对现实认知的无限可能性。他不假装坚持阶级的起源或忠诚可以解释文本中的一切,对那些"通过解释消除"反对马克思主义价值观的天才们也不感兴趣。相反,他以事实解释了17世纪末法国思想和文学的奇妙的多样性,在相当一段时间,最上层是君主,它在各个阶级中间调解,但又不代表哪个专门阶级;这在戈尔德曼看来,提供给所有不同阶级的思想家和作家一个能充分和公开表达自己世界观的客观条件,一个让每个人都渴望的"幻想的宇宙"。总的说来,戈尔德曼的工作使得马克思主义学者再次燃起对于思想史的研究兴趣,并将这份兴趣延伸,带来意识历史的繁荣,直到一战后的崩溃。在我看来,它提供了用于处理那些重大的变革——那些情感上的革命——的最好的建议,无论是贡布里希和库恩的结构主义,还是福柯、巴特以及《年鉴》派代表人物的结构主义,都未能以任何具有社会意义的方式进行分析的情感革命。

任何把思想史作为一个特殊的研究领域并试图评估其客观的学术价值和未来——既不同于又包括哲学、文学史、艺术史、科学和宗教思想——肯定是主观的,而受本文所限,也似乎是不公平的。我已经表明我自己的态度,对思想史的特殊兴趣反映了在人文学术或作为一个整体的团体上更普遍的危机;我相信只要目前的"希腊化"情绪依然在西方学者和知识分子中占统治地位,这种危机就将继续下去。有迹象表明,如过去的践行者所宣称的,思想史尚能为一个时代,或一个集团,或是一个整体文化的"精神气候"提供一幅"合成图片"。但只有摒弃旧的从19世纪继承下来的主要学术传统的史学原始形式,才能做到这一点。在20世纪,无论是黑格尔的唯心主义,兰克的经验主义,孔德的实证主义,或者是马克思的社会主义,都未能给传统史学研究领域的专业历史学家提供满意的思想史方法论法则。很可能是因为普通思想史,或观念史,或意识史,尽管它们已经在一般的知识分子中享有地位,也永远不会为专业的历史学家所接受。但如果思想史要想实现它长久以来所承诺的,就只有遵循双重路径:一条为它的学者如贡布里希和库恩所开拓,一条由社会理论家如戈尔德曼所开辟。他们的研究既避免了形而上学的陷阱,又消除了简单的和家谱式历史之空洞无物。两条路不是互相对立的,而是彼此互补的。贡布里希和库恩教给了我们如何撰写历史体裁、文体和学科的模型;戈尔德曼向我们展示如何把这些元素应用在一个更广阔的由社会、政治和经济历史学家所提供的画卷上。如果专业的历史学家可以在每一次马克思的名字出现时自己不那么愤怒,思想史也许会获得长期缺乏的、更扎实的"社会现实",戈德尔曼已经教给我们如何赢得这一仗。

第六章
批评的文化:
贡布里希,奥尔巴赫,波普尔
(1971)

构成人文科学的核心学科——历史、文学和艺术批评,以及哲学——与它们所研究的主题一样古老。但只是在文艺复兴以来,人文科学才成为一门独特的研究领域,有自己独特的研究目的、研究方法和文化功能。在那个时候,人文学科脱离所谓的神学,就像各种形式的社会实践(比如政治和经济活动)从中世纪宗教强加于它们身上的桎梏中解放出来一样。直到文艺复兴之后,学者们才能公开地致力于研究文化这一特别的人类创造的产物,同时不再如古老的思想那样,把世上一切看作仅仅是一个更基本的形而上学和宗教现实的附带现象。当然,原始宗教的残留影响持续到现代时期。但到了19世纪中叶,世界完整的启蒙之理论已有确据,人们已经有足够的理由相信世界上所有的人类起源并非自然秩序的一部分。因此,历史、批判和哲学可以继续以一种激进的方式来使文化日益世俗化,也就是说,通过在人类理性、意志或想象本身来寻找每个文化产物的根源,而无须通过设想每个"精神"层面的创造都是可以"解释的",来假定任何本体的存在。

人文学科在全球文化启蒙的过程起到了至关重要的作用,它的最高成就体现在19世纪的社会科学上。但是它们在这个过程的参与掩盖了它们实际操作时典型的保守本质。尽管人文学科与萌芽期的社会科学共享一个共同的无关宗教的或反宗教的态度,它们在其固有的政治方向上同样具有反乌托邦思想。作为人类思维、理性和意志的产物之研究者,人文主义者对乌托邦思想深表怀疑,因为它常常支持并授权一个给定的艺术家和思想家,对当今世界在社会分配上提出质疑。遗传或社会力量已经给予他们够多,但人类竟敢梦想需求更多,正是对这种梦想的反对,使得人文主义者声称自己是介于社会和文化事件之间的权力调解者。人文主义者把他们的文化角色定义为监护和批评。在他们看来,他们的任务是在新旧之间进行调解,在"生活"和"思想"之间,在"想象"和"现实"之间,在文化的生产者和文化的消费者之间进行调解。一句话,他们在天才和公众之间——天才引领公众寻求秩序、指引和时尚来实现自己的乌托邦思想——进行调解。

19世纪末,人文主义者已经划出了他们自己的特殊领地,介于以马丁·路德和吉罗拉莫·萨佛纳罗拉(Girolamo Savonarola)为代表的宗教改革派,以及由马基雅维利和霍布斯为代表的激进的世俗主义者之间。当然他们的守护神是伊拉斯谟,在他之后是蒙田,他们讽刺的态度保证了其个人诚信度,这种态度让他们能看到每一个问题的方方面面,但最终屈服于公共领域的权威,并将它作为摆脱无政府状态的唯一选择。这种讽刺态度被美其名曰"超然"的价值观号称化解了普通民众和精英集团之间的紧张关系;而反过来,假装发现的文化和社会之间的不可调和的紧张关系,又证实了这一理想的超然态度之正确性。因此,人文主义者采取典型的中间立场,在"艺术"和"生活"之间、**精神**和**奎托斯**(力量)之间,躲进自己的乌托邦式的梦想里面,美其名曰"文化自治"。因此,最新的伊拉斯谟追随者及讽刺大师诺斯洛普·弗莱,才如此区别两种批评———种总是"涉及过去的文化"之"历史的"批评,和另一种"仅涉及未来的文化"之"伦理的"批评——而只有开始确保"及时和当前的文化自治"这份"自由",才可以消除它们之间的区别。

在我看来,我们最近听到许多人所谓的人文危机源于人文主义者意识到"自治文化"受到攻击,不仅来自政治上的左翼和右翼,而且也来自文化内部那些以自治为其创造性的活动之必要前提的艺术家和思想家。无论政治光谱如何变化,艺术、科学和哲学都时常需要投身、关注,或者更普遍的说法是具备"社会责任"。传统学术界所谓的学者的超然,知识分子的理想是"自由浮动的",科学家"公正无私"的概念,以及为艺术而艺术的观点——这些都遭到批评,因其只不过是维护特殊社会群体的特权之手段。现代艺术的创建恰恰需要摧毁艺术与生活的区别,恰似现代社会思想是要消除社会思想和社会实践之间的差别,而这种差别在以前被认为是不可避免的和无法消除的。大众教育的普及和大众媒体的支持,产生了艺术和思想方面的大众观众群,并且以历史上前所未有的数量和力量,催生了一个新的文化需求。这种新的文化消费者不承认任何权威可以判定艺术或思想是否合法;他们质疑:在社会实践上,乃至在思想和表达上,都认为自己的意见是权威的观众群,会需要一个特别的知识分子群来监护和批评。

可以随意称呼这个新的观众群:流行、年轻、身体、毒品或者不入流——事实是,它构成一个大型的、富有的和日益强大的阵容,与先锋艺术家联手共同怀疑艺术的标准,以及和乌托邦式的激进的思想家一样漠视我们一直精心培养的历史意识。这意味着,由于这个新的观众群的产生,他们推崇随意、直接、暂时、非结构化和即兴,先锋派在其传统的攻击人文学科的两大实践功能即监管和批评方面,有了一个重要的新盟友。因此,人文学科的危机意识,处在革命的风口浪尖这样的危机感,就很容易理解了:人文学科不得不面对其最有价值的实践丧失赎回权的前景。难怪,尽管所有的证据指向相反,但人文主义者竟然摇身一变扮演最雄辩的捍卫者,他们坚称:一个真正的文化和社会革命不仅不受欢迎,它同时也是不可能的。

今天的人文学科划分,在它们内部以及在它们和先锋派的艺术、思想之间,在于判断我们所见证的全世界的文化动荡是否革命性的,如果是,是代表了文明的进步还是倒退的力量。富有创造力的艺术家和社会激进分子没有怀疑革命的必要性,他们相信无论结果如何,都比它所取代的旧思想更好。一些社会学家认为流行文化是一场革命运动,人类历史上第一场真正的大众文化运动,其发展潜力与破坏潜力一样强大。马歇尔·麦克卢汉(Marshall McLuhan)的观点已经变得广为人知,他将流行文化置于更大的背景即文化和电子技术之间的辩证关系之中,并且相信文化革命的到来预示着有必要创造一种新的共同体。甚至人文学科内部也有先锋派,或者至少是自由主义者,他们遵从创造力的原则,愿意鼓励先锋派和其观众群,清除传统形式的繁文缛节——不是因为他们相信繁文缛节可以被清除,一个真正的自由主义的文化公约可以实现,而是因为他们认识到至少从19世纪早期开始,先锋派为了实现自己的愿景,一直宣称反对艺术和文学。这与其说是与传统分道扬镳,不如说是对它的进一步发展。

但总的来说,这些自由主义批评家并非人文学科中的多数,且由于革命的加剧,或至少随着革命从咖啡馆走入大学,他们的队伍已经缩小。自由主义批评家往往加入更大的人文传统主义者派别,后者即使继续研究当代的先锋派,也坚决地反对他们,一直否认当前在艺术和社会思想上的激进主义对文明有百害而无一益。

因此,对极权主义的经验和恐惧,以及对传统人文主义文化的忠诚,在过去的一代激发了令人印象深刻的传统批评。这一重要传统的代表人物分别是艺术理论领域的贡布里希,文学史和批评领域的埃里希·奥尔巴赫以及在我称之为科学的批评领域的卡尔·波普尔。他们并不构成一个正式的学派,但他们在整个人文学科的影响力无处不在,任何在他们所耕种的领域继续耕耘的人都难免步其后尘。在我看来,人文学科占据了我们所处时代文化和社会批评领域,而他们是上一代这一领域最优秀的代表。

这一传统的批评和历史分析代表着一种倾向:试图在西方艺术和文学领域为自然的现实主义提供一个明确的保护,以及在现实的艺术、自由人文主义者的社会原则和人文道德之间,维护重要的历史联系。

它认为,与非西方的古老的文化停滞形成对比的是,那些在西方文化中使得进步发展成为可能的价值观,即现实主义作为一种与艺术和文学等同的价值观,是如此有说服力。它(现实主义)也被加此沉重地记录下来,以至于探讨它可能有助于阐明当前先锋派的革命性质,对这场革命进行抵抗的性质,这场革命正在加剧目前人文科学的危机。与先锋派一样,现实主义的捍卫者认为,当前文化革命所涉及的,远不止攻击传统、某种认知、某种理性,甚至书本文化。这场革命固然包括攻击,但意义比这更深远。**它还攻击**那种在社会上把艺术中的现实主义与自由主义相结合以及在科学上把艺术中的现实主义与进步发展相结合,即**虚构的真实**,此观点认为在绝对的概念确定性和混乱的未加工的数据之间,有一个朦胧地带,这种临时确定的感觉,使我们对现实的知识有可能**有序**和**递增式**发展。先锋派艺术和激进的乌托邦式的社会思想所攻击的是虚构这一概念;正是他们这样的攻击,使得他们比过去的先锋派们和革命派们还要激进。

无论我们强调的是**传统**还是**形式**这个词,先锋派都不是简单地反对传统形式。先锋派们自己说,他们不是代表一个修订的旧的——况且他们坚称他们不会被其同化——而是一种全新的文化和社会经验,这使得他们相信:可能和实际之间的差距,也是迄今为止一直为小说所强化的差距,最后可以被消除。他们用物质情境来证明这种乌托邦式的梦想;而由于不能证明,至今为止推动艺术家和远见卓识者最后妥协,他们不得不使用破裂的人性这一概念,这种缺乏之情形,不再被视为人类不可避免的条件,因此不再是一个对文化创造力和创新不可避免的限制。

这个新的文化和社会物质基础反映在对它们反叛的语言本身上,不仅体现在它们实际的状况上,更是反映在人际关系的具体形式上。激进的作家大谈文学语言的死亡;画家创造自我毁灭的艺术品;剧作家梦想没有对话的剧场;舞蹈家设想没有动作的舞蹈;作曲家孕育没有声音的音乐;社会评论家谈到终于可能真正超越历史的存在和灾难的出现以及为团体的利益而解散社会;等等。到处我们都发现,偶然胜于设计,身体优于精神;相对于语言和结构而言,动作、图表、随机、偶然等,更胜一筹。

对无形式的渴望,是否也预示着混乱的出现?如巴克明斯特·富勒(Buckminster Fuller)所指出,它是乌托邦式的虔诚,还是世界末日的暗示?人文学科的保守派深知先锋派对形式的攻击不是一个简单的艺术形式或知识体验,而是有关进步的文明本身的命运。他们都乐于相信当代公认的艺术和思想先驱,从毕加索到罗伯特·罗森伯格(Robert Rauschenberg),勋伯格(Schoenberg)到约翰·凯奇(John Cage),从阿尔托(Artaud)到阿伦·雷乃(Alain Resnais),从乔伊斯到娜塔莉·萨洛特(Nathalie Sarraute),叶芝到艾伦·金斯伯格(Allen Ginsberg),弗洛伊德到诺曼·布朗(Norman O. Brown),从马克斯·韦伯到赫伯特·马尔库塞(Hebert Marcuse),都否认了现代文明中使社会、艺术和思想取得进步的原则。对他们而言,新先锋派攻击的世界观曾产生了一种文化,这种文化既科学(因此有序)又人文(因此开放)——它如同没有声音的音乐。社会评论家终于可以宣称,这种文化可能真正超越历史的存在,灾难可能产生,即希腊式的超越忧心忡忡的野蛮的世界,以及古老的高等文明具有压制性的神话形式(如古埃及和美索不达米亚)。

根据贡布里希、波普尔和奥尔巴赫的观点,现代的、开明的和进步的文明是靠一套道德和思想的义务来支撑的,希腊人首先设想以人文的传统现实主义为自己的表达形式。这三个批评家都相信这些义务源自一场真正的情感革命,一场被贡布里希称为"希腊奇迹"的革命,它在中世纪遭到反对,但在15至19世纪的西欧被再次提出和改善,它使任何进一步的情感革命都变得不可能或不受欢迎——不可能是因为现实的传统似乎拥有抵制激进的变革之能力,不受欢迎是因为如果发生任何激进的变革,由于意识本身的本质之缘故,它将退化到更早的、幼稚的、野蛮的或压制想象的古老形式。

贡布里希在其具有影响力的著作《艺术与错觉:图画再现的心理学研究》中指出,**希腊奇迹**首先包括发现了暂时真理的可能性,发现了虚构的可能性,接近现实的可能性。发现虚构的现实这一领域创造了一种独特的人类心理空间,它介于僵化的神话想象(即导致埃及的法老崇拜和封闭社会的奴隶制),和可怕的可能不受控制的想象世界(即囚禁了人类思想使其冥顽不化的世界)之间。

贡布里希把这一虚构的可能性与叙事结构化时间相联系,由此产生了**重要时刻**这一概念。艺术家——画家、雕塑家或作家——为确定那一刻研究的对象之间的关系,专注于这一瞬间,而不必应用普遍解释原则或绝对的因果关系概念。也就是说,从古希腊开始到19世纪末,现实的艺术一直满足于小心不断地印证某种假设,一方面通过应用权威的感官知觉,另一方面通过传统记录的已经安全的操作模式,来印证某个领域如何被建构,以及什么可能占据这个所定义的感知领域。若能够提出一个固定的时刻,可以反过来通过假设它之前或之后的时刻,帮助建构一个具体的历史意识。在艺术领域,它最终会占领透视结构或自主的空间——一个可以通过实证发现占据其中的研究对象之间的关系的空间,而不是如神话的想象所需要的那样应用一些恒久的先验原则,如永恒和无限。叙事时间和透视的空间这两个概念,加上历史意识,解放了神话寻找永恒和绝对真理的想象力,将其纳入更平凡,对人类更有利、可控的信息收集之范畴中;同时,它保证理性蕴含原则使得新领域的信息可以与旧的、在传统中比较成型的信息相结合。

但**希腊奇迹**的意义远不止如此。现实主义的胜利在于掌握和培养了**错觉**这一技术,并且发现用虚构的方式在人类期望或希望的现实情况和实际发生的现实情况之间做调停。正是文学上使用小说,艺术上使用控制幻觉,科学上使用临时图式(或假设)——使用临时的或可能的,来替代必要的或不可避免的概念——才使得每一代的艺术家、思想家和科学家新构建的每一个现实,能够更加精确地理解外部世界的本质,从而使得在现代西方文明语境下,实现目前人类所能达到的对外部世界的把控。

（1）传统的智慧和知识，（2）小说，假设或临时模式，（3）感官知觉之间的辩证相互作用，使得思想和想象力不再凌驾于感官之上。这种感官在古代世界的古老文明中使得人类成为自己幻想的奴隶，与此同时，它也瓦解了行使在原始文化思想上的感知权力。如贡布里希所洞察的那样，我们这个时代的先锋艺术对人文科学或现实文明是一个威胁，正是因为它同时否认传统、思想以及感官知觉的权威，如此否认破坏了"虚构"在促进人文文化禀赋上所起的调解作用。对他而言，这三重的否认无论其背后的乌托邦意识如何宏伟，也无论其认识现实的动机如何可以理解——试图完全征服现实，直接而纯粹地把握它，把它从纯虚构的真理以及临时的概括之约束中解放出来——它都是对文明的攻击。贡氏认为，它可能导致回归到神话时代或者产生极权社会，因为一旦神话统治天下，就会引发极权，一如纳粹统治下的德国那样。

奥尔巴赫也是同样的看法。在他的权威著作《摹仿论：西方文学中现实的再现》中，他表明，西方文学的主要成就是充分地发展了**模仿**的潜力，**模仿**即一个动作的现实再现，或口头模仿。奥尔巴赫认为这一成就是文学进步的产物，它从未加工的感官数据和过度加工的直觉中解放出来，在神话思维中濒临灭绝。与贡布里希理解现实主义绘画相比，奥尔巴赫认为在文学现实主义的发展中基督教思想起了更为重要的作用。但二者对西方文学的最重要的成就的结论是一样的：不断变化的社会和自然环境与人类意识之间的相互作用产生了历史现实主义。在所有的文学传统中，只有历史现实主义通过尝试不同的文体小说、不同的现实的概念，以及哪些范式能够决定不同的研究对象之间的本质关系并生成可以理解的研究领域，促进了西方文学的进步。在奥尔巴赫看来，文学现实主义的历史是一个故事，在解释社会和心理问题时逐步消除神话力量，以及凭借自己的实力培养社会、自然和心理力量来理性理解历史内部的力量。在他看来，所有这一切加起来，才逐步把历史领域作为暂时区域，在此人类有他合适的栖息地，恰如他在自然中有适当的空间栖息地和在一个内部分化的社会有适当的精神栖息地。倘若你如乔伊斯那样,放弃历史框架——那真是惹火烧身。

最后来看看波普尔。经过长时间的艰苦努力,他指出:无论是面对自然还是社会,科学都不提供绝对真理——这表明,真正的科学方法是归纳的,它的策略是生成一次性假说,目的在于合法地建立扩展的,然而又是更加讲究和全面的一套假说,用以陈述现实的"真正"的本质。对他来说,西方科学比如贡布里希的西方艺术和奥尔巴赫的西方文学之所以取胜,是因为它们在研究自然或社会时,不再寻找终极真理和绝对知识,同时又以渐进或零碎的方式,谨慎而有把控地描绘现实。波普尔认为,正是这种主动放弃寻找绝对确定性的欲望才保护了西方文化免于陷入极权主义。当人们建立在每一个概论的终极的暂时的本质之信任崩塌时,才产生极权主义。正是因为无法接受暂时真理,才产生了马克思和汤因比的历史哲学之谬误,并导致了两次世界大战期间纳粹主义等主义的暴行。

对于这些伟大的批评家来说,思想和艺术领域的现实主义与开放社会紧密相关。倘若如20世纪许多先锋的思想家和艺术家那样放弃现实,将不可避免地丧失一个能够促进有序发展、安全进化和增加人类对世界把控的文化。出于这个原因,对这三位权威人士以及其他人道主义者来说,先锋派们似乎太沉溺于某种奢侈之中,要么动机不纯,要么意图不轨。事实上,波普尔在其《历史决定论的贫困》和《开放社会及其敌人》中,认为每一个激进的社会理论都是错误和犯罪。他甚至认为社会科学试图预测未来的社会变革也是一个错误;对他而言,这只不过是伪装成科学的预言。他认为所有的历史哲学——所有元史学的概论——只不过是伪装成智慧的某个人的心血来潮。因为我们对社会知识能期待的最好结果是**暂时**真理,我们最有权要求社会的是**逐步**变造。他总结道,自由、零碎的计划,或被称为"微调"的社会机制,是唯一可以想见的负责任的科学的政治纲领,任何形式的乌托邦式的梦想都是对文明的一种威胁。

所以，贡布里希和奥尔巴赫对艺术的批评也是一样。他们两人都认为塞尚之后的绘画以及普鲁斯特之后的文学没有多大的意义。贡布里希不赞成立体派艺术家，因为他们试图破坏知觉而不是打磨它。奥尔巴赫发现乔伊斯和卡夫卡令人不安，因为对他们来说，探索内心精神已经取代反映外部现实。无论之前的文学运动如何推崇想象力来对抗理智和理性，传统总是引领它们的方向；现在知觉让位于心灵并成为它的俘虏，心灵本身从传统的桎梏中得以释放。奥尔巴赫暗示：过去的三千年辛辛苦苦构建的外部世界突然塌陷；知觉不再能限制想象力；虚构的意义被消解——现代人徘徊在主观愿望这一深渊的边缘，使得他最后必须再次被神话所奴役。

当然我并不是说，人文学科由这三位伟大的批评家或他们之中的任何一位所主宰。但毕竟类似他们的观点主宰着人文学科。贡布里希、奥尔巴赫、波普尔比他们的许多同行更具备哲学自觉意识，而因为经历过纳粹主义，他们对人文学科和某一社会学科之间的关系的理解更有自觉意识。无论在事实或理论的特定点上与他们的同行有何分歧，在人文学科，他们与大多数评论家和学者一样都认同某些基本假设，这些假设同时经受先锋派们和新的公共群的攻击。一个假设是艺术领域需要的是进化，而不是真正的革命。其结果是他们相信传统的权威仍然可以控制一个创造性的进步的思想和艺术。对这三位批评家来说，既定的传统既充任现实本质新假说的来源，同时对于那些不想简单地哭泣或呻吟的艺术家或思想家而言，也充任他们个人心理定势的决定因素。

这并不是说他们在文化或社会态度上是保守派。事实上，我一直试图说明，在文化和社会层面，他们知道并理解实验和创新的重要性。就像我说的，他们认为不言自明的是：西方文明的独特之处在于它有能力变革却不至于陷入无政府状态，它有能力抵抗僵化的变革而不至于发展到极权主义。但这意味着对他们来说，也是对大多数人文主义者来说，一个可以被接受的艺术和思想领域的世界观，最终需要与现实再现中先前获得的知识战略相调和。也就是说,对他们而言,可以被视为艺术、科学或者社会理论的知识,比如逻辑蕴涵或技术一致性,原则上必须可以被现实主义传统所吸收。

这意味着必须排除所有的乌托邦式的愿景。因为现实主义是世界历史上独一无二的决策产物,它阻止对现实的乌托邦式的攻击,延缓任何形式的凭着头脑发热来臆断事物**应该**如何发展的思想和行动。在他们看来,现实主义是一个社会的文化表达,因为它是技术创新,所以可以期待它在**某些时间**克服匮乏以及和将人类区分开来的阶层,但不能期望这种真正富裕的乌托邦式的境况会真正实现。因为西方社会的惯例一直是按等级分布特权和责任,思想领域的现实主义必然包含自然和社会结构内部的分化和等级制度,即使它认识到这些阶层的分配已经随着时间和空间的改变而改变并且可能变得更开放,也就是说,在特定富裕的情况下,等级会发生更多内部的变化。

然而,问题的关键是:既然允许知觉来发现世界和语言来再现世界,艺术和思想还需要等级化吗?如果不需要的话,那么我们也许能够理解当前艺术家对艺术,作家对语言等的攻击;我们也许可以展示他们所创作艺术的乌托邦内容,将先锋的艺术与当代社会运动的激进派别相联系。

奥尔巴赫、贡布里希和波普尔在20世纪新的艺术和思想上看到了一种批判,不仅批判**看待**现实的一种方式,而且也批判以发现和反映为目的看待现实的方式。对现实主义的否定还在于否定把外部现实看作是内部**无限**可分的,只在**理论**上而非**实践**上可以统一的。简而言之,现实的形式与在西方发展起来的艺术和思想传统具有相同的属性:反映和逐渐征服现实。现实和以反映(mapping)现实为目的的文化传统都具有**句法**的性质,我的意思是说,原则上讲,现实和唯一可能解码它的策略都被看作是同质的**分等级的**。

句法这个词有两个词根,结合在一起表示"排列在一起"。语法学家使用"句法"这个词来指代某些语言的规则,这些规则定义了语言元素并将它们排列成可接受的组合来构成句子。但是句法策略这一概念的内涵远不止此：语言学惯例按照从属策略和重叠策略生成组合规则。重要的一点是，语言学策略允许增长词汇和演变组合概念，因此会出现新的反映内容；但它要求，无论语言的内容是什么，这些内容都会按照等级层次被组织在一个从属和主导的关系中。这种语言策略同样可能在文化比如希腊文化中盛行，它们是动态分层的。也就是说，在任何给定的时间是**分等级**的，但正如它们的语言，其内容是不断变化的，有从属和主导之分。奥尔巴赫使用**句法**这一术语来描述荷马的文学风格，进而把句法（**分等级**）文化的胜利当作文学现实主义进步发展的标志。这与波普尔的观点如出一辙：他称赞西方的开放社会，贬抑亚洲的现代极权主义的封闭社会。就是说，与那些只有与生俱来的特权或者坚持抽象的或假设永恒的选择原则的社会相比，他设想的理想的社会是对天才开放的，在其中只有个人的才能才会被赋予应得的特权和责任。

但是**句法**这一术语——无论语法学家如何使用它——有助于我们理解先锋的艺术、流行文化以及目前的社会反叛之革命本性，以及先进的先锋派们与以往的先锋派们相比到底有多大的创新性。当前的艺术反叛，一如当前的社会革命，既反对在世界的表现和组织上使用句法策略，又同时反对在社会的构建上使用句法策略。

这个时代创新的艺术家和思想家所反对的是一个具有句法组织原则的意识，它要求把现实分为从属和主导的关系。对艺术中透视法的反叛和文学上对叙事学的反叛，恰如反对历史意识，它反映了这样一种情绪：等级模式的关系不再是认识或者表现社会的唯一方式。

奥尔巴赫本人告诉我们，语法学家有一个词可以用来描述当今世界正在发展着的文体惯例，他们称之为**并列结构**。在图像和感知方面，并列结构原则上试图对抗任何等级制度，并且 *parataxis* 的词根意思，保证了它们"并排排列在一起"——也就是说，不加选择地，通过简单的依次罗列，可以称之为横向共处的民主国家。如您所见，并列结构这个术语可以用来描述何为即兴音乐；它肯定适用于**偶发艺术**、流行艺术、新浪潮电影技术以及**新小说**（反小说）。它代表了一类文体惯例，以理想的方式表现世界，它已经超越了等级制、从属和主导、悲剧冲突和精神匮乏。先锋派并非打算对以新的文体惯例代替旧的，也不打算清除我们愿景中陈腐的先入之见，从而把社会和文化重建为另一个从属和主导的结构。

20 世纪先锋派实际上设想的是一个最终消除等级的世界，无论开放还是封闭，因为这两个模式假定下的情形、物质短缺的情况，不再是一个悲剧的必然。先锋派们认为：社会和文化实践变革不会以新的替换旧的一代精英而告终，也不是以新的体制来代替旧的，也不是以新的特权地位来代替旧的特权地位——无论是特权空间地位（如绘画和雕塑中的透视图），特权的时间（如旧小说和传统史学中的叙事艺术），社会中的特权地位，意识中的特权区域（如保守即正统的弗洛伊德精神分析理论），特殊的身体部位（如视被为"自然"的生殖器），或文化上的特权地位（假定某些"品味"更优越）或政治上的特权（假定某种"智慧"更优越）。

人文学科的践行者了解并列结构风格，他们对之心存恐惧，并非因为他们否认需要"批评案"。事实上，奥尔巴赫将它们与陈旧或神话统治的文化相联系，也把它们和西方思想和艺术领域的危机相联系，当需要先验的确定性或宗教的慰藉，或者仅仅是需要对正式的学科感到厌倦，而反对占主导地位的现实的传统时——比如公元 4 世纪的罗马，17 世纪的西欧，当然还有我们自己从一战到现在这一时期。也许他们说的是正确的，他们相信以前所有并列结构最终不过是不痛不痒，至多是为新的句法规则做铺垫，恰如当风格主义侵蚀了文艺复兴时期的形式主义而产生新古典主义一样。简而言之，在思想和艺术上的并列结构在西方文化中，至少从文艺复兴时期之后是倒退和位居其次的。把以前所有矫饰主义运动视为表现不完全压抑的宗教情感或反映神话相信命运或宿命，可能是正确的，我们现在还是如此。但——同样——很可能是并列结构这一概念的历史功能不足以理解当前的文化对传统、虚构、感知和所有这些组合的反抗,这一反抗在其悠久的历史中支撑了现实主义。因为这个原因,并列结构本质上是一个**公共的**风格,而不是一个**社会的**风格;它在本质上是民主、平等的而不是贵族和精英的,并列结构在20世纪艺术和思想的重生并不代表重新退回神话时代或产生新的极权主义,甚至并不代表最终造就一个统一的人类,可能需要这样的意识改变。

当代先锋艺术和乌托邦思想中,尽管有很多奇异的甚至是病态的,其最大的优点是——从乔伊斯和叶芝到雷乃、罗伯·格里耶(Robbe-Grillet)、凯奇、摩斯·肯宁汉(Merce Cunningham)、塞缪尔·贝克特,等等——似乎都能接受并列结构意识:即一个线性分离的语言而不是一个叙事序列,一个去透视化的空间,无须像过去意识鼎盛时期那样需要任何神话的确定性。这可能表明现在的先锋派是可以接受一个之前人们仅作为希望的事实——也就是说,物质匮乏的条件不再是不可避免的,我们终于准备好进入一个乌托邦世界,在那里,神话、宗教、精英的品位与情感,都不能够声称有权定义艺术或生活"真正的"目标是什么①。

---

① 从开始写这篇文章时,通过与卫斯理安的同事交流,特别是与弗兰克·科莫德、诺曼·鲁蒂奇、维克多·古热维奇的讨论,我深信将奥尔巴赫与贡布里希和波普尔归为一类掩盖了情感倾向因素的差异,三位思想家都带着这种倾向在现代想象中审视对抗现实主义的到来。我承认,与波普尔和贡布里希相比,奥尔巴赫倾向于带着更多的同理心去看待这种反抗的天启因素。这是因为他对于意识领域变革的创造性可能有更为充足的意识(特别是关于黑格尔哲学),不论是从形式化一致性角度看还是从对这种一致性"超越策略"的抵抗来看。然而,因为该篇文章意在描绘人文主义批评中中立传统文化先入之见的特征,因此三位思想家才能够被归为一类。由于对20世纪先锋派设想的种种革命尝试怀有同情心,奥尔巴赫被当作该传统的右翼代表。对我而言,他使用的情况**分析**在实质上似乎与波普尔和贡布里希所运用的归为一类。

第七章
历史叙事的结构
（1972）

　　本文将讨论三个问题：(1) 一般叙事的本质；(2) 不同叙事历史中故事、情节以及论证的关系；(3) 一系列事件不同的情节化方式可以赋予它们不同但绝非互相排斥的意义。我将重点探讨叙事中史学的地位而非史学中叙事的地位。因为史学隶属于叙事这一大总类而非相反；还有一点我想提出的是，叙事的历史与非叙事的历史之间的区别并非像它们表面看起来那样富有启发性。事实上，目前对叙事的历史与非叙事的历史二者之间进行区别，反而让人越来越费解。**叙事的历史**这一术语通常用来区分那些"讲故事"的历史和那些不讲故事的历史，故事可以理解为有开头、中间和结尾的故事。在我看来，这种区分叙事的和非叙事的历史的标准产生的原因在于对于故事了解不足：既包括有关故事的一般知识，也包括故事的多种应用方式——不同的应用方式可以取得不同的效果，既有戏剧性的效果，也有说明性的效果。

　　另一方面，在讨论历史叙事这个问题时，人们往往忽略一个在我看来很有必要的区别，那就是故事和情节的区别。当代文学批评家不常使用这一区别，原因我会稍后探讨；但我认为，它可以有效地用于分析历史叙事这一目的，并且有助于我们了解故事、情节以及论证的不同功能，在不同的历史叙事中实现不同的"解释性效应"。① 我认为有些历史叙事，尽管其故事幼稚、论证薄弱，我们仍然视之为经典，原因在于其情节构建程序的巧妙性，使得它所描述的事件成为一个可以理解的**戏剧性统一体**。

首先，让我来谈一谈历史叙事的三个例子：利奥波德·冯·兰克的《宗教改革时期的德国史》，亚历克西斯·德·托克维尔的《论美国的民主》以及雅各布·布克哈特的《意大利文艺复兴时期的文化》。这些作品代表了不同**种类**的历史叙事。每部作品都讲述了一个故事，可以说每部都包含一个情节，每部都有关于自己主题的论证过程：分别为德国**历史**、美国**民主**、文艺复兴时期的**文化**。但三部作品都不同地使用了三个要素——故事、情节以及论证——因此，每部作品都可以被定义为与另外两部截然不同的语言结构。那么问题是：我们是否将其中的一部作品称作真正的叙事历史，而把另外两部中的一部，甚至两部都排除在外？

惯例诱使我们做出上述的行为，当今哲学论证又强化了上述的行为。兰克的《德国史》显然符合"叙事"类历史专门的定义。首先，它讲述了一个开头、中间和结尾的故事。其次，尽管本部书的主题在情景转换中经历了一系列的变化，但自始至终它的主题是一个可以辨识的整体。第三，它"解释"了这一变化过程中所发生的事情，在其进行解释时，并没有诉诸某种普适的因果律或关联法则（虽然有时它也会遵循类似法则），而是通过"展示"一件事情如何引发另一件事情，一系列事件如何引发另外一系列事件，或者一种场景如何成为戏剧中演员做出回应的最佳时机，尽管从剧中人物当时拥有的信息来看，这一场景何时到来是其无法提前预知的。

相比之下，托克维尔的《论美国的民主》这本书故事成分似乎并不

---

① 本文首次于 1971 年 11 月 26—27 日在加利福尼亚大学戴维斯分校举办的历史哲学会议上宣读。[Jacob Burckhardt, *The Civilization of the Renaissance in Italy*, trans. S. G. C. Middlemore (Charleston, SC: BiblioBazaar, 2007), 428.]

多。它的确不是一个有开头、中间和结尾的故事。可以认为它有某种开头,这一开头对民主的背景知识进行了简要的介绍——民主如何于欧洲诞生,如何于17世纪传到美国,如何在美国扎下根来并开花结果。也可以认为本书有一个过长的中间部分,这一部分介绍了在本书撰写时影响到美国民主的各种制度和力量。但它并没有给其讲述的故事提供任何结局。当然,本书还是排除了在近期或将来的几种故事结局的可能性。然而事实上这些并不是故事的结局,而是对民主在美国的下一个发展阶段的预期。如果说托克维尔的著作讲述了一个故事,那么这个故事也有特殊的开放性的结局。他不断告诉我们,他留给这本书的读者去决定最终的结局会如何,即读者的阅读最终决定着由托克维尔开始讲述的故事该如何完结。我们是否可以说,虽然托克维尔在书中解释了许多事情,但他并没有通过讲故事来解释任何事情,或者,他讲的故事事实上没有任何重要意义呢?

在我看来,似乎有两种不同的故事,一种故事,其结局是可知的,是由一系列特定的事件决定的,另一种故事的结局是不可知的或者说只能推测其大致走向。在读者看来,兰克的故事完结在过去的某个时段,托克维尔的故事完结在当下。兰克书中的正式的结局可以弥补书中论据的不足。尽管兰克在书中做了很多关于人性、社会和文明的概论,但是下面的关于这些概论的理解是片面的,即将这些概论视作因果律和普适法则,在书中作为了法理论证的主要前提,从而使读者认为其真正了解了德国从中世纪晚期到宗教战争结束这一段历史的真实面貌。事实上,我稍后会强调,这些概论并非理论,而是既定的主题。这些主题确保了故事的连续性;兰克在书中提出的关于人性和社会的任何理论,都可从兰克在书中所讲述的故事中分离出来,然后作为论证的组成部分忽视掉。这么做丝毫不会影响理解兰克讲述的早期现代德国演变史的故事。我们从他的故事中所得到的感悟与我们从他的论证中所得到的感悟是不一样的。为了更好地理解故事中的事实,我们可以不赞同书中的论证,但是可以认同书中所讲述的故事。

但是在托克维尔的作品中,情形恰好相反。设若没有理论,他的历史作品就既不重要也了无情趣。他有大量丰富的理论:一般社会结构的理论;民主社会结构与贵族社会结构相比较得出的理论;一方面是社会结构和文化之间的关系的理论,另一方面是社会结构和政治制度之间的理论;宗教作为社会团体、技术禀赋和自然环境之间的中介力量的作用的理论;等等。若说他的故事是开放性的和令人不满的,他的理论结构则是封闭的和令人压抑的,它要求我们阅读时跟得上他的论点。那么,托克维尔是否在讲故事呢?

我认为只是在讲一个不同**类型**的故事(这个故事有开头、过长的中间部分,但是没有结尾);然而更重要的是,托克维尔利用书中故事所要达到的目的是有别于兰克的。确切地说,托克维尔在使用故事来说明或支撑一个论点。托克维尔书中故事的意义不是由故事的结尾决定的,即"一切都是这样";而是由故事所在并支撑的论点决定的,即"这才是要点所在"。两部作品中故事区别之处,恰如诺思洛普·弗莱指出的亨利·菲尔丁的《汤姆·琼斯》以及简·奥斯汀的《理智与情感》的区别。弗莱认为,两部小说的标题揭示了它们所要讲述的故事的重点和目的是不同的。它们也引发不同类型的问题。前者让人思考弗莱所说的"情节问题",后者让人思考"主题问题"。前者让人关注情节衔接(到底如何发展成最终的结局?),后者令人关注主题阐释(故事的重点是什么?)。我们可以同样描述兰克的《德国史》以及托克维尔的《论美国的民主》。前者的标题揭示了它会着重衔接情节;后者的标题揭示了它会着重描述主题。前者预设期望并在一定程度上满足这种期望,后者预设一种不同的期望,并提供一种与前者不同的方式满足这些期望。

兰克作品中的故事**侧重于**描述历时的变化,而托克维尔作品中的故事则侧重于描述一个稳定的或持续存在的共时结构场景。这一区别的产生与两部作品的叙事地位无关,而是在于两部作品的重点是不同的——一部作品的重点在另一部作品中是次要的或隐性的。兰克把他故事中所描绘的变革放在一个公认不变的人性、民族思想和某种权力关系的大背景之下,托克维尔通过不断对比主题中的表面变化和稳定的结构关系来达到他的叙事效果。稳定的结构关系是表面变化的基础,并将无序的表面变化整合为易于理解的整体。兰克在不变的关系背景下描述变化;托克维尔则描绘了不断变化的表面之下不变的结构。但所强调主题的不同并不就使得二者一个成为叙事的历史而另一个成为非叙事的历史。诚如 R. G. 柯林伍德热诚地指出,"任何称职的历史学家都需要在整个的变化过程中既保持前后连续又能说明为什么**此生成彼**"。叙事既可以讨论连续中的变化,又可以讨论变化中的连续性。以主题为基础来区分叙事和非叙事的历史,以故事为基础来区分叙事的和非叙事的历史一样,并无太大意义。事实上,上述两部作品不仅都包含故事,它们也都有情节;两部作品均以以下方式解释故事情节的进展:通过以一种特定的方式对故事进行渐进的情节构建从而使所讲述的故事归属于某一特定的故事类别。我稍后会解释历史叙事通过确定其所讲述的故事类别,在书中提出的论点之外,达到了一个间接的解释效果。简言之,情节不但**解释**故事中的事件,它也通过把故事归于某一类来解释故事本身。

历史叙事中的故事、情节和论证的不同功能,可以通过叙事史的第三个例子,布克哈特的《意大利文艺复兴时期的文化》来说明,它通常被用来当作非叙事历史的范例。顺便说一下,这本书的副标题是"一篇论文",这本身即证实了这一观点,也是现在人们普遍接受的观点,即这部作品不是为了讲故事,我们也不应该期望它是一本常规历史类著作。表面上看来,这种观点是完全有理由的,因为布克哈特的著作似乎没有故事,没有情节,几乎连一个论点也没有。虽然它也有开头,但它的开头远不能与兰克的开头相提并论,兰克的开头紧接着有中间部分,再以后是可以辨识的结论部分。虽然布克哈特的书也有结尾,更精确地说,它的结尾是一个终结,而不是一个结论。因为表面上,布克哈特所讲述的故事比托克维尔的故事更具开放性。后者至少在第二卷结尾(第三章处)给了我们"有关主题的总体概况"。布克哈特的最后一章是有关意大利文艺复兴的"道德与宗教"之总体叙述,这一章以一个只有两句话的段落结束,这个段落既非论点的总结,也非故事的概要。他只写道,"在这里,中世纪神秘主义的余音与柏拉图学说汇成二重唱,奏出现代精神新乐章。世界和人类知识的宝贵成果之一在这里臻至成熟,仅此一点,意大利文艺复兴理当被称为当今时代的领袖。"

我们在这里能看到什么?我认为,它只不过再一次陈述一个主题,一个贯穿布克哈特作品的、几乎令人生厌的主题,他的著作也因此单一特性而臭名昭著。如果说有什么不同的话,布克哈特的历史甚至比托克维尔的更为主题化。而托克维尔的历史中有许多主题,布克哈特似乎只对一个主题很感兴趣,即个人主义,在史学分析的传统目录下——国家、宗教、社会和文化——他搜集了尽可能多的例证。布克哈特的作品甚至比兰克的《德国史》更缺乏论点,而理论论述几乎为零。当然,理论对我们理解他所描绘的事件的"意义"并不重要。当他对这些事件逐一描述时,我们对它们的"意义"也看不出端倪。这是一部作品,可以在任何地方开始,并在任何一个地方结束。故事的"要点"是从一开始就存在的。那就是在 15 和 16 世纪早期的意大利,曾经存在一个特别突出的个人主义时代;它体现在社会和文化的各个方面;它激发人们创造永恒的美和引人入胜的艺术;现在这一时代已经结束。要么怀念,要么忘却。让善于发现的人欣赏这个时代的荣耀并为之哭泣。仅此而已,再无其他。

如果与布克哈特的其他作品一起读这部作品,我们可以从书中得到一个论点,即布克哈特阐述了文化与宗教和国家关系的一般理论。这个理论告诉我们,当国家和宗教因为竞相争夺对社会的控制而两败俱伤时,作为个体天赋之表达的文化便繁荣昌盛起来。然而,当一个伟大的"强制性"的机构——国家或教会——成功地建立它的霸权时,个人主义便消失了。但布克哈特并不是为这种"理论"辩护,而只是指出在他探究的时间地点中所发现的个人主义的实例——这就使得那些对于布克哈特文艺复兴理论的无休止的探讨偏离了书中的主题。他的主题并非如他的标题所暗示的那样是文艺复兴,而是个人主义。对于分析个人主义他不太感兴趣,他只简单地罗列从历史记录中发现的实例。这就是为什么他的著作令许多读者感到如此无聊;它有那样多的故事,像一本百科全书。但这部书确实讲述了某种故事,这个故事全部是中间部分,让人联想到反讽情节结构的故事①。这些故事没有意义,正是因为这些故事并没有实现读者对于故事道德上或是认识上的预期。

布克哈特故事中的说明功能源于他将自己时代的保守、乏味与早期时代的个人主义做的对比,这个对比读者也可以结合其自身经历和布克哈特书中个人主义例证自行做出。对于同一主题即个人主义的不断重复,使本书仅演绎了一个主题,讲述了一个故事,有一个情节结构,开头和结尾在这个情节结构里面好比大前提和结论一样不重要。布克哈特的作品是一个纯粹的数据世界,在里面,事物就是它们表面的样子,也就是说,除了存在,没有任何自己的终极意义。类似于叔本华的哲学世界,和卡夫卡的艺术世界。本书故事的含义源于两个方面:挫败读者对于爱情、喜剧或是悲剧的故事常见的预期;否认理论和证据相结合便可产生系统的令人信服的结论这一事实。

因此,布克哈特给我们提供了第三种历史叙事。兰克的历史叙事需要我们从某个特定的地方经过一个描述清晰的情节突变,在一个已知的过去里,进入一个特定的结局。也许我们管这种叙事叫**列队而行**。托克维尔把我们从一个明确的开始引领到一个含义不明的中间地带,这个中间地带和托克维尔处于同一个时代,但并不为我们提供特定的结尾。因为他显然更关心找出结构而非描述一个过程,我们可以称之为**结构主义**叙事。最后,我们来看布克哈特的历史,其中既没有开始也没有结束,但有中间或情节急转;它既不描述一种过程,又不注重结构。

---

① 参见 Hayden White, *Metahistory*: *The Historical Imagination in Nineteenth-Century Europe* (Baltimore: Johns Hopkins University Press, 1973),该书分别对三位历史学家进行了广泛深入的讨论,第 4、5、6 章分别用来探讨兰克、托克维尔和布克哈特。

它只是在我们面前展示一个围绕主题来组织的大量数据,尽管这道令人反胃的大餐来路不明而最终命运悲哀,喜爱它的行家仍然可以享受之并乐此不疲。我们管这种叙事叫**印象派**。从某种意义来说,第三种叙事无疑是最复杂的,因为它的叙事效果取决于读者能否找出所描述事件的正确意义。读者必须认识到他在书中所面对的时代和场景处在遥远的无法企及的过去。布克哈特"故事"的意义是所有反讽挽歌的意义:昔日繁华,今夕不再。它的意义在于故事的情节构成其基础,使得被讲述的故事成了一个特定的故事。兰克在他所有的历史中讲述喜剧故事;托克维尔在他的两部历史中讲述悲剧故事;布克哈特讲故事是为了突出一种场景,在这种场景下,"变化越多的事物反而越没有变化",布克哈特所讲述的故事是反讽故事。这些反讽故事通过不多不少地呈现事物的存在状态来解释事物。

我没有时间来为捍卫自己对上述三部历史叙事作品的理解,但是我希望通过对三部作品结构特征的总结,我已提出了关于历史叙事的两个可能性观点①。第一个观点与"叙事"的含义相关;第二个观点与两种解释效果间的区别有关。这两种解释效果一个来自故事发展,一个来自情节衔接。

我对于叙事的观点非常简单;我希望它不至于过于保守。叙事来自这个词的词源的字面意思。它的词根是 gnâ,出现在拉丁文、希腊文和梵文中,包含有"认知、已知、可知"三种含义。直到 17 世纪人们才始把**陈述**(*narratio*)这个词作为**历史**(*historia*)的同义词使用,*historia* 来源于一个希腊词根,意思是"探究",亚里士多德使用这一词来表示对于事实的探究。在亚里士多德看来,对事实的探究是有别于对信仰或看法的审查的。在罗马,陈述(*narratio*)有一个非常具体的意义,该词被用来表示演说中的一部分。在该部分中,演说人会列出引起此次演说的事实。同样在这一部分中,演讲人会回顾争议案例中已经取得的广

---

① 参见关于 White's *Metahistory* (1973) 的介绍。

泛共识,来为正式辩论做好准备。这一用法与该术语在中世纪晚期的用法相符合,即用 *narratio* 来指律师在法庭上提出的要求(索赔)或抗辩。

在 17 世纪欧洲宗教冲突盛行的氛围下,可以很清楚地看到**陈述**(*narratio*)这个词两方面的含义——一个是对事实所做的真实描述,另一个是要求或抗辩——可以结合它的古代意义,作为一种"认知"叙述,产生它的同义词"历史"所包含的含义。重要的一点是,"叙事史"概念的字面意义及其用法,让人们更加关注讲故事者的知识能力,而非关注所讲"故事"是否"虚构"。总之,从字面上来说,"叙事"从认识的角度而不是从美学的角度"修饰限定"历史。叙事历史并未主张将正在描述的内容以故事的形式呈现,更不用说将讲述的内容以一个可识别的开始、中间和结束的故事形式呈现。但它确实表明,文字表述是由知情者做出的,是了解事实真相的人对事情的描述,这个描述不是"制造"(事实)或"伪造"(fictum)(谎言),而是找到或发现(inventum)事实。使用得当,"叙事"是指对已知或可知事物的描述,有些事物曾经广为人知,但是现在已经被人遗忘。"叙事"这一术语通过运用适当的话语手段仍然可以在记忆中唤回这段被人被遗忘的记忆。叙事需要预先设定一个无所不知的人告诉或告知我们他所知道的;是否预设这样一个"无所不知的人",是真正区分叙事文字结构和非叙事的文字结构的标准。

可以这样说,叙事是这样一种文学形式:在叙事中面对周围人物的无知、迷茫和健忘,唯有叙事者的声音响起,并引领我们去关注一段以一种特定方式建构的回忆。在现实主义风格的叙事表现中——与神话或传说表现相反——叙述者既在场又缺席:在场是因为叙述者作为一种交流的手段,不在场是因为这种交流手段是不易被读者察觉的,并且也对读者阅读书中的事件构不成阻碍——书中事件的组织方式正是叙述者要揭示给读者的。正是这个可被读者识别的叙事声音的存在,使我们能够把这样的现实主义风格的表现称作历史,把某种小说称作"客观"的描述。因为我们可以认识到叙事声音的指令功能,我们可以把叙事声音作为组织呈现叙事内容的其中一种方式。

在戏剧和抒情诗中是找不到叙事声音的;同样,在神话、传说和民间故事中,叙事声音在某种意义上说是消失的。戏剧只是简单地呈现它们的内容,当然以特定的组织方式,但观众以许多不同的方式理解戏剧的内容,而其他叙述方式如现实主义小说和史诗却不是这样。作为神话、传说和民间故事,叙事声音是一个集体的声音,这就是为什么我们不浪费时间探讨它们呈现故事的目的,而是研究它们在不同的文化语境下的"功能"。神话,如克劳德·列维-斯特劳斯所说,正是从"无"而来(没有出处);这一点上它们像纪事。所不同的是,纪事中没有叙事声音来依据句法的方式安排素材,并指导我们以某种方式来阅读书中材料,从而在反思时会获得某种阅读效果——理论的、道德的或审美的,视情况而定。为了达到这些效果,叙述者可能会或可能不会讲一个故事;如果他讲故事,故事可能有开头、中间和结尾,或者它可能不是这样。叙述者可以像托克维尔那样以概念的方式组织他所要讲述的内容,或者像布克哈特那样安排从而破坏读者对书中内容先入为主的概念,或者表明对书中事实进行概念化是不可能的。

重要的是,使用和强调"叙事"的字面意义,我们强调了这样一组关系,关系的一方面是叙述者的声音,关系的另一方面是叙述者以某种方式组织的内容。这可以使我们谈论优秀的史学中一系列的解释效应,而不是谈论叙事历史中的解释和优秀的呈现方式,仿佛它们在某种意义上是独立的操作。我要建议的是,在好的叙事历史中我们回应的是叙述者的声音,因为它引导我们关注可以实现解释效应的三个不同的层次:故事、论点和情节。

让我再次强调,我不是说亨普尔式的分析不能用于识别和评估大多数历史学家实际操作的水平,而是说它不是唯一的一个,它甚至可能不是最重要的一个。当然,人们希望叙事中的论点可以令人信服地解释故事中的事件;但是论点并不是叙事历史获得解释效果的唯一方式。事实上,历史不一定非要依靠论点来解释故事中所描述的事件的含义。

因此,让我简单地讲一下叙事历史中故事与情节的关系,并进一步说明为什么我认为它们能产生不同的解释效应,不同于任何我们叫作法理或涉及法或规律的解释。

首先,让我声明我深知道文学评论家不常谈论故事和情节的区别,他们这样做合情合理。在太多的虚构类型的叙事作品中故事和情节元素是无法区分的,更多情况下,我们看到的是没有情节的故事或没有故事的情节。但在分析历史方面的叙事作品时区分故事和情节之间的差异对我来说有必要,有两个原因。首先,大多数历史记载的模式是将19世纪记叙文或议论文稍作改变。这样,我们通常既可以很容易区分故事和情节,又很容易区分故事和论点,就像我们区分现实主义小说和克尔凯郭尔、尼采写的那种论文那样容易。第二,虽然有时很难区分某些类型的小说的故事和情节,在历史上,我们有一个方法可以解决这种独特的文学形式中的区别。历史与小说不同的是,构成故事情节的事件不是(或不应该是)历史学家想象的产物,而是应当提供证据的,或准确地说至少应该是合理的来自某些文献的推断。

我并不是说故事情节就是它包含的事件;按时间顺序组织一组事件根本不算是故事,只是一部编年史而已。为了将这些事件转换成故事,必须以一定的方式组织一组事件,以激发读者问出诸如此类的问题:"接下来发生了什么?"或者"那到底是怎么回事?"这类问题的答案有两个维度,一个是事实的,由单纯的信息构成;另一个是概念性的,包括把事件这类问题的答案。依据主题构建情节的组织模式是开放性的;它可以无限继续下去。围绕主题组织是必要的因为历史事件不是某一进程的开始或结尾,也不是能一眼看出的过渡部分。即使是讲到某个人的出生和死亡也不例外。例如,戴克里先的死亡,虽然很显然为其生平划上了句号,但作为历史事件,它到底是一个过程的开始还是结束,取决于个别历史学家如何选择使用它。在罗马的异教徒历史上,它可以作为最后一个主题的一部分,而在中世纪基督教历史中,又有可能成为第一个主题。那么可以说,依据主题组织情节是故事阐述的一个方面；它提供了一种解释,那种路易斯·明克(Louis Mink)认为历史学家可能在他们"依据情节组织"故事时已经提供了对事件的"理解"的解释。

分主题(motif)标出故事中的发展阶段；它们以主题为依据向心地组织材料,以便可以让读者知道它什么时候完成故事的一个阶段,而进入另一个阶段。对主题的重复形成一个作品的总主题,尽管在组织不可重复的主题时出现某种不连贯性,读者的注意力随之不断变化,仍然确立了故事的连续性,并以这样的一种方式暗示,在故事表面所显示的变化之下,**有一些东西仍然不变**。在故事的层面上,这个"仍然不变"的东西通常是人的本性的某一方面或是历史学家可以假设他的读者会认识到的人的处境。他提醒读者注意它也提供了一种对故事中事件的解释。我们可以称之为"主题组织"。但像主题一样,总主题也可以无限扩展。它们本身并不给读者提供答案,但读者自己不会再问"接下来发生了什么?"或者"那到底是怎么回事?"而是最后对自己说,"哦,**现在**我明白了**到底**发生了什么",这一点不是来自故事阐述,而是由情节衔接给予的提示。情节结构作为"关联密码"辅助我们把主题和总主题当作**一种特殊的故事成分**从而组织并确定其不同阶段。

简而言之,叙事的历史中情节结构与故事元素的关系类似论证中理论与证据的关系。但又有所不同。历史叙事中的理论使用类似于因果律的方法解释证据,而故事中情节解释的方法是识别此故事属于哪一类。这第二种解释,是对故事的解释,而不是解释故事中的事件,是道德或审美的性质,而不是主观或仅凭个人兴趣而为。它来自故事原型中的文化,在文化上,这些典型的叙事模式以不同的方式讲述包含不同事件的故事从而取得不同的情感效果。

认为情节解释故事的方式与以因果律解释系列事件一样,正是这导致 E. M. 福斯特在其《小说面面观》中探讨情节和故事的关系时误入歧途。跟他的前辈亨利·詹姆斯一样,福斯特相信情节解释事件;福斯特没有注意到的是,情节解释的是故事。是情节而不是故事,会告诉历史叙事的读者,何时停止这样的疑问:"接下来发生了什么?"并说:"哦,**现在**我明白了**到底**发生了什么。""到底"可以适用于任何一个论点或情节识别,历史学家声称已经通过应用普遍因果律或类似的法则解释了"发生了什么",但在我们早已忘却了他所提出的论点之后,我们仍然可以如此说,我们已经"理解"了这个以历史叙事方式讲述的故事之中的情节结构。

我们打个比方。一个有外语词汇和语法能力的人,最后掌握了句法规则,这样他就能够明确地表达并理解在该语言中的任何句子。当我们看完一部历史后说"哦,**现在**我明白了**到底**发生了什么"这样的话时,我们恰如这个掌握了语法规则的人一样可以形成自己独立的判断。

总之,历史似乎有三个层次的理解。在第一个层面上,有所谓的词汇元素,依据文献或某一证据确定的最基础的事件并按照简单的时间顺序进行排列。第二个层面上,我们会将事件依据不同的主题进行分组,再将这些主题组按照整部书的主题进行排序构成衔接,这种衔接如同语法一样为叙事中的历史事件提供了排序规则。在这一层面上,是各系列事件的主题和整部书的主题进行关联,在关联之后或者成为书中论点的一部分或者成为可被读者识别的传统故事模式的某一阶段。历史叙事中,不同层次的组织给所叙述历史事件不同的解释层面。母题和主题的安排产生一种解释效应,论证提供另外一种解释效应,而情节结构,一旦变得可以辨识,则提供第三种解释效应。

我已经说过情节结构作为"关联密码"而产生作用,它不是指故事中的事件,而是指故事本身被进行了建构。这里我借鉴 E. H. 贡布里希对艺术中的现实主义表现所做的研究。我的观点是,情节和视觉艺术中的"逻辑编码"起到的作用是类似的,都是确保读者可以正确领会到作品的含义——解读画上的颜料代表的含义。在某种油画中,贡布里希说,我们采用特定的逻辑编码,以便能正确解码绘画的不同部分,比如我们会将画上的两块颜料理解为一个身材矮小的人站在一个身材高大的人旁边,如果其他的线索不充足的话。但如果我们有足够的线索，我们就不会把这两块颜料看作一个小个子站在一个大个子的旁边，而是会看作一个人站在另一个人身后，两个人身高不同。此处运用的语法规则与二维空间中如何呈现比例相关。古人显然不明白这些规则，但现代西方画家自文艺复兴以来在他们的绘画中理所当然地使用这些规则。绘画欣赏者也理所应当地应用这些规则，甚至意识不到他们在应用这些规则去鉴赏画作。比如说，他们会应用这些规则将一幅画解读为二维空间上呈现的三维空间的田园风光，而不是将这幅画解读为二维空间上的几块颜料。

同样，任何文化背景下的故事叙述者都有自己的文化规则；历史学家理所当然地援引该规则赋予其作品总体结构，来揭示在他们的叙述中，在一直讲述的故事的背后或者表层之下"到底发生了什么"。情节结构赋予故事的不同阶段以不同的情感效价或情感重量，所以我们可以在故事中读到连续性的变化（或相反的变化），这些变化有时有完美的结局，有时是高潮，有时是道德上的退化，就是说，以戏剧来说，它有时是喜剧，有时是悲剧，亦或是反讽剧，视情况而定。这些都是西方史学的基本情节结构的模式。这是在我们的史学传统中任何一般意义上历史经典叙事的真正的广度和深度。尽管我们已经判定其不够真实，而且其关于人类和社会进程的理论早已被抛弃，它们仍然不失为我们公认的诸多伟大历史作品的"永恒"内容。

我希望这一切有助于阐明"叙事在史学中的地位"，也可以说是一般叙事散文在史学中的地位。我希望它有助于阐明路易斯·明克在最近的一篇文章中提出的问题，即读一个故事意味着什么，或能从一个故事中获得什么样的知识。明克认为我们会从阅读故事中获得一种独特的领悟。他称这为"结构"型理解，用以区别理解科学论证的"理论"型理解，以及理解哲学论证的"范畴"型理解。他用了一个比喻，说这种"结构"型理解即我们在观赏舞蹈时采用的那种知识，我们以这种知识把一个舞者的动作"连接在一起"，从而承认它是一种舞蹈，而不是一组随意的运动。他认为，我们在理解一部小说或历史时需要做的，就是这种把一些列事件"连接在一起"成为一种结构。我以上所做的是区分历史叙事**内部**的三个不同的理解层面,真正对故事中的材料能够运筹帷幄的历史学家可以同时运用所有这些层面。在故事层面,我们可以从结构上理解一系列事件。在论点的层面,我们可以从理论上理解一系列事件。而在情节层面,我们从"范畴"上进行理解,虽然不是理解故事中的事件,而是更多地理解故事本身。

这三种区分可以使我们对叙事作品中作为结论依据的证据的处理方式做出一定程度的修改。明克在1965年发表的一篇题为"历史理解的解剖"的文章中指出,科学论证的结论可以与其证据不一致,逻辑结论也可以与其证明相悖,但历史叙事的结论与其证明是不"可分离的"。① 他建议,如果已经阅读完一部具体的历史著作,仍然没有领悟其中结论和证据之间的关系,那么没有其他办法,只好重新阅读全部作品,因为这个结论正是整部作品中故事的概述。

我想说的是,虽然这种说法在叙事的故事层面来说可能是真实的,在论点或情节层面来说,它是说不过去的。亨普尔派认为,对任何科学论证都必须检验其充分性以证明其是否站得住脚,历史论证也该如此,这种坚持是正确的。亨普尔强调判断历史叙事的唯一标准是检验其论证之充分或不充分,反对这一点的叙事研究者认为讲故事提供了一种解释,它不同于——虽然不一定完全相左于——我们可以从历史叙事中提取的法理分析那种解释类别,他们也是正确的。然而,二者似乎都忽略了任何历史叙事的第三种理解方式,也就是说,领会传统叙述模式的运作方式可以告诉我们文化是如何为同一个故事做出不同的阐释的。正是在此,我认为,柯林伍德的"建设性想象力"才会对最好的历史著作真正有所帮助。这——而不是任何故事本身或任何论据——才是我们所说的解释。这才是历史学家的叙事能力得到的最大回报,过去

---

① Louis Mink, "The Autonomy of Historical Understanding," *History and Theory* 5 (1965): 24–47.

和现在都是如此①。

---

① 这篇文章写于我发现 Haskell Fain, *Between Philosophy and History: The Resurrection of Speculative Philosophy of History within the Analytic Tradition* (1970)之前,这本书着墨于许多同样的问题。读过后,我觉得有必要换种说法表述一些之前的评论,但并不意味着用这种方式来改变争论。然而,我只想说明一下,鉴于我想强调故事-情节差别对于历史叙事分析的实用性,该书的作者并不认为这种差异非常有帮助。同样,他认为在《小说面面观》中,E. M. 福斯特关于小说中故事-情节关系的分析是错误的,尽管我认同他的观点,但原因与费恩教授的有所不同。(除上文提到的1965年的文章之外)本文以路易斯·明克的两篇文章为背景,它们直接对主题进行研究。它们是:"Philosophical Analysis and Historical Understanding," *Review of Metaphysics* 31 (June 1968): 667 – 98 和"History and Fiction as Modes of Comprehension," *New Literary History* I (Spring 1970): 541 – 58。每一篇都在阐释我讨论的问题,我所讨论的大部分都是对明克文章中提及的一些观点的详细论述。

我对于故事-情节关系的理念很大程度上源自于对诺思洛普·弗莱作品的研究,叙事学的所有研习者都不应忽略他的 *Anatomy of Criticism* (Princeton, NJ: Princeton University Press, 1957)。以下两篇文章简要阐述了他的观点:"Myth, Fiction, and Displacement"和"New Directions from Old",均收录于 Frye, *Fables of Identity: Studies in Poetic Mythology* (New York: Harcourt, Brace & World, 1963)。此外,参见 Frank Kermode, *The Sense of an Ending* (Oxford: Oxford University Press, 1967),第1、2章,它论述了小说开始和结尾之间"一致性"的问题。

自然地,在对于"故事"的解释概念讨论中,我想到了德雷和加利,特别是前者的文章似乎是对曼德尔鲍姆历史解释概念的评论,见于 *History and Theory* 8 (1969): 287 – 94,以及加利的书: *Philosophy and the Historical Understanding* (New York: Schocken Books, 1964),特别是第2、3、5章。我认为阿瑟·丹托的杰出作品在这一主题上并没有多大帮助,因为他在叙事学本质,甚至是叙述句问题上,采取了一反常态的保守态度。可以对比丹托在 *Analytical Philosophy of History* (Cambridge: Cambridge University Press, 1968) 第7、8、11章中的论述,以及明克发表于 *Review of Metaphysics*,689 – 97 文章中的论述。同样可以对比故事和情节之间关系的讨论,参见 Boris Tomashevsky 经典论文, "Thematics," *Russian Formalist Criticism Four Essays*, trans. Lee T. Lemon and Marion J. Reis (Lincon: University of Nebraska Press, 1965), 61 – 95;同书中 Boris Eichenbaum, "The Theory of the 'Form Method,'" 99 – 139。

最后,"关系密码"概念是 E. H. 贡布里希视觉艺术中现实主义再现研究的中心概念, *Art and Illusion: A study in the Psychology of Pictorial Representation* (New York: Pantheon Books, 1960),第5、6章。最近在论文中又进行了详述,"The Evidence of Images" in Charles Singleton, ed., *Interpretation: Theory and Practice* (Baltimore: Johns Hopkins Press, 1969), esp. 35 – 68。

第八章
何为历史系统？[1]
（1972）

本文的题目有些误导性。因为它好像是说，对一个历史学家、哲学家和社会理论家一百五十余年一直争论不休的、不确定的问题，我有答案一样。还有，我主要是告诉大家生物系统**不是**什么，而不是历史系统是什么，这也会产生误导。这似乎很放肆，因为面对更有资格讨论这个问题的生物学家，我有些班门弄斧。但为激发辩论起见，在陌生的领域犯点错误也比在自己学科内部老生常谈争来争去来得更好一些。为了自身工作起见，历史学家经常表现出**似乎**知道生物系统是什么，也**似乎**知道在哪个点生物层面演变为历史层面，以及这两个层面相互联系的方式。如果不在这次大会上承认，而完全回避这个问题，那未免太懦弱了。因此，为了可能澄清辩论，冒着可能自我毁灭的危险，我开始探讨我所理解的生物和历史系统之间的一些重要区别，至少从一个历史学家的立场来探讨它们。如果从生物学家和科学哲学家的观点来看，这些区别是不合理的。那样也好，那正说明我们只会在那些最有资格评

---

[1] 正如怀特在这本书的序言中提到的，这篇文章最初是在1967年的一次会议上发表的，虽然它直到1972年才出版。

判这些方法的人那里检验它们时才暴露自己的错误。

既已确定这一初步的专业能力,我想首先提醒大家注意对于研究生物和历史系统之间的过渡点的专业人员而言老生常谈的问题。的确,部分地以生物系统的表现和解释模式来描述历史系统是有益的,而反过来并非如此。也就是说,虽然我们**时常**在谈论社会文化系统时将它们类比于生物系统,我们却只是**偶尔**把生物系统类比于社会文化系统。例如,我们可以选择把一个国家的经济增长、政治制度,甚至是一个社会化的人看作它们仿佛经历了一棵树或一个森林或动物有机体所经历的萌芽、成熟和发展过程;但当我们试图描述一个植物或动物社会的演变,我们却不会问及**所有**关于国家、制度或人类同样的问题。这是因为生物系统的生活历史,在**原则上**可以详尽地描述支配这个系统的基因遗传、变异和突变的规律,以及在生物体生存的环境中获得的边界条件。当描述生物有机体或整个物种对来自它们环境的刺激的反应时,我们通常并不借助选择、目的或意图这样的概念。当然,为了叙事的目的,我们**可以**援引这些概念作为共同语言,呈现我们对此系统的研究结果;但它们对于所研究的系统问题并非必要的科学认识。相反,对历史的系统分析,我们离不开这样的概念;我们需要它们来解释全方位的文化资料,特别是那些数据,它们表明**作为一个社会人**往往能够也经常选择服务于一些理想的价值或文化所提供的规范行为,即使自我毁灭也不会屈服于仅仅是**哺乳动物**应该适应和生存的法则。

社会文化系统的一个特点是,如果生存需要人们放弃他们为之献身的理想价值观、目标、规范,或渴望的生活方式,他们有时似乎自觉和有序地选择放弃生存。因此,例如,日本文化产生的独特耻辱感要求武士道献身者以自杀的方式回应某种失败。如果把他作为一个遗传血统的家族成员,这种自杀行为是不可取的。但如果把他当作一个武士身份,这是**可取的**,心理学家用"**可调整的**"这个词,因为它消除了对于羞愧感到激怒的刺激因素;而且它是合适的社会学术语,因为它肯定了构成武士阶级这一特定群体的价值观,它与所有其他群体的价值观不同,而个人可以选择他可能属于哪一个群体。因此,在这种情况下,社会适应与生物适应的需要是背道而驰的。我们可以想象,如果所有的武士道精神的践行者不得不**集体**自杀,在这种情况下,为了肯定这个群体成为一个独特的社会群体的理想价值观,整个遗传种群可能会灭绝。我想任何动物种群不会选择自我毁灭来肯定一套价值观,一套没有它生活本身就不值得活下去的价值观。那么,为了理想的价值观而自杀就似乎是一个开放的社会文化系统的可能性,而不是大多数生物系统的开放可能性。探讨这一说法是否属实将是件很有趣的事。

但如果以自然选择的定律来比喻的话,这样的社会群体行为是可以理解的。可以说,武士道精神类似一组遗传性特征,其精神尽管通过教育和教化而来,仍是作为一种习惯来发挥作用;如同本能一样发挥作用;那些遵循武士道精神规范要求而行动的**武士**,是和动物的**反应**一样,也就是说自动或机械的行为。我们也可以说,那些**没有遵从**武士道精神的**武士**,在应该自杀的情况下,没有选择自杀,而是决定了不做**武士**而继续生存下去,他们代表了一种物种变异。当有相当数量的人没有选择遵循武士道精神,而是选择了另一个代码,在其中羞耻不是被调整到自杀这一方式,我们可能会把这一现象叫作物种突变。我们可以把这个新群体视为一个新物种,其特征是将生存视为一种高于遵循社会规范的价值。这种突变的增长与**武士**的环境变化有关,诸如工业化、城市化、世俗化等重要的社会因素,而这些都对传统的社会单位如家庭、宗教和传统军事种姓产生影响。那么自杀的武士道精神的行为追随者,还有那些选择改变自己生活方式的人,严格说来,与动物群体适应或不适应自然环境变化的行为完全类似。

事实上,当历史学家以更科学的态度展开研究时,他们就以上述方式解释社会文化系统破裂的原因。这种社会文化系统被看作一个**遗传禀赋**,依照本群体对个体的教化来约束后者特定的行为。这些系统的破裂,可以解释为它们没有按照所设定的环境所需的各种反应而做出反应。脱离了原来所属群体的社会单位,放弃了此群体所要求的理想,并为了自己族类的生存和繁殖,通过修改之后的行为方式,构成一个新的群体,这样的群体被视为具有突变能力的物种变异类型。旧的群体被视为"死亡",新的群体已经"诞生"。

如此描述历史系统的变迁,有一点被掩盖的是,除非个体尊重它们,并把它们视为适合独特的**人类生活**的系统,社会文化系统并没有"生命"。社会文化系统的形成和破裂都是个体的选择,而为了创造符合社会行为特定的习惯,旧有群体对他们的教化要求个体不断地压抑本能模式,做出有意识的精确选择。无论前人提供给他的是什么,他都被要求在某种程度上改变它并把它融入自己;由于教育和教化不断地对个体意识或多或少地直接产生作用,他的**改变**是**被迫的**。

在其社会化过程中,人类需要接受一套决定性的本群体生活方式的理想价值观。此价值观必须被新一代的个体**重新提出**和**重新接受**。没有任何办法提前预测新一代是否会接受上一代提供给它的生活方式并将其作为实现独特的人类生活的唯一适合的方式。即使可以完全精确地预测环境的变化,也不可能预测一代人即使在面对自己迫在眉睫的自我毁灭时是放弃还是肯定其继承的生活方式。即使接受了与其祖先相同的教育,个体也不一定肯定父辈独特的生活方式,社会文化系统也不会轻易地随之消失。选择是由环境压力决定的还是由先天禀赋的个性特征所决定,这并不重要。社会文化系统没有自己的生命,它们仅仅是作为个体选择的功能而存在,不管环境会有什么样的生存要求,个体都会选择是这样而不是那样的生活。当个人停止选择一种特定的生活方式时,这种生活方式就不复存在了。

我怀疑我在这里提到的那种选择在生物系统中有其类似物。很可能历史和生物系统之间的差异取决于从哪个角度观察它们。简言之,这取决于我们是从**所选对象**的角度看它们,还是从**选择者**的立场来看它们。然而对我而言,很有必要使用有**意识**的选择概念来描述社会生活系统的运行,用以区别社会生活系统和生物系统之间的差异。因为

130　社会文化系统都具备教育和教化程序，这一事实表明在某种程度上实践它们的个体必然会默认它们为非自然的。群体的教化要求个体的遗传禀赋被塑造以及被造型、被增强和被引导，作为一个社会人，要求他采取比自然模式更可取的行为模式。社会文化教化的过程本身就意味着个人**可以**选择不接受提供给他的系统或代码，他可能倾向于自然地拒绝它，并且可能在心灵的存在中找到完全足够的理由来放弃它。总之，一个社会文化系统的生命之所以坚强，在于它有能力说服其潜在的最不可能被说服的成员，作为一个人类，应该**这样**而不是那样选择他的生活。

　　遗传解释如此吸引历史学家，原因之一是我们对**社会文化的变化或连续多代的延伸过程**感兴趣。当某一代人选择放弃它的父辈向它所提供的系统或代码时，我们不会说这是叛逆的一代在行使选择的自由，而是说**这一制度本身**已经进入危机。如果在系统危机的过程中，系统中的个体选择确认系统，我们则说**系统**是健康的，在那个时间和地点，它有足够的生存能力。如果这一代人不能确认这一系统，我们说它生病了，衰萎或者颓废了，最终，它只会过期失效。

　　因此，我们倾向于谈论罗马文明的"消亡"和中世纪基督教文明的"诞生"，就好像这些系统是活生生的有机体。它们当然具有不确定的生命，但理论上而言，它们的生存能力可以计算，因此它们能适应一定的环境条件而非其他的环境条件。我们习惯地说，中世纪基督教文明在罗马文化的"子宫"中孕育，在它的"怀抱"中"成长壮大"，然后当它"成熟"时，它从后者中脱离出来。仿佛文明与有机个体一样具备发育能力，在系统发育上隶属于它们的前辈。事实上，我们对社会文化过程的兴趣允许我们使用这些术语，因为构成这些系统的人类个体缺乏系统本身所具有的时间持久力。

　　但我们倾向于忽略一个事实，我们从有机系统的个体发育和系统发育的过程所借用的语言，仅仅是为我们表述**长期**时间过程提供一些隐喻，它们是只有在历史演进的宏观时间尺度上发生的过程。如果我们把视线转移到微观时间尺度上，以小时、天数、个人生活中的几十年，而不是用几百年和几千年作为标志，我们根本辨别不出任何**过程**。我们将在历史的系统中失去连续性和重大的变化，我们会被淹没在大量的没有任何模式的原子事实中。因此我们转而使用宏观尺度，为了既看到社会文化系统的长期的连续性，又能看到宏观的变化并因此识别某种上升或下降的计划或模式。这或许会给我们看似无意义的整个社会文化事业带来稍许安慰。

但我们要想获得意义，只能不考虑每个社会文化系统都必然消失这一认知，只有模糊任何社会文化系统的虚构成分，看它在多大程度上由个体选择转化为现实生活，作为人类生活的唯一可能的方式，作为**人类实现自己愿望的方式**，实现自己目标的方式。我们也需忽略一个事实，即当一代人选择不履行它所给定的社会文化的生活方式作为**其**独特的人类生活的方式时，我们不是身处系统危机之中，而是身处人类生活中的一种危机之中，在此，我们必须选择另一种生活方式。历史系统中的革命不会自动发生，而是人们普遍不满的表现：对于所接收的社会制度的不满，以及使他们成为社会人的教育和教化系统的不满。因此设想，没有社会文化系统可以说"死亡"；它只是被抛弃而已。新的社会文化系统也不是"诞生"的，它们只是那些决定把自己的未来重新规划的活着的人所建立的而已。

旧系统被抛弃和新的系统被建立起来的分界点是历史学家最难处理的，正是因为它们不可以用分析遗传模型的方法来进行分析。社会文化系统的强制力量在这时候不能被分辨。它不能被分辨是因为系统本身正处在一个被抛弃和被建立的过程中。僵化的偏见使我们不愿承认这些选择所构成的力量。于是我们寻找旧系统的"生存"和新系统的"新生"，因为我们确实知道中世纪的基督教文明是在第三到第八世纪之间形成的，我们对待它们新生的形式仿佛它们是自我生成的，或仿佛它们是由系统发育过程生成而来。

但是罗马文明的废弃和中世纪基督教文明的建立并非遗传的必经

过程。罗马社会并没有因为耗尽它的遗传潜能而死亡；因为只要人们继续表现出这种生存潜能仍然足够满足他们的需要，那潜能是一样的。它可能会比在西欧更加持久，拜占庭就是如此。但事实上，人类抛弃了它，然后选择了另一种系统，他们不仅觉得本体系更适合他们的需要，而且**觉得他们自己仿佛从它遗传而来**。事实上，基督教的过去是过去总历史的一部分，其中包括西欧人罗马异教的一个分支。在第三世纪和第八世纪之间，人们**不再把自己看成是罗马祖先的后裔而开始把自己当成犹太-基督教的后代**。正是这个**虚构**的文化血统，标志着罗马社会文化系统的被放弃。当西欧人开始表现得**像是**古代的基督教后裔时，当他们开始**仿佛继承**了他们的基督教前辈般规范自己的行为时，在短期内，他们开始崇尚基督教的过去并将其作为最理想的模式，来创造一个未来独特的自己，并不再把罗马的过去当作他们**自己**的过去而尊崇，罗马社会文化制度便不复存在。或至少是退居幕后，以新系统的理想的祖先身份而出现，该系统的主要特点是有关它建立在继承基督教遗产所提供的系统之上的说法是一个虚构。

在生物和历史系统的区别上，根据后者的选择能力，我在此提出一个重要条件。我建议历史系统区别于生物系统的重要标志是从它们的所作所为来看，**仿佛它们能够选择自己祖先似的**。历史的过去是可塑的，而遗传的过去是不可塑的。人类身处其中并从中选择构建自己未来的行为模式，他们选择了一套**理想的祖先**并**将其当作遗传祖先**。这一理想祖先可能与做出选择的个人没有任何物理连接。但他们选择以一种理想祖先来替代实际祖先的方式，虽然后者提供了基因遗传，但不为社会所接纳，并以此规范行为模式。他们的行为更像是他们有义务遵从这一理想的祖先而不是他们实际的祖先一样。

因此设想，社会化的过程可以被描述为一个**祖先替代**过程，它要求个体采取某种行为模式，**仿佛**它们真的是从历史或神话中而不是任何基因遗传中继承而来。追溯祖先替代是历史系统构成的一个重要成分，其标志是，每一个社会都认识到它给个体造成的各种矛盾冲突并且试图提供升华的方法。个人是履行遗传祖先的义务还是文化祖先的义务,其中的冲突构成希腊悲剧的中心、犹太教和基督教的伦理,以及罗马的法律。最后,每一个个体,在他完全社会化之前,不管身处哪个系统,都被迫至少部分地以文化为他提供的理想的祖先来替代他实际的祖先;并以前者中发现的模式为行为依据,这种方式往往会损害他的遗传系,甚至威胁到他的遗传系的生存。

我认为生物系统中不需要这样的选择,生物系统总是全部或部分是遗传禀赋,加上任何作用于它们直系祖先的力量,增加或减少了它们目前的适应能力。树木、森林、动物和细胞**可以看作**选择作用于过去所产生的效果,但只有人类被要求追溯性地选择他们的祖先。没有父亲可以要求他的儿子把他当作自己理想的父亲,尽管他可以要求儿子把他当作自己的亲生父亲。父亲通过简单的授精行为有了后代子嗣,因此他们在生物学意义上成为父亲。但任何有儿子的人都知道,以此自称父亲是多么的牵强,而把它变成由儿子所身处的社会所要求的一个公认的自由理想的父亲是多么的艰难,如果需要,儿子或者可以推翻和拒绝父亲身份。

事实上,社会父亲只有儿子才能赋予,它是由人们从社会文化系统提供的行为模式中的选择所赋予的。当一代人未从文化提供的理想的剧目(系统)中找到可能理想的祖先时,任何他们认为是合理的需要的满足,都可能通过无故障系统引发革命。叛逆的一代不满的成员将开始搜索系统的历史记录,寻找迄今为止公认的虽有疑问却有价值的可能祖先模型,作为理想的模型。在系统的历史过去没有找到任何可以模仿的尊敬的祖先,这一代人可能会借助于其他的,甚至是互相矛盾的历史系统,从这些系统中引进行为模型,并要求他们的同时代人尊崇它们,视其为他们理想的祖先。如果他们成功地把这个陌生的祖先与官方认可的可能的系统模型相结合,革命或改革事实上已经发生。我们可能会把这些革命或改革**看作**系统中的变异或突变;但若没有赋予他们具体内容的追溯祖先的行为,这些革命和改革便难以想象。因此,路德和他的追随者把祖先赋予了一个曾在中世纪时期失去祖先的群体,从而使宗教改革得以进行。相反,列宁给俄国社会强加了一套全新的祖先模式,从而巩固了革命。

一个被社会同化的俄罗斯历史学家在1917年之前写的俄罗斯历史,不必包含任何提及卡尔·马克思和其他欧洲社会主义者,即可作为一个完整的对于俄国演变的全面而充分的描述。然而,1917年后,任何俄罗斯历史,如果没有把马克思和欧洲社会党放入世系社会的主线,其描述都被看作是不完整的。也确实如此,俄国人在1917年所做,以及在其他事情上的所为,都是追溯性的重建,但在社会文化意义上具有某种程度的突变意义,他们选择历史的祖先,依据它来规范行为,就仿佛他们真的是它的后裔。一旦这种**理想的**祖先被建立,它就可以被视为**仿佛**是俄罗斯人民**真正的**祖先;这是因为俄罗斯人民在他们假定的义务之基础上构建行为并采取能够表现他们祖先的行为模式。

这种追溯性提供的祖先成为实际的遗传祖先是因为个体完全接受了他所选择的系统,并将其作为一个合法的代理。一旦被一个群体**接受为基因提供的过去**,这个过去即成为一种社会文化实体。任何"客观"的历史研究,无论如何地煞费苦心,想指出这种**选择**的祖先**不是真正的祖先**,都阻挡不了系统中个体的选择权。这是因为,作为俄罗斯社会文化系统的一个追随者而言,个人是他所选择、所继承系统的后裔。只有考虑到这样的**选择**,他的行为才可以理解。

弗洛伊德最近的一个弟子说,在心理治疗中的问题,与其说是与我们**真实的**父亲和好,不如说是找到自己**真正的**父亲。这样的说法同样可以形容社会文化系统。当"真实"的祖先被找到,许多人可以对其心存敬畏,并模仿他们构建自己目前的生活,一个文化系统就形成了。该系统优先于基因提供的生物系统,可以肯定的是,没有它,即使在这一虚构里想象的能力也不存在。但追溯祖先的过程,放弃文化所提供的祖先模型,寻找新的行为模型以满足二次需求是可以实现的。这一过程是历史系统的中心,消除了它,历史系统根本就不存在。

作为上述语无伦次的随笔的结尾,我想说一说关于历史的写作,更具体地说,关于历史学家与追溯祖先过程的关系,我认为这一关系是历史系统的研究中心。如果我正确地理解了埃尔温·薛定谔(Erwin Schrodinger),他把生命定义为在特定的时空位置,通过一个借用("吸吮")负熵的直接环境,正熵减少的过程(**有机体本身吸引了一串负熵去抵消它在生命中产生的熵的增加**)。历史学家在选择的理想祖先和使用这一选择的社会文化系统之间建立一个公认的基因之间的连接,利用它们来合法化自己的目标或目的也起到类似的作用。历史学家试图为已经实现的社会文化复杂性提供既充分又必要的理由,从而证实它是这样而不是那样。他们把"生命"(在薛定谔的意义层面)置于从前的混沌之中。他们通过在已经实现的现在和过去的社会文化系统之间建立公认的遗传联系。人类似乎需要一个有序的过去,恰如需要一个有序的现在。他们想相信他们实际创造的只能是这个样子,没有其他可能。历史学家向他们保证这的确如此;从个人选择的混乱中,历史学家发现了选择者自身也看不到的秩序。依此选择而**生活**,历史系统似乎**向前迈进**,进入未来;然而设想和证明这种选择,似乎是**回到**过去。我们面对未知的焦虑驱使我们去拥抱那些我们选择为必要的虚构的东西,它造就了我们的过去。但**历史**的过去,不像生物的过去,不是被赋予的;必须以与建构我们社会文化系统相同的方式,来构建我们历史的过去。

选择了过去,我们即选择了现在,反之亦然。我们用此来**证明**彼。通过构建我们的现在,我们维护自己的自由;在追溯我们的过去中,寻找它的合理性。我们成了现在的自己,是因为我们默默地剥夺了自己的自由。

第九章
当代历史哲学的政治
（1973）

在我们这个时代，知识和社会双重压力的作用使得历史成为一个严肃的哲学问题，而在此之前它主要可以被看作一个技术手段。早先，我们有理由认为，历史研究被视为挖掘文化历史中被埋葬的部分，永远固定不变，原则上讲可以详尽描述，可以归纳成有限的因果关系的法则并给我们的现在提供借鉴。现在，我们把历史研究看作对一个社会的有用的对过去的重建，它只是我们与所接受的社会秩序相互作用的一个侧面，以及我们为未来社会所设计的蓝图所发挥的作用①。

这是夸张的说法。如果不那么戏剧性地表述，可以说，上一代西方思想最显著的特征之一是它重新发现历史可能是一整个需要研究的问题，而不仅仅是一组难题，每一个难题都由单个的研究人员解决，几个解决方案可以简单地合成为一个集合体。此发现是对整个社会文化过程进行整体重新评估的一部分，这一评估自从19世纪末以来在科学和

---

① 该论文始见于1969年春季纽约大学召开的历史哲学研讨会开篇演讲词。该文有意引起论战，旨在为研讨会后续讨论提出议题。如果今天对其进行重写，我也许会采用迥异的风格，但观点仍然是一致的。依照德雷教授的尖锐批评，我的重写也许会有些扩展。

人文学领域就一直在进行着。它对专业的历史学家而言有其特殊的含义,因为它特别提示我们:仅仅寄希望于培养学术历史学家,我们看待以及使用历史的方式未免太危险。

当然,当我们从美洲大陆转向欧洲大陆,或者从一个学科转向另一个学科时,这些概括或多或少也是适合的。总的来说,英美的思想家在研究过去时倾向于集中考察认识论和方法论的问题。在一般情况下,当涉及历史与社会科学的关系问题时,他们会更注重分析现有的实践,而不是带来变革。相比之下,欧洲大陆的思想家倾向于将这些问题与更基本的、人类学的甚至本体论的问题相结合,并把历史存在和历史意识看作西方文化发展的更一般的问题层面。毫无疑问,在讨论历史哲学时不同的学者比如哲学家们或社会科学家们所持的不同的态度,会不同程度地影响历史学家对历史问题的探讨。

史学专业一直认为自己是一个公会,也许更恰当的比喻是一个部落。当然,就其入行所必须通过的种种程序来看,它更像部落仪式而非工会入会手续。新入行的历史学家不能期望像年轻的科学家或艺术家一样在自己的领域一举成名。成为一个历史学家是一个过程,其中不仅需要获取大量的信息,而且必须吸取一整套具体的风气、习俗和道德观念。在很大程度上,这个由亚文化提供的"第二特征",与其说是在新历史学家处理文献时提供一套程序规则来告诉他如何区分真正的、虚假的以及反常的答案,不如说限制了他对过去可能会提出的问题的种类和方式。

历史不是一个自觉寻求新的数据并组成新问题,而是面对新材料提出常见问题的学科。历史不会像科学般辨析考证,循序渐进;相反,它似乎意在催生某种"经典"或"模型",即诺思洛普·弗莱所说的我们在阅读一首伟大的诗或聆听一段美妙的音乐时所经历的"明确的启示感"。路易斯·明克教授曾说(我认为他说得对),历史学家说**什么**在很大程度与他**如何**说是分不开的,历史学家所得出的结论只不过是他先前处理证据的总结;一个给定的历史反思的结论与它的论据肯定一致;

而科学实验与科学结论不一定一致。如果明克是对的,他的话告诉我们,历史结论与科学研究不一样,不可以用合成的方法被吸收到更包罗万象也更讲究的普遍概论中,因此可以说,历史学家的研究成果是由认知实践而来的,这些认知行为更具诗性而非科学性。

历史学家所接受的那种训练也可以说明这一点。它包括大量接触经典模型,而非学习特定的程序规则或系统相关定律的语料库或基本原理。这也正应验了著名的历史学家 G. E. 埃尔顿(G. E. Elton)教授多次身体力行的观念,即历史本质上是一种"实践",而不是一套知识或一套理论。我之前把历史比喻为部落这一点需要多加解释:我想说,史学最终是一种社会行为模式而不是一门知识学科。

埃尔顿教授可能同意这种说法。他认为各种不同史家之间最基本的区别在于业余与专业之分。在他看来,在历史研究中对有所发现一直保持惊奇的人和那些对什么也不感到惊奇的人之间存在着差异。这无疑是在说:历史学家与诗人不同,他缺乏对事物感到惊奇的能力。然而,埃尔顿教授认为他之所以不再惊奇是因为一个专业人士对他研究材料的司空见惯。他说:不再对任何事情感到惊奇,是因为他对自己的研究对象如此完全的熟悉,以至于他不仅知道这些文献在说什么,而且还知道它们**接下来**要说什么。他坚持认为,一个人在还没有达到这种熟悉程度之前,不管他多么擅长其他形式的科学或者哲学探究,他总会对历史或历史研究的性质有所误解。

我在此提出埃尔顿教授论调中的妖魔成分并非想驱除或嘲笑它。我宁愿将它用作铅垂线,从我认为的专业史学机构的正统性标准,来衡量哲学家和社会科学家之间的差异。因为我毫不怀疑埃尔顿教授确实站在通常被称作"大多数历史学家"的立场上说话。他对历史学家所作所为的看法至少大致符合本行业的观点,至少在英美学术界情况是如此。

有关历史和社会科学之间关系的辩论,大多是关于如何确定自身研究领域的范畴及自己学科所拥有的特权问题,因此使用政治标签来界定埃尔顿及其同流派的史学家所持的史学观点,殊不为过。1967年,埃尔顿出版了《历史学的实践》一书,还将此书自诩为"宣言",但纵观此书的内容,很难不为其扣上一顶"反动"的帽子。因为他草率地否定了前四分之一世纪所有哲学家、社会科学家、政治理论家提出的关于历史探究的性质和目的问题,认为后者如果不是极其危险,至少也是毫无意义。事实上,对于埃尔顿教授来说,建议历史学家要修正甚至重新思索其所从事的研究之性质,极其严重地置"历史实践"于险境。在他看来,历史学家在从事研究时,理应脱离自己所生活的社会及工作的知识分子圈,如意大利人所说,他必须誓死捍卫自己的这份权利。他所说的捍卫很大程度上是对解释历史时借用社会科学理论或者历史学家在表述中使用术语的嘲笑。"历史的研究和写作本身并没有错,"埃尔顿写道,"而……对历史知识或历史思想的本质这样的现实问题进行哲学思考只能阻碍历史实践。"①对于试图从相关领域引进历史的概念和操作技术,他认为这在思想上是愚蠢的、对社会是有害的。他说:"因为,社会科学家把自己的理论当作事实并试图在实践中应用,这一鲁莽行为是现代社会所暴露出的主要危险之一,有人认为这个世界可以归类、可以统计、可以用术语来思维,研究历史的一个重要目的就是反对这些超级自信的人们。"②

既反对历史与哲学结盟,又反对历史与社会科学联合,这种论调我们并不陌生。它在自利奥波德·冯·兰克以来的经院历史学家中一直很流行,当历史批评家们情绪过激时,它经常被用来戏仿经院历史学家的人文主义学究或者老古董风格。这种"反动"的态度不但没有遭到挑战,反而得到了历史哲学家们一致的支持,并在科学与社会双重的压力下,在过去的 25 年中,炮制出一种新的历史意识,这不能不令人惊讶。

也许埃尔顿所代表的那种观点最著名的哲学捍卫者就是卡尔·波

---

① G. R. Elton, *The Practice of History* (New York: Crowell, 1967), v.
② 同上,39。

普尔。为避免任何社会主义或长期的社会规划运动,他指出"社会科学"这一概念是**内部矛盾的**,历史学家很可能把自己的研究"兴趣限定在实际、单个或特定的事件上,而不是建立在规律或普遍原则上"①。在研究自然科学的认识论方面,波普尔可说是一个激进的代表,他明确捍卫历史研究中的方法论原则"史上流行的观点是,解释一件事,便是随随便便地解释它如何以及为什么会发生,也就是说,讲述它的'故事'",并谴责那些"鄙视传统的历史,希望将其改造为理论科学"之流②。波普尔强调,自然科学(或假说演绎法)解释模式不适用于处理历史或社会科学问题,试图在历史或社会分析中使用这种模式的那些人是被误导的,就像柏拉图、黑格尔和马克思,他们混淆历史与形而上学,并试图把历史置于形而上学之下来创造出一个元史学及其政治对立面,即一个封闭的(或极权主义的)社会。

波普尔的实证主义观点以及埃尔顿老式的历史观点在此不谋而合或至少有共同之处。两人都认为,与社会科学或哲学所宣称的权威不同,历史必须保持纯粹,在现代世界的知识界,"传统的历史"有自己的一席之地,这种传统的温和的研究方式的社会效用已经经过严肃的考验。因为对社会科学家而言,在自身实际成就不能保障的情况下声称自己更权威是危险的,"传统的历史"对它能起到一个健康的平衡作用。两个思想家似乎把知识界看作对19世纪政治系统权力的一个平衡。他们似乎相信每个学科都必须只追求那些不给任何其他学科带来危险的研究,而且,各学科都应该以同样的方式进行研究,以确保所有的学科都能持续生存下去。

现在,这种类似**防疫封锁线**的历史观念,显然忽略了一些重要层面。一个是,除了大约从1850年开始持续到目前(1973年——译者注)的短暂时期,历史学家通常公开承认历史研究背后(存在的)宗教

---

① Karl R. Popper, *The Poverty of Historicism* (London: Routledge & Kegan Paul, 1961), 143.
② 同上,144。

的、形而上学的、伦理的和政治的动机——也就是说,思想意识动机。历史研究学术化出现在知识分子和政治潮流都要求其具备专业的公正和客观性的时代,只有从那时起,历史学家们才不得不主张历史在多学科间的**自主**身份。事实上,即使在历史学家们宣称自主地位的时期,历史学家和哲学家也没能成功地定义历史如何成为一种自主的探究**模式**。人们普遍认为,历史的唯一特点是历史关注遥远的过去,而不是即时的过去。

我将补充另一个层面:正统的或资产阶级的马克思主义批评家以及知识社会学家如卡尔·曼海姆都主张,看待历史的方式,即历史学家运用哪种概念原则来选择令其满意的解释策略,部分或全部取决于他的思想意识。即使是更早的"唯心主义"历史哲学家(我用这个词,不是因为我认为它精确而是因为它是约定俗成的用法)如贝奈戴托·克罗齐和 R. G. 柯林伍德也同意这种说法。柯林伍德一直坚持认为一个人看待历史的方式既衡量出他是什么样的人又决定他看到怎样的结果;克罗齐尤其是在他后来的思想中否定了历史是美学的一个分支,把它与伦理道德相结合,作为世界独特的人文理念的基础。在这方面,"唯心主义"与"更强硬的"存在主义和实证主义不谋而合。无论是让-保罗·萨特还是波普尔都不否认一个人的历史观和他的意识形态特别是政治利益有很大关系。二者都认为历史之所以寻求规律体现了某种社会主义倾向——尽管他们对这种联系的可取性有不同的看法。萨特和波普尔都坚持认为,历史一般来说是没有意义的;但与波普尔观点不同,萨特随后又说,人应该[事实上,不可避免地(必然)]要通过选择一个立场赋予历史一个意义——反动、保守,自由或激进,视情况而定。这一点至少是他在《辩证理性批判》里所传达的信息①。与之相反的是,波普尔认为只有坚定地拒绝了解历史意义,拒绝支配历史进程的法则,以及否认历史除了规划**近期的将来**之外的任何规划冲力,才能获得

---

① Jean-Paul Sartre, *Critique of Dialectical Reason* (New York: Verso, 1991).

人类的自由和安全。

哲学家之间真正的分野在于:是把历史作为遏制集权(或形而上学或道德)发展的力量还是用它来培育这股冲力。虽然所有人都同意,我们看待历史的方式、我们对历史研究的期望,以及我们从中得到的乐趣,在某种程度上与我们是何种人、我们在社会中所占据或想占据的地位,或我们希望在不久的将来看到建成的社会类型等方面很有关系,但是我们似乎无法承认,我们在历史研究中可以恰如其分地纳入一个**改变世界**的愿景。我觉得这是当前英美历史哲学家区别"严格"史学和"元史学"的真正基础所在,这种区别,与区别"严格"史学和"编年史"一样,具有欺骗性。

当前英美历史哲学家,为了把自己与那些从事"元史学"的人们区分开来,自认为是"批判性的历史哲学家",他们似乎分为两个主要派别。以亨普尔为代表的一派大体上坚持认为所有的合法解释都具备通则的性质或至少具有合法的地位,他们似乎设想将历史转变为一门成熟的社会科学,或者将其同化为社会科学。另外一派对此持反对态度,他们以不同的方式从柯林伍德那里汲取灵感,试图在历史操作中建立非科学的但也不一定是反科学的解释模式。事实上,虽然阿瑟·C.丹托提出将许多观点合成的可能性[这里可以列举的代表人物有阿兰·多纳根(Alan Donagan)、威廉·德雷(William Dray)、W. H. 沃尔什(W. H. Walsh)、帕特里克·加迪纳(Patrick Gardiner)、W. B. 盖里(W. B. Gallie)以及其他人],有关历史的解释众说纷纭,莫衷一是。然而,在有一点上,大家观点一致,不仅在这一派的代表人物中,就是在他们和亨普尔两个派别之间也没有异议,那就是:"元史学"或思辨的历史哲学试图确定历史过程的普遍规律,是对哲学、科学和严格的史等学科的大不敬。

虽然亨普尔们比以分析为导向的同行们更加趋于规范,坚持认为要么服务于社会科学,要么变成社会科学,后者似乎满足于分析历史学家所做而不是试图为他们制定计划,即使是分析哲学家也无法在"元历史"——黑格尔、马克思、克罗齐和斯宾格勒等思想家的作品——中找到他们声称在普通历史学家的作品中发现的任何优点。我感觉在这里有些矛盾的地方恰如波普尔在为"传统的"历史辩护时有些矛盾一样。

波普尔尽管在科学上认识论比较激进,但在把历史科学化这方面却显得保守。这种矛盾背后当然有政治动机,起码明确含有保守的(或者以19世纪的眼光看可能是自由的)意味。虽然他承认我们应该探寻物质世界里因果关系的普遍规律,却否认对社会过程中的普遍规律进行探寻具有原则上的合理性——据认为,他这么考虑的最重要的原因(毫无疑问是合理的),很显然是他对极权主义的政治领导人的所作所为深恶痛绝,认为他们似乎中了元史学的思想余毒。同样的观点,虽然出于某种不同的理由,被亨普尔以及莫里斯·曼德尔鲍姆所印证,这两人把历史视为为更复杂深奥的社会科学充当数据采集者的谦逊角色,因为社会科学的复杂性体现在其"现实性",而"元史学家"则不过具有"预测性"而已。

相比之下,亨普尔的反对者们,创造出了史学解释的概念,一部分用来替代而另一部分用于补充在自然科学中使用的假说演绎模式。很难对他们的历史概念进行总结,不仅因为他们不使用术语,彼此之间在逻辑和语言要点等方面争论不休,并倾向于采取脱口而出的、轻描淡写的牛津公共讨论室风格,而且因为他们太像"老派的"历史学家那样,声称要对既有的惯例多做一点观察和分析,而不是去创造新的规定或要求。如果我理解得正确,他们的主张大致如下:历史学家通过把宏观实体分解为微观实体,并把它们按时间顺序排列,来解释过去的事件或序列事件,然后建构一个故事,从而说明"发生了什么",用盖里的术语表示就是"要读得通"。他们从一连串事件中攫取故事,反过来诉诸不同种类的套路概括,而有文化的外行读者把这些套路认定为连接微观实体的合适方式,以便使当初需要解释的微观实体达到可理解的程度。不管历史学家是在写一个叙述性(历时)或剖面性(共时)的描述,自然科学或社会科学的规律可能就在他所诉诸的套路类型之中,不外乎是使用约定俗成的观念描述理性活动、自明之理、老生常谈、形而上学、宗教或审美等议题,这些议题传统上被历史学家所为之写作的社会所笃信,或者被一股脑地崇尚为描写原则。然而,重要的一点似乎是,要想区分"严格的"史学和"元史学"的内容,取决于历史学家是否诉诸未来的读者按理说应该知道的,或者取决于在据实以告事情的本来面目的明显努力背后是否还在试图讲述别的东西,即改变读者惯常的对人性、社会或历史变迁过程本身的思维方式。

我个人的主张是:区别"严格的"史学和"元史学",这本身就蕴含了意识形态。这种区分是有效的,但不是因为"严格的"的史学是合理的而"元史学"是不合理的的思想活动,而是因为,至少按目前的使用情况看,这一区分在文化上质疑反思历史的创新形式方面还是起了作用。因为至少在大多数情况下,"严格的"史学意味着这种历史写作的形式,在建构过去的叙述过程中,为它所服务的集团提供某种"共识",并以此为依据来解释所研究的现象,除此以外,它对任何其他集团都不具有任何吸引力。这种盲目的对于共识(*consensus gentium*)的屈从,表现在专业的历史学家讨厌使用术语或任何专业语言上,体现在哲学家不约而同地反对"元史学"这一点上(明显的标志是他们试图以普通语言替代特殊语言),这是"严格的"史学反对任何形式的"元史学"的标志。

例如,对于马克思作为历史学家身份的反对意见以及对于他作为"元史学家"身份的谴责理由,与其说在于他学说的对错,不如说在于他所使用的特定术语导致了社会"过失"(即叛乱)。剥去马克思主义的术语,或把马克思解释历史的原则转换为非马克思主义的术语,比如转换为"大白话",这些原则就失去了作为**革命**历史观组成部分的力量,只会变成错误的、混乱的、矛盾的等原则。这一问题的例证见诸前苏联。在那里,辩证唯物主义历史观完全代表了"严格的"史学,而同时代西欧和美国历史的所作所为,即专业历史学家的常规操作,则被视为在意识形态上受到了污染,是糊涂的、矛盾的东西。采取激进的历史观,即表明愿意使用激进的语言,这一语言就其本质而言,就是把它所攻击的普通受教育者的社会语言的常理置于质疑之中。保守的历史观以及为之服务的语言常理也是一样。波普尔（和马克思，更不用说尼采）看得很清楚，不管是保守派还是自由派，"老派的"历史可以给政治光谱中的从保守到自由的各派别提供某种意识形态需求。任何想用激进的方式改变社会的人，不管是左派还是右派，不一定要表达一个"元史学"观点；例如，像诺曼·O. 布朗(Norman O. Brown)这样的人，他可能会即兴创造出一种违背历史的、神秘的、先验主义的历史观，这一历史观与社会所认同的历史观格格不入。但是，任何人想以政治上激进的方式来改变社会，就必须明确一个哲学家称之为"元史学"的体系。

我的意思是，**元史学**是"社会创新的历史观点"的代名词。哲学家和历史学家自己所谓的"严格的"史学，是指政治和社会妥协主义者的历史观，不管他们是想让社会保持一成不变的人（保守派），抑或是只改变细节而对基本社会结构不做触及的人（自由主派）。的确，当"元史学家"不尝试创新时，倾向于使用先知的声音和许可为未来立法。但这正是我们提到激进派时所表达的意思。在我看来，对使用一个可以预期的未来愿景来构建一个人对过去和现在的叙事的反对，只对那些对现在基本满意的人而言有意义。我所说的"现在"，意思是指社会现状。

威廉·德雷(William Dray)教授区分了"普通"历史和"思辨的历史哲学"，指出后者超越了实证数据收集或社会科学概括的探究阶段，超越了研究"模式"问题而到了研究"机制"阶段，在他看来，这不仅是违反了历史规则，也是违反了哲学规则。以马克思为例，德雷解释他违反了"普通的历史探究"规则，他说，"思辨历史哲学家不提供科学解释的规则，它只提供一种图式**模型**来展示在这个领域所有可以被接受的解释。"德雷认为，这样的图解模型"比任何可用证据更让人笃信；而且它们通常与某种关乎人类及世界本质的一般性的概念密切相关"①。

————

① William H. Dray, *Philosophy of History* (Englewood Cliffs, NJ: Prentice-Hall, 1964), 65.

他最后一句话似乎暗示:"普通的历史探究"跟这些一般性的概念比如人和世界的本质关系不密切,传统的历史叙事不提供"比任何可用证据更让人笃信"的概论。但如果像实证主义者以及许多分析哲学家所坚称的那样,传统的历史解释,无论是纵向叙述还是横向叙述,都诉诸文化上所提供的老生常谈、社会上约定俗成的的常理或有关人类理性行为本质的共识,那我发现很难区分"普通的历史学家"和"思辨的历史哲学家"二者的行为。双方各自生产的**规模**可能会有所不同,不过在提供数据作为支持自己阐释的证据方面,后者对于选择和解释数据的原则更明确。但除了这些纯粹的定量因素外,即使是有关试图预测未来的事情上,我也看不到普通历史学家的操作原则与思辨历史哲学家的操作原则有何不同。哪怕是如"普通历史学家"的典型做法那样,盲目地主张作用于过去或现在的力量在未来会有所不同,这一做法对我来说,与采取天律不变学说的姿态,并借助于过去和现在历史进程的反映去致力于辨识出未来会采取的普遍形式的做法一样,同样令人质疑。

德雷教授在一篇著名的文章中提到,历史学家问"为什么"和"是什么"两类问题。有时他们想知道某些事情发生的**原因**,还有时候他们想知道某组给定事件的意义"是什么"。有时他们可能对已经发生的事情想要一个**解释**,比如他们会问:"法国大革命的原因是什么?"而有时他们只想知道如何看待或理解一系列乍一看几乎没有意义或彼此没有明显联系的事件。在前一种情况下,他们用叙事式或通则式的手法试图提供一个解释,这一解释将允许读者们在他们叙述结束时说,"哦,是的,现在我知道法国革命发生的原因了",并且还默默地(或公开地)补充说:"这与我理解的(生活常理或社科常识所提供的)革命发生的原因相吻合。"在后一种情况下,会给读者介绍一些使用诸如"革命"这样通用术语的公式,例如当历史学家指出,以模式 X 的方式排列在一起的事件 A、B、C、D、E、…N 可以理解为符合我们在这一模式中使用"革命"这一术语的规则。那么,对于比如法国在 1789 到 1815 年之间正在**发生什么事**这样的问题,历史学家的"正在发生革命"的这一回答,通过向观众展示"革命"这一术语如何应用到发生在特定时间特定地点的一系列事件上,实际上向听众介绍了"革命"这一术语的使用。对编年史家而言,对历史合适的解释被固化在"在什么时间"以及可能"在什么地方"这样的形式上,与之相反,历史学家还要在此基础上继续问"为什么"和"是什么"的问题。

为什么编年史家不问"为什么"以及"是什么"的问题呢?显然,是因为编年史作为一种历史记录,它的目标观众,对于它们大众文化中的"为什么"和"是什么"的问题,和编年史家有着共同的明确答案。克罗齐常说编年史家是缺乏问题的历史学家,他的意思是说,编年史家根本没有问题。他应该说,编年史是由一群对所有重要问题都有标准答案的群体所创造的历史书写。除非做做样子,或讲究措辞,编年史家不需要提出"是什么"和"为什么"的问题,因为他们可以假定自己的读者对于"人和世界的本质问题"已有共识。这个对于伦理、宗教、形而上学等基本问题的共识,是传统的或古老的社会的特点之一;编年史而不是"历史"使得历史过程产生特有的意义。编年史家不创造编年史,原因在于他们缺乏一个"元史学"的视野;他们的元史学视野把编年史局限为解读过去,并使过去同现在和未来关联起来的合适方式。

当然也可以如此评价"普通历史"。"普通历史学家"不必在他对历史进行整合处理的元史学基础上煞费苦心,因为他与他的读者在关于"人和世界的本质"等诸多问题上共同享有一套大体达成一致的答案。"普通历史学家"以公开或隐晦的方式,通过诉诸他们这一代人的共识或公共认可的社会科学来回答这样的问题,之所以说"普通",就在于回答的质量"普通"。历史学家在事关社会进程本质问题上给保守—自由派标准提供了确认。而元史学家试图通过诉诸历史去捍卫与"人和世界的本质"有关但与当下社会共识相冲突的理念。更多地,元史学家试图说服人们以这样的方式看待历史,从而把他自己先入为主的认知渗透其中。

在此我并不是表明"普通史学"和"元史学"之间的差异可以被确

切地类比成像**标准**英语和"坏的、低俗的"英语之间的区别那样,虽然这两种差异间有一些重要的相似之处。两种语言差异不仅缘于人们处理本质上不同的语言习俗的尝试,以证明它们或多或少都是**恰当的**沟通形式,其差异的根源也在于社会等级分化。伦纳德·布龙菲尔德(Leonard Bloomfield)指出:"以财富、传统或教育而论,出生在特权家里的孩子,众所周知的'好'英语成为他们的母语。'坏的'或'低俗的'英语成为不这么幸运的孩子的母语,语言学家喜欢称后者为**不标准**的英语。"①"普通史学家"和"元史学家"之间的一个区别是:后者虽然熟悉普通的历史话语,但发现它们远不足以达到自己的目的,于是决定尝试和打造必须用新的语言表达的新工具,之后开始向观众卖力地兜售这些工具,鼓吹它们才是更好、更精准或者更负责地看待历史过程的方式。但很多关于"普通史学"和"元史学"之间差别的讨论,都预设前者的实践操作是毫无疑义的史学权威。在某种程度的争论中,对于"元史学"所提出的反对意见,基于这样一个发现:元史学家正在做的事,不同于"普通的历史学家"所做之事——这正是诸如马克思这样的激进元史学家的主要观点,黑格尔也一样。他们不仅试图改写历史,**也正在寻求改变确定历史研究中哪个概念是适合的这一规则**。马克思非常精准地发现,不改变你的受众的社会实践方式,你就不能修订自己看待历史的方式,反之亦然。激进的右派如亚瑟·哥比诺(Arthur de Gobineau)或政治虚无主义者如尼采的观点也是一样。当他们攻击"历史"或"历史意识"时,他们质疑的是在特定的时间和地点看待历史的方式,以及关于"人和世界的本质"的所有假定,普通历史学家连同普通受教育者和适应社会的受众却把这样的假定奉为不言自明的真理。

当学者们讨论历史在19世纪最终有了自己的地位时,他们通常所指的是,欧美文化中占主导地位的社会群体编制了一个符合自己对"人

---

① Leonard Bloomfield, *Language* (New York: H. Holt and Company, 1938), 48.

和世界的本质"的感觉的历史观。马克思和尼采,无论他们在其他方面持怎样不同的观点,对此都毫无异议。正是这种"客观"的历史,现在被称为"普通的历史",在 19 世纪末经历了极左和极右两派"元史学家"(过早的)攻击。他们之所以成为"元史学家",不是因为他们对"人和世界的本质"有看法,而是这种看法威胁到了当时的社会制度,这些观点,对于保守—自由主义史学家而言,不是对错的问题,而是清醒还是疯狂的问题。"普通史学家"和"元史学家"之间的争论,恰恰就在于谁来决定以负责的方式来看待历史的规则。像"精神分裂症"这个概念是一个疾病名称一样,**"元史学"很大程度上是一枚政治标签**。正如理性这个概念一样,"普通历史学"可以说有其悠久的历史。如果我们认为 19 世纪人们认可的历史反思可以成为所有时代的标准模式,那么我们大错特错了。我认为,使我们感兴趣的问题应该是:现在可资利用的哪一种形式的元历史会有可能成为下一时代的"普通历史"——更重要的是,我们需要哪种对于过去、现在和未来的认知,才能让我们顺利过渡到下一个时代。

我想说,元史学家所遭遇到的一致反对——既针对他们所得出的具体结论,又针对他们所从事的事业——是由英美知识精英的一种恐惧所激起的,他们担心此类研究会产生革命性的影响。元史学家在欧洲大陆享有的威望以及在英美学术界遭遇的几乎普遍的反感,可以充分地说明这一点。在欧洲,不仅盛行一套不同的历史研究态度,而且在讨论二战以来历史发展的议题上,也提出了一系列截然不同的问题。

在欧洲大陆,思辨的历史哲学不仅非常活跃,而且它所提出的有关历史探究的目的和历史意识的文化效用等各种议题以及问题都成为辩论的中心。在某种程度上,这无疑是对欧洲大陆普遍存在的哲学传统的肯定。整个 19 世纪,欧洲的思想在其定位上比同时代的英国或美国更加形而上,欧洲思想家仍然不太相信科学的力量可以代替形而上学;但更重要的是,欧洲大陆历经两次世界大战和法西斯主义,这为其伦理思想和本体论研究提供了不同的方向。现象学是本世纪欧洲大陆最具原创性的哲学运动,它预见到在 20 世纪 30 年代和 40 年代,整个欧洲文化都需要现象学,需要重新思考建立在普遍意识基础之上的独特的人类世界。与这场哲学运动并行的是社会文化批评家之间的运动,他们质疑每一种制度、每一种价值观、每一种从上个世纪继承的思想价值。这必然导致对传统的历史学家们提出质疑,而他们为了使自己对过去的书写显得合理并且将它们转化成一种可读的叙事,一直默默地或公开诉诸所处社会提供的共识。英美的历史学家和历史哲学家倾向于把这种共识当作一个理所当然的历史叙事的解释原则,欧洲大陆认为历史叙事不是像路德维希·维特根斯坦(Ludwig Wittgenstein)所说的根据事实分析什么,而是相反,是要摧毁什么、修改什么或者给有可能变得荒蛮的文化填充一些新内容。这个共识的核心是历史过去的概念及其与当前社会秩序的关系,而传统的历史学家正是在社会秩序的形成中发挥了重要作用。难怪达达主义和超现实主义艺术派别,与存在主义哲学一样,渴望净化语言(因为语言已经病态,需要治疗),质疑哲学家的存在和普通人的常识。艺术家和哲学家都应该看到:传统的历史学家使用的策略造成包括欧洲文明所承受的苦难在内的很多的苦难。萨特的小说《恶心》采取存在主义视角与超现实主义相结合的手法阐明其主题,以历史学家洛根丁为主角——正如纪德的《背德者》一样。这两本书暗示:要想治愈折磨主人公的疾病,必须拒绝历史学家的关注,远离历史意识本身,抛弃支撑普通人和他的共识的体制和信念。在米歇尔·福柯的作品,尤其是在《词与物》(Les mots et les choses)这本书中,我们可以发现最近的也更系统的对于普遍历史观的攻击。

纳粹和第二次世界大战之后证实了许多知识分子的怀疑:他们所处的社会和支撑它的知识体系再不值得人们为之献身。因此,战争结束后,哲学研究的中心是:认真探究历史所遵循的原则,以及现在的人多大程度上忠诚于所继承的制度和理念。因此梅洛-庞蒂(Merleau-Ponty)这样的哲学家才自然而然地使用了下列语言:

> 我被抛入自然,自然不仅在我之外,在没有历史的客体

中,而且在主体的中心也依稀可辨。个人生活的理论与实践决策,深深地影响着我的过去和未来,以其偶然事件,赋予我的过去、我的未来以明确的意义,从而把历史带入生活。然而,这些事件总是有一些人为的意味。①

为适应新的社会实践,萨特本人从早期坚定地主张哲学非历史化转变到思考构建历史哲学思辨的必要性。社会科学家克劳德·斯特劳斯也开始质疑有关人类本质的任何历史观的价值所在,并且,无论是传统叙事还是思辨哲学类型,他都推广一个非历史性地看待世界的视野作为选择。他写道:

> 我们只需要认识到,历史是一种方法,没有某种明确的目标,它拒绝混淆历史和人性的概念,而有些人为达到自己不可告人的目的试图强加给我们这种观念使我们把历史当做超越人文主义的最后避难所……事实上,历史不关乎人或任何特定的对象,它完全存在于其方法之中,经验证明它在整体归类人类或非人类的结构要素时,是不可或缺的。而且,历史是知识追寻的起点,正如我们谈到某些事业时所说,只要你付出努力,历史绝不会辜负你。②

在《野性的思维》(La pénsee sauvage)中,列维-斯特劳斯否定了萨特把历史哲学作为一种神话的设想,并非想用"老派"的历史作为一个策略,用它来挖掘若隐若现的人性。他认为,历史意识本身,以其普通或思辨形式,作为一种自我异化的思想,在人类学史上,痴心妄想"连贯性",妄想"填平沟壑"和"消弭差异"。他并非否定历史意识能够决定形式,但他确实否定历史意识是创造人性最理想的形式之必需。这种对

---

① Maurice Merleau-Ponty, *Phenomenology of Perception*, trans. Colin Smith (New York: Humanities Press, 1962), 346.
② Claud Lévi-Strauss, *The Savage Mind* (Chicago: University of Chicago Press, 1966), 262.

历史意识的文化可取性的质疑，在欧洲大陆上具有重要地位的专业历史学家中也不少见。两次世界大战期间，不仅有马克·布洛赫和吕西安·费弗尔联手创建一种特有的反叙事（或同步）的史学创作，而且许多更有声望的历史学家也呼吁史学应该摆脱学术界盛行的道德中立。因此，1961年，古典史学家H. I. 马禄（H. I. Marrou）不让任何人难堪地写道：

> 如果历史学家是一个人，如果他真的达到了历史专业的水平（如果他不只是一个纯粹的、忙于为最终书写历史选择材料的学者），他不会在处理问题时耗时费力，条分缕析，让人昏昏欲睡……在与过去对话时，他应该注重论述那些让他警醒的那个问题，关乎存在的主要问题，这个问题的解决关乎到他自己整个人和他的整个生命。①

这里谈到的问题不是方法论或语言策略问题，而是前方法论和前学科关注的问题：一个人看待过去的道德立场，此立场对于他看待现在的影响，对于可能构成我们未来世界的材料的纯学术兴趣的文化价值。埃尔顿教授说"对过去事实的认知仍然在起作用"，他坚持认为一个严格的历史学家永远不要认为：你能在自己生活的现在发现问题，然后去过去寻找在回答问题时可能提供洞见的事实. 他这样说，几乎重申了他苦苦寻觅的所有问题。

简而言之，如果我们把欧洲大陆的历史哲学辩论与第二次世界大战以来发生在英美世界的辩论放在一起看，我们就会意识到它们存在着两种截然不同的心理或道德背景。在欧洲大陆，没有什么是理所当然的；一切都受到了质疑，甚至历史意识本身的效用也不例外。可以肯定的是，社会哲学中活跃的马克思主义传统的存在在一定程度上解释了这种情况。马克思要求改变世界而不仅仅是解释世界，这一论断仍

---

① H. I. Marrou, "From the Logic of History to an Ethic for the Historian", *Cross Currents* (Winter 1961): 68.

被视为一个可能的严肃的哲学命题;而新马克思主义者如卢西安·戈尔德曼和亨利·列斐伏尔(Henri Lefebvre)已经率先垂范,把历史哲学的讨论从推理的转变为实践的。

当我们反思这一切的时候,不禁会想起艾丽丝·默多克(Iris Murdoch)对战后法国存在主义和英国分析哲学不同风格的巧妙刻画。在指出它们对语言感兴趣的共同之处,称其不是"照镜子和发感叹",而是作为"在世界上其他活动中的一种活动"后,她又指出了各自对语言现象分析的不同内容。她认为,英国分析哲学的"场景"是"日常生活中的一种,其中某些冲突被排除在外。《心的概念》(赖尔)中所说的'世界'是人们打板球、做蛋糕、做简单的决定、回忆童年、去马戏团的世界;不是犯罪、恋爱、祈祷和加入共产党的世界"。① 这个并置的哲学宇宙在当时并不完全精确,肯定也不能成为区别英吉利海峡两岸的知识分子的恰当方式。但它作为一种对比从第二次世界大战到现在这两个领域中对历史问题的分析所采用的不同风格的方法,还是绰绰有余的。

我猜想英美的风格正在改变,在"老式的"历史仍然是至高无上的社会环境下,哲学家对历史问题产生兴趣,这本身就是一种视角的转变。作为一个文化历史的基准,特别以德雷、多纳根和盖里为首的英美思想家对历史哲学的兴趣,表明哲学家们已经对英美社会制度的问题本质产生了兴趣。我还预测,当人们越来越多地意识到这两个社会制度存在问题时,他们将开始更加同情地把那类欧洲历史哲学家的努力视为合法的哲学活动。

在我看来,25 年前由波普尔和亨普尔开始的辩论,已经在最大范围内按照最初设定的方向得以发展。在一个哲学传统的背景下,传统的历史叙事、历史解释和社会科学的关系,已经得到了很好的分析,哲学传统满足于让世界顺其自然。也许是时候开始对每个知识分子或学

---

① Iris Murdoch, *Sartre, Romantic Rarionalist* (New Haven, CT: Yale University Press, 1953), 42.

者、哲学家、社会科学家和历史学家发出诘问:他是否可以像那种激进的社会改革者(合理地)要求西方社会学界的那样,大度地放弃"介入"或"对抗"甚至与社会"发生关系"? 我指的是彻底研究具体的哲学和历史的社会科学传统以及社会制度之间的关系,正是在这种制度下才形成了这种社会科学传统。我们对过去的研究,也许只有通过对其文化效用的彻底质疑,才能为拯救人类这一物种做出贡献,这,正是我们作为思想家应尽的职责。

第十章
文学史变革问题
（1975）

任何对"文学史变革"综合性话题的探讨一定始于对假想为占据"文学领域"客体的认同。正是这些客体和它们之间关系所经历的"变革"历程，使得该主题的定名成立。对由这些客体及其之间联系所维系的不同**种类变革**的定性，以及管理既定序列变革的**法规原则**，都是对该领域进行系统分析想要达到的结果。

究竟是哪些客体占据"文学领域"？匆匆一瞥，这似乎是一个非常易于回答的问题。我们倾向于将其解释为文学领域由所有显性"文学化"而非"口语化"的客体组成。然而，特定的"文学化"作品与通俗的"口语化"作品的差别并非毫无疑义。事实上，关于这种区分标准的千年争论衍生了四条主要的、由文学理论史学家认可的文学评论传统，即拟态、实用主义或政治说教、表情达意和客观评论。① 其实，特定文学作品的**疑问本质**使文学评论成为必需。如果我们拥有一条确定特定文学作品构成要素的普遍认同标准，那么在定义占据文学领域的客体时

---

① M. H. Abrams, *The Mirror and the Lamp*: *Romantic Theory and the Critical Tradition* (Oxford: Oxford University Press, 1953), 3-29.

就不会遇到困难,并且在确定该领域出现变革时也几乎不会遇到困难。然而,因为我们不具有判定什么是或什么不是特定文学作品的普遍认同标准,因此对于究竟是哪些客体占据了文学领域我们并不确定,更不用说去了解这些客体所经历的变化和管控该领域及其表达顺序的规律原则。

当然可以说,上述提到的文学评论的四个主要传统代表了所有占据文学领域的客体种类。通过"真正"文学作品本质的不同特性,拟态、实用主义或政治说教、表情达意和客观评论的传统,指引我们分别去寻求语境、受众、艺术家和作品本身等文学领域组成因素线索的引导。因此,我们可能想说明,任何对于该领域变革的综合研究都应将发生于各种因素异化的关系转变考虑其中。如果我们认同任一这些元素的变化一定会带来它们之间模式关系的转换,则能够构想出一个大体在认知上对该领域负责任的历史分析。将这个完成,而后就可以致力于确定管理文学领域组成结构的所有已知根本性转换序列的一般**规律**。这使我们能够去描绘文学领域在发展历程中从早期到现今经历的各个阶段,文学领域被视为一个独特演化过程的历史结构。

类似的分析不会将我们置于对该领域随意删减或单一因果关系概念化中。我们不一定非得说文学领域的元素之一,例如语境、受众、艺术家或作品,都享有至高自由的地位,而其他元素是次要的对该元素的表现。事实上,在所有的可能性中,我们被迫得出结论,在历史连续统一体的不同时间和地点中,不同元素扮演了不同的个体、媒介、影响等角色。尽管如此,如果我们的兴趣关注真正前后一致,我们应该去寻求一些一般性原则,通过这些原则去描绘其特性,并以此解释该领域出现的各种变化。我们应该去寻找特殊文学种类各种变化的文学之外的基础。

当然,很明显的是,在系统地阐述术语的问题时,我们进一步提出了文学领域不同组成部分的关系和整个领域作为整体的探讨。换句话说,我们找到了文学实践微观和宏观维度关系间的问题。在最具微观性的层面上,作者几易其稿,出版社发行的不同版本,甚至于不同读者的阅读都会使一部特定的文学作品经历一些变化。由于特定群体、一代人、一个流派的作家和一种风格的译者对待文学作品的实验态度不同,文学作品的既定体裁可谓经历了一系列的变化。这些**群体**、不同时代的人、流派反过来同样在社会学构成和艺术家与语境、受众或艺术品作用的认知过程中经历变化。文学作品的所有消费者(受众)也许也在经历变化,一方面通过自身,另一方面则通过与艺术家群体和更广泛意义上的社会文化背景的交互活动。**语境**本身也许也在经历变化,尽管不会立即体现在该时期的文学作品、艺术氛围和受众结构中,而将会在某些时候和其他整个历史语境中体现对它们三者的影响。

文学历史学家如何去处理这一复杂和持续变化的体系将在很大程度上取决于他如何切入文学领域或总体上选取何种角度开始对该领域进行研究。尤为特别的是,文学历史学家对该领域**可能**发生变化的认知将在很大程度上取决于他对假定存在的语境、受众、艺术家和作品四种元素间重要关系的先入之见。当然,作品本身在对该领域的研究中始终是受垂青的,因为它既是研究的主要基准(待解释客体)也是用于解释的主要证据(解释要素)。

当然,这里会出现一个问题,该问题非常有可能成为文学史错综复杂问题群的中心。其逻辑原理是同一资料或事实不能在同一时间内既充当需要被解释的对象(**待解释客体**)又充当其成因的解释(**解释要素**)。① 文学作品的双重功能对文学评论家而言并不是一个问题,二者相似,这对文学历史学家而言也不是一个问题——这是因为可以说大部分文学批评对文学赏析或评论的兴趣要大于其对解释的兴趣。诚然,文学赏析和解释性的文学评论可以说是暗含了一些解释;但至少文学赏析或解释性的评论家首要关注的不是像科学家和历史学家所采用的方法一样去解释作品。这是因为非历史评论家可以在已完成作品、

---

① 在解释的逻辑中,关于解释要素和待解释客体之间的关系讨论,参见 C. G. Hempel, "Explanation in Science and History", 发表于 *Philosophical Analysis and History*, ed. W. H. Dray (New York: Harper & Row, 1966), 95-126。

完整作品的支持下进行评论,这些均是他选取分析的文本(不论在评论家的实际操作中文本表达的意图有多么复杂)。然而,如果历史学家是真正的历史学家,而不仅仅是古文物研究者或离散历史事件的年代史编者,那么他除了关注特定的文学作品外还需要关注各种文学作品;更重要的是,他不仅关注文学作品在历史记录中的最终体现形式,同样也关注在不同历史时期文学作品形成现有形式和形式间关系的过程。

文学作品的既定形式**如何**看起来是它应有的样子,在适当的**时间**出现在适当的**位置**,有些问题是一定需要历史学家来解决的。这些问题的解决之道将决定答案的可能范围,用以解决为什么既定文学形式在适当的时间出现在适当的位置,并且是如何做到的。但是,尽管这些解决方法有所保留或受资格所限,它们都将预设一些关于文学领域其他三个因素关系的理论;这些关系反过来必然会被用于解释因果关系的形态——即使是体现在最死板的"客观"关键策略中,都公开否认将作品与语境联系起来的可能性。

在新批评中,即使被限定于只言及文学构建对预设的"理想读者"带来的可能"影响",人们也会心照不宣地援引因果关系的概念。目前,我们将这样分析的作品置于另一采用相似方法分析的作品旁边,以此来对比它们各自的结构。我们已经明确地提出文学**变革**的概念,并且明确地提出了关于该变化是**如何**衍生思索性的问题,以及它**为何**是这个样子的。即使这一随意的问题由诗意创造力的"神秘"引发,这种吸引力仍然预设了**一些**随意对象的存在,其中艺术客体是一个影响。差异意味着改变,改变皆有其原因。如果不对原因进行讨论,我们就必须预先假定缺乏分析的严谨性,或者出于对其他的,文学以外的或意识形态的考虑而有意决定停业分析,因而缺乏全面性。

可以肯定的是,对于文学变革原因的探究必须面临历史学家在历史语境中解释具体事件或事件群时所面临的一般困难。在这类研究中面临的主要困难是在从微观到宏观的历史事件的研究中都要善于分析。这一难题被克劳德·列维-斯特劳斯归纳为具有认识论悖论的特征,该特征对人文科学中的所有推定"科学"解释而言相当普遍。这个悖论论述到任何科学的解释所传达的**信息**必须与对其解释的理解程度成反比。对一个特定现象了解的信息越多,能预期的**理解**就越少;给予的理解越多,预期形成解释的概括并进行运用的就会越晚。①

事实上,在对历史解释的颇有趣味的讨论中,列维-斯特劳斯认为在阐述的过程中,对任何既定现象的历史解释都能随意地在一个层级的普遍性至另一层级的普遍性之间转换,也能从最琐碎的传记式资料到普遍历史最广泛的特点进行转换。将他的研究转化成我们话题适用的术语,这就意味着在代表变化的过程中,**文学**史将在作品、艺术家、受众、语境间,在通用的扩大和缩小的圈子里面来来往往自由变换,这样才能用为理解提供的策略来转换信息的提供,直至对**作品的作者**研究现象的分析解释全部完成或者说至少**满足目的需要**。

如果我们将列维-斯特劳斯的分类模型叠加并改变他们在文学领域显性描述通用性的水平,我们可以设想以下模型来描述不同文学历史的特性:

理解(哲学史)

| 普遍性的程度 | 全部历史语境
特定历史语境
全部文学读者
特定的文学读者
艺术家圈子
艺术家个体
文学艺术品
口头艺术品 | 历史编纂学 |

信息(编年史)

---

① Claude Lévi-Strauss, *The Savage Mind* (Chicago: University of Chicago Press, 1966), 260.

文学历史学家基于这一不同层次的模型能够为我们提供一条区分文学变革中"哲学""编年史"和"历史编纂学"概念的原则。用黑格尔式的研究方法来解读文学史，对哲学范式而言无疑提供了一个范本。它将分析**始于**最为通用的级别(也就是整个语境，本质是假设其存在并知晓的)，**下降**到能够确认的具体水平或理解的一般原则的说明例子，而且总是**回到**最一般的水平并将此作为分析的终点。这里，文学变革被视为更大进化过程的一部分，这又与整个宇宙的缩影有关。对具体文本的分析、作品文本语料的分析、既定艺术家心态或艺术圈子和受众心态的分析包括披露程度等每个反射面或概括形成整体的结构和属性。该策略与其马克思主义变体形成鲜明对比，总是**开始**和**结束**于对**特定**社会语境的考虑，集中于对该语境下文学作品意识形态的揭示，隐晦地反映或揭示一个本体论的基本生产、交换和消费方式。

在马克思主义批评中，文学作品被视为特定历史背景下宏观世界的一个缩影，但它始终是一个具有缺陷的缩影，需要探究的瑕疵是在既定的商品交易体系中由作品迫于呈现的**形式**带来的。正如已故卢西安·戈尔德曼一直坚持所言，文本的解析由艺术家和受众在特定的社会秩序中的**立场**决定，本身就是社会生产关系特定体系的产品。① 作品的形式和隐含的内容一定要作为该体系内**可能**存在的意识形态产品呈现。"意识形态"反过来又通过归类而非独立的术语进行解释，因为它必须假设为任何单一的独立版本，不论究竟具有怎样的洞察力，如何优秀，或者在类化时多么"正确无误"，终将是无法找到一个能够对其采用公众认可的艺术表达方式来回应的受众。这是因为"受众"在此仅仅被

---

① Lucien Goldmann, "Structure: Human Reality and Methodological Concept", 发表于 *The Languages of Criticism and the Sciences of Man: The Structuralist Controversy*, ed. Richard Macksey and Eugenio Donato (Baltimore: Johns Hopkins Press, 1970), 98 - 109. [该选集具有深远影响，新版本的书名为 *The Structuralist Controversy: The Language of Criticism and the Science of Man*, 40th anniversary edition, ed. Richard Macksey and Eugenio Donato (Baltimore: Johns Hopkins University Press, 2007)。]

当作拥有金钱来允许其消费的群体,也就是在特定的时间和地点,发挥购买艺术家所创作的艺术品的消费者功能。

应当注意的是,采用马克思主义的研究方法对文学史进行研究,从**历史**角度看比黑格尔的研究方法更负责任,因为该方法坚持在整个历史进程中对离散周期进行结构分化。对于严谨的黑格尔主义者而言,一个历史阶段有别于另一个历史阶段的差异性只在经验的**范畴**内成为可能,这种可能性并不存在于对连续的意识模式结构分化中。在整个历史发展过程中,意识的结构是恒定不变的;质变只发生在自我意识的量变中,其中,"精神"的力量贯穿于世界各个角落。相反,对马克思主义者而言,意识的结构永远是既定生产方式决定的实践方式和在此基础上形成的社会生产关系体系的功能。因为所有被公开认可的文化表达,文学即其中之一,必然能够反映特定时间和地点的社会实践方式,以及文学史的目的意在论证既定文学形式是如何充分用来在所述实践方式范畴内表现这套长久的关系的。又因为被公开认可的文化表达一直与统治阶级合理的意识形态一致,文学批评必须包含有揭示隐藏于背后的生产关系的尝试以及在特定时期、地域艺术品所呈现的理想(或神秘化)形式表现出的生产关系。艺术品的内容和其神秘化的不同形式将会随着社会结构变化而改变,在这其中,艺术家和受众同样具有界限相对分明和具有一定特权的位置。

然而,如果运用马克思主义的研究方法对文学史进行研究,从历史编纂学角度看比黑格尔的史学研究更负责任。这是由于马克思主义的研究方法更专注于将"文学"置于"社会"更为具体世界的范畴中来研究,而非将其置于"理论上"更为抽象的存在论共性中来审视。不言而喻,从历史角度看(而不是单从"文学"本身角度),"社会"在确定"文学"自我演进过程中经历的阶段是起根本作用的。毕竟,如果文学是社会实践的一种形式,那么理论上就没有更为迫切的理由去将注意力完全投入于一种理论而非另一种理论中。马克思主义分析的类别(分工、阶级斗争、经济基础与上层建筑间的关系理论)可能足以用来批评资产阶级历史论的思想性,但是在我们试图概念化文学史的过程中,它们并未提供任何特殊的帮助。它们太粗糙。当我们将一部特定的文学作品置于一段或另外一段社会历史中(奴隶社会、封建社会、资本主义社会)时,我们仍缺少一种将作品特定文学元素与社会实践既定形式主导的历史观紧密联系的方法。在某种程度上,这是因为马克思主义作为整体系统,缺乏完备的意识论去与其公认的强有力的社会实践理论相匹配。但也存在这方面的原因,即作为一个历史理论,马克思主义与其他历史理论具有一个共同的弱点,也就是倾向于将记录历史事件的编年史预设为"元史学"在真实记录中分析、解释和反映"实际发生事件"的目的这样一个前提条件。与其他历史理论相似,马克思主义理论预设的前提条件是将一系列历史事件按照时间顺序排列,其具有特点的分析策略又需以此为支撑。然而事实上并没有历史事件的编年史明确描述历史学家可以应用其分析性策略。这里仅仅有不同的编年史供历史学家做出选择,或者在分析实践开始前由历史学家自己建立体系。编年史可谓一部小说,它允许历史学家表现出**似乎**拥有一个新发现的数据世界,在这个世界里,他的理论可以被及时塑造为认知完整的知识体系。在这方面,历史学家面临同样模棱两可的情况,因为作品一方面在一般意义上是一般语言作品,另一方面,必须决定是什么构成了"文学事件编年史",它为了形成认知负责任的"历史"将顺应历史说明原则。文学历史学家,简而言之,必须假定原始事实的"编年史",特别是当"文学"在自然界中时,他将以此来书写一部"历史"。然而,因为他不具有绝对的标准来对一部特别的作品和一般的口头作品进行区分,必须根据自己的选择或决定建立"编年史"来分析这类作品,而不是将其作为自己编年史的"内容"来分析。可是,这个选择将对他书写历史的**类别**起到决定性作用;因为这里并不存在任何形式的**简易**"编年史",只有或多或少被结构化的"历史"。

我们如何来概念化书写历史的文学事件编年史?再次返回到关于列维-斯特劳斯历史领域模型的版本,我们可以将编年史的特点归纳为发生于历史普遍性最低层面的那些历史事件。但如果我们试图揣摩文学编年史的组成部分,我们就需要承认它并不以内容为特征,而是以用以组织数据资料的分类方法为特征。不得不说,编年史只是文学表现的形式,其中仅仅是时间和空间作为表现和解释的基本类别起作用。在文学编年史中,变化本身被视为一次转移至不同地点的移动或一次出现在不同时间的际遇。然而在一部历史中,编年史事件被分配给特定的时间和空间位置,一次到不同地点的转移或一次不同时间的际遇就会被视为需要解释说明的基点。确定发生于特定地点事件的时间顺序,并在它们确切发生的顺序中将其表现出来,对于年代史编者而言也就是对其进行解释了。

可以肯定的是,年代史编者通常会需要二次解释策略,进而需要一系列"现实本质"的认识来与他预期的受众进行分享。年代史编者这种务实的风格使其不能信口雌黄,因为他预设了所面对的受众的能力,既能够理解被讲述事件的意义,也能够理解事件发生合理顺序的偶然连接。当然,在编年史模式中构思的历史会在列维-斯特劳斯模式版本中将发生于所有不同层面的事件进行描述,不去区分其因果关系,也不会试图揭示一系列事件的"真实"所在。在这里,这些事件仅仅是一种比喻。因此,据情况而定,由传统或权威决定的编年史的起点和终点是不存在问题的。神谕或神圣的法令指明了世界伟大历史的起点。因此,从哪里开始并没有问题。至于结局,年代史编者只须将记录做到自己所处的时代即可。

然而,在文学编年史中,起点不是给定的,它一定是由编年史记录的。确定起点就需要年代史编者做出决定,决定某一事件或一系列事件作为代表特定"文学"意义的时间和地点,与出现在一个种族、一种文化或文明中的具有一般"口头"意义的现象相区分。一旦这个划时代的时刻被确定下来,而后就有可能编写出纯粹的"文学"事件编年史。但选为划时代的时刻是非常重要的。能否作为独特的"文学"事件包含在编年史中,将取决于它在多大程度上对应或未能符合这个事件范式的

"文学性",而不是其他的"文学"使其出现在历史记录中的节点。

例如,一个城市的年代史编者在相似的动机下开展工作。他关于**书写这个城市**而不是其他城市的历史决定了其所描述历史事件的一般性质。在"城市建立前"或限定范畴外发生的所有事件不会影响书写的历史被视作史前的或是与历史无关的。城市本身也会将历史区域与非历史区域进行区分。相比之下,发生在城市里的与城市有关的,或对城市有一定影响的事件在编年史中都有被提及的可能性。具有重要意义和不具有重要意义的事件都不会受到假设猜想有关的影响。任何与城市有模糊联系的事件都有可能成为潜在证据;一切了解城市的事件都有被记录进入编年史的**可能性**。只有年代史编者的一时兴起会影响到他的记录。此外,还有素材和体力等强加的身体限制会有所影响。

然而,我们所构想的文学编年史并不具有城市编年史的优势。首先,我们无从知晓"文学"始于何时,也不了解它以何种方式起源或起源的地点。在构想的理想文学编年史中,每个以口语表达的内容都可能被编年史作为收录对象;这是因为年代史编者可能不会分辨"好的"和"坏的"文学的区别,或者说不会去区分"正统"文学作品和高度相似文学作品的差异。因为如果这些差异的划分过于明确,对年代史编者将一部作品归入一个类别而不是其他类别进行判断,我们就应该掌握质疑的标准。这样一来,我们就会被投入到对文学作品本质无尽的探讨中,这些探讨又为《新文学史》①等学术专著的出版提供理由。此外,一旦这类分别形成定论,形合表现(在一个又一个文学事件之间)清晰的分界线将被意合表现所取代,其中一些文学作品在我们所设计的"剧本"中将被赋予主导角色,而其他的将被赋予次属或从属角色。事实上,我们应该要求将所有文学事件划分、辨别为媒介客体和媒介,主角和对角,我们应不得不详细描述"情节"来理解其关系发展的剧本,而不是一味满足于简单的情节,在此年代史编者把它看作唯一可行的"解

---

① 该论文最早出版于《新文学史》中。

释"形式。

当然,我们构想的理想编年史仅仅是一个启发式的措施,并不存在没有结构的编年史。只有"历史"或多或少地得到了结构化;或者说在历史叙述过程中,选择资料的原则和强化、弱化的策略或多或少被作者明晰地表述出来。编年史不会"误解"其中包含的"信息",任何对历史哲学的超越都不能够提供足够的"信息"来证实它们对于在历史长河中"真实发生"的事件的"理解"。对于完美编年史的追求如对完美历史哲学的追求一样徒劳。如果我们在完善的文学史或其他领域历史中发现信仰的基础,我们必须停止在共性和个性对立的极端进行表述。我们必须占据历史领域的中间立场,并非"全部的历史背景",而是"文学作品个体",在这里它们能够进行接触。因为,**全部历史背景**和文学作品个体都不是真实历史表述的主体。"文学史"和"社会史"相似,是对偶然发生事件的多元变体化表述。文学史一定是对恒久性中的变化和变化中的恒久性的表述。

重要的任务是在全部的历史记录中确定一个既定时期哪些内容是改变的,哪些内容是具有延续性的,而这只有通过研究语境、受众、艺术家和整体等共通的组成部分来实现。这一组成部分**一般是语言**(不是存在或意识)。而且在我们看来,那些没有将文学领域四个主要元素发生的变化与语言学转化更为普遍的领域结合起来的文学史都注定要么陷入本体论思辨的蒙昧主义,要么陷入科学扭曲的简化主义。

那么,文学史的辩证法必须被解释为文学(不论如何去定义)和语言(不论如何去构思)之间的辩证法。所有不把这种辩证关系置于问题中心的文学史一方面都必然会导致错误的消减或错误的膨胀。因为语言是将作品、艺术家、受众连接在一个共同模式中的纽带,在此,它既是对世界共享经验的表达也是反映。一部由语言通用理论统一的文学史对文学作品"模仿"理论和"表达"理论更为极端的版本而言都是开放的。但是,通用语言理论支撑的文学史将内在植入一个正式的标准,该标准能赋予不同文学作品作为历史元素的意义,这既不是"存在""意识",也不是"社会",而是"普遍意义的语言",是人类与世界接触的特有形式。

在这一点上,我们将会仔细研究罗曼·雅各布森在文体学和诗学论文中提出的具有语言学意义导向的文学领域再概念化。雅各布森提炼了文学领域的概念:(1) 区分文学作品的两种功能(作为艺术家和潜在受众的**联系**模型以及作为可识别认知内容的**信息**),(2) 提出"语言代码"作为在更为广阔的历史语境内联系艺术家、受众和作品等因素的媒介。他的模型可表示为如下图示:

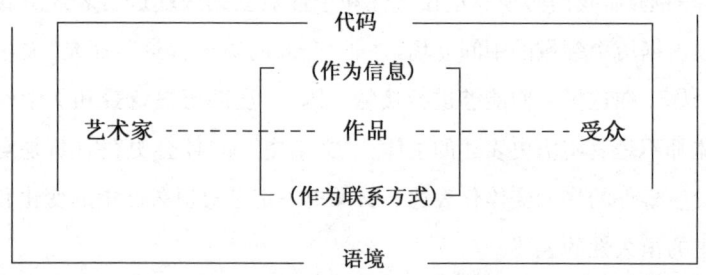

在该系统中,语言通常意义上被视为思考人类和历史自然语境的工具。既定语言允许一系列代码的生成,其中特定类别的信息可以由艺术家(信息发出者)传输给受众(信息接受者)。一般认为所有信息都具有一个认知的内容和一个特定的形式,前者由艺术家对于环境的体验得来,后者由选择使用一个而不是另一个语言天赋赋予的合理编码程序来确定。

信息以特定的形式来发送和接收;特定的文学信息是可识别的,然而,不由形式或内容决定,而由功能决定,也就是将注意力引向"信息自身"。"处理**信息**的固定模式(定势)……是语言的**诗意性**功能",雅各布森在论文《语言学和诗学》中说道,正是这项"**功能预设了等效原则**"(这是所有语言学现象的特点)"由选择轴转化到结合轴"①。这样一来,特

---

① *Style in Language*, ed. Thomas A. Sebeok (Cambridge, MA: MIT Press, 1960), 356, 358.

定的"文学"作品代表了一个语言学编码的总体意义上的测试,或者由区别于另一个文学惯例代表的特定编码形式。

雅各布森的理论并非给予我们一条鉴别各种文学表达形式的铁定标准,也没有允许我们来区分一般语言学现象和"文学作品"本身;但是,它至少允许我们将"文学"从其在特定历史语境下的**功能**角度来审视,而不仅仅是从结构方面进行分析,这无疑是所有文学奠基人理想主义理论的基石。将文学作品视为口头语言作品检验了既定语言学编码提供的组合策略。雅各布森为我们提供了一个领会理解人类意识与既定历史语境间辩证关系的平台,语言在历史语境中本身就是协调手段。

这样,雅各布森的明确表达允许我们不仅将文学作品视为艺术家与受众、艺术家与历史语境间的简单协调手段,也将其视作检测艺术家与受众、艺术家与历史语境间协调手段的一个语言策略。在历史上特定的时间和地点,编码与解码体系只允许**与语境相关的特定信息**得到传输;他更青睐于足以建立以**语言学编码的变化**为代表的全部联系体系不同节点之间联系的体裁;编码的变化反过来将反映于文学作品(信息)的认知内容和联系模式(体裁)的变化中,其中,信息得到传输和接收。最终,编码的变化可以被视为历史自然语境中变化的反映,在历史自然语境中,既定语言游戏正式开始了,作者可能会进行多种体裁和信息的尝试,甚至运用不同的编码和解码体系。但是,这种尝试的既定结果会使受众"准备好"去接受新信息和联系,条件是社会文化语境能使受众有延续性地感受这个语境,符合特定作者的**信息表达和传输方式**。

文学创新一定要被预设为一直在进行过程中,同样,言语创新也被视为不断进行。但是,**具有历史意义的文学创新**只有在如下时期能够成为可能,也就是既定文学作品形式的潜在受众已经构成,他们使在之前的时期普遍存在的信息和联系模式变得无法理解或平庸陈腐。因此,文学史上真正的"危机"阶段一定要被视为信息编码和传输的新体系建立时期,那段时间**语言**自身已经成为讨论的问题对象,传统的信息形成和传输模式貌似在宏大的历史自然语境元素命名和归类中都显得不够充分。在这种时候,没有更多的**选择原则**像**结合原则**一样受到监督;在"危机"情况下,句法学和语义学的问题比词汇和语法更重要。

据此设想,文学变革必须解释为语言中包含的在不同策略组合下用来连接词语和短语的一般可能性。正是对结合轴向的强调,此处被当作体裁变化理解的关键,引导雅各布森将诗学修辞作为语言和文体风格间的纽带进行考量。

雅各布森指出,"诗学功能反映出从选择轴到组合轴的等效原则"。如果是这样的话,就需要提出问题,组合的可能性形式是什么?众所周知,雅各布森一般将这些可能性定位于语言行为"隐喻"和"转喻"的极点上。**特定的风格**被视为传输于传统角度的信息**认知内容**和将信息"塑造"为艺术家和受众联系特定掌控者的**主要比喻修辞**之间张力的结果。因此,对主要修辞的研究为所有文学实践的文体论变体提供了一条线索;这适用于所有诗学化和散文化小说。因此雅各布森写道:"诗歌修辞的研究主要针对隐喻,所谓的现实主义文学与转喻原则密切相连,尽管否认解释,诗学使用相同的语言学方法来分析浪漫主义诗歌的隐喻风格,完全适用于现实主义散文的转喻特质。"[①]在著名的《基础语言学》(与莫里斯·哈雷合著)第五章中,雅各布森暗示 19 世纪(欧洲)文学的文体学历史或许可以用语言学上的两极振荡变化来描述:

> 在浪漫主义和象征主义文学流派中,隐喻过程的主导地位一再得到承认,但仍不足以意识到正是转喻的优势为所谓的"现实"趋势奠定基础并预先确定其存在,它属于浪漫主义衰落和象征主义兴起的中间阶段,同时反对两者……
>
> 这两个过程的相互替代优势绝不局限于口头语言艺术。类似的变化发生在语言以外的信号系统中。绘画历史的一个

---

① *Style in Language*, ed. Thomas A. Sebeok (Cambridge, MA: MIT Press, 1960), 375.

突出例子是立体主义明显的转喻倾向定位，对象转换为一组提喻；超现实主义画家则以明显的隐喻态度进行回应。①

在试图使用雅各布森关于文体变化是暗喻和转喻两极"振荡"的概念时所遇到的困难和应用二元体系时遇到的问题一样，也就是从席勒的"天真-善感"二分法到海德格尔和萨特的"存在-虚无"二分法。除了两极类型的"混合产物"，最令人关注的"过渡"现象无从适应。至于两极类型，它们似乎只适用于既定时期或时代更为传统的和最平庸的文学表达方式。

但是，在将历史学家的注意力专注于语言学模型和以此为基础产生的"文学"时（比如"天真-善感"和"存在-虚无"二分体），让我们假设隐喻-转喻二分体优于其他文体二元论。至少，雅各布森的理论不倾向于让我们将文学作品分解推定至更为根本的、形而上学的基础上，就像"存在"一样，可以填充任何内容。在他的理论中，"文学"是一种特殊的语言行为，因此与人类使用语言者有关，而不与一般意义上臆想的决定存在的模式有关。可以说，语言拥有自己的平台或领域，像维柯和黑格尔（以及马克思和尼采）认识的那样，是人类意识和其存在世界之间的**连接手段**。

这种语言的工具主义概念当然不是为了掩盖其可生性特点，也就是语言"创造"和"描述"一个"创造"世界的能力。相反，雅各布森对于文学论述双重性的坚持，一方面是"信息"，另一方面是"联系"，阻止了功利主义的语言解释。因为，文学论述认为"联系"将注意力引向语言学行为的"寒暄功能"和"意动功能"方面，这是其**建设性**力量的来源。此外，它又是文学论述的"诗学"元素，自我参照或**诗歌**反映性的本质。在雅各布森看来，文学论述**将自己作为信息来引起注意**，从而提高自身脱离语言使用的通用领域并引导其对"文学领域"其他因素影响方式的

---

① Roman Jakobson and Morris Halle, *Fundamentals of Language* (The Hague: Mouton, 1956), 77-78.

研究，分别为艺术家、受众和语境。

正是这个"影响"元素（和受到**影响**的能力）对文学历史学家至关重要。不管新批评主义者和形式主义者要求仅仅关注作品"本身"的重要指令是如何有效的，简单的事实是：史学概念作为一个存在模式，不能脱离因果的概念——至少它不能在陷入纯粹印象派风险的条件下进行逃离，也不至于陷入形而上学中。将文学领域和其过程置于历史背景下加速考量因果分析的性质，我们不需要否认新批评主义者作为预防所提醒的历史的、蓄意的和情感谬误的有害影响。也许有人根本不需要一部"文学史"，因此顺其自然就可以。对于希望得到一部比编年史更复杂的文学形式演变记录的人而言，不可忽视组成编年史的文学作品与不同艺术家、语境、受众等文学领域不能化约的因素之间关系的问题。为了证明其完全属于"史学"，这种关系必须以因果联系的形态呈现。

然而，在历史领域（作品、艺术家、受众和语境）不同因素和全部这些以及雅各布森模型中起协调作用的语言学编码之间，不存在普遍接受的因果关系本质概念。提出这类问题无异于提出**语言-言语**的关系问题，这个问题从索绪尔最初提出其可被探讨的概念开始，一直困扰着语言学界的理论家。但是，**语言**和**言语**的关系具有优点，使我们能够以超越印象派分类的特点来归纳文学传统的"危机"本质。

通过一方面分辨文学中的危机，另一方面分辨语言中的危机，我们获得了一个区分破坏种类的机会，其代表了一个主导流派被另一主导流派取代和通常意义上对整"套"文学进行的基本重铸。在这样区别时，我们不能被创新作家的先锋华丽言辞误导，他们倾向于将其认识艺术家任务的特别方式或文学作品的适当形式，认定为代表了在语言和文学领域内的一场根本性革命。新兴主导流派的出现，例如18世纪末期小说取代诗歌和散文的潮流，自身并不是一场革命性的事件。如果我们始终如一地在核心词"革命"中使用政治隐喻，必须说这种转变代表的不仅仅是"改革"。文学领域中的一场革命代表了"文学"和"普通语言"关系间的一次转化。文学史中的革命危机发生于整套语言学编码进行重新修正时。此类危机通常会通过通用转化来进行，但是，通用转化并非必然或一定发生在文学革命时期。革命时期是指一个文化的一个代际或占主导地位的社会群体使用的语言编码受到攻击和篡改。

第十一章
现实主义表现中的文体问题：
马克思与福楼拜
（1979）

19世纪以前，文学上文体的问题转向讨论修辞成分之技巧，尤其是比喻技巧以及用它来创造一个超越文本字面意义以外的附加或寓言意义。然而，现实主义的出现，除了具有其他意义之外，还意味着拒绝寓言，寻找一个更完美的文学表达方式，来排除任何修辞技巧。以福楼拜为例，他认为文体是修辞的对立面；事实上，他把文体称作"思想的灵魂"，是它的内容；用以区别"形式"这一思想的"身体"。小说中的现实主义，就像史学中的现实主义一样，都在努力寻找一种表现方式，以便在表达话语现象时不必区分**阐释**还是**描述**；或换言之，在表达中不再区分**模仿**和**叙事**，二者被简化为同一件事情。之前人们认为"文学"即"寓言"，那么"文体"要做的事情是在文本中的两个或两个以上的意义上进行抉择；而现在文体直接以翻译现象的方式进入话语结构，它将"事物"转化为"文字"，既无残留，亦无概念上的添加。

如此说来，现实主义的目的是追求文学性而非形象化的表达，一如巴尔扎克的风格和他的后继者福楼拜一样，其主要区别是与前者相比，后者使用的隐喻相对缺乏。尽管如此，作家们依然不断努力培养独特的表现风格。我敢说，对现实的完美模仿其结果肯定不会导致表达方式千篇一律,叙述话题大同小异。然而确定文体好坏的标准已经发生变化,诚如福楼拜所秉持的:构成文体的不再是表达的方式或形式,而是话语的实质或内容。这意味着文体与认知清晰度有关,即作家进入"事物本质"的洞察力。**看**得清楚才能**理解**正确,而理解不外乎是对"事情本来面目"有个清晰的感知。

然而,这种将理解与感知混为一谈显然意味着,如果寓言不能名正言顺,它势必会从艺术殿堂的旁门左道伺机而入。它以"历史"的形式登堂入室,而历史已经不再像从前那样——当时史学本身被认为是修辞的一个分支——被认为只有历史学家才有构建历史的能力;历史作为一个"事实"的领域,人们可以提出自己的认知,如同明辨的自然科学家可以认知"自然"领域一样。那么,现实主义小说多大程度地允许人们清楚地看到它所表现的"历史世界",它就有多"真实"。当然,某些人物和事件在现实主义小说里明显是"虚构的",而不是"被发现"的历史记录,但这些人物身处的环境,以及实现他们命运的世界是"真实的",因为它是"历史的"。也就是说,它可以像"自然"一样被感知。

除非把历史按照专门的"历史意识"的标准,将其作为一个特定的现象进行整理,否则根本不存在历史,这一点毫无争议。历史有纯粹的自然和具体的人类活动之分,它不像二者的区分所暗示的那样,包含所有发生的事件。所有的人类活动不都是历史,甚至所有已经记录的可以为后来人们所熟知的人类活动也并非都是历史。如果历史是所有人类发生的事件,如同所有的自然事件都被看作自然一样,那么它显然没有意义,也不可能全部被认知。和自然一样,历史,只有当它被选择地认知,只有把它分为不同的领域,只有辨别它们其中的元素,把这些元素统一为关系结构,而这些结构反过来以特殊的规则、原则和法律,来赋予它们确定的形式时,才能被认知。

19世纪早期史学的主流观点是历史的结构和过程自我揭示,不受先入之见或意识形态上的偏见所遮蔽,为明白历史现象固有的含义或意义,只需"看看事实"或让事实"自己来说话"。作家和历史学家一致接受这一观点,前者愿意"客观"地查看历史作为其"现实主义"的基础;后者则以在每一个话语中避免"虚构的"元素来区分历史著作和小说。鲜有评论家[显然黑格尔、约翰·古斯塔夫·德罗伊森(Johann Gustav Droysen)和尼采例外]认为有多少种时髦的小说,就有多少种可能的历史概念;有多少种现实主义的表现手法,就有多少种历史话语:倘若现实主义在小说中有其邦雅曼·贡斯当(Benjamin Constant)、巴尔扎克、司汤达、福楼拜,现实主义在历史中有儒勒·米什莱(Jules Michelet)、托克维尔、兰克、德罗伊森及其特奥多尔·蒙森(Theodor Mommsen),那么每个人都认为自己是历史现实之代表,让事实"为自己说话",追求一种消除任何寓言元素的话语表达。假设小说话语中的虚构元素是可以衡量的话,那么历史构成了一种"零度"的现实,19世纪的现实主义小说家既提出他们现实主义的形而上学的基础问题,同时又把文体等同于内容,后者(内容)恰是现代批判理论不得不始终面对的问题。但我们批判性地审视这个假设时,会发现它让我们看到每一个现实的表现形式都有可能隐藏寓言元素,并且提出了一个文体问题。这个问题与理所当然地把文体分为形式和内容的做法在某种程度上是不同的。

我打算通过比较发表于大约同一时期的一部小说和一个历史文本,来审视现实主义小说中提出的文体问题。这两个文本处理相同系列的历史事件,据说都现实地再现了有疑问的历史事件,但一般认为它们各自代表几乎对立的意识形态以及截然相反的文体属性。它们是福楼拜的小说《情感教育》和卡尔·马克思的历史著作《路易·波拿巴的雾月十八日》。从传统的文体分析的角度——承认形式与内容之差别并将文体等同于形式——来看,没有任何两个文本比它俩相差更为悬殊。借用格奥尔格·卢卡奇(Georg Lukács)的话,在描写男主角支离破碎的世界时,福楼拜的风格很酷,他超然身外,悠闲得不露痕迹。相比之下,在描写人物、背景和事件时,马克思公开嘲讽,始终蔑视,讽刺得淋漓尽致;它明显受支配于一个先入为主的意识形态上的判断,对于第二共和国,以及创建它的资产阶级,和推翻它的"江湖骗子"路易·波拿巴,都有明显的好恶判断。福楼拜作为作者在叙述中克制地干预,允许叙述者的声音在一个缺乏英雄主义的世界,稍微暴露人类愚蠢的欲望;马克思则不停地干预,一会儿是清醒的分析家,另一会儿又是狂热的思想家。如果我们把表达的方式看作文体,那么,我们将不得不把马克思作为华丽文体的代表,而福楼拜则是平实文体或混合文体的代表。二者的言语修辞风格迥异,仅仅在语言层面显示的态度也大相径庭。

但是如果我们把文体看作一种把某种形式和内容融合为一体的直观策略的话,我们就会发现这两个文本之间有着惊人的相似之处。两个作品的表现形式是模拟成长小说:在一个文本中,一个年轻的法国外省人在19世纪40年代的巴黎社会寻求爱和自我实现;另一个文本表现法国资产阶级本身在一个由不同阶级、团体和派系不断斗争而致命的四分五裂的社会寻求自我崛起的悲欢离合。这样看来两部作品的内容都是一种意识形态发展的戏剧性事件——一个是个人的,另一个是阶级的。我们完全可以说,《雾月十八日》,是法国资产阶级的"情感教育",正如《情感教育》象征典型的法国高级资产阶级之一员的"雾月十八"。如此看来,两部作品分别以不同的情节-结构描述了相同的发展模式:开始作为一个史诗般的或英勇的努力实现的价值——一方面是个人的,一方面是阶级的(尽管这两方面在福楼拜小说的主角弗雷德里克·莫罗身上最终简化为一件事:除了历史背景赋予他的价值,他没有自己的价值观),经过一系列虚幻的成功和真实的失败,到最后为了与现实妥协而不得不放弃理想以及接受这种放弃的反讽性。

在马克思笔下,法国资产阶级被描述为走到了历史的终点,也就是说,作为一个愤世嫉俗的化身,以理想为代价接受了现实的舒适。在福楼拜小说的末尾,弗雷德里克·莫罗的境况与之如出一辙。更为惊人的是,两个作者都坚决强调——虽然一个是间接,另一个是直接——主人公最终的结局早在他们开始"情感教育"之初,就已经若隐若现于其意识结构中了。这个意识结构从一开始就已经断裂:它是一个基本矛盾——起初有意识地坚持的理想和生存在一个人的价值同商品没有区别的不人道的社会——发展的必然结果。弗雷德里克·莫罗最终拒绝了对阿尔努夫人理想的爱,认识到他生活的每一个至关重要的转折点都以失败告终,与法国资产阶级放弃了它曾经自法国革命之初即捍卫的"自由、平等、博爱"之理想,而接受了流氓欺诈者波拿巴作为"秩序、家庭、财产和宗教"的托管人,二者所经历的路程惊人地相似。

然而两个文本最引人注目的也就是第四个相似之处,我把它叫作共享文体,它是一个转化模型,把被描述的意识发展分为阶段,把它们跨越时间进行整合,来展示其渐进的转代比喻。我把这个模型称为**比喻(转义)的**,因为它包含了一个比喻模式,遵循一个序列:隐喻(metaphor)、转喻(metonymy)、提喻(synecdoche)和反讽(irony)。我会以这个比喻模型来辨识我们所分析文本的文体,因为它包含一个虚拟的"逻辑"叙事,一旦捕捉到这一逻辑,我们就可以理解作者因何在表面或者深层意义上如此组织这些话语。换言之,比喻的修辞包含一个模型,它对意识进行追踪,通过选择可能的方式,使其中一个给定的意识,必须经历从起初隐喻地理解现实,到最后反讽般地一方面理解意识本身,另一方面理解它与可能的对象之间(互相矛盾)的关系。在这个理解现实的不同模式过程中,转喻和提喻作为过渡阶段的不同模式发挥其修辞功能,前者管理现象将其还原为一系列时间的空间集,后者则将其整合到种和类的层次结构中。在这些比喻模式下对经验的部署和阐释,我称其为文体。这个概念的使用,允许我们把文体既作为形式又作为内容加以重视,它是某一话语中二者的结合,既有群体的又有个体的印记,既构成话语的过程,又代表一个作品的完成。如果把文体看作一个过程,那么在其中转义的语言有可能通过比喻修辞发挥作用;如果将其看作结构,那么它则是一个完整的话语所代表的形式和内容之完美结合。

让我们以福楼拜的《情感教育》为例。若运用比喻批评,我们首先不是看它的情节、人物发展,或其所体现的意识形态内容(因为要假定我们已经至少与作者一样精细地了解了这些现象,或比作者更好地理解了它们,或者这些根本不是作者的问题而是解决问题的方法),而是要看在每个关键**转折点**主人公与他的环境之间的关系。福楼拜的叙述分为四个时间片段,前三段覆盖 1840—1851 年,以路易·波拿巴政变而结束,第四个时间段包括第三部分的第六和七章,与这部分的第五章所记录的事件间隔了 15 年。在最后一个时间段,主人公弗雷德里克·莫罗和他爱过的女人阿尔努夫人于分离 15 年之后再度相见,此时才意识到他们的爱情从一开始就已经注定了不幸;弗雷德里克和他最好的朋友戴洛立叶也再度重逢,反思如何以及因何他们的生活自始至终都出了问题。我们可以毫不费力地识别这两章的反讽语气。三个人物也不再像从前般有激情、有信念、有理想,而愚蠢、骄傲和鲁莽。乔纳森·卡勒在阅读这个片段之后指出,对于人物试图讽刺自己生活的行为,福楼拜表现出了极高的讽刺同情。①

既然确定了小说结尾的反讽性质,我们可能会从后往前推,考查小说之前涉及反讽的部分。这也非常合理,因为我们必须假设反讽(或弗洛伊德所谓的再修正)是任何有意识地精编的虚构小说之占主导地位的比喻,即使还未被承认,也是所有"现实主义"话语占支配地位的比喻。因为小说作者认为,他比他所描述或者转述其行为的任何书中的人物,对于"真实发生的",都看得更加清楚或理解得更加深刻。但是我们必须区分作者自己的反讽和他所赋予笔下人物的意识,区分主人公和他的环境之间不断变化模式的关系,后者构成叙事中极其有意义的转折。我们可能受黑格尔启示,然后发表读后感,称在这部小说中我们读到一个欲望的寓言,它表现在所有的人物身上,尤其浓缩在弗雷德里克·莫罗身上,投射到一个世界,在这里每样东西都以某种商品形式出现,都可以被买卖、被交换、被消费或被销毁,而没有人认识到它可能具备的真实的、人性的价值。正是这样一个商品化的现实,奠定了整部

---

① Jonathan Culler, *Flaubert*: *The Uses of Uncertainty* (Ithaca, NY: Cornell University Press, 1984, rev. ed.), 151 - 155.

小说的忧郁基调，即使在小说中那些最煽情的场景之**歇斯底里的激情**时刻也不例外。福楼拜没有必要明确地提出一个理论来证实事物的真正价值；小说中的人物没有价值或价值意识的缺失，在叙述中每个人物都努力在现实中实现自己内心深处理想的欲望目标，其间不断的挫败已经足以证实这一点。我们可以说，在面对他人对自己非人道地压迫和欺凌的时候，人类价值的缺失，才是小说真正的主题。

既然如此，弗雷德里克·莫罗在结尾处意识到自己的野心和可能的成就之间存在着矛盾，但在此意识之前他到底经历了哪些阶段？当我们从比喻的角度来问这个问题时，这本书的前三部分之间的结构和彼此之间的关系会变得清晰可辨。

我们可以说，涵盖1840—1845年的第一部分，在弗雷德里克身上以隐喻的模式向我们呈现了一个欲望的意象，他渴望寻求一个对象，但不知道在得到满足之前会遇到哪些实际障碍。弗雷德里克第一个欲望的对象仅仅是神秘的阿尔努夫人的**外表**，它只是一个想象的而不是根植于现实基础上的一个形象。这欲望对象并不适合他，只让他感觉到痛苦——弗雷德里克私下以为，只是因为他太穷，所以才追求不到这一对象。弗雷德里克不情愿地逃离巴黎，开始在诺让过着枯燥的生活，虽然回想起来，这段生活不像巴黎生活那样更枯燥、更令人沮丧。在那里，他遇到另一个潜在的欲望对象，一个未经人事的外省女孩儿，半资产阶级、半农民路易丝·罗克，她的身份之所以模棱两可，原因在于：一，她是一个私生女；二，从一开始她对弗雷德里克即表现出早熟的激情。但是弗雷德里克对她的欲望并不强烈，倒像是保罗和弗兰西斯卡的关系那般纯洁，弗雷德里克所给予路易丝的仅限于初恋的爱抚和兄长般的亲吻。这部分小说，以从巴黎到诺让悠闲的水上旅程开始，结尾是弗雷德里克由一个偶然的机会继承了一笔财富，他想象使用这笔财富回到巴黎，能够实现他所有的愿望，得到他想要的一切，肉体的，还有精神的。

第二部分的开篇仍然是旅行。不过这次不是乘坐邮轮，而是四轮马车,它的速度与激情已预示了这部分人物关系的分裂和间断。允许我称这一节中占主导性的关系,在弗雷德里克和他的世界之间,以及居住在这个世界的物体之间的关系模式为**转喻**,不仅因为这个词的字面意思是"名字改变",暗示了变化的、稍纵即逝的外表,并非对已经认定的现实的理解,而且在使用这个比喻时事物之间假设的关系模式应该仅仅是相接近。在此,欲望变得具体化,集中到某些物体上,既令人向往,在唾手可得时又令人失望,充满泪丧,最终本质只能可望而不可即。克尔凯郭尔(Kierkegaard)管这种欲望叫"欲望着"的**欲望**(比如昆虫),以此与"沉睡"之**欲望**(比如植物)相对;(这是)肉体的**欲望**,但意识到自己作为欲望的欲望,在追求对象的过程中不断提高技巧能力和狡猾水平——恰如莫扎特的歌剧里的唐璜,在个别中寻求普遍(这是转喻的特征——译者注)。这意味着所有特定的人和物都可能成为欲望的对象而不必考虑其内在的价值。欲望的幻象现在被物质化,在消费中仅仅被视为物质,从而完全是消耗品,因此需要无休无尽的更换、代替和重复。

弗雷德里克现在既富有又渴望女人,可以追求阿尔努夫人了,他狡猾地设计对她的诱惑,为她的荣誉而打架决斗,在法律、绘画方面小试牛刀,也写小说,但发现这一切都不能令人满意。阿尔努夫人未能应邀来到他预订的房间(因为她的一个孩子病了,她愚蠢地认为这是一个来自上天的迹象以此警告她不要犯罪)。弗雷德里克在同一个房间,一张床上,取代阿尔努夫人的是阿尔努先生的情妇——虚伪、难以捉摸、十分性感的萝莎妮。本部分的最后一章的最后场景是弗雷德里克与萝莎妮躺在床上,苟且之后的弗雷德里克陷入抑郁状态,他因为失去阿尔努夫人而哭泣,但他告诉萝莎妮说自己哭泣是因为"我太开心了……我已经想你想了这么久"。

弗雷德里克对阿尔努夫人转瞬即逝的爱还表现在他在将爱情具体化时她的形象之变幻莫测。有时,他对她的欲望是对她身体的某一部位:她的脚,她的手臂内侧,她的某样东西。但神奇地,这样东西似乎都因为接近过她的身体而幻化成她本人。有时,她似乎溶解和弥漫在整个巴黎,在弗雷德里克发狂的想象中她和这个城市合二为一。然而,作为个体,她的形象飘忽不定,在真人所代表的普遍和幻象背后的抽象之间,也难以固化。为此,在倒数第二章,当她15年后返回时,弗雷德里克对她既有欲望又有排斥,这种感觉与在本书的第二部分他俩之间的关系是完全一致的。事情变得分崩离析是因为人们看不到本质。最后,剩下的只有事物,而维持他们彼此的关系,在一个物质的世界,除了彼此并肩而存,或远或近,从此至彼,就再无其他。那看似轻松的从一个对象到另一个对象欲望的置换,欲望在一系列对象之间的滑移,无论想象在服务于欲望时的幻化物是什么,这些对象都是完全相同的。

第三部分以街上的枪声开始。预示了1848年2月法国革命的开始,其中的事件——直到1851年12月的路易·波拿巴(拿破仑三世)政变——分别构成弗雷德里克在这个时期生活的前景和背景。在这三年半的时间,弗雷德里克做了许多事。他必须参加二月革命;谋求政治生涯;打理生意事务;在此过程中挥霍钱财;把萝莎妮作为公开情妇;继续追求阿尔努夫人;引诱大银行家唐布罗士夫人;目睹萝莎妮孩子的死亡;被最好的朋友戴洛立叶背叛;先拒绝然后又想得到路易丝;目睹朋友中唯一的真正的政治理想主义者杜萨迪埃被另一位朋友——为了追求他的理想而成为警察的社会主义者塞内卡——所枪杀。事情不仅分崩离析,而且愈演愈烈,其破裂过程揭示了反本质的一面——虚无——才是所有看似理想形式背后的真正本质。

诚然,这是小说的寓意。然而,这并非故事的全部。福楼拜决定把这奇形怪状的一系列事件放在1848年革命的背景下反映出——可以说——他愿景中绝望的理想主义。杜萨迪埃之死的荒谬显而易见,但与此同时还有他的善良、正派和悲悯情怀。福楼拜在1848—1851年的事件中所发现的荒谬,并不能完全隐藏他目睹法国最后努力构建一个建立在社会正义的原则时所产生的痛苦。可以肯定的是,他并没有把正义与个体的平等之信念混为一谈,马克思也是如此。社会民主之情怀才会产生如此之混淆,并且滋生乌托邦社会主义。确实,像马克思一样,福楼拜也没有把农民刻画为献身革命的英雄,但也没有把他们刻画为由于自己的愚蠢而被误导的牺牲品。他笔下的主人公弗雷德里克与马克思笔下同一时期的巴黎民众一样,以同样的热情、同样的希望,甚至是同样的勇气和理想主义参与了1848年2月至3月份的事件。他也像资产阶级本身一样投身革命,直到被自己的利益所分心。不要忘记,弗雷德里克·莫罗不是无产者;他是一个彻头彻尾的资产阶级,他1848—1851年期间的生活完全是法国资产阶级自己和其他阶级荣辱兴衰的真实写照(即缩影)。

在小说的第三部分,弗雷德里克比他在这本书的其余部分显示出更高程度的社会、心理意识和良心。仿佛福楼拜希望我们认为现阶段的弗雷德里克完全理解了——即使到最后变成了绝望——资产阶级的性质,它的优势以及劣势,其理想和行动之间的差距以及此差距在1848—1851的事件中造成的幻灭。在本节中,弗雷德里克的欲望——即使只是一瞬——被普遍化和理想化了;它变成为人民、为国家服务甚至牺牲的精神。当堡垒队伍里一位站在他身边的公民被军队射杀时,他感到了真正的愤怒;尽管现实是这颗子弹杀死了一位同胞,但想到它有可能是针对他自己的,两种情况同样令他愤怒。他满怀豪情地加入了洗劫杜伊勒里宫的暴徒并坚持"人民是崇高的"。福楼拜对路易-菲利浦被革职后"狂欢"般的情绪的描述,当"人们随意着装,没有高低贵贱之分,不再有仇恨,希望开始孕育",而"在赢得权利后"闪烁在人们脸上的"骄傲",没有丝毫讽刺的意味。"巴黎",他写道,在那些日子里,是一个"最可爱的地方"。①

但这种骄傲很快被现实尤其是被资产阶级击得粉碎,社会公正对资产阶级的私有财产产生了威胁,叙述者的口吻明显不同了:

---

① Gustave Flaubert, *The Sentimental Education*, trans. Perdita Burlingame (New York: New American Library, 1972), 287-288.

现在在人们眼中财产已经上升到宗教的高度以至于人们将它等同于上帝。对它的攻击似乎亵渎神明,又几乎使同类相残。尽管曾经颁布最人道的法律,九三幽灵再次出现,断头台上的刀刃在"共和国"的每一个音节上震动——没有办法阻止这样一个弱爆了的政府被鄙视。现在的法国,意识到她自己失去主人,如同一个盲人被剥夺了手杖,或一个孩子找不到奶娘,吓得号啕大哭起来①。

萝莎妮的怀孕,诞生于无产者和资产者的结合之中的病恹恹的孩子,最终是弗雷德里克对其情妇日益增长的厌恶,以及他决定再找一个新的情人即贵族银行家唐布罗士的妻子,所有这一切都象征了资产阶级和劳动人民之间联盟的脆弱性。最后这个决定,对弗雷德里克而言是如此愤世嫉俗;而对唐布罗士夫人而言,又是如此精心策划。

叙述者告诉我们,截至1848年那个臭名昭著的六月天,无产阶级被残酷镇压时,"整个国家的思想是不稳定的"。这种不稳定不但反映在弗雷德里克承认他的"道德"已经"坍塌",而且也反映在他选择的解毒剂上:"像唐布罗士夫人这样的情妇,"他若有所思地说,"会奠定自己的地位。"②我们毫不怀疑他对她的迷恋——"他对她梦寐以求,因为她是高贵的、富有的、虔诚的"。这一认识与弗雷德里克日益增长的信念不谋而合,也许"进步只有通过贵族才得以实现"③这一信念与他从前的信念"人民是崇高的"一样显得荒谬。

他对萝莎妮的欺骗现在给了他无限的快乐:"我真是一个混蛋!"他一边这样自语,一边"为自己的变态而沾沾自喜",作者补充道。他对政治渐渐失去兴趣,与此同时,他不打算担任议会的候选人。他现在奢侈地沉迷于"一种满足的感觉,极大的满足"。他拥有一个富有的女人,这

---

① Gustave Flaubert, *The Sentimental Education*, trans. Perdita Burlingame (New York: New American Library, 1972), 290.
② 同上, 357.
③ 同上, 362.

种快乐是无与伦比的;他的感情与周边环境和谐同步。如今,他的生活充满乐趣。最大的乐趣,"也许莫过于看唐布罗士夫人被一群"崇拜者所包围:"对她美德的每一分尊重都让他感到快乐,因为他看作是对自己间接的敬意。"他有时高兴得想哭:"无论如何,我比你们更了解她。她是我的!"①

当然事实并非如此。唐布罗士夫人与弗雷德里克一样唯利是图并狡猾地自我奴役。若非对她的"平胸"反感,那么他对她的欲望简直没有极限了:"在那一刻,他才醒悟到他一直隐瞒自己;才承认自己感觉的幻灭。这并不妨碍他假装热情,但他不得不把她想象成萝莎妮或者阿尔努夫人,才会唤起真情实感。"然而,这一"心理感觉的退化,使得他的脑子完全自由了,他想在社会上获取一个更伟大的地位之野心,比以往任何时候都强烈"②。唐布罗士夫人之死,随后渐渐浮出水面的唐布罗士夫妇婚姻所隐藏的仇恨和蔑视,以及弗雷德里克对唐布罗士夫人越来越强烈的幻灭,预示着越来越糟糕的政治局面,叙述者对此局面在一个只有四个字的段落中有个简洁的总结:"恨如潮水。"萝莎妮孩子之死使得弗雷德里克完全堕落的本质,他的自恋和自我放纵的情绪一览无余,他甚至对欲望本身也不再感兴趣,如同现实主义在艺术中的死亡[佩尔兰(Pellerin)画死去孩子的画像]和理想主义在政治上的死亡。弗雷德里克在目睹自己孩子之死时所流的眼泪其实是为自己。因为当孩子在萝莎妮的子宫里孕育的时候,他已经忘记了它。他的眼泪是由于听到阿尔努夫人已经永远地离开了巴黎的消息而流的。

他与萝莎妮和唐布罗士夫人分手之后,决定迎娶路易丝,他的"野蛮""农民"女孩;他逃离这一切去找她,但是发现她即将嫁给他最好的朋友戴洛立叶,十分沮丧。他回到了巴黎,刚好目睹拿破仑三世政变,共产党员杜萨迪埃被前社会主义者、如今的反对派警察塞内卡所谋杀。

---

① Gustave Flaubert, *The Sentimental Education*, trans. Perdita Burlingame (New York: New American Library, 1972), 366.

② 同上,367。

与弗雷德里克的生活事件交织在一起的政治事件,在小说的本部分是错综复杂的,可以引发许多不同的解释。我把整个这部分的模式叫作**提喻**,因为,在这里,产生于弗雷德里克的意识以及读者的意识之上的,是作者坚信在他笔下的社会中,所有欲望的对象是商品占有。欲望以其作为商品的相等价值被广义化和普遍化。这种对价值的广义化和普遍化,以两种伪装的人类结合的形式出现,第一体现在政治解放的庆祝活动上;第二以商品拜物的荒诞形式体现。唐布罗士夫人本身与她的财富和社会地位并无区别。

最后两章的忧郁的基调,对于史诗的幻灭及失望的回顾和总结,只能既考虑现代社会中事物存在的方式,又同时考虑它们应该如何存在的方式。失去的理想作为痛苦的现实之对照而缄默地存在。最后两章的反讽是忧郁的,因为,不管他知道与否,福楼拜已经比黑格尔更成功地、更形象地再现了意识面对现实时的发展道路,这种面对导致"苦恼意识"的产生——意识不仅是**存在**于自身,**为**自身而存在,而且**源自**自身,在伪装和意识到这种伪装的同时存在于自身的**对岸**。最后一部分的忧郁恰与马克思相似——他描绘了法国资产阶级在荒诞的拿破仑三世政权之下的一种生活模式。马克思对这一症状的病因分析与福楼拜的小说中所使用的隐喻遵循了相同的逻辑。

是否还记得马克思在《路易·波拿巴的雾月十八日》的开篇即给我们一个信号,他要给读者展现一个"闹剧"?事件的闹剧性质体现在它们的结局上:对酒色之徒、机会主义者和傻瓜路易·波拿巴(拿破仑大帝一世的侄子),从骗子"克拉普林斯基"的角色到为由罪犯、流氓无产者、大资产阶级和农民、业主共同联合推举的黄袍加身。但是,马克思在整个小说中多次提醒我们,这一荒诞或荒谬的结果——法国最令人鄙视的人被拥戴为所有法国社会利益的代表者和守卫者——这一点已经在1848年革命的1月,或者是2月阶段有所暗示,这场革命把路易·菲利普从宝座上推翻并宣布第二共和国的成立。

对于身处这幕盛大的闹剧里面的大多数演员来说,如此非凡和不可预见的转变,到底是如何发生的?马克思用一个关系对这个问题进行了回答——他所谓的"现代革命"的真正内容以及由于不同阶级利益的冲突而产生的具体的革命形式之间的关系。

在这本著作和其他著作里,马克思都强调,在任何特定的历史情境中,任何社会现象形式与内容之间的关系,都是某些特定阶级之间利益冲突的产物,因为这一方面是既定阶级所设想和赖以生存的利益,另一方面是产生于先天和后天的需求机制的、人类特有的、广大人民群众所要求的广泛利益,二者之间存在矛盾。理想总是在公认的人类普遍价值的基础上形成,但由于社会观念被限定在特定社会阶层的经验范围,所有人类共同的利益通常都是在这样的情况下被定义出来的,即首先要考虑统治阶级的**物质**利益,因此商品和政治权力分布不均匀。这就是为什么1848年的政治纲领,初衷是要建立一个共和国,但为了保护私有财产,很快就变成了一个蓄意破坏这个共和国的纲领。当权的资产阶级用"共和国"一词反对世袭特权和专制的旧政权,但它的实际意思是"富有的贵族"。当它在与旧政权的斗争中意欲争取下层阶级时,它使用"正义"一词;但当富有的贵族建立时,它的意思变为"法律和秩序"。当它需要堡垒或把下层阶级的人送往堡垒时,它说"自由、平等和博爱";但当下层阶级试图使用这些权利的具体条款时,它调用"步兵、骑兵和炮兵"。它在历史舞台上扮演处于早期发展阶段的悲剧英雄,但其贪婪和拜物很快迫使它在实践中放弃每一个它在理论上继续鼓吹的理想,并且自我昭示:任何把生活仅仅当作史诗般地生产利润的人,都不可避免地会变成"怪物"。

以上都是马克思主义者的常谈,但其只是作为一种判断方式而存在,以后如何还仍有待证实。证明的一部分必须是历史的,因为被分析的过程被看作一个历史过程:马克思选择1848—1852年间法国的事件来证明每一个资产阶级最终必然会玩弄阴谋。他以一个辩证的解释来证明对事件本身的判断是否充分,一方面是把这些事件看作形式和实际内容之间相互作用的产物;另一方面,是整体的形式和它被遮蔽的普遍意义之间的相互作用。

在事件的表面,马克思则通过一系列具体的形式来表现四种革命冲力。每一种形式,既是对社会经济现实的回应(在此解释为阶级利益),又在涉及理想的人类愿望时试图否认革命的普遍意义。他把这场闹剧分为四个阶段,每一个都以在政治层面上建立的政府形式的变化为标记。但是,政府建立的形式本身就是一种政治意识的投射,它本身或是一种多少有些自我蓄意谋划的政党联盟,或是一个特定的阶级的产物。

马克思的叙事中真正的主角既不是无产阶级(其杜萨迪埃),也不是路易·波拿巴(其赛内卡),而是资产阶级所经历的渴望、痛苦,和自我存在的矛盾,这些才构成了它自己的"情感教育"。它的**教育**,如同莫罗的教育,包括为了与现实和解而逐渐幻灭的理想,现实只是被悲伤地当作商品被消费而其真实价值仍然是看不见的。

像弗雷德里克一样,资产阶级及其革命将通过四个意识阶段实现其"荒诞的"**胜利**:1848 年 2 月是个**隐喻**;政治抱负和社会理想幻化为愉悦之精神娱乐——难以固化的欲望——以及若隐若现的"社会共和国"形象。马克思说,这段时间"无论什么人和什么机构,都不敢承认自己有权长期存在,有权真正有所作为。所有一切准备了或决定了革命的分子——王朝反对派、共和派的资产阶级、民主共和派的小资产阶级和社会主义民主派的工人,所有这些分子都在二月**政府**中临时取得了位置"①(参见《路易·波拿巴的雾月十八日》,《马恩全集》第八卷,人民出版社,1961 年 10 月,第 127 页。——译者注)。"不这样也不可能。"马克思接着说,"每个政党都按自己的观点去解释[共和国]。"虽然无产阶级宣布了一个"社会共和国"的成立,从而"拟定了现代革命的总内容",但若考虑其他社会团体的利益和权力,此宣布无疑是天真而幼稚

---

① Karl Marx, *The Eighteenth Brumaire of Louis Bonaparte*, in *Marx-Engels Reader*, Robert C. Ticker (New York: W. W. Norton, 1972), 441.

的。这解释了"浮夸的空话同实际上的犹豫不决和束手无策相混杂,热烈谋求革新的努力同墨守成规的顽固积习相混杂,整个社会表面上的协调同社会各个成分的严重的彼此背离相混杂",为整个革命过程这一阶段的特点(参见《马恩全集》第八卷,第 128 页。——译者注)。①

革命的第二阶段,制宪国民议会时期,1848 年 5 月 4 日至 1849 年 5 月 29 日,在一系列的党派和团体的相互争斗中,革命的力量被分散,一个冲突时期,具体包括六月起义的街头血腥的战争(1848 年 6 月 23 日至 26 日)和一系列的彼此背叛的派别直到资产阶级共和党在立法议会专权事件,这一继任对每一个事件观察者而言,欧洲的问题都并不是"共和制或君主制"的争论,而是别的问题。马克思说,它还揭示,"在这里[欧洲],**资产阶级共和国**是表示一个阶级对其他阶级实行无限制的专制统治",打着"财产、家庭、宗教、秩序"的旗号,每一个替代党都被战胜了。每当统治者集团范围缩小时,每当比较狭小的利益压倒比较广大的利益时,社会就得救了。任何最单纯的资产阶级财政改革的要求、任何最平凡的自由主义的要求、任何最表面的共和主义的要求、任何最浅薄的民主主义的要求,都同时被当作"谋害社会的行为"加以惩罚,当作"社会主义"加以指责。(参见《马恩全集》第八卷,第 130 页。——译者注)②

随着资产阶级的专政,我们已经进入了革命的第三阶段,这是提喻阶段。在此阶段,一个特定的社会阶层的利益被当作一个整体的社会利益。这个伪普遍的资产阶级的利益,这一普遍代替个体(提喻的特点——译者注),这种某个阶级本身的盲目崇拜,预先决定了波拿巴所谓"社会的救主"这一说法的荒诞性,以及为了证明他压制资产阶级的**政治权力**之合理性而使用的口号"财产、家庭、宗教、秩序"之反讽意味。这是革命的最后一个阶段——

---

① Karl Marx, *The Eighteenth Brumaire of Louis Bonaparte*, in *Marx-Engels Reader*, Robert C. Ticker (New York: W. W. Norton, 1972),442.
② 同上,444。

最后,连那些"宗教和秩序"的最高祭司自己也被踢出他们的皮蒂娅的三脚祭坛,半夜里被拖下床,关进囚车,投入监狱或流放;他们的神殿被拆毁,他们的嘴被封住,他们的笔被折断,他们的法律被撕毁,这一切都是为了宗教、财产、家庭和秩序。一群群酩酊大醉的兵士对那些站在自己的阳台上的资产者即秩序的狂信者开枪射击,亵渎他们的家庭圣地,炮击他们的房屋以取乐,这一切都是为了财产、家庭、宗教和秩序。最后,资产阶级社会中的败类组成为**维护秩序的神圣队伍**,而主人公克拉普林斯基(来自法文 *crapule*,"贪食、饕餮、酗酒",以及懒汉、败类的意思,马克思用克拉普林斯基来暗指路易·波拿巴。——译者注)就以"社会**救主**"的资格进入了杜伊勒里宫(参见《马恩全集》第八卷,第131页。——译者注)。①

我有什么理由用比喻名称来指代以马克思革命时期的不同阶段为代表的社会成分之间的关系模式呢?最好的理由就是马克思本人曾在《资本论》第一章分析"商品语言"中提供算术示意图来描述价值的内容和形式之间的关系。本章的大部分都是将传统的比喻修辞的观念运用到辩证分析的方法上。马克思强调,关键是了解价值的"货币形式"这个"荒谬"的概念,它认为一种商品的价值相当于它在一个特定的交换体系中被赋予的价值。正如解释荒谬的波拿巴之冒充"社会救主"之闹剧——释放出全部社会犯罪分子,进入消费之狂欢,不尊重人的价值或是由其劳动创造出来的被消费的商品之劳动者——这是把他推上政治舞台的革命的第一阶段,2月时期;同样,荒谬的价值形式是参照价值的基本或原始的形式来解释的,一个简单的隐喻等式"x 量商品 A"="y 量商品 B"。一旦掌握了这句关于等价的陈述里所包含的纯粹的比喻性质,就能明白,它像任何隐喻一样,既包含了深刻的道理(关于任何

---

① Karl Marx, *The Eighteenth Brumaire of Louis Bonaparte*, in *Marx-Engels Reader*, Robert C. Ticker (New York: W. W. Norton, 1972), 444-445.

两个商品的相似性,因为它们的本质是人类劳动的产物),同时也掩盖了这个真理(如果理解只是停留在肤浅层次上即其表面的相似性上)。人之所以迷惑自己,相信任何商品的价值等于其交换价值而不是它的使用价值,原因不言自明。任何现实主义,无论是最初的、原始的,或天真的,都暗含一个隐喻,这是其反讽性。同样,任何给定的商品在交换的基础上等同于其他商品,这个论断中也暗示人类劳动的产品等同于货币价值,这个论断同样荒谬。因此,马克思在《资本论》这一章中也分析了其他两种形式的价值,扩展和广义的形式。它们是**转喻**和**提喻**的关系,分别代表相接近和假定基本同一性,如同革命的第二和第三阶段是转喻和提喻的关系。

可以肯定的是,马克思对社会现象之形式的分析,无论是商品价值或政治制度,都基于一个假设,那就是他已经认知了它们真正的内容,而形式既展开,又同时从清晰的视野中遮蔽了这些内容。对他而言,所有商品的真实价值含量是花费在生产上的人类劳动量,而无论它们在一个给定的系统中的交换价值是多少,这一劳动量都与它们的使用价值相等。同样地,所有的政治和社会形式,其真正的内容同样是人类既表现又隐藏的普遍需要。我相信,马克思作为一个作家的目的是以一种他认为正确的形式阐明内容和形式的这种关系,与黑格尔的辩证法的分析方法相一致。虽然——在他看来——黑格尔在区别形式和内容上是错误的,但他继承了黑格尔的《现象学》与《逻辑学》的方法,预言意识是人类努力把握现实并让它为自己服务的基础和祸根。这一要素是被维柯叫作"创造性错误"的人的能力、一种形象的想象的能力,没有它理性便不可想象,正如没有诗歌的散文是不可想象的一样。此外,他也清楚地指出,黑格尔在追求普遍存在之秘密时,太过匆忙,只匆匆一瞥,便一带而过;换言之,人类意识在其最起初的产品中,不是理性,而是形象化的语言,没有它,理性也永远不会出现。

识别一个常见的比喻模式来表现意识之模式对于"现实的表现",以及文体问题这两个命题有什么意义呢?我的理解是,对于前者,它允

185 许我们辨识现实主义话语的"寓言"元素,叙事的表面所描绘的事件之附加意义,一方面是这些事件本身,一方面是有意识地坚持的作家之意识形态立场以及由此所做的对事件的判断,这些意义在二者之间进行调停。这些意识结构的进展允许主角完成其"教育"编码过程,与此同时,允许作者在结束阶段做出判断,称其为主角的认知意识阶段。这完全不同于任何原型架构在文学事件的编码上所使用的通用术语,即喜剧、悲剧、浪漫剧、讽刺剧或闹剧。因此,马克思和福楼拜的著作可以一方面解释为事件和神话原型之间的相互关系,另一方面,是事件和认知类型之间的相互关系。正是对这些事件的双重编码,无论作为讽刺,还是将意识还原到自我反射的"讽刺"情形,使得在叙述者对话语的叙事层面上,作者的意识判断变得合情合理。可以肯定的是,一组给定的事件,即使被赋予"闹剧"的性质,本身就构成对其"意义"的判断。但仅仅把给出的一系列事件称为"闹剧",只是证明了叙述者的文学技巧;每一系列事件可以以任何数量的方式进行情节化,而不损害其"真实性"。每一个具体的情节设置,至少需要心照不宣地吸引一些认知者的标准,他们认为事情真的是这样,才能保证此情节化的建立既真实可信又能超越事件的真实结构。在马克思和福楼拜的著作中,有关意识的理论,从开始作为一个隐喻的过程,通过转喻和和提喻的发展阶段,到以反讽为代表的自我意识的阶段,都为了服务于这一认知目的。因此,可以看到,他们的"现实主义"是三重寓言的,具有不同的阐述层次,分别对应比喻、道德和奥古斯丁的诠释学传统下所区分的神秘的层次。文本的文字层面所产生的意义,在普遍的、意识形态的和认知方面的编码转换过程中逐渐显明。

186 关于文体的问题,对马克思和福楼拜话语的分析表明,我们应该把文体,至少在现实主义语篇中,看作这个编码转换的操作过程。当我们说一个语篇的文体时,我们不应非得限制自己仅仅考虑它的语言修辞特征,或其明显的意识形态立场,而应考虑寻找在选择和组合轴之下运动的某种形式所确定的内容,或者反之亦然。福楼拜意欲确定语篇的

"文体"等同于"内容"无疑是正确的,但也特别强调他所说的内容必须是"思想",而不是在叙事话语中出现的人物、情境和事件描写。这里,他可能是指包含在每一个话语中不可或缺的"建构"元素,无论它是多么努力地想要达到"现实",以及完美的"模仿"。如果语言符号既不是能指,也不是所指,而是二者的结合,那么语言中每一个现实的再现作为其内容的一个元素,必须占有能指本身这一"形式"。话语变成了能指与所指的结合,并在符号中产生自己必须解决的问题。它的目标不是把一组能指与所指相匹配组成一个完美的对等关系,而是创建一个符号系统,在其中成为它们自己的所指。这个方法无疑是越说越让人糊涂,但它至少有助于解释为什么每一个"现实主义"的失败,最后都需要由另一个"现实主义"所替代,虽然很快就被一个警醒的批评所揭示出,最后也不过是一个纯粹的**"模仿"**,那只是在不断变化的词语和他们所要表达的东西之间的关系上的另一个视角罢了。

最后,以 19 世纪中期现实主义者马克思和福楼拜为代表,这种方法分析解决文体的问题有助于我们更好地理解二者话语中看似独立的"现代性"。他们在话语中使用形象化语言的比喻作为一种描写意识过程的模式,一方面使得他们似乎是很典型的**某种**现实主义者,另一方面又在写作和批评两个领域成为"现代主义"的先声。现代主义的特点是对语言的不确定性已有超自我意识,以及认为无论文本的表面指涉物是什么,语言已经以某种恶魔的能力侵入话语内容之中。马克思与福楼拜用比喻的结构来识别意识阶段,即有着预设特点的语言结构,既避免了拘泥于文字的危险,又避免了使用象征的危险。他们的话语不为他们的表现形式而禁锢也不拘囿于某种特定的意识形态立场。相反,他们的话语历久弥新,永远"现实",恰恰是因为,他们所表达的"内容"已经成为他们自己创作过程的一部分。

第十二章
历史话语
（1979）

在近35年有关历史解释的讨论中，最近一个阶段的讨论（依我们的划分标准）始于康德在18世纪末对赫尔德（参见第二章——译者注）的批评，对此，还有什么未尽之言呢？我感觉，并没有多少了。1942年，卡尔·亨普尔发表《普遍规律在历史中的作用》一文，拉开了英语世界对此话题讨论的序幕①。当然，在此背景下，关于特定的历史现象，特定的历史学家已经提供了足够具体的解释和阐释。以汉斯-格奥尔格·伽达默尔、保罗·利科、哈贝马斯等为代表的现代阐释学家在历史学家的文本以及传统的题材和方法中，也已经发现丰富的可供反思的材料。似乎可以说，马克思主义者和非马克思主义者对"具体"与"抽象"，"科学"与"意识形态"，以及历史思想的"保守"和"进步"等问题将一直争论下去，直到其中一方诉诸马克思所说的最后的批判工具即武器战胜另一方为止。然而，所有的这些讨论，如今都令人生厌，仿佛争议双方不是为战胜对手而是为自己的党派成员而写作。因此在其外

---

① l. C. G. Hempel, "The Function of General Laws in History", *Journal of Philosophy*. 39(1942): 35-48.

围,一个全新的问题已经产生,它似乎使之前的讨论话题变得无关紧要,也使从前的研究动机显得了无生趣。

这一新的论题已出现在现代符号学。其中,结构主义者如罗兰·巴特和后结构主义者如米歇尔·福柯和雅克·德里达的参与,将所讨论的历史解释的**性质**问题,变为思考究竟**为什么**会有历史解释的问题。也就是说,19世纪所建立的实事求是的史学之兴趣,以一个纯粹透明的话语来展现一个"确立的"过去,如今已演变为一种人类学的兴趣。这并非说人类不该对自己和他人的过去产生兴趣。对于过去和某种未来的意识似乎将人类与动物区分开来,但至于为什么人类要像19世纪的西方文化所认知的那样,如此精确地、如此完整地了解它的过去,这似乎是一个更为重要的心理学问题而不是认识论问题。从现代、后结构主义的视角来看,19世纪工业化对于西方封建社会制度和农业经济下的体制和信仰产生了特有的影响,为应对此种社会压力,西方文化不得不从寄希望于客观、现实的史学,而转为寄希望于特有的神话情结。因此,探讨西方人为什么以特定的方式培养历史意识,比建立适当的途径来培养历史意识,似乎更有价值。

罗兰·巴特解释说19世纪对于历史的热情是一个大的"求真的热诚"背景的一个侧面。这种热情表现在一系列文化现象上,从"写实"小说的造作与"现实"政治的荒谬,到对摄影的爱好和记录所有的一切,到需要了解可能启发了实证主义科学的每一种现象的"规律"。米歇尔·福柯坚称,这种热情不仅仅是人文主义号称对"所有人性的"同情,以及"无私公正"的科学探究精神的结果。这种求真的热诚之极致及其无处不在的(已发展为强迫症)激情指向一个深刻的文化焦虑。它表达了一种深度的恐慌,我们掌握的知识工具已经不能把握和掌控"现实"尤其是社会现实。如此看来,19世纪对于历史、过去的事件和外来文化的兴趣,渴望确定社会发展过程的模式和规律,需要用历史"事实"在百家争鸣的意识形态中做出仲裁(每一个意识形态都有自己的乌托邦建议,号称是指导未来最可取的方式)——所有这些被看作一种文化痼疾的病症表现，应该找到相应的治疗方法。

　　这种对真实和历史知识概念的热情的确是一种病，其症状表现在：19世纪早期的历史学家和他们的继任者，都否定他们话语的"文学性"。从文艺复兴到19世纪初，史学一直被视为一门文学艺术，更为精确地说是修辞学的一个分支。甚至那些18世纪偏爱使用更严肃的"哲学"方法而不屑于使用修辞方法研究历史题材的历史学家如伏尔泰和吉本，也坚持认为历史书写——对于历史事件、结构和过程的言语表征——是一项文学事业。但是，所有这一切在19世纪早期都发生了变化；这种变化是可以理解的，列昂奈尔·戈斯曼（Lionel Gossman）令人信服地宣称，与其说历史被按部就班地变成了一门科学（大部分19世纪的历史学家与其现代同行仍然反对把历史科学化），毋宁说是"文学"本身的性质发生了根本性的转变。

　　事实上，正如福柯在《词与物》这本书中所写（字面意思是言语和事物，译为《词与物》），文学作为一种特殊的语言表征或书写，或作为一种写作，消除了话语中字面和比喻的区别，语言的诗意和平淡之间的区别，不仅使得自己真实再现现实的身份成为问题，也让人们质疑语言和它的指涉物之间的关系——这一切对于19世纪来说都是新鲜事物。文学，用以区别18世纪所说的"话语"，是指语言的神秘或不可思议性，以及在表现和描绘一个感知或思考的世界时可能会掩盖和歪曲事实。以19世纪为例，即使在最"现实"的作家福楼拜的作品里，也可以看到有意识的语言再现和无意识的语言操作二者之间的相似性，后者即是弗洛伊德在其《梦的解析》里面试图分析的"梦工厂"。早在19世纪初伟大的文学艺术家华兹华斯、荷尔德林、福楼拜、司汤达、波德莱尔、简·奥斯汀的作品中，文学不仅表现出对语言的质疑，也同时质疑意义的透明度和单义性。这种质疑将在乔伊斯、普鲁斯特、弗吉尼亚·伍尔夫和马拉美那里成为一种自觉的现在被称为"现代主义"的运动。虽然自笛卡尔以降，科学和常识都承认语言和现实有契合的可能性，但为了与18世纪所称的口头文学作品相区别，19世纪的文学不再以追求清晰为理想，也不再梦想追求语言和现实之间的完美契合。

上述因素使我们明白，19世纪历史学家意欲将历史研究客观化的背后另有原因。尽管许多人用科学修辞学，借用医学、力学、水力学等学科隐喻来描述历史过程，甚至将它们称为"学科"（知识），19世纪鲜有学术历史学家希望把历史变为物理、化学和生物学那样的一种（达尔文之后）科学。他们要做的是使史学脱离文学（常被简单地称为"小说"），此文学已不再承认语言是**无辜的**话语，也否定"为自己的缘故"建立事实的可能性，更不相信使用平实简单、直截了当，没有装饰的散文来记述事实。正是文学对这类主张的威胁才使得历史学家在系统分析19世纪J. G. 德罗伊森的《历史知识理论》这一历史话语时，对其**文学**基础显得兴趣不大。

文学，作为普通或日常语言的艺术替代，是19世纪的一项发明。从理论上讲，它的发明对于理解文化更富有意义。我们现在都知道语言是文化的根基，因此文学比同时期公认的"客观的"历史——虽然它在文学传统中被当作现代文化人类学的起源——对于理解文化更有意义。19世纪，尤其是在欧洲大陆和美洲（英国是一个值得注意的例外。在那里，小说仍然与古老的文字艺术一样被看作是话语），文学对于历史学家而言是另一个威胁。因为福楼拜和波德莱尔以及他们的追随者们，在其文学实践中，不仅质疑语言，也越来越质疑传统史学赖以表达自己权威的修辞方式——叙事。至少，它对传统的叙事观念持敌对态度，传统的叙事是一个有开始、中间和结尾的故事，有一个明显的情节，事件由一个客观的（甚至无所不知的）观察者所叙述，并引领读者/听者从对事件的好奇到"熟悉"和"理解"。

"发现真实的故事"，"把故事讲对"[如J. H. 赫克斯特（J. H. Hexter）不断地指导我们所做的那样]，或"按照**真实的**发生来讲故事"——这是大多数学术历史学家的目标。也是包括马克思在内的许多历史学家的目标，对于"真实的故事"发生的原因和方式，他们假装有一个科学的解释，它与其话语中叙事的部分有关（想一想他的《路易·波拿巴的雾月十八日》)。但19世纪的文学表明,叙事并不是一个简单的行为。文学(用以区别话语)模糊了作者、叙述者和所讲故事主题之间的区别,它所讲的故事颠覆了传统读者的期望,把言语或书写等行为当作自己的主题,进而对叙事性这个概念提出质疑。后来,在乔伊斯和普鲁斯特这样的作家那里,叙事性的概念被进一步模糊,给定的事件可能被赋予一系列看似有理实则系统混乱甚至自相矛盾的情节,最重要的是,一切似乎表明:"我"是一个没有所指的纯语言结构[如邦维尼斯特(Benveniste)后来所说],它只不过是"此时此刻实际说话的那个人罢了"。

我想我们可以很容易地理解,文学史上的如此巨变对于历史学家而言构成多么大的威胁,以及为什么文学越现实,历史学家越愿意与它区别开来(这里有一些嘲讽意味,因为19世纪的历史学家显然的敌人是浪漫主义小说家,尤其是像沃尔特·司各特一样专注"历史题材"的小说家。如果说浪漫主义小说家只因其在该运用现实的时候呈现了虚构而构成冒犯的话;那么相比之下,现实主义小说家可以说已经在想象的层面呈现了真实。不仅如此,更重要的,是他们实际上打破**话语**叙事的惯例,不相信浪漫主义小说家和"现实主义"历史学家共同的期许。正是破坏叙述者的权威,使得历史与文学分道扬镳)。但分道之后,它何去何从?这个问题的答案并不清楚。我认为,也正是因此,才解释了自康德和黑格尔以降对于历史、历史意识和历史知识等展开哲学探讨的鼎盛时期,即探讨到底有没有、是什么构成了历史作为一门学科的"自主性"。后一个问题,取决于叙事本身的问题,问题是**谁**在"客观"地讲话,使用何种**权威**,要达到什么**结果**或目的,最重要的是使用何种**手段**。至于历史学家所使用的**手段**,这里的问题是讲故事本身的认知身份。

叙述者的特色产品是他们不得不讲述的故事。这些故事如何解释了它们与情节的关系?历史学家如何从无数故事中挖掘材料将其聚集成可以理解的整个人类历史的宏大故事?黑格尔在《历史哲学讲演录》的前言中指出,如果他们没有那么聚集,那么历史将既不能占据"科学"之地,也难免被笛卡尔指控为缺乏固有的严肃性。黑格尔建议从历史学家众多的故事中提取整体意义的任务,应该由哲学来完成,哲学可以将其转化为"理性",否则这些故事仅仅局限在"可以理解"的层面。但这个建议除被一些历史学家所否决,他们即便不愿意承认自己不过是小说制造者,也并不打算放弃自己赋予历史以意义的权力,把它交给折磨人的抽象的哲学。

如此说来,社会科学在 19 世纪末对历史视若珍宝的自主性所带来的威胁,相比 20 世纪初展开的历史和哲学之间的冲突而言,只不过是又一碟小菜罢了。它们涉及的问题是一样的:历史学家声称处理"具体"而非"抽象"的现实;他们感兴趣的是发现在文献中报道的事件背后的真实故事,并且把它以普通的受过教育的读者可以理解的方式讲好;他们坚持以特定的时空描述而非普遍的概括方式;他们坚信为使事件像科学所希望的那样**完全**被理解以及完全去神秘化,叙事有权解释而不扭曲事件的意义。

由此可以看出,对历史自主性的真正威胁,不是科学,甚至也不是哲学,因为它们都可能赞同某种知识,尤其是社会事件的知识,因为这种知识一方面只是原始科学知识,另一方面尚未经过完美的概念整合。但赞同这种知识的前提是,既文学又直白、既有想象力又有认知力的传统话语概念没有遭到破坏;而这一概念正在文学领域内部遭受威胁。这种威胁之所以没有产生恶果,是因为哲学研究中语言理论的发展,它仍然设想可能以历史为背景,来绝对区分言语层面的字面和比喻。然而,一旦排除了这种可能性(区分言语层面的字面和比喻),正如现代语言学和符号学理论中已经发生的那样,历史学家所谓通过某种现实的、透明的、具体的、对事件有启发的话语来讲述故事的诉求,就会遭到致命的破坏。

正是在考虑上述因素的大背景下,我们重申最近有关历史解释的性质。这场辩论始于亨普尔的经典文章,35 年以来已经引起英语国家的哲学家、历史学家和社会科学家的广泛辩论。现在我们可以说,问题的关键不是把历史转变为真正的科学,甚至也不是以有效的科学解释模型来评价历史的认知有效度,而是旧话重提来挽回面临威胁的叙事的权威性,把叙事当作历史表现的适当形式,把讲述故事当作社会最可取的历史解释模式。

我相信如此描述这个问题,很多参与辩论的人不会接受。哲学家——从帕特里克·加迪纳、W. H. 沃尔什、W. B. 盖里、威廉·德雷和路易斯·明克(不同方式地继承了柯林伍德并且受过维特根斯坦的训练),到莫里斯·曼德尔鲍姆、托马斯·内格尔(Thomas Nagel)、亨普尔、莫顿·怀特(Morton White)、阿瑟·丹托(Arthur Danto)、约翰·帕斯莫尔(John Passmore)等(都更多地在方法上受罗素的影响)——都将其看作认识论的问题(与历史研究的"内容"及其对科学的贡献更有关系),而不是与文学和美学更有关系(与历史话语的风格或修辞更有关系)。对此概括,A. R. 劳奇(A. R. Louch)教授持不同的意见,虽然他倾向于将历史反思纳入道德考量而非审美考量①。盖里和明克更关注**传统**的历史表现中所采用的文学**形式**,他们分析历史和文学尤其是和小说之间的异同,很多观点与弗兰克·克默德(Frank Kermode)在其《结尾的意义》中所持的观点不谋而合。但这种分析建立在普遍接受一个概念的基础之上,即了解历史知识和写作时,"真实"和"虚构"的话语之间的**差异**,比任何"历史"和"文学"之间表面上的相似形式更重要。历史话语的**形式**可能是文学的,甚至可以说是借助于文学技巧来理解它所分析的过程,但其**内容**最终还是与文学有区别的。这些内容与历史学家所使用的那种反对小说作者的证据有关。也就是说,对于已经发生在过去的特定时间和地点的事件的文献记录,与小说家通常处理那些想象或虚构的事件,二者之间是有区别的。

然而,为这场争论的最初阶段打下基础的亨普尔的经典论文,最终也要面对**形式**的问题。让我们回顾一下,他主张对于所有事情的有效

---

① 请看 A. R. Louch, *Explanation and Human Action* (Berkeley and Los Angeles: University of California Press, 1966), 235.

解释必须符合或被分解为在物理科学中盛行的模型,即"假说演绎法"模式。这个立场已经被一些思想家解释为是强化这一认识:历史要么被改造成一门如物理、化学一般的真正的科学,要么就退出知识舞台。为对抗科学哲学家的帝国主义主张,历史的捍卫者试图宣称:有多种解释虽然不是反科学,但基于非科学的模型,即使它们不符合在自然科学中通用的可证实性或(证伪性)的标准,不使用整合研究方法、实验控制、预测力等自然科学之手段,**在构成自然科学的性质**(即波普尔在其《科学发现的逻辑》所提出的)上,也同样对知识产生真正的贡献。

然而,亨普尔和那些追随者们没有否认历史提供了**一**种对世界的认识,甚至一种对世界的解释,即使它所提供的解释,当以科学的模式来测量时,也难免被定性为"有漏洞""粗略的"、不完整的,并且是基于常识而不是法律的"法理"层面。亨普尔简单地把有效的解释类型分出一个层次,在其中把历史排在自然科学之下,理由是历史所提供的解释,未能像自然科学一样具备规律性和系统性。

亨普尔的对手们反驳说:历史所做的解释,无论在形式上还是内容上,都与自然科学所追求的解释不同。它们的内容与自然科学的研究不同,因为它们需要处理某种有意识掺杂其中的活动,能够凭借经验预见某种意图。这使得社会过程不同于单纯的自然过程,在它们完成特定的过程之前,即使它们可以**事后被理解**,或可以追溯,**在此之前是不可预测的**。但即使这种事后的理解也不是通过把事件归类于某种掌控它们的"规律"之下。这不仅是因为在人类行为方面,我们不可以使用相似的非人类过程中发现的规则,更是因为关于人类现象,我们会提出完全不同于那些我们问及非人类现象的问题,并且会寻找一种完全不同于我们对自然那些问题的回答。我们想知道人们在与我们自己相似或不同的情况下,他们那样做的"理由";而不是他们已经那样做的"原因";或者我们想知道过去的人们"如何"做了他们所做的,而不是"为什么"他们这样做而不是那样做。鉴于历史调查中的非科学(但不是反科学)性质,最好地或至少最合理地回答这类问题的方式,是通过发现淹没在数据中的"真实"故事,并把这个故事以一种让读者自己舒服的"生活形式"所能理解的方式讲述出来。

生活形式这个术语取自维特根斯坦。当然,并不是每个反法则论者都在历史解释中应用这个术语,但几乎所有人为了使历史**叙事**被其受众所"理解",在不能提供科学的解释时,都会使用类似的描述。理解这个概念对于反法则论者证明自己的解释模式而言很关键,虽然不一定科学,但仍然可以声称自己的认知权威和一种与现实主义小说不同的准确性。在一个文化背景下阅读历史的读者,置身于这种生活形式之中,因为它正在进行并发挥着作用,那么"真实的"世界足以证明其合理性。在**遵循**一个故事情节或一系列具体事实中,在看到事物**如何**或看到事物是以一种方式发生而不是另一种方式发生时,读者将其与他自己隐含在文化实践中的理解模式相连接;因此他能够看到陌生的事件如何与那些他"熟悉"的事件相联系,他对那些熟悉的事件已经有了认知。也可以说,他"理解"它们,尽管他也不知道为了有资格使用科学术语"解释"它们,它们将不得不被归于某种"规律"之下。

为了描述这种理解,我们提出了不同的概念——叙事化、系列化、综合性、再现,或简单地称之为讲故事。但如果叙事研究者(如果为了方便表述我们可以把他们归于一类的话)希望捍卫历史理解免受法则论者对它发起的攻击,他们同样希望拯救这个理解模式于亨普尔、波普尔以及他们追随者的危险影响之中。科学哲学家认为这种危险一方面体现在以黑格尔和马克思为代表的讨厌的"历史哲学"之整体思维中,另一方面也体现在以亨利·柏格森、德日进(Pierre Teilhard de Chardin)、乔治·索雷尔(Georges Sorel)等为代表的某些非理性主义者的"神秘主义"之中。对于叙事研究者来说,之后不久即被称作"严格的"历史学面临一个类似的双重威胁;一方面是真实与虚构话语之间的混淆,另一方面是讲述历史过程时坚持认为多因素决定之概念。有趣的是,叙事研究者发现在黑格尔、马克思、斯宾格勒、汤因比等的"历史哲学"著作之中,也存在同样的威胁。

历史哲学对于叙事研究者以及法则论者而言均构成威胁,如果说有什么区别的话,那么就是后者可以轻易否定历史哲学,将其当作神话、意识形态或伪科学,定义一个真正的科学解释,否认以同样的方法解释历史;提倡历史学家努力从他们所讲的故事和从话语呈现的数据中吸取教训或挖掘意义时,保持谦虚、克制和方法。但叙事研究者否认科学解释模式凌驾于历史之上,赋予了历史学家实践其文学或修辞技巧的自由,敦促他们讲述自己的故事,构建自己的系列,综合自己的材料等。但这同时打开了各种富有想象力的大门,各种对数据的创造性的重新加工、各种思索性的活动,使得这样的自由无尽无休。举例来说,假设一些历史学家认为他们在实际操作中可能会效仿米什莱的幻想、布克哈特的造作、托克维尔的威严,或特奥多尔·蒙森(Theodor Mommsen)的过分——蒙森以自己时代德国市民为模型刻画了共和国罗马人。假使他们像斯宾格勒一样遵循尼采的引领,又或者他们如马克思一样过度喜欢辩论,这岂不是把史学回归到其远古开始的状态,即当希罗多德(Herodotus)刚刚建立它却未曾成功把它与"神话"区分的时刻?至少,它会返回到由莱茵霍尔德·尼布尔(Reinhold Niebuhr)、巴朗特(Baron de Barante)、奥古斯特·梯叶里(Augustin Thierry)和米什莱为代表的浪漫阶段;而这是绝对行不通的,因为每个人都知道浪漫主义的结局是什么。毕竟,在兰克及其追随者对浪漫主义革命之后,历史已经被披上体面的外衣。因此认为历史可以**适度地**使用文学中的讲故事等技巧,前提是明白,历史学家所讲的故事是**简单的**故事——它的手法是低级的艺术手法,或者只是一种手艺,形式可能是侦探小说、体育新闻,或是汽车机械师所写的用以解释汽车抛锚原因的用户指南。据我所知,没有一个历史叙事的理论家使用任何现代或后现代主义小说的手法来叙述历史话语。一般而言,也没有任何的辩论者使用现代文学理论、文体学、符号学或修辞概念来分析历史话语。他们所青睐的不过是我早先提到过的低级的艺术手法,或者是真实的或捏造的历史叙述之浓缩、释义或片段而已。这仿佛是说,只要历史不奢望达到科学性或文学性,它就可以做任何事情。

这是为什么呢?因为参与辩论的每个人都反对历史哲学。

为什么存在对历史哲学的敌意呢?首先,众所周知,或者至少对历史哲学和极权主义意识形态之间的关系有所共识。这是(除了普遍反对处理具体事实时多因素决定之概念之外)对历史哲学的另一个主要反对之处。哲学的历史被认为是对人类生命的"品种"之简化,恰如摩尼教徒或二元论者倾向于把人类一分为二:分成承认未来发展的和否认的两派;它同时又是极端主义:它暗示那些没有被历史所"选择"的人类生命也应该被考虑进去。历史哲学偏爱抽象概念,不顾经验事实,按照同一标准判断事实,操纵数据,为当权者制定政策提供依据时,预言会"自我实现"。总之,历史哲学往好处说是冒充历史智慧的劣质的物理科学或天真的神学,往最坏处说不过是单纯的神话或彻底的错误。它不像严格的史学那样,它拒绝停留在个人、独特的事件、特定的事实上,而是很快越过这些具体内容,进入抽象概念,以便掌握"全球计划"(Weltplan);它违背了历史学家启蒙的责任,反而急于决定未来**必须**采取的某种形式。严格的史学本身的谦虚,反思过去的局限性,只讲述关于过去的故事这一义务,其拒绝教授现在的人们某种具体的课程,以及坚守一个没有人能制定、少有人会一以贯之地捍卫的"实证"方法,所有这一切是否意味着严格的史学本身被自己的历史哲学所支撑?叙事研究者以及法则论者都否认这一点。我想是因为他们把判断"哲学"的常识性标准等同于他们为史学开具的推理法。

我们可以看到,在关于历史哲学根本就是一个错误这场辩论中,双方达成共识的地方,恰恰表明英语世界某些意识形态之先见。**首先**有世俗主义的意识形态。它被看作识别历史学家的思维模式的标准,类似于某个主要宗教传统,它能够判定这个历史学家的工作是否属于严格意义上的史学。因此,马克思是一位愿望没有实现的旧约先知类人物,黑格尔是近代圣奥古斯丁,类似的浅见却被最拙劣的辩手们当成远见卓识。**其次**是文明的意识形态,它把"文明"与**西方**文明混为一谈,并把后者当作唯一严格的历史意识,可以衡量所有其他文化的神话意识。其他文化仍在迷信**神话**,而西方已经发现了"历史"。在此基础上,任何不符合西方对于过去和历史进程研究的观念都被视为非历史、反历史,或者是无历史的。**此外还有现代主义的意识形态。**它认为最新一代的历史学家有权确定何为恰当的历史意识,更准确地说,是当前一代的专业(学术)历史学家有这个决定权(事实是:历史只在19世纪的欧洲才成为一个在大学占据一席之地的学科,虽然有其政治原因及其理论根据,它也只不过是一个**任意的**行为)。**最后**是合宜意识本身,这一信念从未受到公开检验,即真理和智慧需要检验和克制,而赏识,当它用来反思历史时,应该奉行中庸之道,一种特别的资产阶级的"过犹不及"的人文形式。事实上,这四种意识形态——世俗主义、文明、现代主义和合宜意识——所有加起来也不过是表达某种西方人文主义发展到一定阶段的价值观。这一阶段的人文主义本身已无力解决工业化所提出的问题,只能满足于保护经典,提倡高品位和中庸之道,推崇个人主义的理想,却没有想到当理想的社会秩序无法实现时,这种理想也随之变得无关紧要。

但必须指出,马克思主义批评家对于这一种资产阶级人文主义也未能深入批评。虽然自称在洞察历史现实的本质方面高人一筹,他们在为严格历史辩护方面,也大多崇尚资产阶级人文主义者所秉承的原则。这一原则或者说经验主义思想,正是马克思主义区分**抽象**和**具体**的历史现实这一主张之历史残留。尽管口头上伪装得很"辩证",马克思主义的历史分析家们仍然宣称:仿佛他们相信历史事件可能会"被发现"或简单地"被表明"而不是"被构建"——更重要的,不是被历史学家的话语所"构建"。

符号学者所说的"指代谬误",是指混淆了话语的"所指"和其**主体**。这一谬论的根源在于相信符号可以不通过中介,直接代表它们的指示物,这样一个给定的话语单位可以被赋予一个类似实指的定义。但事实上,符号和其指代物之间的关系总是由其"所指"(即其概念)和"声音"(即能指)共同结合才构成意义。明确的所指也许可以出现在特定的一句话中,但绝不会更长,话语不同于某个具体的句子以及任何简单的句子排列,因为它通过比喻等手段赋予其指代物意义,这个过程就使其从表面文字成为隐喻性话语——而这正是逻辑学家认为产生不精密的思考之谬误的主要原因。

话语指的是有意识塑造的言语,用来指代某种经验领域,在使用过程中其性质非常有可能产生歧义,其目的与其说是在描述中应用语言文字,毋宁说是在任何有关讨论中模糊字面文字和比喻语言之间的界线。尽管也主张以字面意思和逻辑连贯性为判断标准,在现实中散文写作却使用比喻手法来力图达到文学效应。符号学者会说,它系统使用构成其表面结构的符号的**所指**,来**替代**能指表面上所代表的指示物。这种话语的吊诡性,巴特在早期批评作品中称之为"神话",也是"讲科学"的学者为反对某些思想家,指责其作品中所充斥的"意识形态"。然而,从符号学的角度来看,尽管巴特断言"神话总是右翼的",但**必须承认,所有的话语都是意识形态的蕴含,无论左翼还是右翼**;任何话语理论面临的第一个也是最重要的威胁,是其表面意义上的意识形态,未经检验即坚信自己的话语有着他人的话语所不具备的透明度和一定程度的指涉物。直到最近表面意义上的意识形态盛行在左右翼史学中,成为后者一个明确的标准来评估历史写作的另类风格,在此过程中反而不去担心其比喻的特性被迷失。这种表面意义上的意识形态被结构主义者和历史学家布罗代尔所诟病,后者的伟大作品《地中海》,无疑是革命性的,因为它明确提出语言在"构建"自己的**主题**时具有"建构"和任意性特征。

但如果说表面意义上的意识形态以及指代的谬误存在于传统史学中,它们也同样存在于自亨普尔论文之后由哲学家和历史学家所创作的历史话语中。我已经指出,在那些参与这场辩论的实践中,以分析解释、虚构的例子或话语的片段来代替一个历史学家的话语分析,这与当时在英语世界中占统治地位的哲学实践风格一致,这无疑是说在讨论方法论的问题时,部分话语可以替代全部话语或一个虚构的例子与真实发现的例子一样可信。然而,如果认为历史学家能够创作某种特殊话语,那么也应该使用阐释学家的文本评论法而非英语世界辩论时所通用的简化策略。总的来说,历史学家——几乎所有的——从不承认哲学家所做的结构分析与他们创作的话语或者他们创作的初衷之间有一点点的关系。哲学家们讨论中使用的例子之**建构**特征,对于那些甚至懒得去深究它们的历史学家来说,都是显而易见的。然而,我们在此讨论某些真实的和重要的内容,它到底是什么?

我愿意称其为"文学性",或者如果你愿意,可以称其为历史学家话语的修辞性,也就是说,这一话语的创造性、虚构性,当它假装描述自己的指代物时构成其主体地位的言语表现。在19世纪的历史进程中,历史学家不得不放弃这一文学元素,才使得自己的工作既被当成是**一种科学**又被当作**一种特殊的科学**。为成为一门学科,历史被迫放弃其文学源头,以及其有史以来的修辞和虚构性。因为自浪漫主义以降,文学本身已经超越话语,并随着时间的推移已经不再充任叙事的角色。历史被视为一个自治的学科,由一系列否定词来界定:它**不是**哲学,**不是**科学,如今它也**不是**文学。虽然它可能会脱离哲学和科学,但它不能脱离文学。因为文学正是历史的话语的实质,也就是说,精心打造的言语表现。最多,它可以自己决定使用坏的、平凡的或低级的文学,因此我认为,这在某种程度上解释了历史学家和哲学家在讨论历史著作时将它比作侦探工作以及把历史学家的话语比作侦探故事的原因。

在此提醒大家,最专业的历史学家已经放弃哲学家分析的方法,甚至在许多情况下干脆放弃了讲故事的解释模式。这就使哲学家为历史解释的叙事概念而辩护显得尤其引人注目。花费精力,为不复占优势的解释模式做辩护,意义何在?首先,讲故事没有完全丧失优势地位。在美国的英国历史学家仍然喜欢好听的故事而非创建任何基于理论或方法的"抽象的"过去。对于他们而言,它仍然是一种理想的先进的解释方式,用以公开对抗英国所使用的"社会科学"这一概念。并且,"严肃"的读书俱乐部每月发行的选读书目上,历史学家之著作榜上有名,这一点也说明它还作为一种流行观念而活跃着。选读书目往往有传记、军事历史以及那类"总统的一天"等。其次,马克思主义历史学家及其不反对"理论"的资产阶级同行,也偏爱好听的故事,E. P. 汤普森(E. P. Thompson)和艾瑞克·霍布斯鲍姆(Eric Hobsbawm)就是很好的例证。但是这种偏好明显地与放弃叙事这一人类的主题,以及大陆史学的戏剧方法格格不入,对此又该如何解释呢?

首先,19世纪的英国社会并没有经历欧洲大陆和美国同行所经历的同样的冲击,英国文化也没有像其他类似文化那样,对其所继承的文学、哲学和社会科学典范进行彻底的重新评估。英国小说从18世纪后期到19世纪后期有一个线性发展,这一点无论法国还是美国都不能与之相提并论。与欧洲大陆的福楼拜和波德莱尔,美国的梅尔维尔和惠特曼相比,由乔伊斯和伍尔夫为代表的文学实验派还是一个没有完全吸收创新的晚辈后生。在英格兰,叙事小说和动听的故事仍然是可行的社会和文化评论的工具,正是因为在18世纪后期它们当初诞生的社会组织模式仍然是行得通的。"社会"的故事仍然可以以日常或文雅的话语来讲述;自我和社会之间或宗教理想和社会行为之间的冲突仍然可以作为故事的主题,因为这些概念对于普通或者受过教育的读者而言仍然是有意义的。作者被当作无所不知的叙述者,其权威仍然被认可,因其特点是代表了常识、人类对事物的普遍认知、历史的教训,以及道德模范。所有这些都奠定了作者、读者和作品之间的结构关系,也使得讲故事这一手法变得既必要又合理。

但到了19世纪末,上述关系(连同背后支撑的社会结构)已不复存在。英国历史学家和历史的普及者们依然使用讲故事的方式来创建史学,如肯尼斯·克拉克(Kenneth Clark)、雅各布·布朗劳斯基(Jacob Bronowski)等,美国公共广播频道改编自小说的电视节目,以及怀旧的哲学家缅怀过去某个讲故事的时代并且在其中寻找解释世界的一种模式——它可以证明,因为更加理解了过去而表明其(世界)的连续性。

这似乎就是大部分人所谈论的所谓"重温""连载系列""综合"和"讲故事"等解释历史的方法。因此,这样的言论与其说是用来分析历史话语,不如说是一种挽救"文学"中的"叙事性"之尝试。这是应该的,因为如果如热拉尔·热奈特(Gerard Genette)所说,我们已经真正到达叙事的穷途末路,那么史学还有什么未来可言? 如果像规则论者和叙事学者不约而同地所称的那样,它不是科学,但也不是叙事学,因为无论其主题是什么,叙事本身**本质**上已被证明是虚构的,那么,历史到底是什么?

第十三章
维柯和结构主义/后结构主义思想
（1983）

詹巴蒂斯塔·维柯的思想，在无论影响力、相似度、亲缘性，或甚至对立性方面，与现在盛行的先锋派人文学科的代表即结构主义/后结构主义思想有无任何可能的联系？这个问题，即使没有别的缘故，仅凭先锋派对于维柯的著作空前一致和始终如一的漠视，就已值得深入追问，因为结构主义/后结构主义思想的完整谱系应该包含有关维柯的内容。过去十年里，纽约维柯研究所的乔吉奥·塔里亚科佐及其同事们编著的系列选集已充分证明了这位那不勒斯的思想家与马克思、弗洛伊德在现象学和诠释学方面的亲缘关系。① 除此之外，由于与笛卡尔的思想针锋相对，维柯至少和人文科学中的现代主义神圣家族的诸位成员如列维-斯特劳斯、罗兰·巴特、拉康、福柯和德里达拥有共同的敌人。当然，维柯的思想与现代主义的思想有着根本的不同，其区别就在于前者在"新科学"中认同"历史"的概念。而历史——从任何方面，不论将其视之为人类活动层面，还是一个过程，抑或是"社会的"一个特定领

---

① 维柯研究所现已迁往埃默里大学（亚特兰大，乔治亚），目前由唐纳德·菲利普·凡尔纳领导。塔里亚科佐和凡尔纳共同创办了《新维柯研究》期刊，怀特的这篇文章发表在此期刊的创刊号上。

域,甚至仅仅是当作一个思想或表现模式——被结构主义/后结构主义视为**毁灭的根源**。然而,维柯有关文化的概念,至少在分析方法的层面上,足以矛盾地包含结构主义的观点,并很有可能涵盖后结构主义的观点。

显然,20 世纪现代法国思想界臭名昭著的种族文化优越感,并不能解释先锋派对维柯的漠视。在与德国和英美思想理论产生碰撞和批评的过程中,结构主义和后结构主义虽然没有借鉴其思想,但法国学者对于复兴维柯研究的贡献,并不逊色于其他国家的学者。因此,要想找出结构主义和后结构主义有意漠视维柯的原因,必须另辟蹊径。

表面看来,先锋派思想认为语言决定了人类文化的诸般形式与过程,单凭这一立场就已和维柯的《新科学》产生了共鸣和感应的基础。结构主义/后结构主义坚持所有语言均具有比喻性,更不容置疑的是,(结构主义/后结构主义的)所有思想体系都在这一点上与维柯的观点一致,即任何文化的起源都是诗性的。维柯**可以**被看作和列维-斯特劳斯,早期的罗兰·巴特或后结构主义的拉康、福柯和德里达一样,是语言决定论的促进者和发起人。然而维柯有关语言的理论,无论它可能包含什么,是一种以词语作为基本分析单位的**文字学**。维柯认为,"词语",不论其源头,都是源自想象而非认知或思考,都与其指涉物有着**索引式**的关系。无论怎样转换,在诗性的、修辞的或历史性的分析过程中,都会回到它的原始含义。

与之相反,结构主义/后结构主义从索绪尔把**符号**作为语言分析的基本单位这一观念出发,强调符号和指涉物之间存在绝对任意性的关系,认为从文字学方面研究语言和从社会学研究语言一样都是毫无意义的。维柯文字-历史性语言研究的理论和结构主义/后结构主义关于**语言学的问题**应该怎样研究、为什么研究以及研究到什么程度的概念存在着根本性的分歧。结构主义/后结构主义理论并非为人类智力提供驱魔手段,而是假设语言是所有文化建构中不可简化的虚构因素。如若人类文化有其特殊的**不安**(Unbehagen),或独特的"不满",这些

(不安或不满)本质上都是与语言相关的;任何分析,甚至是马克思主义的或弗洛伊德学派以语言为诠释操作工具的分析,都无法将它们驱除。同样,任何实践性的活动,譬如马克思主义的"以斗争为批评"或某种弗洛伊德式的"治疗方法",也无法将之驱除。正像人类注定会死亡或无法摆脱"权力"的操纵一样,在结构主义/后结构主义的认知中,人类注定永远无法摆脱语言的魔咒。

那么,维柯思想中的有关人类意识和人类文化的辩证因素又是如何呢?维柯认为意识和文化的不同阶段(婴儿期和成年期、原始与文明、想象与理性、诗歌与科学等)存在着延续与对立的相互作用,至少,这一复杂的概念**听上去不正像**结构主义/后结构主义大事宣传的某些概念吗?某种情况下它们确实相似,但是这一相似性仅仅在于这一概念同样提出了某种新的二元论的假设,以证明它为人类走出历史的泥淖提供了一个崭新的、实实在在的落脚点。结构主义/后结构主义理论基于某种基本的二元论——例如自然和文化(列维-斯特劳斯),符号和指涉物(巴特),权力和反抗(福柯),想象和象征(拉康),转义和非转义(countertrope)(德里达),并进一步指出这种二元论的方法只是看似先进,实质上只是对其构成的两极要素的**取代**或充其量是**一种倒置**,并非真正意义的发展或超越。任何文化结构形成中所产生的相应变化,都被看作这组对应中的取代或反向运行的作用;就像游戏规则的构成,结构之间的区别可能不同,但同样是任意性的、原始的排列顺序(关系)。自古至今,人类文化里的各类"游戏"纷杳更迭,数不胜数,这只能说明,与其他事物相比,所有的"游戏"都不能作为适当的研究与分析的对象。即使有人可以研究全部的系统,也根本无法将之表达出来,这是由于任何陈述表达都只能从概念的角度出发,而这一出发点之所以存在,是因为与它想要表达的内容有**差异**。无疑,认为人类科学有局限性与维柯的观点相互矛盾,因为他渴望奠定一种用于研究文化的"科学",就像现代物理用于研究自然一样,即一种既能剖析文化的局部也可研究其**整体**的**方法**。

这使我们关注另一个重要的差异,这一差异分别与维柯和结构主义/后结构主义努力建立一门有关意识、文化和社会的"新科学"的**价值观**休戚相关。从根本上,维柯认为,任何科学的本质是由其目的或用途决定的,并为自身的利益所驱动。无可否认,我认为,他所设想的这门研究历史、社会、文化和意识的学科认为这些研究对象具有**内在的**价值,值得推广、援助和支持。这类特定价值观的最终形成无论有何局限或缺陷,它们一定都比早先在野生的环境和动物冲动驱使下的野蛮生活中更好。正是因为充分认识到文明生活使人类肩负暴政和压迫(也正是这一"现实主义",使维柯有别于**启蒙哲学家**并使他与马克思、尼采和弗洛伊德相提并论),维柯设想出一门人类的"科学",一门有助于完善人类意识、振兴社会活力和彰显文化崇高的"科学"。维柯的科学是为了服务于文明,而文明已经使这一科学成为可能。

结构主义者与后结构主义者的情况并非如此。尽管将他们统称为"文化"的敌人会太苛刻,他们毫无疑问地敌视"文明"和其现当代的一切化身。可以肯定的是,除了列维-斯特劳斯,他们并不像启蒙主义、浪漫主义或19世纪后期的**礼俗社会**的理论家一样把原始文化理想化。与此相反,"乌托邦思想"正和"历史"一样是他们的"眼中钉",是**毁灭的根源**。他们对现代文明近期前景的看法如果不是"末世论的",那么就可统称为是"反乌托邦式的"。结构主义者和后结构主义者既怀疑"起源"又怀疑"目的",他们带着一种意大利诗人朱塞佩·翁加雷蒂(Guiseppe Ungnaretti);诗中所歌颂的**濒临溺死者的极乐**(allegria del naufragio),被迫"下降"到"深处"寻找意义(或更准确地说,他们寻找的是被人类生活当作意义的无意义的原因)。他们一头扎进公认的"文明"生活的表面之下,为的是寻找黑暗的、不可名状的**无形物**,而某种似是而非的**有形物**正是由此而**盲目**产生的。这一"无形物",对福柯而言,它是"权力";对拉康而言,它是婴儿期"自恋";对巴特而言,它是"能指的游戏";在德里达那里,它是"延异";在列维-斯特劳斯那里,它是普遍意义上的"自然"分娩出"文化"的行为。

显而易见，这种（被我们称之为）"虚无主义"与维柯想要创建的从"异教徒"历史的循环中拯救人类生活的"科学"几乎没有共同之处。既然已经提到了"虚无主义"一词，我们就已直接触及了19世纪末的思想发展，这一思想发展首先经由海德格尔发展到结构主义和后结构主义，以尼采思想中更为黑暗的一面为标志。（这些）19世纪的思想巨人们终于识破了并开始质疑西方资产阶级文化所吹嘘的"现实主义"，而我们在试图描绘这些巨人们的特征时，习惯上把尼采和马克思、弗洛伊德归为一派，或者至少最近习惯对他们进行这样的归类。又因为维柯的思想似乎与马克思和弗洛伊德思想的亲缘关系都非常明显，从而很自然地可以得出维柯与尼采也存在着某种特殊联系的假设。此外，他们思想的共同起源主要是诗歌、修辞和语言学的传统思想，这似乎标志着他们是某项共同事业的参与者。然而需要再一次强调的是，这两位思想家所主张的并用以批判各自时代的**价值观**并没有太多共同之处。

无论我们多么希望把尼采颂扬的**超人**学说变得温和无害，将之归为一种被初期的疯狂所加剧的夸张表达，不可否认的是尼采所预想的"人性"之死亡恰恰是维柯想要极力维护的。同样，结构主义和后结构主义极其希望主持"人性"的葬礼，即便他们的目的在于改变某些导致帝国主义、种族主义、性别歧视等傲慢自大的观点和态度，他们仍然与维柯的进取精神泾渭分明。他们之间最显著的差异是某些人（最明显的是福柯，也包括巴特和德勒兹、瓜塔里、利奥塔等追随者）热衷于神化西方思想和文学中萨德主义传统的代表。结构主义/后结构主义家族中最极端的实践者（例如克里斯蒂娃和索莱尔斯）所鼓吹的癫狂、幼稚症、变态和犯罪，正是他们设想的"黑暗的崇高"的种种症状表现。维柯思想体系当然能够容纳甚至同情这些社会生活的方方面面，并将之作为有待研究的现象。但是很明显，维柯认为这些对圣洁的对立面——世俗化——的颂扬，是伦理意识的缺失和智能匮乏的明证。尼采在结构主义和后结构主义先驱者神殿里的显著位置标志着维柯与他们之间存在着难以逾越的分水岭。

第十四章
文本的阐释
（1984）

　　文本的阐释一直是人文学者普遍关注的问题,原因在于,在人文学科中,理解研究的对象和解释研究对象的作用是同等重要的。一直以来,把握文本意义等同于对于人类、社会和文化事物的理解,而前者的理解来自对文本进行详细而共鸣式的阅读。通过文本的类比而达到理解,是每个人文学科约定俗成的合理方向或目标,更是合理分析和解释世上部分事物的先决条件;而文本阐释的最好方法始于阅读,因此,阅读为所谓通常意义的阐释提供了一种必要的模式。①

　　阅读、阐释和理解与文本之间存在的这一相互联系,说明了在过去25年内与结构主义、后结构主义同时出现的新文本主义理论具有令人

---

　　① 这篇论文最初是作为会议论文提交的,目的在于就当前有关"文本的阐释"的争议提供一些"一般性的视角"。我相信这篇文字足够"一般",并且希望里面的观点也都是适当的。这个话题如此宏大,我以巴特和利科关于文本的两种主要概念为代表,因为此二人的理论在当前的争论中最为突出,本文尽力将其浓缩到一篇论文所允许的字数之内。我也假定,此演讲面对的听众,应该熟知诠释学的基本历史和人文科学中关于解释和理解的争辩。本文并非一个话题的综述,而是旨在发起有关"文本主义"的重要文化意义的再思考,建构一种意识形态,其理解只能建立在"文本即作品"的人文主义概念基础上,并力求用这一意识形态取而代之。

不安的冲击力。虽然前两种理论在阐释性实践方面并无特别之处,但是,即便是充满敌意的批评家也会承认结构主义和后结构主义做出了有益的、令人信服的文本阅读,并为相关人文学科的传统话题提供了崭新而重要的深刻理解。这些理论的标新立异之处和令人困扰的观点是:它们一致认为,在**要求把阐释作为唯一理解方法的领域中,文本**,尤其是文学或诗歌的文本,已经不能自诩具有至高无上的典范地位。

接下来我要思考的是当前有关"文本的阐释"的这一争论带来的启示,这些争论立足于这样的出发点,即试图降低文学、诗歌或"创造性"文本作为阐释目标的典范地位。基本上,我的观点是:在阐释性理论的领域中,"文本主义"是对创造力这一人文概念的抨击,其抨击的根据是它拒绝接受语言的象征性本质;而拒绝相信语言的象征性导致了对文本"工作模式"的否认,这一否认是对"劳动的尊严"信仰的彻底抛弃。

可以肯定的是,没有必要在此详细叙述文本主义学说的概要,但有必要适当回顾罗兰·巴特(Roland Barthes)的论文《从作品到文本》,此文发表于1971年,被认为是有关文本主义学说运动的宣言书。[①] 巴特在该文中提道:

> 马克思主义、弗洛伊德主义和结构主义共同一致的工作,在其致力于挖掘文学领域中书写者、读者和观察者(批评家)之间的相对性。作品的概念是传统的,一直到现在还依然可以被称为一种牛顿主义的思考方式,但是现在需要一个与此

[①] Roland Barthes, "From Work to Text", in *Image, Music, Text*, trans. S. Heath (New York: Hill and Wang, 1977), 155-164. 参阅巴特的文章"Texte (Theorie du)" in *Encyclopedia Universalis* (Paris, 1974), vol. 15, 1013-1017;和"Text" in *Encyclopedic Dictionary of the Sciences of Language*, ed. Oswald Ducrot and Tzvetan Todorov, trans. Catherine Porter (Baltimore: Johns Hopkins University Press, 1979), 294-299, 356-361. 关于新文本主义的最全面的陈述,特别是从结构主义到后结构主义理论的转变,见于"Tel Quel", *Theorie d'ensemble* (Paris: Seuil, 1968);另请参阅 Josue V Harari, ed. *Textual Strategies: Perspectives in Post-structuralist Criticism* (Ithaca, NY Cornell University Press, 1974),尤见编者介绍,"Critical Factions/Critical Fictions", 17-72。

概念相反的某个新客体,必须通过抛弃或推翻过去的范畴来获得,这个客体就是文本。①

基于研究这个新客体的需要,巴特接下来正式提出了若干"命题",简单地说,是一整套全新的有关文本解释者思考任务的方法,这些命题包括"方法、类型、符号、复数、谱系、阅读和愉悦",源自被假设存在于"作品"和"文本"间的种种不同,并按照相互对立的概念而排列。

巴特告诉我们,"作品",习惯上被看作一个**具体存在的**实体,结构**上自成逻辑**,**基因特定**,有机地附属于其他作品,拥有一个**确定的意思**,并适用于"阅读"。相比之下,特指的"文本"(the "text")[或简单泛指的"文本"("text")——去掉了定冠词则表明文本所声称的"具体性"已消失]包括了该领域内的一系列关系,在结构上**逻辑杂乱**、**基因混杂**、意**义无法确定**,与其他文本的关联是**任意的**,与其将文本作为"阅读"对象,不如**用作**对"写作"的挑衅或写作的场合更为恰当。

和更早一些的理论批评家们提出的古典与浪漫的对立或者现实主义者和现代主义者的对立采用的方法不同,这些相互对立的概念看似仅仅是两套表达方式的不同词汇,但被巴特用来作为任意一种"阐释"的基本表达术语。因此,巴特可以设想把任何"作品"当作仅仅是一些"文本",或者是反过来看,取决于评论家的意识形态,或更确切地说,其政治兴趣。把"作品"当作"文本"才能揭露作品意义的特殊欺骗性及其"神话般的"作用。在批评或阐释领域中,把"作品"当作"文本"正相当于在"创造性写作"领域里"作者"对"作品"进行的神秘操作。

在巴特的公式中,"文本"这一概念在批评中可以产生预防和治疗性的作用,原因在于它可以避免使"文学性"(这一被视为创造性艺术的精髓)之概念具体化和偶像化。"文本"和过去所谓的写作过程[劳动(the labor)]以及被称为"写作"的产品[作品(the work)]没有任何关系。实际上,写作在过去被认为是一种能够产生作品的劳动,现在则从

---

① Barthes, "From Work to Text", in *Textual Strategies*, ed. Harari, 74.

"作家"的概念分离出来并被转移到"读者"这一概念范畴。

在论及有关文本和作品对立的理论基础时,巴特强调了在语言表达中**话语**结构(每个字词都有"恰当的"含义,不相关联的所指和一系列可辨识的隐含意义)和**符号**结构(以索绪尔为代表,一方面强调符号与指涉物之间的任意性关联,另一方面强调作为能指的符号与其所指或概念集合的任意关系)的差异。语言的符号本质这一概念,产生了对于文本之外意义的假性表达(其实质是修辞作用于所指产生的效果)和针对能指游戏本身的表达之间的差异。巴特认为"文本"**延异**了所指的不确定性。文本在表达的过程中,拒绝任何暗示"深化"意义或思想成熟化的倾向。"文本"所显示的仅仅是能指在一种"错位、叠加和变化的连续运动中"进行的一场游戏,对文本的理解所产生的"愉悦"与写作的行为所产生的"愉悦"相一致。"作品"的"阅读",只不过是读者意识对话语言说者权威的一种屈从。"文本"敞开大门,使读者能够进入"意义"的生产过程,从而允许读者能够享受之前只有"作者"才能享有的特权。

很明显,"文本性"的概念不仅不排除"阐释"的可能,反而因其开放性产生了一种自由的游戏,一种忽略了一切对文本**负责**的概念而进行的游戏。这也标志着美国新批评主义和形式主义,与文本主义的决定性区别。无论前面两个学派如何忽视作者意图、历史语境、读者的反应、释义和翻译的问题,它们都依然对艺术文本的本体性保持着不变的信仰。无论是具有"反讽"性还是其他性质的"修辞方法",文本具有结构上的完整性,阐释的任务就是去识别、表达或暗示这些方法。在早期阶段,在克劳德·列维-斯特劳斯和罗曼·雅各布森的思想指导下,结构主义在对"代码"操作中生成各种独特"意义-效果"[①]的探索中,同样坚持文本要基于本体性基础。但是在结构主义向后结构主义的过渡中,甚至"代码"本身的概念也是问题重重。尽管20世纪70年代以来,

---

① Roman Jakobson, "Closing Statement: Linguistics and Poetics", in *Style in Language*, ed. Thomas A. Sebeok (Cambridge, MA: MIT Press, 1960).

许多结构主义的分析技巧仍然被巴特和福柯这样的文本阐释者使用着,但是随着人们逐渐意识到代码构成本身也具有任意性,"意义"的最后残余已经彻底瓦解了。① 在文本主义中,甚至"结构"这个概念也已失去了诠释学的权威。否认代码和结构与阐释的相关性的最终结果是使文本去商品化。文本不再被认为是可以交换(翻译)或消费的对象。失去了本质意义,文本已难以为继。相反,文本成了一个**演出**的场地(locus,topos)。在这个场地上,巴特说,正像音乐艺术家演奏音符或演员"扮演"角色一样,作家/读者应邀去"收集(文本)来创作戏剧、任务、产品和活动"。

在文本主义理论中,很容易发现一种自恋的幻想,在这种幻想中,一种特别的阅读"乐趣"取代了有责任心的解释者的诚实"劳动"。因此,在政治范畴内的左翼和右翼中那些惧怕自恋文化的人是这样解读文本主义的意识形态的,在他们看来,"文本主义"是一种普遍存在的幼稚症,这病症简而言之就是否认一切权威,否认道德、礼貌的举止和良好的品位。② 在这些带有倾向性的观点中,弗雷德里克·詹姆逊的观点是个明显的例外。③ 他认为"文本的意识形态"的背后存在着乌托邦式的冲动,甚至可以看作单纯的"想象关系"与先进资本主义的"社会现实"相关联的又一种例证。(文本主义)抛弃了所有对文本的确定、准确甚至貌似合理的解释,表明了他们对资产阶级科学享有的权威性的一

---

① 参阅 J. Sturrock, ed., *Structuralism and Since: From Levi-Strauss to Derrida* (Oxford: Oxford University Press, 1979); and Jonathan Culler, *On Deconstruction: Theory and Criticism after Structuralism* (Ithaca, NY: Cornell University Press, 1982), introduction and chap. 3。

② 参阅 Rene Wellek, "Destroying Literary Studies", *The New Criterion* (Dec. 1983), 1 – 8; L. A. Jackson, "The Freedom of the Critic and the History of the Text", in *The Politics of Theory*, ed. Francis Barker et al. (Colchester: University of Essex, 1983), 100。

③ Fredric Jameson, "The Ideology of the Text", *Salmagundi* 31 – 32 (Fall 1975-Winter 1976): 204 – 246. [Republished in Fredric Jameson, *The Ideologies of Theory: Essays* 1971 – 1986, vol. 1, *Situations of Theory* (Minneapolis: University of Minnesota Press, 1988): 17 – 75.]

种反抗,这种资产阶级的科学要求客观现实卑躬屈膝地和资本主义的生产制度相结合,把清教徒式的禁欲主义和以消费为目的的驱动力相结合。从这个角度看来,文本主义既有政治意识,也有认知含义:在文化领域中,它代表了对专制政治和资产阶级科学的抛弃;然而,与其说它在寻找一个替代物以建立一种激进的批评,不如说它已经倒退到了无政府主义。在詹姆逊看来,这种无政府主义是文本主义、结构主义和后结构主义共同拥有的功能,是一种本质上**反历史**的偏见。

要想搞清结构主义和后结构主义之间划时代的关联性,了解它们对历史的共同态度比了解它们对待科学的不同态度更为重要。结构主义有关文本主义的概念意在制造一种文化的**科学**,后结构主义则旨在建立一种阐释的**诗学**。然而,这两种情况都完全忽略了西方的历史观,即历史是所有"文本"的"语境",或者是把作者与读者在特定文化"传统"中联系起来的"过程"。正如列维-斯特劳斯所说,①西方的历史概念只不过是西方文明自身的神话,这种神话有助于证明它在全球的扩张是正当的,破坏所有处于"原始"阶段的文化也是正当的,因为这些文化缺乏所谓的"历史意识"。西方人所谓的"历史"和想要证明自身文化成熟的历史,以便以此来断言其他原始民族的幼稚性,已经在很大程度上文本化即神话化了,它把文化产品与"自然"混为一谈。

巴特在《历史的话语》一文中提到,因为轻信"指示对象"即为"现实",历史学家假定的"现实"文本已和神话、传说、史诗和小说的虚构文本成为同类了。② 如果没有"历史现实"(或者相应的民族志学和社会学现实)作为底线来衡量那些自以为是、充满想象力的文本的"虚构性",每一种现实的陈述只不过就是另一种"文本"。其中某些文本可能会冒充为被现实装饰的真实作品,但它们充其量只能成功地产生出一

---

① 这是 Lévi-Strauss 这本著名著作的结论里的观点,*The Savage Mind* (Chicago: Chicago University Press, 1966)。

② Roland Barthes, "Le discours de l'histoire", *Social Science Information* 6, no. 4:63–75. (1967).

种"现实-效应"。不能依照现实主义的标准评价它们,只能视之为读者-评论家提供表演的场合——这正如巴特本人在《米什莱自述》一书中如此对待米什莱的著作一样。史学家的文本——实际上是历史学家据以构建他自己的文本的"文档",将被视为一种嬉闹之地,在**严肃地**声称**原原本本**表述了现实的文本面前,机智而**擅长表演的**阐释者将会在此展示他嬉闹的才能。这正好表明了阐释者具有特别的超越**资产阶级**严肃性的态度。就算是在严肃的历史面前,阐释者也会是"一个狂放不羁的人,敢于把臀部露给**政治之父**去看"。① 文本主义生成、导致和产生了一类毫无规矩的诠释。

表面上看,一个人对文本,尤其是文学文本的解读正确与否到底有什么重要的?假如我误读了弥尔顿,甚至是莎士比亚,或者就是想通过解读他们来炫耀我的学识或者作为一个读者的高超技巧,那又怎样?弥尔顿和莎士比亚已经死了,我对他们没有义务。他们的文本,或文本的各种版本,就在我面前,这些文本会邀请我解释,甚至**请求**我解释。我为什么要努力寻求**正确的**解释呢?就算我弄错了又有什么关系呢?

我认为,只有把"正确"理解为不仅是"精准无误"而且应该是"恰如其分"时,才会有关系。准确无误在这些情况下是一个重要问题,即被解释的文本主要用作一种信息来源来考虑,因为完成某些实际任务需要这一信息。但是,除了用于教喻之外,很难看出虚构的文学或历史叙述如何能够为任何实际目的服务。这些文本中包含的信息不是实用的信息型文本。因此,无论我能否准确地检索或提取这些信息,都和任何人没有任何关系。

但是,如果把"正确"理解为不仅意味着"准确"地解码包含信息的消息,不管其有用与否,而且对它所能展示的任何信息文本里包含的信

---

① Roland Barthes, *The Pleasure of the Text*, trans. Richard Miller (New York: Hill and Wang, 1975), 59.

息回应"恰当",那么正确性对于阐释文学或非文学的文本就非常重要了。① 如果阐释的正确性依赖于对文本传达的信息持有恰当的尊重(甚至是相信的)态度,那么人们对文本的态度就会与通常对待权威的态度没有什么不同了。在阐释文本中放弃正确性的标准,就是放弃对传统最后的一丝尊重,这些传统是经由被集体接受且奉为经典的文本传达给活生生的读者的。放弃正确的标准也就放弃了做决定的可能性,这些决定包括:哪些文本是经典的,哪些是杜撰的(相对传统而言);哪些文本在语言和道德两方面都可以用作恰当得体的例子;哪些将被用来作为表述"现实"的"现实主义"范例,以及哪些已归入"小说"的范畴,等等。总而言之,在阐释文本中放弃正确性的标准,也就放弃了文本的等级概念,这一等级构成是以认知内容的尊卑高下和在文本生产过程中所耗费的劳动质量为依据的。

反对文本主义的理由是显而易见的:任何阅读都被视为一种二选一的结果,或者是"自由任意"的阐释,或者是"规则约束"下的阐释,这就相当于把"现实"置于同样的选择之中一样(错误)。传统主义观点[可以追溯到弗里德里希·施莱尔马赫(Friedrich Schleiermacher)]认为,阐释是一种行为,其合理性主要是依据其与自然科学的实践过程或者和知识的相似或相左来定义的。在"文本主义"出现之前,人文和社会科学要么力求(类似于自然科学的做法)对人文现象做出"解释",要么满足于像威廉·狄尔泰这类诠释学家一样对其做出"解释"以便使人"理解"。在文本主义理论视域下,上述两种观点都被抛弃,新的理论主张阐释者可以力求创造自己的艺术品,这个艺术品就是他自己的阐释。这种阐释可以作为一种艺术品,凭借自身之力在各种阐释中占有一席

---

① 如果用一个主题来了解德里达的著作,那就是对"恰当"的解构。特别参考"White Mythology", *New Literary History* 6, no. 1 (Autumn 1974): 5 – 74. Reprinted in Jacques Derrida, *Margins of Philosophy*, trans. Alan Bass (Chicago: University of Chicago Press, 1982), 207 – 272。

之地。① 阐释被认为不再以任何方式依赖于艺术作品，更不需要对其负责。阐释不是对艺术家、诗人和大思想家**作品**进行解释和尊敬地呈现，相反，阐释是对阐释者本人**艺术**的一种展现和庆祝。在这种自我庆祝中，文本主义者的阐释触犯了一种类似乱伦或混血的禁忌，它抹杀了文本领域内主权和依附性的差异。不论是主张任何事物，包括艺术本身，最终都**只不过是**阐释，还是主张阐释**也是**一种艺术，因而任何事物最终都是艺术，这些都是无关紧要的。问题在于，以上两种主张逐渐消解了等级区别。消除了有待阐释的文本和阐释中的文本之间的区别，等同于努力在政治、法律和社会领域中消除主人和奴隶的区别。在那些欣赏名著杰作的至高地位、把阐释视为从属于文化艺术品的人看来，这才是（文本主义者）的头条大罪。

除此之外，把文本视为脱离了所指的能指游戏——这一概念要归功于拉康和德里达，②其观点是：任何假定的所指都仅仅是**能指的游戏**——这一概念推翻了自诠释学问世以来阐释一直被奉为基石的一整套的传统区分标准。我所指的区分包括意图和行为、字面意思和比喻意义、文本和上下文等之间的区别。如果考虑文本时不考虑文本的内部维度和外部关系这两方面与非文本之间的联系，那么阐释就失去了可以解释的对象。（相当于）阐释失去了可以产生知性工作的原材料，而这一知性工作的标志是一种商品，也就是它做出的阐释。如果把文本理解成像符号一样没有意义的外壳，那么阐释就被视为一种**劳动**（重复产生相同的东西）；或者，还可以视为一种**游戏**（同样仅仅是重复生产，但是至少可以不断激活阐释，而非像劳动一样花费巨大，只会消耗和削弱阐释）。

在我看来，文本主义追求的外向化效果代表着文化批评长期努力的积累，其中心是使**象征主义**退出舞台——或者修正 20 世纪之前的文

---

① 参阅 Geoffrey H. Hartman, *Saving the Text: Literature/Derrida/Philosophy* (Baltimore: Johns Hopkins University Press, 1981), introduction.

② Culler, *On Deconstruction*, 26-30, 97-100.

化批评中象征和所指毫无关联这一概念。① 当符号和其延伸的文本都被看作是表象时,它们就失去了借以生成意义的能力,在柯勒律治(Samuel Taylor Coleridge)和歌德(Goethe)看来,象征正是借此才能生成意义。在这一新的概念支配下,文本只能起到一个**索引**或**图标**的作用,前者在话语产生意义-效果的意识过程中起到指示作用,后者则是此类过程或产物的标识。然而在任何情况下,文本都不能像宗教符号一样,被认为可以**产生**预先确定的意义。象征绝不是通过指定两个参照符号之间的基本一致性就能产生意义,现在象征仅被看作一个被武断地赋予了所指(其本身只不过是另一个能指)的符号,并且这个符号在特定文化下,伴随着它的"适当"使用,具有产生特殊"意义-效果"的功用。因此,正是以同样的方式,自19世纪早期诠释学被当作一种独特的智力工作以来,**不同行业或领域**的阐释者把他们的关注对象,即各种不同文本,分别称作"神圣的""古典的""经典的""诗学的"或"文学的"。

至此可以看清现代主义有关语言的符号本质这一概念里,对象征性的抨击中所固有的、具有更广泛意义的文化内涵。首先,正是在象征符号的基础之上形成了这样的概念,即创造性活动有能力生成值得阐释的对象。其次,把艺术品视为一种象征的概念证明了阐释不仅仅是一种"复制性的"工作,而是一种"生产性的"(不一定是"创造性的")工作。我想要说的是,象征的传统概念是和"行动"的概念相关联的,"行动"与"工作"和"劳动"的概念相对,是西方特有的、人文主义意识形态中"创造性"的基本营养来源。因此,消解了语言和以文本主义为表征的文本性中象征维度的传统概念,其意义不亚于消除了创造性本身的人文主义理想,结果一无所成。

---

① 有关象征主义的命运和文本的象征主义概念,参阅 Tzvetan Todorov, *Theories du Symbole* (Paris: Seuil, 1977), 10ff;[*Theories of the symbol*, trans. Cathrine Porter (Ithaca, NY: Cornell University Press, 1982)]。另请参阅 Roland Barthes, *Elements of Semiology* (New York: Hill and Wang, 1968)。

人文主义的创造性[**创制**(*poiesis*)]观念一方面源于它与工作[**工匠之艺**(*technê*)]相对的部分内涵,另一方面源于它与劳动[**分派的工作**(*ergon*)]相对的意义。工作和劳动的概念又是源于它们相互对立的地位,前者比后者在某种程度上更近似于创造性活动本身的意义。创造性的这一概念,由于被设想为一种在**品质上**优于工作和劳动的活动,并且是一种能够产生比工作和劳动的结果更"高贵"的成果的行为,因而构成了人文主义的神话,也为它运行的意识形态提供了依据。从这个角度看来,尽管被委婉地视为一种"工作",文本绝对不是一种工作[**工匠之艺**(*technê*)]的产品,后者能生产出其他商品以供在交换制度下或市场上流通。毋庸置疑,文本也绝不会是"劳动"的成果,因为劳动仅仅具有重复生产的性能。

与之相反,艺术作品,作为一种特殊的存在,则被视为"行动"的产物。其独特属性在于它是一种特殊商品,可以被无限交换(阅读和阐释)却不必担心任何价值上的损失,其可阐释性的属性使之可以被无限使用(或者所指),这种可阐释性同样适用于人文传统中那些被认为值得作为解释对象的文本。

上述观点正是可阐释性概念的内容之一,见于本时代最敏锐的阐释理论家保罗·利科(Paul Ricoeur)的著作。利科于1971年发表了论文《文本模式:被视为文本的合理行动》,同年巴特发表了自己的宣言,该论文是利科对阐释和文本性理论的总结性阐述。① 利科认为,阐释是"不讲求方法的方法",现实的某些方面无法使用物理科学的方法进行"解释",通过阐释可以达到"理解"。那么现实的哪些方面是无法解释的?利科的答案是:人类的行动,因为要区别其活动或运动,不仅仅要看它们表达的意向性,更要看它们的创造性,也就是说,它们对社会环境产生的作用。这些作用构成了人类行动的意义。反过来说,这些

---

① Paul Ricoeur,"The Model of the Text: Meaningful Action Considered as a Text",in Paul Rabinow and William M. Sullivan, ed. , *Interpretive Social Science* (Berkeley and Los Angeles: University of California Press,1979),73 - 101.

意义,正像言语行为的意义一样,是可理解的(抓得住的),因为这一意义的生成行为和言语生成行为类似。因此,文本是一种典型的可解释对象,具有成为范例的属性。

利科认为,J. L. 奥斯汀提出的并经由约翰·塞尔深入发展的语言行为理论,是理解语言和行为二者关系的关键所在,是把文本当作典型的解释对象这一理论的基础。① 利科强调,奥斯汀所谓的"言外行为"——指说话人通过说话的行为,给世界带来变化——能够产生各种"文本",其意义客观上是可以理解的,因为这些意义产生的社会效果是可知的。当法官宣判罪犯或牧师宣告一对"新郎新娘"结为"夫妇"时,文本借此生成,其"意义"也即"效果"是和文本"作者"的主观意图分离的。至此,文本即行为是合理的,甚至可以进一步得出这样的结论:文本可以通过举例说明来"代表"行为。

书写的文本和言说的文本之间的根本不同在于书写"固定了"言说的"所述",并且把话语和表面可见的参照物以及作者的控制分离开来。正是由于书写对言说"所述"的固定,把文本与表面参照物及从作者控制下分离出来,使得书面文本比言说的话语更加不确定并且问题重重,成为**有待解释之物**。同时,不论作者本意是想将其写成直白的报告,还是想要刻意描写,书面文本都已成为一种特殊的**象征结构**。正如行为创造了文本,文本通过"固定"取得了"声音"和自己的"意愿"。书面文本的"所述"远比作者写作时意图表达的言说更为重要。其原因在于:书面文本通过与表面参照物的分离,本身成为一种象征"我们现存世界的维度"的"象征符号"。② 相对书面文本和言说之比较来说,书面文本和实践领域中人们的创造行为更为相似,这种相似性在于文本**超越**了其生成的直接条件。举例来讲,正如政治领域里行动的**重要性**超过相

---

① Paul Ricoeur, "The Model of the Text: Meaningful Action Considered as a Text", in Paul Rabinow and William M. Sullivan, ed., *Interpretive Social Science* (Berkeley and Los Angeles: University of California Press, 1979), 77.

② 同上,79。

关性,文本对原有"处境"的超越是更为重要的。

这样看来,文本可以看作是时代的镜子,也是反映"通向自己内在世界"的镜子。① 文本脱离了作者的控制,符合历史上一切创造性行为带来的不曾预见和无法预料的效果。因此,尽管文本只对有限可能的读者开放,事实上,它们(假如这些文本是创造性的)在不断寻找"无限范围"的读者——这和政治一样,创造性行为成为众人兴趣所在时,就会令人着迷并被许多与原来的执行者大相径庭的人争相效仿。

此处我不会去深入探讨利科的研究方法,利科借此方法得出有关文本的理论,并得以重写有关解释与理解的关系这一经典概念。毋庸讳言,这种方法使他把早期的观点,即把理解视为与文本"对话"的结果直接贬低到浪漫主义的垃圾堆中。同时,他把文本定义为具有指称性的象征模式而非一个标识或索引,因而拯救了文本的指称功能。对我们来说重要的事实是:仅仅通过强调文本和文本产生的社会制度一样具有象征性,利科就可以恢复文本的权威,使之成为一切**有意义的**行为,或者,同时也是**创造性**行为的范例。在他的构想中,文本成为象征性本身的一个象征——也就是说,社会性的象征;因为"不但象征的功能是……社会性的,而且……社会现实从根本上就是象征意义的"。②

利科把文本视为作品并为这一观点辩论,文本即作品的概念限定了解释者的权限,同时也为无数对文本意义的重复阐释提供了可能,但他为之付出的代价是使作者意图、文本表明的指涉性和任意指定观众的反应这三种文本意义的决定因素充满问题。在他提出了现代主义有关表层和深层语义学的区分,文本直接**表述**的意义和潜在**谈论**的意义是可以区分的这一概念之后,这是利科必须偿还给结构主义的代价。对于构建把文学文本视为象征系统的理论,这类文本的参照对象即文

---

① Paul Ricoeur, "The Model of the Text: Meaningful Action Considered as a Text", in Paul Rabinow and William M. Sullivan, ed., *Interpretive Social Science* (Berkeley and Los Angeles: University of California Press, 1979), 86.

② 同上, 99。

本本身(此为现代主义的自我指称性论点)和非文本本身的东西,在此指的是社会现实,对言语活动的传统因素(作者、观众、语境)进行质疑似乎是必不可少的。但是既然上述的社会现实被认为本质上是象征性的,这就意味着所有书写话语的最终参照物必须是**象征符号**本身。①正是通过说明所有书写话语的最终参照物是象征符号本身,利科才重新将意义赋予了历史、人类学和心理学这类公认的现实学科的话语,这种意义类似中世纪考据学者在神圣文本中字面与引申含义交织之外发现的"道德"意义。这使得利科进一步提出这种可能性,即使最冷酷的人文学科的现实主义话语中,也存在着**某种类似**神秘主义或神秘的意义,这意义就是学者们一般称之为宗教话语的最终意义。

万物的根本系于象征符号的传统概念,然而,现代语言学却将其视为约定俗成的符号,而不是一个活的提喻(浪漫主义的观点)。利科认为,文本被当作一个结果或行动的产物时,就成为一种特殊的符号,同时也是其指涉物的**标识**和**索引**。作为标识,文本可以说是和其最终所指的象征结构(指人类活动或者延伸为人的创造能力,即产生意义的能力)**相类似**;作为索引,文本本身被视为**一种起因**(话语)的**效果**,这起因(话语)即创造性行为在言说或书写时采用的形式。这就是为什么必须把文本的阐释分析置于规则约束之下而不能任其随意自由地展开。阐释的有效性有赖于对双重危险的抵制:这危险一方面来自寓言化,另一方面来自"诺斯替主义"把文本的象征内容简化为"理性的模仿"。②寓言化把文本当作一种没有所指对象的符号游戏,而诺斯替主义的还原论则将符号分解为一种思想的载体。

负责而可靠的阐释,与之相反,将会渴望重新建构和制定这一过程。在这一过程中,特定的文本把无法直接言喻的人类体验用象征的

---

① Paul Ricoeur, "The Hermeneutics of Symbols and Philosophical Reflection", in *The Philosophy of Paul Ricoeur: An Anthology of his Work*, ed. Charles K. Reagan and David Stewart (Boston: Beacon Press, 1978), 36-58.

② 同上,47-48。

方法表达出来,除了用相反的方法,文本讲述的这类体验是无法言说的;这类体验包含有关时间、死亡、救赎、社会性、自我等诸如此类的经历。这一类体验只能通过间接的方法去表述,也就是说,用比喻、叙事性的或者寓言式[其字面意思是言他(speaking otherwise)]的方法表述,这类方法提供了一种区别方式,可用来区分任何文本的象征意义和字面意义,并用于区分哪些文本需要阐释,哪些文本不需要。①

因此,利科恢复了对经典文本与伪经典文本的区分,也即我们对所谓的主文本与从属文本的区分——以及由此产生的两种不同文本的创造性之间的差别,一种是把写作视为一种行动,另一种是把写作仅仅看作是工作。可以阐释的文本之所以需要解释,是因为其丰富的象征内容。而无法阐释的文本是缺乏象征意义的文本,其"清楚明了"的代价是意义的匮乏,意义只有通过行动才能产生。区分这两种文本的标准是质性的,而不是定量的。正像俄罗斯考据学家尤里·洛特曼(Jurij Lotman)提出的,不能把艺术文本视为大量"编码"游戏的产物。② 象征文本抗拒"解释",是因为它在写作中体现了人类的创造力与自然界其他部分的区别。

毋庸置疑,利科把阐释象征文本的任务寄托给了他所谓的"信仰的诠释学"(而非"怀疑的诠释学")。对此他指出,与包含消息、信息、论据、命令或者查询之类内容的非象征性文本的解码相比较,阐释不仅仅是与之不同或更有难度,更是一种更高层次的智力**工作**。并且,显然,利科暗示文本主义授意下的阐释的自由游戏根本就不能称为阐释。在文本这个表演场地上展开阐释的自由游戏,其结果既不是解释,也不是理解。这类解释既不像行动,也不是工作**或**劳动。事实上,它看起来就像它公开宣称的那样,也就是说,是一场游戏;或者更准确地说,看起来

---

① 这一观点见于利科的最后一部书,*Time and Narrative*, vol. 1 (Chicago: University of Chicago Press, 1984), chaps. 1 and 2。

② Jurij Lotman, *The Structure of the Artistic Text*, trans. Ronald Vroon (Ann Arbor: University of Michigan Press, 1977), chap. 4, "Text and System"。

像表演——或者就是**表演**,是怀有清教徒心态的阐释者眼中的一剂毒药。

在这篇文章中,我使用了一些神学术语,是因为我想表明,我们在现代讨论的"文本的阐释"是一个小型的辩论重演,这一辩论源自一种坚信,即坚信某些文本的来源是神圣的,因此这些文本的价值和任何源于人类或自然的文本的价值是截然不同的。从确信某些文本是神圣的或拥有某种源自神圣起源的灵性,到确信文本性本身是神圣的或本质上是灵性的理解之间有着小小的差距。① 这一差距类似于获得提名和宣布获奖之间的差距。因为假如仅有一篇文章是神圣的,那么所有的文本,只要它们加入含有同类标记的"文本"中,都可以被理解为神圣的。指定一种文本,如《圣经》是神圣的,就相当于使该文本和世界上任何其他世俗的文本对立起来。一旦建立了这样的对立,就有必要把所有看似具有文本性的实例放置在一个从正面标记的术语(**神圣的**文本)到相对应的负面术语(**世俗的**文本)的范围之内。这种分布产生了一种等级制度,在这一制度中,范本的基本属性,即神圣性,成为判断一般文本价值的标准。在神圣文本的例子中,这个属性当然是创造性,因为作为所有神圣事物的来源,上帝是一个非常卓越的创造者,他按照被造物的形象与他相似度的多少来标记事物。从根本上来说,把文本视为创造性的存储库和创造原则世界的宣言书这一概念也是如此产生的。

即使在把创造性原则和被认为是其起源和人格化的存在分割开来之后——正如在世俗化从文艺复兴延续到浪漫主义的过程中,这一原则在不断地被分割一样——这种联系创造性、文本性和价值的关系结构依然作为批评理论和文本阐释的土壤继续发挥作用。在现代批评理论中,借由语言象征性的概念和与之相伴的艺术品的象征性概念,这一

---

① 任何对"文本"的深入探讨都必须参考 Brain Slock 最近的一本书,该书内容新颖独创,见解深刻。*The Implications of Literacy* (Princeton, NJ: Princeton University Press, 1983),此书挖掘了"文本团体性"的形成和中世纪文本概念与圣典概念的同化。

土壤继续存在。因此,当现代语言学家把象征符号贬低为约定俗成的符号时,艺术品的精神性也最终消失了,创造性的理念解体了,阐释作为一种"理解的"方法也同时失去了存在的理由。

文本主义的主要含义,根据巴特和后结构主义者提出的观点,是把文本降低到和其他经由人类工作而生产的商品一样的地位。由于文本主义者抛弃了文本的等级制度,即象征性文本占据顶端的位置,标志性和索引性文本按照不同的价值依次降序排列的结构,使得他们同样抛弃了活动力的等级制度以及行动、工作和劳动的等级制度,这种制度是根据商品、创造力、使用性和可交换性的等级排列而产生的。结构主义和后结构主义同样都把关注力聚焦在符号的生产和再生产上而非符号的创造性上不是偶然的。同样可以理解,为什么马克思主义者把这两种运动视为人类科学中的宣言,即在资本主义工作条件下才会产生的劳动异化的宣言。

但马克思主义者在对结构主义和后结构主义的批评中存在着一种不确定性,这种不确定性源于马克思主义者对传统的人本主义概念的迷恋,这种概念可以被称为"创造性"。马克思和恩格斯对工作形式等级化的抨击已和他们的名字联系在一起了,其实这种抨击已经隐含在被他们鄙视的资产阶级同行约翰·洛克(John Locke)和亚当·斯密(Adam Smith)的劳动价值论里。他们的抨击并没有涉及艺术商品的领域,而这类商品是激进者以及资本主义社会本身持续不断并且非常有效地把艺术品变为商品,把艺术生产变为劳动的产物。马克思主义美学继续把艺术作品作为一种比其他商品生产更高层次的活动,这类活动表现出了比体力劳动更高层次的自我意识。事实上,格奥尔格·卢卡奇认为艺术作品是人类活动的领域中的一种模式,即当无产阶级在思考中抓住了自己的异化状态时。也就是说,一旦它成了人类了解自己正是如此的商品化部分,会产生什么样的无产阶级意识的模式。当无产阶级达到了真正的艺术所拥有的自我意识水平时,工作本身就会变成一种创造性的行为,一种只有上帝、英雄,以及极其富有的人才能拥有的行为。然后,当国家灭亡了,社会消失了,人类的生活本身就会变成一件艺术作品。

近来有一种对这类变革的失望充斥和影响了人文学科中有关文本性、文本的阐释及通常意义上阐释本质的辩论。或者说,这似乎是我个人的挫败感。文本主义者反对这一主张,即书面文本特别是文学文本自认为比其他人类工作生产出的商品地位高贵和值得尊重,这种抨击反映了一种普遍存在的幻灭感,怀疑是否有可能把人类工作从辛苦的劳作中解放出来,并且使人类工作变成一种创造性行动,而这类行为从前只有神话中的神祇和英雄们才配拥有的。在幻灭的同时,出于驱散我们思想中有关文化的最后一点精神主义残余的目的,这一抨击还在不断升级。这最后的残余,因其把艺术品视为人类精神的最高贵的产物,已成为自文艺复兴以来不断升华的、虔诚的避难所。认为艺术品**仅仅**是一种商品,或只是哀叹资本主义把人类的一切降低到以金钱或市场价值来衡量,造成了文化的商业化,二者是截然不同的。认为艺术品**仅仅**是一种商品,旨在提醒我们艺术品也是人类工作的产物,其价值取决于它的身份,这一身份是人类能力的一种标志,这种能力可以把物质世界转变为特别为人类**使用**的商品。只要艺术作品仍然保留着神秘产物的特性,这时同样神秘的创造力赋予了人类一部分神秘能力的产物,是除了人类再没有其他生命拥有的创造力的产物,这种转变就是不可能的。文本主义提醒我们艺术品和人类工作生产出的其他物品一样,**仅仅**是一种商品,同时邀请我们像使用其他产品一样使用艺术。以此方式,文本主义要求我们重新思考工作的本质。因此,从最广泛的含义上说,文本主义重新定义了对"文本""负责任"的难题,当有史以来第一位解释者面对"上帝的圣言"的铭文,决定做出阐释的时刻,我们就一直在背负着这一沉重的难题。

第十五章
历史多元论和泛文本主义
（1986）

> 多元化的时代已经到来。做什么再也不那么重要，这就是多元化。
> ——阿瑟·C.丹托,《艺术的终结》

> 成为一个多元主义者，因为多元主义实现的目标远比任何可以想象到的关于全部人类话语广泛一致的理论更为重要。
> ——韦恩·布斯,《批判性理解力》

在1982年夏季版《批评研究》中，编辑 W. J. T. 米歇尔将杂志的编辑理念定义为"辩证多元化"。相较于他所说的普遍观点，即多元化"至多是……一种漫无目的的折中主义，在最坏的情况下是……一种伪装的压抑的宽容形式"。米歇尔将《批评研究》中宣称的多元论表述为"不是从中立立场对反对意见的自由宽容，而是转变、转换，或至少能够说明关键冲突的症结所在的某种沟通"。① 在他看来，辩证多元化可能有助于"通过思想交流重振现有的批评体系"，并推动"新体制的发展来回

---

① W. J. T. Mitchell, "Critical Inquiry and the Ideology of Pluralism", *Critical Inquiry* 8 (Summer 1982): 612, 614.

应知识界的集体需求和利益关注。"①

米歇尔认为阻碍这些目标实现的主要因素是"先锋和守旧批评的简单两极分化,它们在当今许多争辩中被视为'政治意识'"。② 他将这种两极分化归结于他称之为"泛文本主义"的一种重要思想的兴起。这一概念被描述为"将自然和文化的整体构造解读为符号网络"策略③;将以"解构主义"为代表的泛文本主义视为"20世纪70年代最令人关注和重要的运动"④。米歇尔表示,其主要缺点在于缺乏他称为"历史感"的历史意识。因此他写道:

> 我们需要一种历史感,特别是对于我们自己的重要历史,它会超越业已形成的我们已经"超越"所有先前的范式这样一种概念。把先前的批评当作错误的历史,认为它总是被当前重要的突破所改正,我认为这种认识是出现在我们理解制度史过程中的主要错误。我首先想到某些"天真"立场的惯常主张——诸如实证主义、经验主义和艺术模仿理论——其名声已经无可挽回地被我们最近的突破所败坏,这本身是不顾史实的天真想象,这种想象总是简单地假设这些立场不可逆转地名誉扫地。⑤ (CI, 618)

我之所以认为这篇文章引人注目是因为它隐含的多元论联结具有一种特定的"历史感……这将会超越我们在某种程度上已经'突破'所有早先的范式这一概念"。我原以为多元论者,特别是辩证多元论者,会认为我们的"历史感"会像他所希望传达的重要立场一样多元化。可以肯定的是,任何"把先前的批评当作错误的历史"都是虚假刻薄的,但

---

① W. J. T. Mitchell, "Critical Inquiry and the Ideology of Pluralism", *Critical Inquiry* 8 (Summer 1982):616.
② 同上,618。
③ 同上,617。
④ 同上,618。
⑤ 同上,618。

远非"出现在我们理解制度史过程中的主要错误",至多只是众多定义"我们的"所指的一种方式,不管怎样,不管是否得到认可,它无疑是"理解"制度史的**一种**方式。此外,"某些'天真'立场的惯常主张,其名声已经无可挽回地被我们最近的突破所败坏",并未被认真对待,确实是因为这些主张的形式而非它们的"不顾史实"的本质让我们难以接受。因为**历史**复杂性即使再多,也不能使"实证主义、经验主义和艺术模仿理论""不可逆转地名誉扫地"。历史复杂性最多引发对这种学说支持者所说、所谈和所想的更好理解;然而这些学说之名声是否"无可挽回地被败坏"并不是任何一个历史学家——不论他是不是多元论者——能够决定的问题。

我推测米歇尔并不是有意表明他心目中的泛文本论者在涉及关键突破进取事件的历史**资料**中是有缺点不足的。因为,如果他想到雅克·德里达、米歇尔·福柯、罗兰·巴特、安伯托·艾柯、杰弗里·哈特曼、哈罗德·布鲁姆、热拉尔·热奈特、A. J. 格雷马斯、茨维坦·托多罗夫、茱莉娅·克里斯蒂娃、J. 希利斯·米勒、保罗·德曼、斯坦利·费希,那么就必须承认他们所涉足的广袤领域令人惊叹,包括他们的研究范围,研究多种文化、文学阶段和哲学史的倾向,以及他们拒绝将自己局限于研究一个通用"制度史"的独立时期/阶段。如果他们有任何过错,问题出在复杂而不是天真上面。所以我认为泛文本论者真正被指责的是其错误的"历史感",是从错误的角度去看待历史,特别是批评的历史。也就是说,从一个典型的现代主义或后现代主义视角,至少是不同于人文主义多元论视角看待历史的。

就如同米歇尔采取文学理论家的立场一样,他愿意承认批评模式同等合理的多元性,但不愿将这种多元化延伸至历史考量本身。这并不意味着他不愿意将批评史作为一种批评立场、百家争鸣的不和谐音调和一个无休止的批评意见循环来审视,没有任何人能最终宣称自己永远是赢家,而意味着他一定认为这是对历史唯一合理的解读。如此解读历史的视角有专门的名称,也就是**历史主义**——该视角在弗里德里希·梅尼克关于该主题的伟大著作中与兰克和歌德相关,①在埃里希·奥尔巴赫的《摹仿论》中,这一视角被视为与西方文学现实主义的命运相等同。尽管由梅尼克命名的这一角度表明这正是历史学**所需**的角度,当代史学理论和实践对这种说法进行了否认。事实上,如果看看当代史学理论和实践,我们就必须承认历史研究视角与文学研究中批评实践的方法一样多。这样说是有原因的:**历史**这一术语的所指对象是不能确定的,就如同**文学**这一术语(或是"哲学",或是"科学")本身展开的原则性争论。这样,如果一个人想通过提醒支持者注意合理"历史感"的必要性来"纠正"某些批判立场,这就好比提醒他史学的历史在"历史感"问题上与批评史在"文学感"问题上具有同样的困惑,这样来纠正校正者是同样合理的。当米歇尔把当今批评的意见分歧表述为古代和现代纷争的又一实例时,他无疑是正确的;但是他未能注意到这种重现产生的环境更加模糊,这是因为在描述两个阵营的差异时,没有一个普遍认同的"历史感"可供使用。这种"历史感"并不是古人和现代人在一些事实上达成一致,并由此带来关于面对现代与古老文学应该采取不同态度的启示。这里要讨论的问题并不是对事实的解释而是对历史真实性本质本身的解读。

　　泛文本主义的历史感与我所认为的以韦恩·布斯(Wayne Booth)和 M. H. 艾布拉姆斯(M. H. Abrams)为代表的多元论历史感之间的主要差别,与假定存在于过去发生的事件领域和对该领域的表述之间的关系有关。对泛文本论者而言,任何对历史的表述都被视为一个语言、思想和想象的**构建**,而不是对于假定存在于历史事件本身的意义结构的**记录**。对布斯和艾布拉姆斯而言,情况则刚好相反。并不是说他们就真实发生于过去的事件能否可能形成一份唯一明确的记录看法一致。因为,在 1976 年春季版《批评研究》发表的关于他们之间的意见交

---

① Friedrich Meinecke, *Historicism: The Rise of a New Historical Outlook*, trans. J. E. Anderson (London: Routledge & Kegan Paul, 1972),最早发表于 *Die Entstebung des Historismus* (Munich: R. Oldenburg, 1936)。

流表明,布斯想表达艾布拉姆斯"展示"了"故事"的真实性,艾布拉姆斯曾在《自然的超自然主义》中关于英国浪漫主义的描述中提到过。① 在阐释完艾布拉姆斯的展示后,布斯问道:"在他的详细描述中,他究竟是为我们提供了他的主题的**那段**历史,还是只是一段历史?"然后,他接着说:"假如,如同我所确信的,他会回答后者,他的答案会有多离谱呢?"布斯说,他的目标是"激发煽动"艾布拉姆斯"来讨论他的历史多元论究竟可以走多远"。② 这是建立在两种选择之上的,要么"一路走下去",去接受显然互相矛盾的历史,从而将他自己展现为一个相对主义者,或者"不要一路走下去",以此证明他不过是一个一元论者。③

艾布拉姆斯的回应是,他可以想象一本关于英国浪漫主义的书讲述的完全是不同于他所听到的故事,然而究竟哪本是"真实的",基于每本书只可能讲述"真相的**一部分**",而与此同时又是"**真相**的一部分"。④ 艾布拉姆斯问道:"这样就使我成为一个相对主义者吗?"

需要注意的是,对艾布拉姆斯和布斯而言,只有一个真相需要揭示,因为历史事件会以它们特有的方式发生,而不是其他的方式;但对艾布拉姆斯来说,最值得期待的是一个能够揭示部分真相的视角,而对布斯而言,一个视角是不够的。这意味着布斯是多元论者吗? 我必须认为他是,因为他常常这样戏称自己;但是基于他对艾布拉姆斯著作的探讨,我必须说他当然不是一位**历史**多元论者。因为历史多元论假定,要么是一些对于历史过往同样可信的记录,或者作为一种选择,要么是一组存在差异但又同样具有意义的对过去发生事件不确定领域的构建,按照惯例我们称之为"历史"。布斯并不接受之前的历史多元论,因为很明显,他认为关于历史过去的独立领域,只有唯一一个真相得到讲

---

① Wayne C. Booth, "M. H. Abrams: Historian as Critic, Critic as Pluralist", *Critical Inquiry* 2 (Spring 1976):416, 434。
② 同上,434。
③ 同上,434-435。
④ M. H. Abrams, "Rationality and Imagination in Cultural History: A Reply to Wayne Booth", *Critical Inquiry* 2 (Spring 1976): 460。

述——也就是从这里开始,所有关于该领域的记录可以由其真实性进行排序。而且他完全不接受后者的历史多元论,因为真相的全部难题都因为历史再现观而搁置,让它几乎与小说无异。

现在,米歇尔对于泛文本主义缺乏一种适度历史感的批评,以及布斯和艾布拉姆斯之间就既定历史现象形成一份简单真实记录的意见交流,都指向文学研究中一个更为普遍的问题,这使得提出的问题难以解决,因为它在所有人文研究领域中都是成系统的。这个问题和将人文研究割裂为独立学科有关,这些学科必须假装渴望追求科学地位,完全不希望履行自然科学在特定研究对象矛盾解释的归结原理过程中形成的程序。这种情况的结果是,为了在所有人文研究领域内开展研究,研究者必须假定至少有一个其他研究领域或学科是有保证的。也就是说,实际上是不受认识论和方法论争论影响的领域动摇了自己的研究领域。

历史似乎为米歇尔、布斯和艾布拉姆斯等多元批评家发挥了这样的作用。因此,米歇尔可以对一些同行进行批评,因为他们缺乏恰当的"历史感",似乎在他们看来这是一个没有任何疑问的概念。事实上,历史研究在究竟是什么得以构成恰当历史感上所形成的分歧,与文学研究在究竟是什么构成恰当的文学文本、批评或阐释概念上一样多。而且,对英国浪漫主义选择性叙事描述的相对真实性的批判多元论产生的影响,布斯和艾布拉姆斯也可以争辩。这种争辩中,没有任何迹象表明如今的历史研究面对的争论是:历史学家究竟是努力追寻真相还是可读性,以及历史再现叙事模式是否只不过是一个构建正确历史科学研究的障碍物?换句换说,无论达成任何决议,都必须以忽视或压制对于当代历史理论和实践的知识为代价。

如果承认文学研究和历史研究之间的关系在批评纷争中是重要的,那么也会以同样的方式去正视文学批评和文学史之间的关系。因为,看待后者关系的方式将在很大程度上决定批评不受约束的方式,尽管出于不同的原因,布斯和艾布拉姆斯都认为泛文本论者这样看待问题，或就此局限于对文学现象的看法。我认为，在将泛文本论者文学阐释的观念与所谓的历史本身只是一个文本的观念联系起来，米歇尔是正确的，因此，历史不能作为检查"文学"文本的手段。对福柯、巴特、德里达等人（尽管不是对所有的泛文本论者）而言，历史并不是一组呈现在我们眼前，从固定立足点进行全景式研究的事件，记录的方式也可能与地理学家、自然主义者和画家不同。由此我们可以去比较历史上不同的版本，并确定最为真实、客观、广博、有用的版本。相反，对泛文本论者而言，历史要么作为受制于多种不同文学体裁（小说、诗歌和戏剧）的文本，要么作为缺席的存在，其本质只有通过优先文本化（文件或历史记录）才能被感知，这种文本化必须在对当前的兴趣、关注、欲求、愿望等的回应中进行阅读和改写。在这方面，我认为（虽然我不会这样做），泛文本论者的成果与之前的现代主义者之间没有显著差异，比如说，罗伦佐·瓦拉和马基雅维利，皮埃尔·培尔和伏尔泰，儒勒·米什莱和珀西·雪莱。他们确实在信念上有所不同，他们坚信**历史**不能作为古人和现代人就文本是如何形成阅读、阐释、评估和使用的传统标准这一问题相互矛盾要求的中立裁决者。考虑到这种差异，告诫泛文本主义者"历史感"不够充足或不负责任，无疑是在争论中挑起争端。（最近类似的情况发生在马克思主义者与结构主义学派之间的争论中，前者批评后者在社会文化研究中采取与历史无关的方法，而结构主义恰是刻意忽视文化形成的历时性，目的是为了将其概念化为系统而不是过程。）①因此，如果我们想研究目前泛文本主义形态的批判多元论，我们不能通过使用"历史感"这一概念来达到目标，因为后者作为批评的一部分，也需要解决这一问题。

---

① 参见费迪南·德·索绪尔在《普通语言学教程》中对于将文献学方法运用于语言研究的批评，亨利·列斐伏尔在《语言与社会》(Paris: Gallimard, 1966)中对列维-斯特劳斯的批评，列维-斯特劳斯在《野性的思维》(Chicago: University of Chicago Press, 1966)[《野性的思维》(Paris: Plon, 1962)]中对萨特历史观的批评。在马克思主义内部，同样的争论见于 E. P. 汤普森《理论的贫困》(New York: Monthly Review Press, 1978.)中，该书是对路易·阿尔都塞的马克思主义的结构主义理论的抨击。

布斯和艾布拉姆斯之间关于批判多元论范围的交流探讨并没有解决这个问题,因为他们都认可共同的"历史感"概念,也就是说,解构主义者作为他们共同的敌人,(除了其他方式外)通过对历史的文本化受到质疑。这对我来说是一个至关重要的问题,因为布斯和艾布拉姆斯共同认可的历史感形成了批判多元论者、抵制陷入"极端相对主义"程式的主要依据之一,他们像反感"一元论"一样恐惧"极端相对主义",与此同时,多元论成了提供的保障。这种历史感似乎由历史是**具有生命力故事**的聚合体组成,只等待有才华的历史学家去发现并将它们带入能描绘(用布斯的话说,是华丽辞藻)其**真实本质的叙事**中。

因此,布斯这样谈及艾布拉姆斯关于英国浪漫主义的论述:"(在《自然的超自然主义》中),真相的说服力取决于说服最明显和最难的真相;艾布拉姆斯意在让我们相信**这一切发生了**——这个**故事是真实的**。"①在一封被猜测是对艾布拉姆斯证据选择和阐释提出异议的信件中,布斯辩驳道:"这是对艾布拉姆斯浪漫主义观点的质疑回复必须……给出例证;原原本本告诉我们**对立面的故事**,这样我们才能去评价。"②至于艾布拉姆斯,他写道:

> 这种混合体主张使用的"证据"的基本模式是将它们纳入一个故事中——具体来说,是纳入一个由多个故事组成的故事中,其中,我们可以在总体叙事中区分一些"中篇小说"和大量"短篇小说";而且作为一个整体,书要求读者进入它的"叙事世界"并相信**所有一切都发生了**——这个故事是**真实的**",成为一个使叙事暗指的真理假说和价值假说可靠性得到信服的必要条件。③

现在,作为一个真正的多元论者,以及做好在与**历史知识**相关的事

---

① Booth, "M. H. Abrams", 421.
② 同上,444;重点为我所加。
③ Abrams, "Rationality and Imagination in Cultural History", 449.

件中去接受激进相对主义者的标签的准备,我并不愿意对这种历史表现的**故事概念**提出异议。我只想指出,它是布斯和艾布拉姆斯共同认可的先入之见,在此基础上他们能精心设计不同的可能性概念,足以来讲述像"英国浪漫主义"这种现象复杂、**轮廓分明的**故事。然而,我将进一步注意到,关于叙事说明的认知状态有数量庞大的哲学文献;也就是说,如果我们相信阿瑟·丹托和保罗·利科等不同评论家,通过讲故事来进行解释,在人文社会科学中的分量足以将具象策略抛弃,而采用阐释学(interpretive),不去考虑解释学(explanatory)。这一判断符合当今专业历史学家的主导意见,对他们而言,叙事表征被赋予文学地位,也就是他们探讨事件的"小说"和"虚构"记录。换句话说,不管在寻求事实证据或处理事件真相的方向上做出何种姿态,只要历史声称去解释事件的聚合体,它们通过**讲述一个故事**来充当假定主题,从而提供的解释允许在"科学"标准的真实性和客观性方面不进行评价。可以确定的是,这并不意味着既定现象的叙事性(故事)记载没有真相价值;但是确实意味着(此处我认同利科于近期发表的观点)①嵌入叙事形式的历史记载也许会像**情节化模式**那样多样化,文学评论家认定情节设置通常构成了构建叙事的不同原则。

在文学中,我们会毫不费力地想到很多故事都以多种方式被情节化:浮士德和俄狄浦斯传奇只是最为明显的。更难以想象的是一组给定的历史事件可能经历了多种不同却同样可信的情节化;然而,这正是我们在遇到相同历史现象相互排斥的**叙事阐释**时必须考虑的。我们倾向于说特定的历史事件内在本质上是悲剧性的、喜剧性的、史诗般的或闹剧性的,因此,它们只会承认用唯一的情节模式来真实表现实在的意义。但是,只有在从被涉及的特定个体或群体的兴趣关注**角度**去审视时,真实事件才会是悲剧性的、喜剧性的、史诗般的或闹剧性的。如果

---

① Paul Ricoeur, *Time and Narrative*, 3 vols. [Chicago: University of Chicago, (1984-1988).]

是真实事件,悲剧性、喜剧性、史诗般或闹剧性就不是**描述性的**类别。应用于真实事件,这种分类最多是**阐释性的**;也就是说,通过把它们的情节编织为可辨认却又具有文化特殊性的故事,为事件赋予意义的方式是阐释性的。没有任何真实事件,即使是那些由个人生活组成的事件,会展示传统意义上作为故事所具备的形式上的一致性。通过时不时讲述生活的故事,我们可能会为它们追寻到一种特定的意义。但是,这是一种构建,绝不仅仅是发现——所以,它需要群体、国家和所有阶层的人参与,这些人希望把自己看作有机实体的一部分,能够生活在具有故事情节般的生活中。现实和历史意义都没有以故事的形式"待在那里",只等待历史学家去辨别它的轮廓,并认定构成意义的情节。

这并**不是**说某些事件从来没有发生,或者说我们没有理由去相信它们的出现。但特定**历史**探究的产生,并不是为了有必要确定**某些**事件的发生,而是想要决定其对于一个既定群体、社会或当前任务和未来前景的文化概念的**意义**。这就是为什么我们要区分具体历史记录和其他看起来本质为历史性探寻之间的差别,比如说地质学的、生物学的、新闻学的或刑事调查等。"英国浪漫主义"的出现是毋庸置疑的,其意义可以得到多种形式的解读。艾布拉姆斯认为,这意味着我们可以讲述其同样具有可信度、选择性,甚至是自相矛盾的故事,而不去违反多学科或哲学思想或事件意识形态立场普遍持有的证据规则或批判标准。①

关键是,我们可以想象不止一个或两个,而是任意数量的"英国浪漫主义"的替代故事和其他具有文化意义的事件,都同样合理可信并具有权威性,因为它们遵循历史构建广泛认可的规则。这些故事的可信度会存在于历史学家选取情节结构感知上的妥善性中,使得原本只是事件的年代记具有一定意义。

---

① 参见 Booth, "M. H. Abrams",433,注释 18,布斯运用约翰·塞尔的言语行为理论来探讨其他可能性。

这说明两件事。一是任何真实事件既定叙述的合理可信性都取决于从情节结构感知上的妥善性到历史学家用来作为索引的事件意义的表述中。另一个是历史学家赋予事件意义所采用的策略数量,该意义与历史学家自身文化的一般故事种类意义一脉相承。例如,在缺少悲剧故事概念的文化中,就不会有对历史事件的"悲剧性"解读。这意味着,首先,"合理性"是功能,取决于受众如何看待历史学家给出的记载,而不取决于讲述的故事是否"符合"其代表的事件;第二,任何既定受众能够判定为合理的既定事件的版本数量被局限于规定的情节过程,对受众而言,它们是存在问题的。

这可能会被认为是给予历史多元论者的慰藉,如果接受这一观点,那么通过在文化决定论中寻求庇护,他可以逃避激进多元论的威胁。为了在同组事件的多种版本中做出公断,至少可以排除对文化一无所知的情节设置记录,也就是基于这个原因书面记录形成了。此外,这种看待问题的观点也许会吸引批判多元论者,因为它授权来确定学科中历史阐释的范围,该学科最有资格决定哪些是情节设置的有效模式,哪些不是;换句话说就是文学批评。

此外,基于历史阐释可能性的这种观点,可以预想一种关联相同历史现象不同叙述的方法。有人会说,例如,艾布拉姆斯关于英国浪漫主义的记叙与想象的相对历史有着同样的关系,这一点与史诗情节具有悲剧或讽刺情节意味相似。这将允许我们去认可艾布拉姆斯的观点,也就是"两本书(可能)讲述的是一个真实的故事",而且不被认为是"矛盾的"。但这不是因为,如同艾布拉姆斯所言,"冲突立场"在话语的不同侧面交锋,①而是因为用于打造不同故事的情节结构本质上都不是主张性的,这种主张常以"单一存在叙述"进行检验的方式来投入验明真假的检验中。

将既定事件顺序描述为悲剧、喜剧、闹剧等,属于价值判断种类,而

---

① Abrams,"Rationality and Imagination",459.

不是事实判断种类。或者,正如利科特别就历史阐释所言,历史事件的既定情节设置本质上是具有**施为功能的**表达,而不是**表述性的**表达。历史阐释以叙事形式出现,属于惯用语的规则,依次进行人物塑造、阶段分层、分等级、排地位和评价,属于 J. L. 奥斯汀在《如何以言行事》中称为"判定语"的规则。至少——我在此尝试了判定惯用语——在我看来如此。

而后,真实历史事件的叙事,容许尽可能多的同样合理的表述版本,如同既定文化中可获得的情节结构来赋予故事意义一样,不论是虚构的还是真实的。这些意义,反过来就会像诺思洛普·弗莱所认为的小说原型,或是肯尼斯·伯克所认为的比喻性语言的"修辞格"一样相关。远远不是一个既定的叙事情节设定**排除**利用另一个情节结构作为产生既定历史事件替代叙事阐释策略的可能性,而是一个合理的表述以**任意**形式出现,使得阐释有权以另一种文化的叙事方式出现,尽管第一种方式已经出现在此文化中。一组既定事件**可以**含蓄地表现为一部喜剧,这一示范论证了以同样合理的悲剧、传奇、闹剧、史诗等元素表现喜剧的可能性。

但是,可以追问,根据被描述事件的本质,基于以故事形式对事件描绘的情节结构数量,难道就没有设定进一步的限制吗?"他究竟是在详述并定义的同时为我们展示了他所设定主题的**这段**历史,还是**任意一段**历史?"① 通过对艾布拉姆斯提出的问题,可以看出布斯的观点就是如此。

艾布拉姆斯对该问题的回答,对设定故事**种类**数量的限制具有指导意义,这些故事是可以得到合理叙述的既定历史事件,只要选择了历史阐释的叙事者角度。他原则上排除的唯一的英国浪漫主义描述,是非叙事学的。这是因为,在他看来,这种描述完全不能被当作**历史记载**。这样,在回复希利斯·米勒关于用解构主义方法论述英国浪漫主

---

① Booth, "M. H. Abrams", 434.

义的建议时,艾布拉姆斯写道:

> 如果重视米勒的解构主义阐释原则,基于书面文本的历史就会成为一种可能。如果一部作品被记叙成一段历史,那它必须是一段确定的和可决定的历史;而且关于文化历史学家必须具备素质的基本假设是,从他至少可以粗略估计的意义上讲,他能够理解某些作家在某些时期在作品中所表达意义的核心。真正遵循信念引导的历史学家关于文本的叙事……他的做法不过是"将意义输入'本身'不含有意义的文本中",进而成为历史本身想表达的——体现历史学家权力意志的一段历史,**通过选出的能够代表其权力意志的解构主义阐释代码其中之一显示出来**。①

在"历史"涉及的范围内,这篇文章尖锐地将我们置于多元论者和泛文本论者冲突的问题面前。艾布拉姆斯表明,这个问题取决于历史学家话语的题材、内容和所指对象,而不是取决于其表现形式或方式。他认为理所当然的是,话语的形式将形成叙事,话语的目标是去"理解""某些作家在某些时期在作品中表达的意义核心"。

但是对于一组时间发生久远的文本内容,假设历史学家对其刻画的兴趣大于理解的兴趣;文本本身被认为是"意义核心"的"表述"要少于某些话语实践的"效果";历史学家的目标在于展示一段过失频繁、表里不一、意义错误的历史,而不是布斯所谓的"希望……相信生命和欢乐"等;而且比起讲故事,历史学家对解释更感兴趣,通过应用一些当前哲学或社会科学理论,解释这个错误组织是如何形成、怎样形成一个时代的幻影,又是怎样被淘汰的(原文打字错误——编者注),这样的一种记叙是怎样成为一段历史的。明显地,这些对艾布拉姆斯来说不会成为一段历史;然而我承认,我所记述的能够恰当描述雅各布·克里斯托

---

① Abrams, "Rationality and Imagination in Cultural History", 458.

234　夫·布克哈特所著的《意大利文艺复兴时期的文化》、阿历克西·德·托克维尔所著的《论美国的民主》、约翰·赫伊津哈所著的《中世纪的衰落》等历史经典，如果按照艾布拉姆斯理解历史这一术语的标准，以上著述都不能被称为一个叙事。

当然，所有这些著述也不能被合理称为一段"解构主义"历史——至少这里我也没有兴趣讨论这一问题。我想讨论的问题与假定存在于叙事性历史再现和缺乏"历史感"的泛文本主义多元论批评之间的关系有关。

在我看来，如果采用历史再现的叙事性视角，那么就无法排除历史现象反叙事描述的可能性。在米勒的设想中，历史现象反叙事描述是根据解构主义原则书写的。这是因为历史事件本身并没有要求其描述以叙事性方式进行记录。将历史再现与话语叙事模式相联系是一个非常古老的惯例，但它也只是一个惯例。尽管最近关于历史事件和进程叙事性再现的有利条件的争论再次升温，当今历史学家的主流观点是，将表现的叙事模式视作历史转型为科学的一种阻碍，而不是将其视为表述历史现象的"自然而然"的方法。

现在，批判多元论否认叙事作为历史现象再现正确方式的影响是什么？主要影响是，不能使用特定的"历史感"作为将既定批判实践从正确批判方法列表中除去的基础，米歇尔曾在"泛文本主义"批评中使用该方法。米歇尔所说的"我们已经以某种方式'超越'了之前所有范式的概念"，在"历史感"层面上比我们还**没有**"'超越'之前所有范式"显得充分。这只是**另一种**拥有更长谱系的历史感。至于"将之前的批评当作一段错误的历史"，不是一个"影响我们理解制度史的错误"，而只是"理解"那段历史的**另一种**方法。简言之，即使多元论通常倾向于使用"历史感"，仿佛这是一个没有问题的概念，不受批判多元论想要极力避免的"相对主义"威胁，也不能保证不陷入"极端相对主义"中。

批判多元论拒绝叙事作为合理再现历史现象方式的第二个影响是：如同艾布拉姆斯希望的那样，没有办法去区分一段表述"历史学家权力意志"的历史和没有表述的历史。回想一下，对艾布拉姆斯而言，

"历史学家权力意志"是"通过他选取的能够表达意志的解构主义阐释代码其中之一来表现的"。但是,也可以以同样的方式去讨论"建构主义"历史学家的著述。艾布拉姆斯指出,他的"书总体上呈现一个标志性的螺旋结构,很多浪漫主义思想家认为这是思维理解的必要形态"。① 换句话说,他坦言,他已经为他的故事"设置了情节",选择了一个放大过程,由此将叙述的开始、过程和结尾连接成"历史性的(即回顾性的、前瞻性的和概述性的)诠释,因为我认为这是理解我的人文主义分析细节的唯一方法"。② 但是,这种情节结构的选择,因它在艾布拉姆斯看来是"许多浪漫主义作家以韵文和散文方式理顺哲学、历史故事和小说"③的方法,相比于解构主义者选择"选取的能够表达意志的解构主义阐释代码其中之一"而言,是不是在表达**其**意志方面稍显逊色呢? 这是经典历史主义信条之一,用于分析过去时代的阐释原则还是要从存在问题的时代中归纳出来。对历史主义劝导的历史学家来说,这是一个完全合理的行为路线。然而,19 世纪末和 20 世纪初著名的"历史主义危机"恰恰是由构成时代意识的主导模式的实现引起的,它是历史重建的**问题**,并不是解决方案。艾布拉姆斯选择"螺旋形式"作为"整部作品"的"结构"仍是大量合理"阐释代码"的**选择**之一,其中,解构主义阐释代码也必须考虑进去。这究竟是否必须被看作是艾布拉姆斯自身"权力意志"的一种表达,我们可以日后评断。

拒绝叙事作为合理再现历史现象方式的第三个影响,与布斯所认为的历史学家面临的选择都是一元论的和激进相对主义的观念有关。事实上,认为这些都是历史学家所面临的选择,取决于坚信一个故事可以形象地反映一组真实事件的聚合体。通过艾布拉姆斯的表述,我们可以看出他在书中想要寻求实现什么,在某种程度上,他刻意使讲述的故事不要符合**事件**结构,而去符合一种情节形式,他认识到,"许多浪漫

---

① Abrams, "Rationality and Imagination in Cultural History", 450.
② 同上,461。
③ 同上,450。

主义思想家"运用这种"螺旋"形式来构成"所有思维理解的必要形态"。因此,询问艾布拉姆斯他的故事是否是"真实的"(在与故事的事件结构相对应的意义上讲),本身即没有抓住艾布拉姆斯的要点。此外,询问艾布拉姆斯他的故事究竟是**那段**故事还是只是**一个**故事,就像该问题的答案会暴露一元论或激进相对主义,等于把涉及的问题完全弄错。

鉴于艾布拉姆斯选择将对英国浪漫主义的描述以叙事的形式表现,因此几乎不会出现关于他的描述究竟是真是假这一问题断定。故事没有真假,只有可不可以理解、是否连贯、是否一致、是否有说服力,等等。真实故事也是如此,正如虚构的故事一样。

布斯对艾布拉姆斯提出的问题假定了一个历史故事概念,这一概念完全不符合他自己提出的虚构故事概念。他会去追问一部小说究竟是对还是错吗?他可能会这么做。但是,关键在于布斯显然认为通过寻求一个历史现实就可以限制批判相对主义,这一历史现实具有一种结构,以此能使自己在故事中真实呈现,而不仅仅是可以理解的特定故事的表述。对于把讲故事看作再现历史事件、过程和情况的"自然"方式的历史学家来说,这是一个常见的错误。如果采取这一观点,那么选择一元论还是激进相对主义就变得不重要了。为了讲好所有真实事件聚合体的故事,就必须讲述一个而不是其他故事,就必须选取其中一个角度而不是面面俱到。也就是说,这意味着任何叙事都是一元论的和相对的,前者是基于它是一个单一的故事,后者是基于它是从一个视角讲述的。

当然,对于历史叙事再现的替代选择,我没有做任何赘述。然而,我没有提及的原因是,对于那些否认叙事历史编纂学在再现真实事件中的充足性的人们来说,从不存在多元论的问题。对当代非叙事历史学家和反叙事历史学家而言,历史记载非真即假,或是可以理解的,或是难以理解的。这表明,从批评和历史编纂学角度看,多元论的全部问题与历史再现的叙事学概念以重要的方式相联系。我在文章中试图说明的就是这种联系。将多元论的联系扩展至一种非叙事学的"历史感"则又会完全是另一个议题。

第十六章
"19 世纪"时空体*
（1987）

人们要求我反思 19 世纪研究领域的现状,考虑该领域本身是否可以作为"元学科"考量;在此基础上,组成我们这个时代的人类科学"学科"的各种分析技巧和方法可以协调统一为一个真正的"跨学科"计划。很明显,这是一项艰巨的任务,如果我指出它的完成条件尚未成熟可能显得有些愚蠢。然而,我认为应当关注通过反思 19 世纪跨学科研究这一母体组织的命名而激发我们的研究兴趣。相应地,我将尽所能清晰地讲述"该领域现状"和其"元学科"的前提、焦虑和困扰,它们从属于构成标题的三个术语:**跨学科**、**19 世纪**和**研究**。而且我会为这些论题提出一个与**时空体**理念相关的不同或额外视角。我首先注意到的是,构成人文学科的大多数领域是多学科性质的,原因在于它们特有的研究对象——艺术作品或文学作品、宗教经典、社会制度、思想传统、人类个体,复杂的历史事件——通常需要多个学科来进行分析。但是**多学科性不能与跨学科性混为一谈**。在研究一个复杂的人类现象时运用一些

---

* 这篇文章最初发表在杂志《19 世纪的语境》中,它隶属于一个学术协会对 19 世纪的跨学科研究。——编者注

不同的分析技巧是一回事,而概念化一个研究对象则是另一回事。与对现有学科进行组合的需求相比,后者更需要对迄今为止人文科学获得认可的学科方案没有考虑到的分析技巧进行理论化。如前缀"之间"表明的,**跨学科**出现在既定历史时段已建立的多个学科之间;跨学科性由人类研究的多个层面组成,在历史演进的既定时刻,在建立组成人文科学学科列阵的过程中,这些层面不得不被压抑、抛弃或否定。

罗兰·巴特在1971年撰写的文章《从作品到文本》中提出该观点,当提及那个时期的文学研究状况时,他谈道:

> 新的并且影响到(文学)作品的关键因素不一定来自对多个学科的内部重塑(这些学科也许会将内部重塑作为研究对象),而是来自它们基于一个研究对象的交汇,这个研究对象传统意义上不是上述学科的研究领域。确实就像今天跨学科性作为一种研究的最高价值,不能通过简单的专业知识分支来完成一样。跨学科不是由单纯安全感带来的平静,它始于当旧学科的稳固性在新研究对象和语言产生中瓦解时——而这个研究对象和语言在和平共处的各种科学尚无一席之地,由学科分类带来的不安恰恰是诊断某种变化的最佳点。①

然后巴特就我们对文学研究客体概念近期的变化进行了评论:

> 然而,在变化中坚持的理念一定不可以被高估;就其认识论滑动的本质而言,这种理念极其微小,不具有实质性的突破。如同经常强调的,这个突破发生于19世纪马克思主义和弗洛伊德学说出现之际;在那之后就一直没有进一步突破,所以在某种程度上而言,在过去的100年中,我们一直生活在重复中。我们的历史今天允许我们的只是滑动、变化、超越和否

---

① Roland Barthes, *Image*, *Music*, *Text*, ed. and trans. Stephen Heath (New York: Hill & Wang, 1977), 155.

定。就像爱因斯坦科学观要求研究对象中应当包含**参考框架的相对性一样**,在文学中,马克思主义、弗洛伊德学说和结构主义的共同作用要求作者、读者和观察者(批评家)形成相对关系。对传统的**作品**观念,很长时间——可以说——仍然以牛顿的方式定义,现在要求有一个新的研究对象,因为之前的理念已经滑动或被推翻;该对象即**文本**①。

巴特的论述形成于1971年,那时后结构主义的一些思潮刚刚出现于文化研究中。总之,这些后结构主义思潮包含一个会被暂时标记为"文化批评"的领域,这一举措超越人文科学多学科界限和意识形态界限,它们的"后现代性"通过批评和修正显现出来,在某些情况下,通过对三大系统的彻底否定表现出来。巴特曾经将三大系统定名为主宰过去100年文化分析的知识锻造者:马克思主义、弗洛伊德学说和结构主义。从巴特进行论述至今的这段时间里,这些后结构主义思潮的对立面脱颖而出,结果不只提出对于社会文化现象研究运用历史主义方法的一般需求,同样提出对于**历史意识**本身既有形式批判的强烈需求。

后者需要——为了对所有继承于"19世纪"的历史主义进行批判,包括马克思主义批评最激进的模式,已经被女权主义者和第三世界理论家强有力地向前推进——对"内容",也就是存在于我们称为"历史"的"域"的客体进行重新定义,也需要对方法进行再定义,我们用这些方法来研究这个"域"和用于表现和描述历史结构及进程的推论技巧。

在"19世纪研究"中,要求对"19世纪研究"采用特定的历史方法进行彻底概念重建的效果意义深远,产生了不亚于巴赫金宣称的文学研究的一般变化,他宣称用"文本"概念替代"作品"。但这里不只是单单将诸如"文学""政治""学术机构"等文化的一个方面进行问题化,而是质疑这些方面的"历史",连同生产方式、手段以及由特定历史时期该方

---

① Roland Barthes, *Image, Music, Text*, ed. and trans. Stephen Heath (New York: Hill & Wang, 1977), 155-156.

面决定的社会关系是组成部分。总之,被视为一个独特的历史形态,作为一个处在"过去",其可能性条件却与"当前"有着特定关系的研究对象,"19世纪"被**重新再造**了。描绘重塑过程特点的一个方法是表达"19世纪"从一个"**阶段**"转变为一个"**时空体**"。

时空体概念出自米哈伊尔·巴赫金的作品,特别是他的文章《长篇小说的时间形式和时空体形式:历史诗学概述》。只要回想一下巴赫金构思并提出了为"正式文学构成范畴"命名的理念,暗指了可能扩展成服务于一般文化历史分析潜在主题的方式。他写道:"在文学艺术时空体中,空间和时间指标融合为一个精心设计的实在统一体。时间**累积**,向前流逝,有了生命,成为艺术的实在可见物;空间同样被填充去回应时间、情节和历史的变动。这种轴线的交叉与指标的融合成为艺术时空体的特点。"①

然而,时空体绝不是作者想象力虚构的事物,超越"文学"界限,在我们通过"历史"术语划定的现实领域中,它们在组织个人和一般社会意识结构中有效发挥作用——所有这些都通过巴赫金谈及的文化自我表现的时空体、类型和分类间的关系显现出来。"文学中的时空体具有内在一般的意义。甚至可以说,正是时空体定义着类型和**遗传独特性**。作为一个正式的构成类别,时空体在很大程度上**决定**文学中的人类形象。人类形象本质上永远是具有时空体性质的",而且这是因为文学时空体"将**真实的历史时空**吸收入话语中"。②

巴赫金诸多的时空体例证表明,它们远非只是作家想象力的创造物,它们是更为重要的由社会决定的实践结构化实例,不仅为一定范围内可能**发生**的事件设置界限,也能被自身范围内的行为者去**感知**甚至**想象**。不同于被认为是意识真相的"世界观"概念,时空体将注意力引向**思想**和**行动**可能性的有效条件,以及独立环境的**意识**和**实践**,它们被

---

① Mikhail Bakhtin, *The Dialogic Imagination*, ed. Michael Holquist and trans. Caryl Emerson (Austin: University of Texas Press, 1981), 84.

② 同上,85。

结构化为体制性和富有成效的组织领域。"城堡""高速公路""首都的大道""工业城市的贫民窟""殖民地"的微缩世界不只形成了社会结构,最重要的是想象空间,每一个都具有不同的**潜在**世间经历,其中人类媒介的**身心**以及与他人的关系,不论是该时空所固有的还是临时从其他地方出现的,都被严格划定了界限。较之"阶段"的经历体验而言,一次时空体的经历立即变得更为具体和真实,因为一个阶段的概念将注意力导向过程与变化、连续性与非连续性的相互作用,而时空体概念将关注点引向约束的社会体系、必要的抑制,获得认可的升华、从属和主导策略,以及受到社会体系一个本地系统影响的排斥、抑制和破坏性策略。

在《政治无意识》中,通过设计假定的被认为是文学作品中虚构事件发生的"可能性条件",或者是整个文学时期的"风格",弗雷德里克·詹姆逊已证明了时空体概念的有效性。在他将《吉姆老爷》作为一部原型或半现代主义小说所做的分析中,在他确定的时空体中,作品的人物、事件、主题和情节表面看来都是"自然发生"的,事件的发生无论是夸张的、奇异的,还是遵循超自然的秩序或节奏,也许是在期许的时间、地点、方式发生,**以其时空体本质均被康拉德定义为具有象征意义的集合**。詹姆逊认为,"大海"是"康拉德抑制策略的特殊地带"。大海提供构成一半故事"内容"的形象、主题、母题以及传统冒险故事的象征。但这里所指的"大海"并不是海上历险记发生的大海;在《吉姆老爷》中,大海作为时空体,本质是"一个工作的场所和帝国资本主义通过这一元素将散落的滩头沙堡前哨凝聚起来,由此慢慢觉察到有时是暴力的,有时是寂静沉默的,有时是具有侵蚀性的,穿透世界边远的前资本主义区域"。① 在康拉德看来,大海是:

> 既是抑制的策略又是事情真正开始的地方;它既是边界

---

① Fredric Jameson, *The Political Unconscious: Narrative as a Socially Symbolic Act* (Ithaca, NY: Cornell University Press, 1981), 213.

也是装饰性的界限,但它同时也是一条捷径,在出世的同时入世,是对于文学作品的抑制——抑制经典的关于乡间别墅度周末的英文小说的写作顺序,它能恰如其分地体现人际关系,因为本周剩下的时间里他们有具体的生活内容——也是缺失的工作场所。①

时空体是本质,或多或少由人类媒介和特定社会制度主导,人类和社会制度决定作品的种类,暴力的形式,人类社会对主导和从属群体开放的可能性,甚至是异化形式形成对制度的破坏。比过去由早期批评称为行为"背景"或"场面",和行为史学称为行为、媒介和事件"语境"更为"活跃主动"的是,时空体位于**环境**和黑格尔历史形而上学异想天开的"时代思潮"之间。因为时空体既不属于自然,也不属于文化,却是这两种存在顺序之间在独立历史地点和时间段的协调形式。因此,时空体必须被进行双重创造;首先,作为人类劳动、统治、压迫和升华的产物;其次,作为意识的真实存在,在产生意识的人和重现意识的人中——既可作为一个劳动可识别的可能性条件,又作为一个历史学家的研究对象,该对象所指的历史事件发生在一定范围内,被识别为"属于"这个时期并伴随时空体所指的可能性条件发生。

对历史研究而言,时空体概念在很多方面要优于时期概念。作为一个时间、空间和社会文化范畴的组合体,与"时期"概念相比,时空体要求更高程度的专一性和指示具体性。其次,作为具有协调性质、特定生产方式以及由此确定的社会关系的产物,时空体可以通过对社会文献记录的研究直接进入分析,也可以通过对作家、小说家、诗人、记者、来信作者、自传作家、科学家、哲学家等的研究直接进入分析,他们的作品允许描绘出一组对既定时间、地点、文化条件和打造"传奇"的"心智地图",他们将后者视为产生和领会意识领域的共同代码。构建一个类

---

① Fredric Jameson, *The Political Unconscious: Narrative as a Socially Symbolic Act* (Ithaca, NY: Cornell University Press, 1981), 210.

似"心智地图"的地图给我们提供一个良好的思路,也就是设想为在既定时间和地点占据个体或集体媒介潜在活动领域的思想(也关于领域自身的组成),以及那些被系统和普遍遗忘、抑制或简单排除或边缘化的思想,构成一个阶段、时代或纪元潜在的政治等无意识"内容"。因为,正如詹姆逊暗示的那样,时空体不只是象征性的"抑制策略"和"排除模式",它们同样可以采用更为严格的黑格尔意义上的抑制形式,对后来"时代精神""霸权主导结构"和"生产方式"形式化表面下更陈旧内容的抑制①。时空体的概念为我们提供了概念化文化时代区域性变体的一个中间层、摩尔单位,该时代位于原子事件和跨度极大的"19世纪""时期"之间。只有在概念化的这个层面上我们才能理解艺术、文学、哲学、科学、宗教和法律这些高雅文化与社会现实、实践、经验和日常生活的紧急情况之间的相互关系、连续性、断裂、差异、对比等。

被视为历史研究基本单位的标志符,"时期"概念具有延展、线性化和分散事件的影响,这些事件被假定为沿着一条暂时被理解为未来和过去、开始和结束、期待和现实等的路线发展——换句话说,强化了我们将历史关系与生物学关系进行类比的倾向;也就是说,从基因起源的本质进行思考。在时期概念的遮蔽下进行的社会文化现象分析促使我们去观察变化现象,这一观察又在一个时期明确的实践、表现与其模糊的实践、表现方面体现。这里,隐含的方面由一系列思想未获得承认或是未被理解的假设和预设组成,在此基础之上,典型的思想、行为和具有时代代表性的实践得以延续,以至于一些内在"矛盾"最终爆发,出现在"危机"的最前沿,最终需要人类直接去面对之前认为是理所应当的事物。

在此,**历史**知识是建立在假定优势之上,之后的一个历史时期正是以历史后见之明的形式利用这种优势。我们之所以对前一个时期了解更多是因为我们只可以通过想象来看到事情究竟如何真实发生,这里

---

① Fredric Jameson, *The Political Unconscious: Narrative as a Socially Symbolic Act* (Ithaca, NY: Cornell University Press, 1981), 213.

"发生"是指由隐含在之前一个时期对"现实"本质的基本假设中矛盾"作用"引发的危机爆发。在19世纪,我们了解事情如何"发生",沿用这种历史研究方法的术语,因为我们自己的社会在很大程度上被构想为是隐含并影响前一时期形成的矛盾产物。

然而,将前一时期设想为时空体,在我们对一段历史进行研究所使用的方法和采取的**态度**上具有明显不同的效果。这是因为时空体会被理解为具有完全与时代不同的**深度**。与隐含和潜藏于一个时代中的思想和实践不同,这里**深度**被理解为——从动态压制的意义上讲——泄露和提供这一时代实际和**明显**的系统"秘密"比如稳定、强迫、幻想和焦虑等形式。与"内容"的概念不同,"内容"只是**隐性**的,在后代人与内在"矛盾"角逐中将不可避免地融入他们的意识中,一个时代的"内容"被当作灵活的时空体,由此来压制一个社会及其文化所寻求的存在于它所认为的理想与主要实践之间矛盾的隐性意识。

这里并不是要分析整套命题来验证它们是否在**逻辑上彼此相互一致**,不去考虑此处"逻辑"是亚里士多德式的还是辩证的,而是要去确定非逻辑的特定形式的**形态**,由此一个社会、一个时代或一个文化整体就**可见的实践**、**自我呈现**和其心理动态变化抑制而形成的系统化**隐藏**的思想、观念、情感二者之间的距离进行协商。历史分析两种方法之间的差异就好比对一个句子或话语进行修辞和比喻"阅读"还是进行语法和逻辑"分析"的差异。更好的例子是,一个受到生存困扰的朋友,如果对其矛盾的处境进行逻辑分析,精神分析把这种境况的原因"理解"为一种矛盾,而这种境况只不过是一个人想拥有自己的蛋糕并吃掉它而已。这也是把文化构建作为一系列的矛盾研究还是将其作为一组悖论进行研究之间的差异,是将其视为可描述的逻辑矛盾条件还是心理和道德矛盾情感之间的差异。

时空体概念将关注点引向一个时代的心理、社会、道德、美学、政治学和认识论的**矛盾**态度中。因此,我们可能重新调整视角至之前仅仅被理解为**认知**的问题,也就是关于一个时代"知识"的瑕疵。首先引起我们关注的是暂时滑坡的问题,自我感觉更聪慧且更有"历史"经验。我们自认为,"现在"能够清晰地认识到无法彻底**参透**一个时代**显性**的文化赌注中究竟**隐含**了什么这一问题。然而,将时代作为时空体,我们将问题理解为对**一般社会条件**的特殊施行,其中,如同 19 世纪"身处其中"的研究对象一样,我们也参与其中。

这一切的结果是为了满怀敬意地去改变我们的态度,不只是改变作为研究对象的 19 世纪,也去改变我们从那个时期继承得来的历史分析和陈述方法(马克思、弗洛伊德和涂尔干现在似乎既是我们继承于 19 世纪的问题,也是解决问题的参与者),也在改变着我们在探究中使用的表述理论、方法和方式等全部问题,对我们自身和所处时代而言,这与 19 世纪是一样的。这就叠加了以**遗传学**角度研究过去与在本质上倾向于**谱系**的研究方法之间的差异。我们与 19 世纪的关系完全不同于与以往任何时代的关系,是因为 19 世纪不可否认地属于历史,对我们而言尚不属于"过去"。事实上,我们与 19 世纪独特的**遗传**关系与和谱系关系的差异感使最近的研究彰显了一种重要的精神,特别适合当前用政治角度来审视 19 世纪遗产的需要。

这是一个用**政治**规则取代从 19 世纪至 1950 年间主宰社会文化批评传统的伦理和审美规则的替换,这一取代为我们在 20 世纪最后几十年提供了最终脱离 19 世纪自身的可能性。可以肯定的是,这样一个关键性的实践一定要"具有历史自觉性"。如果我们永远都能够接受 19 世纪社会文化实践的方方面面,让其作为我们信奉的制度体系模型,即便是它们已经丧失了创造性地解决我们特有的历史文化问题的能力。如果我们能对它们置之不理,把它们交给"过去",使我们的生活摆脱**它们**陈旧的束缚要求和抑制结构,我们至少值得获取**自己**的抑制结构。

但是得到的召唤是回归——经历一段长时间的形式主义和结构主义的重要实践——到一种受到"历史自我意识"教化的批评并且理解力充满了"历史化",不单是对过去和先入之见的理解,也包含着对现在的理解,这种召唤像"历史"概念本身一样模棱两可;这就是形式主义/结构主义传统可以被视为我们重新思考我们想要的历史所付出努力的一份独特回报。关于"什么是历史"这一问题,历史的答案是:"历史是个谜"——持续性中变化的谜团和变化中持续性的谜团,起因即其结果的谜团,后代即是祖先的谜团,斯芬克斯、美杜莎、妻子、情人、通奸者(命运无常)、娼妓(机会和机遇)、众生之母和我们所敬畏的父亲,最重要的,是命运和我们注定要进入的墓地。历史不仅解释了无法解释的内容,它解释了为什么**似乎**已经被解释了的内容永远没有得到**充分的**解释。

形式主义和结构主义对于我们文化的"历史意识"进行批评的优势在于,意识到"历史现实"远非"事实"的根基,而是一种人类意识的建构,与当今公认的"社会现实"意识形态解释一致,它具有欺瞒意味的模糊性和幻想的不切合实际性,为我们研究时期问题提供了理由,使得我们一开始会把自己所处的时期置于第一位。在诸如"文艺复兴"或"理性时代"等历史时期之前,这些时期即使在原则上,并未像可掌握的**事物**一样真实存在,但作为潜在的研究对象,它们具有一定的吸引力,呈现为一组**完整的**事件序列和周期,并在完全**结束**时产生了一定意义,这一意义通过经典小说的方式呈现,其中"故事"所包含的事件最终允许我们理解其"情节"。即使可以去合理地说明任何既定社会认为关于时代、时期和社会文化基础的说辞离自己有些遥远,对于前面刚刚落幕的时期这一情况还是属实的,这里所指的是 19 世纪。这一点可以理解为,与其说是一个还在延续的过程,不如说是忽然具备了最终结束的故事的某个特点,情节最终是可以理解的,而这一切最终将由我们去决定。

所有人都认同:"19 世纪"残留的体制和教条,仍活跃于我们的时代,成为我们所处时代特有问题解决的起因和阻碍,这种可能性对于我们赖以概念化的主要分析系统(意识形态和宏大叙事)的制定者而言是难以想象的。我们的问题并不是摧毁或分解这些残留物,而是仅仅通过批评 19 世纪的原始内容和 20 世纪的副本,与我们文化的历史意识——必须先于最终释放残留物至"我们"过去的实际工作中——保持距离。这就是批评的政治任务,在 **19 世纪语境中**,我们应不断求索来促进 19 世纪跨学科的研究。

第十七章

弗莱《批评的剖析》中的
意识形态与反意识形态

（1991）

特里·伊格尔顿（Terry Eagleton）、弗兰克·兰特里夏（Frank Lentricchia）和弗雷德里克·詹姆逊等批评家指责诺思洛普·弗莱《批评的剖析》一书是对意识形态的玷污，这一批评观点中主要体现了形式主义-结构主义或原型-结构主义的性质，其问题本质是非历史导向的。"意识形态"一词的使用体现了对"文学"和"历史"关系本质的某种无知，意欲压制把"历史"视为"社会现实"的意识，并且试图用某种程度或维度的人类意识代替这种意识，即把宗教、精神或意识本身当作"文学"的"实质"，因此"文学"的意义将会驻留在"历史"之中，而不是存在于其与历史的关系之中，文学将成为终极的、决定性的实例，用来说明"文化"的方方面面最终是什么。

的确，弗莱的《剖析》一书包含了历史哲学的总和。该书挑战的问题是：一种特殊的、与众不同的"历史批评"可能或应该由什么组成。它明确地把"历史批评"和"伦理批评"、"原型批评"以及"修辞批评"区分开来。它也直接指出构建一种特别的"历史"批评理论，以便开宗明义，阐明其立场的必要性。或者，换句话来说，"历史自我意识式的"批评理论可能或应该由什么组成。

通过对弗莱《剖析》中"意识形态"的分析，以及我本人在其中发现的隐含的或固有的反意识形态元素，我将对《剖析》中的第一篇论文，即《历史批评:模式理论》做一番反思。我关注的问题是：比较而言，任何批评理论所蕴含的意识形态都可以看作对"历史"意识的否认、压制或升华，那么，《剖析》一书中什么地方存在着这类否认、压制或升华？"第一篇论文"表明"历史批评"是普遍意义批评的必要元素；事实上，把这个话题置于首位，作为该书的"第一篇论文"，《剖析》已经表明"历史批评"对于整个文学批评体系来说是最主要的，甚至是最基本的组成部分；并且，对于其他类型批评性质的理解，无论是伦理批评、原型批评还是修辞批评，都应基于它们和历史批评的不同而展开。可以这样认为，《剖析》一书中建构的伦理、原型和修辞"模式"，都可以从它们和**历史**批判模式的差异比较中得到理解。

基于这样的设想，即把意识形态理解为一种特殊的非历史模式的批评，《剖析》一书似乎为伦理、原型和修辞批评学中特殊的意识形态方面（某种程度上明确地作为历史模式批评的对立面）提供了一些深刻的见解。这些批评中确定无疑的意识形态就在于它们提出了与众不同的、特殊的、非历史形式的批评模式。针对这种局限性，即意识形态和意识形态化的局限性，历史模式可以作为一种矫正物，即一种特殊的"反意识形态"方面的矫正模式——基于这样的事实，以伊格尔顿、詹姆逊、兰特里夏为代表的批评家认为只有历史本身的独特"历史"视角才能作为文学历史中意识形态层面的主要矫正方法。然而，假设"历史"是对"意识形态"的矫正，那么"历史"意味着什么？更恰当地讲，历史意识意味着什么？——更通俗易懂的是，有关文学的历史视角是什么？

此处，我们必须直接面对第一篇论文，即《历史批评:模式理论》的标题中隐约包含的奇怪的沉默和明确的含混。这篇论文的题目昭示了一种特别的"历史"批评模式，或一种从特别的"历史"角度（有别于"伦理""原型"和"修辞"批评）出发的批评实践，与一种（或一些）"模式理论"之间的某些重要的关系。正如伦理批评的前提是象征理论,原型批评的前提是神话理论,修辞批评的前提是类型理论,"历史批评"的前提则是一种或一些"模式理论"。

表面看来,由分号确定的关系(使"历史批评"和"模式理论"之间既相关又不相连)看起来比其他成对出现的批评实践(伦理、原型、修辞)和**某种**综合性的理论(分别为象征、神话及一般意义上的类型理论)之间所表明的关系看上去更加引人注目。历史批评实践和一种(或一些)模式理论的结合关系更为引人注目(令人迷惑,激发争议),是由于通常情况下,我们认为一种独特历史意识的特性(内容、主导思想、决定因素)不是**一种模式**理论。历史的探究、分析和反思的内容要么毫无理论可言(经验主义的错觉),要么就是只包含一些普通的、有关历史事件和社会环境之间关系的概念(松散的理论角度),即一种被冠以"语境论"的理论视角。历史学家的常规研究是事件(小规模的或大规模的)以及事件与社会环境(小规模的或大规模的)之间的关系。历史批评研究文本、语料、典籍、传统、类型、作者等诸如此类的"事件",并且力图将它们和(它们产生的)环境(大致可以是泛指的空间和时间)联系起来。弗莱在《剖析》中提出的观点是:描述和分析这些关系的有关范畴是源自我们所知的"模式"概念,而不是"量"(单一性、复多性、全体性)、"质"(现实性、否定性、限定性)或者"关系"(依存性和自存性、因果关系和隶属性、主动和被动)的概念——这里弗莱运用了康德在第一批判中提出的物种先天范畴的分类法。在此需要回顾一下康德在第三批判中提出的"趣味判断"四重性的定义:有关质,对美的判断应该是"无功利性的";关于量,(量)能产生普遍性的愉悦而不需要任何概念;关于关系,它能理解一种无目的的合目的性;关于模式(满意度),美是认知中不需要任何概念的、引起**必然**满足的对象。在康德看来,与我们对"模态"关系理解的相应的范畴是指"可能性-不可能性""存在性-非存在"和"必然性-偶然性"。

我认为,这些范畴,恰恰是在任何有关现实的特定**历史**理解中占主导地位的——无论历史学家、个人或者群体是否意识到这一点。历史意识,作为一种意识模式,既有别于科学、哲学、诗学、宗教以及神话意识又与它们相互关联[在此使用了恩斯特·卡西尔(Ernst Cassirer)的意识模式分类法],其特点是该意识中占主导地位的范畴,即对现实的呈现和分析的模式被视为本质上是"历史的"。这种对模式范畴主导性的意识程度——以及在历史反思中对这种意识阐述的强调——使得"普通的历史学家"有别于他们公开的理论(含有总是**过分**理论化之意)敌人,也即"历史哲学家们"(含有轻视之意)。通常情况下的史学是建立在无理论知识的梦想基础上的——这意味着对"理论"一词的盲目认知,我们本可以把该词理解为希腊语原意所指的"视野",或"广阔的视野"(prospectus)等含义。

历史哲学——是一种认识到理论对实践的必要性的历史意识——与通常意义的史学相互关联而非相互对立,因为前者在实践中典型地体现了模式的范畴。例如:黑格尔认为历史是人类意识模式发展的奇观;马克思把历史看作"生产模式"的发展;维柯的历史观是比喻(诗歌)模式的发展;斯宾格勒认为历史是类似于数学和音乐中**模式**转换的循环——类似于尼采提出的"音乐精神"的模式。

这并不是说历史视角排除了置于量、质和关系范畴下的现实考虑。而是需要把现实的**历史性**首先置于**模式**(可能性-不可能性、存在性-非存在性、必然性-偶然性)的范畴里。不论"历史"**可能**是什么——是"自然","精神",或者其他任何我们可能构想出来的与历史无关的现实维度——只有在下列情况下才能将其**作为历史**来把握。一方面,历史是在变化过程中系统地呈现的,**模式**本身的概念以对历史资料负责的认知方式能够对历史做出公允的判断;从另外一方面讲,我们能够意识到我们对这些历史资料理解的**局限性**。这种直觉的正确性正是据此而来,这些直觉包括历史的**意识形态**总是以某种有关历史的真实性、正确性或者终极意义的主张为表征的。这一主张声称是对全部历史进程的解释,或者是对某一部分的详尽的、全面详细的解释,不仅能够解释所有值得解释的过去,还将完全彻底地解释现在,预测在可以想象的任何未来阶段中人类发展**必须**遵循的历程。在历史的知识领域中,意识形态的标志是从感知下降(或者是压抑感知)到量、质,或者关联性的思考(分别对应着实证主义、唯心主义和结构主义)。基于这一观点,马克思主义历史观的反意识形态的影响力就不仅仅基于其唯物主义观点,或者它发现了历史原因的最终决定因素是生产模式和生产的社会关系之间的联系以及其他诸如此类的联系,而在于马克思主义历史观坚持**模式**是对历史的特殊理解,也是决定性的历史解读方式。在我看来,这正是"辩证唯物主义"中"辩证"一词的全部意义所在。反意识形态批评,有能力防止自身构成中内在的、不可避免的"意识形态"因素并提供一种**自动批评**。这是一种在其自身实践中发现历史的(或历史性的)瞬间的批评理论,它不是关于特殊哲学或历史本来面目的理论,也非历史因果关系的理论或是把历史视为某类存在的(例如自然或精神)启示学说。(反意识形态批评)一方面把历史看作从形式到内容都在不断变化的体系,一方面认为历史的形式和内容都在某种**模式**中相互依存相互联系。

上述观点说明了为什么"模式理论"是一种论及现实的独特历史角度的必要(尽管还不是充分的)先决条件;同时也说明了为什么这种独特的历史批评,一种从特殊的历史意识研究其对象的历史性批评实践,必须预设或者需要"模式理论"作为实践的必然先决条件。正是由于这样的原因,我们才能够解释为什么弗莱在《剖析》一文中把"历史批评"的话题置于四种批评实践之首。这一位置表明了(弗莱)旨在开创一种文学批评的元理论,并且是科学性的;或者说,反意识形态的。而反意识形态确切地说在于它将历史意识作为**元模式**或首要关注点,并为其他需要特别描述和分析的批评理论**模式**奠定了主旨基调。"第一篇论文",即《历史批评:模式理论》反思了批评实践的各种**模式**,其中每一种模式都与其他模式存在着一种**模式**上的关系,它为包括独特的"历史批评"在内的各种批评实践之间的关系提供了进行具体**历史**反思的基础。

这种给予历史反思的特权，完全否定了左翼理论家有关《剖析》的理论是形式主义、狭隘的结构主义或非历史主义的指控。对比某些理论家提出的理论视角，即主张借此可以看到历史的"形式"，能够把握其真正的"甚至没有从形式和内容的双重性中体现出来的那些内容"，《剖析》中的观点从根本上不是**形式主义的**，而是**模式主义的**，也正因如此，才更是历史性的，而非意识形态的。

在（文学）历史中**反复出现**的是"模式"（而不是神话，不是象征，甚至不是体裁）。一个时代或时期会重现过去是因为它分享着一个共同的**模式**（例如15—16世纪文艺复兴时期"古典主义"形式和内容的重现）。

弗莱的批评者把他的神话理论当作其历史理论的实质，正如他们把詹姆逊的理论看作象征理论。但是模态转换是每一个新时期文化（正如社会一样）历史的标记，而模式与相互关系的比率有关（非关形式或内容），因而每个时期在某种程度上与之前某一时期的模式都是相似的。因此，如果后现代主义真的存在，在**模式**方面，它更类似某个时期而不是现代主义本身——尽管丰富的神话、特殊的象征和主导的体裁惯例等让人联想到现代主义，后者与后现代主义的联系只不过在于一个表示历史（模式）关系的前缀"-post"（**后设**或"继……而来"）而已。因此，后现代主义理论，例如假定指涉性、叙事性、模仿性、空间化等理论，都与现代主义反对的"现实主义"**有相似性**，但更多的是在"**模式**"上，而非在"神话""象征"或"体裁"上更为近似。

弗莱在"第一篇论文"中是这样概述各种模式的：首先是两个大类（虚构型和主题型），以及两种类型共有的模式种类（神话、浪漫故事、高模仿、低模仿和反讽模式），两个基调（"天真"和"感伤"），以及它们（作为在连续循环发展中重复出现的"时期"）之间的关系比率。显然，这种根据文学作品的虚构型（形式）和主题型（内容）认定的模式使关注点聚焦在以社会-空间关系为目标的类别思考上：优越-平等-低劣（主人公在小说形式中和环境关系定位），以及中心、边缘化和排除在外的空间位置(诗人在主题形式中和读者关系的定位)。在这里,"规模或比例"对应的是**程度**的测量,而"基调"则对应于**类别**的度量。类别标志着各自不同的独特模式,即在指定的**风格**(或塑造)的话语范例中,通过其模式的不同来理解相似和差异之处。模式功能的概念,和黑格尔、马克思、维柯、斯宾格勒等人的思想完全符合,其准确的定义是,为任何特定的历史生产和再生产的"方法"属性标明其从属和支配的特定结构。有趣的是,弗莱用来描述文学作品(同样也是普遍意义上的文化产品)的虚构模式和主题模式的类别归属带有明确的**社会性**和**经济性**本质(后者的扩展意义是:"房产管理"或"支出管理")。弗莱用"重复"的图示说明了生产**和**再生产过程之间的辩证关系,这正是克尔凯郭尔曾经构想过的,在某种程度上也和黑格尔、马克思、维柯以及斯宾格勒的思想不谋而合,这个概念就是**模式**的转换。方法的改变就意味着模式的改变;改变了模式就会影响方法中产生的关系。两种情况最终都会成为一种独特的**历史**变化;也就是说,(变化)是在相似或相反情况下的不同,是一个变化的连续体或一种变化中的连续性。

弗莱抓住了历史进程的显著特点是模式关系和模式转换,而不是从形式到社会文化现象等内容的间断式或灾难式的各种变化。正因如此,他的著作才被批评家认为是形式主义的,受 19 世纪有关历史和历史进程的"现实主义"的观点所约束。这一对"现实"观点的基本或模式性的假设其实就是一种有关"可见性"的假设。现实主义历史喜爱这样的幻觉,即幻想历史是可以通过"视觉"方法来获得的,无论将历史视为"过去"还是一个变化的过程,即一个过去、现在和未来相互联系的统一的时间连续体,历史都可以通过"观看"的方式去理解。然而,不论是过去,还是相对于过去的现在,抑或未来,还是被视为时期或阶段的过程,都是无法"被看到"的。假如它们能以这种方式去领悟,人们就可以用图片或其他视觉形象准确地重现它们。我们相信历史可以用类似"观看"的方式被领悟的愿望是完全可以理解的,因为在我们的文化中,"视觉"是我们赖以识别真相和假象,现实和虚构的重要而特别的仲裁者。

历史,不论视之为过去还是过程,只要我们能够真正"看到"它,终将会俯首交出自己的秘密:亲眼见到的才是事实。

但是历史探究[即希罗多德(Herodotus)开创的**历史**]的不确定性就在于这一认识:所有过去曾经"可见的"一切都已**一去不复返了**。或者如果我们把历史视为一个过程而不是一个(短暂存在的)地方,也即"过去",那么我们这一探究的不确定性就源于这一情形,即我们永远不能直接去感知历史,其过程可以通过历史对体系的影响来理解,其概念也只能通过思考和想象去把握。

历史探究、再现和分析的动力来自这种矛盾,我们渴望得到某种物体和过程的视觉感知,然而只能通过它们曾经发出的"声音"轨迹来理解(参考雪莱的《奥西曼提斯》一诗),而这一理解只能依靠它们对我们"言说"的程度或对我们的询问做出的反应而定。正如詹姆逊所说:"历史不是一种文本,但我们只能通过它以前的文本化方式才能得到它。""过去"留下的材料,从它们的"毁灭"(和抵抗)中**显示**了历史进程的影响,只有当这些材料变为可以言说之物、使之变形或赋予它们可读的"文本"之后才能以仿佛"被听到"的方式成为独特的历史证据。詹姆逊再次强调:"历史从来不能直接通过具象化的力量①去捕捉,只能通过它的影响来理解。"这就是为什么关于历史的独特史学知识是一种主要基于史料评估的知识,而这些史料本质上是**听觉的**而非视觉的。历史知识的特殊问题是这一情况造成的,即我们只能通过"言语"了解"过去",通过结果了解"历史进程"。这意味着我们只能"倾听"和"感受"历史,而不能亲眼看见历史。

最近,雅克·巴尔赞提出了历史只能"阅读",而永远无法"讲授"的观点。弗莱的观点更为中肯:

<blockquote>
社会行为和事件的世界,时间和过程的世界,与耳朵有着
</blockquote>

---

① Fredric Jameson, *The Political Unconscious: Narrative as a Socially Symbolic Act* (Ithaca, NY Cornell University Press, 1981), 102.

特别密切的联系。耳朵听到了,然后把它听到的东西转化为实际的行为。与之对应的是,个人的思想和观点世界则与眼睛有着密切的联系,几乎我们所有的思想表达,从希腊的理论学说以降,都与视觉的隐喻联系在一起。①

类似这样的评论对理解《历史批评:模式理论》有何帮助?

总的来说,一方面,它说明了模式"理论"力图把"听觉"理解转译为"视觉"对等物。其次,它暗示"历史"批评始于不仅要努力"听出""证据""说的"是"什么",更要"听出"证据是"如何""说的"。再次,它暗示文学的历史知识将包含对"言说"的"方式"和"言说"的"内容"二者关系的理解:也就是说,去获取文学作品的"虚构"模式和"主题"模式之间的**模式**关系。在把"所听"转译为"所见"时,会有一些失误和损失。然而,倘若**模式**从形式到内容都超越了所听和所见,相比那些把文学历史的概念要么简化为一系列形式的转译,要么简化为一系列内容的转译等理论,就会马上发现,这种转译更为"确定",更为"真实"。

---

① Northrop Frye, *Anatomy of Criticism*: *Four Essays* (Princeton, NJ: Princeton University Press, 1957), 243.

第十八章
中间语态的写作
（1992）

在1970年发表的一篇题为《写作：不及物动词？》的论文中，罗兰·巴特提出了一个问题："写"这一动词是否可以既作为被动也作为主动语态来使用？巴特提出这个问题是因为在他看来，现代写作因其表面的**不及物性**似乎不同于早期的写作。巴特说，现代作家，"不再是写**东西**的人，但绝对是写作的人"。也就是说，从事写作的人，除了"写作"，没有任何目标或目的。巴特继续说，要弄清从何时开始，**写作**这个动词开始被当作一个明显的不及物动词使用，这个话题一定很有趣，因为"从及物动词的**写作**，到不及物动词的**写作**，无疑标志着重要的思维方式的转变"。[①]

实际上，何时以及为何写作成为"不及物动词"这个问题，几年前就

[①] 罗兰·巴特《写作：不及物动词？》发表于《批评的语言和人类的科学：结构主义之辩论》，Richard Macksey 和 Eugenio Donato 编辑（Baltimore：Johns Hopkins Press，1970，142），这本开创性的文集的新版本以书名《结构主义之辩论：批评的语言和人类的科学》发表，40 周年版，Richard Macksey 和 Eugenio Donato 编辑（Baltimore：Johns Hopkins Press，2007）。

被米歇尔·福柯在其作品《词与物》中提及①。在这部作品中,福柯追溯道,写作成为"不及物动词"是从 19 世纪早期开始的,根据他的描述,语言从"认识世界的"**媒介**地位"降级"到简单的科学研究的许多对象之一。它不再是曾经被认为的"表现世界的首选方式……那种起初的,必然的表现工具",而是"从 19 世纪开始,和存在、财富和价值以及历史一样,语言也成为一个知识探讨的对象"。②

然而,福柯认为,19 世纪早期出现的语言新模式,即我们称之为"文学"的模式,是对这种语言降级的"补偿"。当然,福柯也承认,我们称之为"文学"的语言形式,至少从荷马时期起就已经开始存在;但是,他坚持认为,正如"文学"仅始于 18 世纪后期一样,"特定的作为文学的语言模式"这一概念也是起始于那个时期。福柯认为,古老的诗歌吟诵形式颇类似于现代的文学形式,但它们的实质是完全不同的。福柯说,现代观念中,"文学"指的是一种语言,它不仅是难懂的、间接的、比喻的,而且是"回到自己起初时的谜一般的状态","完全为了写作"而存在。总之,在现代,文学语言脱离了早期的"话语""诗歌""纯文学"甚至"小说"的形式,它在"前卫的写作中的地位……是把它本身作为一个写作主体"。作为"文学"的语言假设"**词默默地和小心谨慎地在纸张的空白处排列开来,在这个空白处,词既不能拥有声音,也不能具有对话者,在那里,词所要讲述的只是自身,词所要做的只是在自己的存在中闪烁**"。现代写作以表达为目的,把"形式"作为内容。③ 这是现代写作中"激进非及物"之含义。

但是他四年之后的论文仿佛是对福柯的回答,巴特问道:"这真是一个不及物的问题吗?"是否可以理解为,"现代动词**写作**"可能表明的

---

① 米歇尔·福柯,*Les mots et les choses:Une archéologie des sciences humaines* (Paris: Gallimard, 1966)[译为《词与物:人文科学考古学》,(New York: Pantheon Books, 1970)]。
② 同上,309。
③ 同上,313。

不是被动语态,如施事能力、行为及其影响之间的元及物关系,而是语法学家所谓的动词的"中间语态"?因为巴特指出:"中间语态中……主体在行为中影响自己,即使有行为对象,他也总是在行为之内。因此,中间语态不排除及物性。"[1]以梵语语法的(他称之为)"经典案例"为例,巴特指出,(在梵文中)"如果祭司处在我的位置为我献祭,献祭(仪式)是一种主动语态;如果我从祭司手中把刀拿过来为自己献祭,这就是中间语态"。如果动词用主动语态,牺牲的动作将被认为"在主体之外已经完成,因为,尽管祭司做了献祭,他并未受它的影响";而在中间的语态中,同样一个动词,主语应该是在牺牲品同时在自己身上完成动作,此外,他一直"在献祭这个行为"的内部。巴特认为,现代写作也有此相似性:相似的元及物,相似的在对象和自己身上的双重行为,相似的行为内部完成的动作。因此,他的结论是:

> 今天,写作是让自己成为言论行为的中心(语言);它通过影响自己来影响写作;这让作家存在于写作之中(手稿),不是作为一个心理的主体(印欧语系的祭司们在为他的委托人献祭时很可能充满着太多的主体性),而是作为行为的发出者。[2]

因此,巴特强调,中间写作一点也不"被动"。**中间的语态,如果说有什么的话,它反而更加活跃**,它同时对一个对象(比如语言)产生影响,以及通过一个动作(具体来说,写作)构成某种特殊的施动者(即作家)。巴特甚至进一步强调,的确,为了表达动词**写**的过去时态,"我们不应该再说"*j'ai écrit*"(我写的),而应该说,"*je suis écrit*"(我被写),就像我们说"我出生","他死了","它是刚孵出来的"(*elle est éclose*)。巴特说,尽管动词"是"出现在这些句子中,它并没有被迫使用被动结构:"不可能把'我被写'转换成'我一直被写'或'某人写给我'而不使用被动结

---

[1] 巴特,《写作》,142。
[2] 同上。

构,以及假设我竟敢使用这种表达。"①

巴特援引了语法的"中间语态",用来描述一种与古典和浪漫的"作家"截然不同的"写作"。现代作家在写作过程中既是行为的发出者,也是行为的承受者,但并非以主动动词的反身形式("我写自己")。作家并没有在"写她自己"时把"被书写的自己"与"书面的自我"互相分开。只有在写作中和只有通过写作,作家才可能存在。"作家"是存在于"写作"这一行为内部的。

所有这些听起来都相当神秘,似乎表达不尽巴特对现代主义文学的热情,他的初衷是试图描述他所谓的"语言的基本范畴,如人称、时态和语态"。② 但除了提供一个语法上相当于"自由间接的风格"(自由间接的话语或内心独白),中间的语态这一概念在定义现代写作的特定功能上并没有提供多大的帮助。而巴特的批评者确实指责他在中间的语态和现代写作这两个概念的定义上颇为模糊。在巴特初次提出有关现代主义写作时,让-皮埃尔·韦尔南(Jean-Pierre Vernant)即提出质疑:巴特到底是探讨实际再现或重新发现现代文学中中间语态的语法范畴这一历史问题,还是使用这个概念用以比喻现代主义写作的某些方面?继而保罗·德曼提出,巴特所提出的现代主义作家与写作之间的特殊关系,早在18世纪已经有人提出。此外,德曼强调,巴特的中间语态范畴,与俄国和美国的形式主义相比,根本不能提供更好的阅读现代文本的方式。

这些观察都是不全面的,都强调遍布巴特概念的模棱两可性——巴特自己也坦率地承认这一点。然而两种观点,一个强调历史事实,另一个强调启发式的效用,都没有看到伊波利特(Hyppolite)指出的巴特话语的关键问题,即现代主义作家与他们的对话者之间的逐渐隔离。巴特曾说,"我们都尝试不同的方法、风格,甚至是偏见,进入语言公约

---

① 巴特,《写作》,143。
② 同上,144。

的核心(pacte de la parole),此公约把作家与他们的对话者之间联合起来。"对此,伊波利特观察到,写作似乎与演讲不同,因为它是一种"对话的幻想"。他问道:"语言公约在写作这样的创作中要经历怎样的转换,才能够既矛盾地与某种独白相统一,又令人好奇地与真正的对话保持隔离?"对此巴特回答说:"我认为你指出了……一个非常重要的问题:关于故事或幻想和对话之间的关系问题。"①

事实上,在我看来,与其说巴特关心的主要问题是风格和现代主义的问题,不如说是写作中幻想的场景这一心理话题。他问道:"从哪种意义上可以说'写作'是一种既非与一个真正的他人,也非与自己的沟通呢?"答案可以在伊波利特那里找到,他曾说普鲁斯特已经能够"通过与幻想的母亲对话,来成功写作",他深刻地挑战了语言公约,将它转换成一种语言公约的模仿写作。② 换句话说,中间的语态这一概念为巴特提供了一种语法方式,来描述一种写作,它通过模仿真实对话来否认真实对话的可能性。巴特声称这种写作在普鲁斯特那里已经得到完美的验证,它相当于非病理性的受虐狂,即弗洛伊德在他的文章《本能及其变化》中描述的强迫神经症的病症一样。

弗洛伊德在他的关于爱与恨的"本能"(或"驱动力")的讨论中援引了希腊的中间语态,他把这些"变化"(或可能的"情境")称为"对抗本能的防御模式"。防御模式有四种:压抑、升华、"本能的反向翻转"和"围绕主体自己"。③ "因为他在其他书里会专门探讨压抑和升华,弗洛伊德在本论文中以施虐和受虐狂为例,集中探讨了最后两个防御模式的操作,在其中,爱会变成恨,同时主体可以转变成一个客体。"弗洛伊德称,在"本能的反向翻转"的情况下,我们可以观察到双重的转换:首先,

---

① 巴特,《写作》,146。
② 同上,146。
③ 西格蒙德·弗洛伊德,《本能及其变化》(1915),发表在 *On Metapsycology* 上,Pelican Freud Library 11, ed. Angela Richards (New York: Penguin Books, 1984) 123。

在目标上的转换,从主动(折磨的欲望)到被动(被折磨的欲望);其次,在内容上的转换(从爱到恨)。① 在"本能围绕主体自己而转向"的情况下,我们目睹了一个驱动力对象的改变,从外部到主体的内部。在施虐和受虐狂(以及在窥阴癖和裸露癖)的情况下,这两个过程(围绕主体自己而转向和从主动到被动的转换)"汇合或同时发生"。这种变化的双重过程从(1)主施虐(其中一个主体主动实施"暴力和权力在其他的客体身上")到(2)一个受虐狂(寻找一个不相干的人对主体行使暴力或权力,这时主体的态度从主动到被动)。

这些都是相当对称的。但弗洛伊德在观察强迫神经症的基础上,在这个过程中了假定了第三方,在此"(暴力或权力的)客体被放弃了,取而代之的是主体的自我"和"从主动到被动的本能目标也会发生改变",但没有施虐狂或受虐狂从中感到的满足。弗洛伊德写道,这种情况下"折磨的欲望变成了自我折磨和自我惩罚,不是变成受虐狂。主动语态发生了变化,不是变成了被动的,而是变成了**反身的、中间的语态**"。②

弗洛伊德使用中间的概念来描述"强迫神经症"的特定心理或状态,以区别于施虐和受虐。强迫神经症或神经官能症的特征是"围绕主体自己转向,但"没有被动的态度"(主体仍然是主动的)也没有固定在另一个人(这个人自己作为"折磨欲望"的对象)。结果是"自我折磨和自我惩罚",但"不是受虐狂"。③ 所以,强迫神经症的案例中,驱动力(本能)的目标和内容都发生改变。驱动力的**内容**(恨)没有经历变化,**目标**(折磨)仍然主动。驱动力的**客体**从事物的外部转变到主体,到主体的自我,但是经历不到任何由受虐者或施虐者感受到的快感。

---

① 西格蒙德·弗洛伊德,《本能及其变化》(1915),发表在 *On Metapsycology* 上,Pelican Freud Library 11, ed. Angela Richards (New York: Penguin Books, 1984),124。

② 同上,125。

③ 同上。

在这篇文章中,弗洛伊德提到了"反射性的中间语态",但"反射性"的条件并不重要。在希腊语中,反身代词与动词的中动态结合在一起,表示强调相反。巴特把现代主义的写作比作中间的语态,我们可以理解为他可能想要表达的是弗洛伊德描述强迫神经症的结构时所说的中间的语态。

巴特曾由埃米尔·邦维尼斯特(Emile Benveniste)的一篇文章《动词的主动和中间语态》那里获得灵感。[①] 邦维尼斯特认为,在动词所代表的行为中,希腊的中间语态(mesotes,中动态)既不是用来表达对主体部分的特殊兴趣,也不是主动(enargeia)和被动(pathos)的混合。事实上,邦维尼斯特认为,在古代印欧语言中,被动语态到后期才出现。最初,主要是表达主体在动词表示的行为的"内部"状态即(只是后来才被称为)"中间",以及这个行为的外在表达的"主动"语态,是作为施者(主体)还是作为受者(客体)。中间的语态表达了一种关系,后来升华到反身性和必要性的形式;而被动语态逐步从主动语态分化,它不是退居次等——外部,而是指动词的主体被认为是受者(客体)或施者(主体)。在主动和被动的两种结构中("我打"/"我被打"),主体("我")是所完成行动的**外部**,在第一种情况下,强调"我"对这个客体的影响;第二种情况下,强调的是另一个主体可能对"我"产生的作用。因此,无论是主动还是被动语态,动词的时态表达的是动作开始和完成的分离关系。而中间语态则是另一回事;在其中,行为及其影响同时产生;过去和现在是整合而非分离的,行为的主体和客体在某种程度上被合并了。所有这些都是巴特的"中间语态"概念的含义,他用它来表示现代主义"作家"和"写作"这一行为之间的关系。

但这些都是为了理解现代主义写作这个概念,把它当作强迫性神经症吗?果真如此,那又怎样呢?在我看来,巴特扩大了他在1953年

---

① 埃米尔·邦维尼斯特,《动词的主动和中间语态》,发表于《普通语言学的问题》(*Problems in General Linguistics*, Mary Elizabeth Meek 翻译, New York: Coral Gables, FL: University of Miami Press, 1971;最早于1950年出版)。

《零度写作》中提出的"写作"概念。① 他在本书中试图区别语言（*la langue*）、风格（*le style*），和写作（*l'ecriture*）之间的关系。他认为，语言是一个公共问题，而风格是一个个人问题，"写作"既非公共亦非私人，而是"选择一种人类态度"（le choix d'un comportement humain）。语言和风格是"目标"，而写作是"创造和社会之间的关系"之"作用"。在写作中，"文学语言"是"被社会目标（sa destination sociale）所改变……的表达人类意图的一种形式"。因为它是上述这些东西，因此写作只不过是"形式的正当性"（la morale de la forme）。②

"形式的正当性"这个短语给了我们一个线索，来理解巴特把现代写作描述为中间语态这一观点。虽然希腊语中动词的中间语态是用来把主体的"内部"指向一个更为宽广的各种各样的行动（*louomai* "我洗自己"；*apodidomai ten oikian* "我出售我的房子"），特别是用于显示这些行为的主体被提升的道德意识。因此，例如，*airein* 这个动词的主动形式仅仅是指"简单的"，但同一动词的中间形式（*aireisthai*）的意思是"选择"。所以，短语 *logou poiein*（主动语态）的意思是"撰写演讲"，但同一短语的中间语态（*logou poiesthai*）的意思是"发表演讲"。同样，动词 *gamein* 的主动形式意思是"结婚"（但只是指一个男人），而同一动词的中间语态（*gamesthai*）的意思是"结婚"（但是指一个女人）。相同动词之间的主动和中间形式之间的差别与动作主体的参与意识以及参与力度有关。因此，例如，*gamein*（主动）和 *gamesthai*（中间）之间的区别表明男人和女人参与"婚姻"之间的差别。这不是做某事或被做某事的问题，而是区分两种类型的及物动词，一种是主体或客体在动作之外，一种是主体和客体之间的区别被抹掉。对巴特而言，只有将作者——行为发出者纳入写作过程之内，把写作的主体当作潜在的构成原则、目标和目的，写作才是创造性和释放的。事实上，对于巴特来说，中间的写

---

① 罗兰·巴特，《零度写作》(Paris：Seuil, 1953)。[Translated by Annette Lavers and Colin Smith as *Writing Degree Zero* (New York：Hill and Wang, 1953).]

② 同上，17-18。

作是一种 J. L. 奥斯汀所说的"表述行为"之完美的"语言行为"例子。①正如"承诺"或"宣誓"或"审判",这些行为既有主动的语态,又有中间的语态。因为在做这些行为时,发出者不仅作用于世界,也改变其自身与世界的关系。现代主义写作既作用于一些事情(最重要的是语言),又改变写作主体与世界的关系。这就是为什么巴特在他的文章《写作:不及物动词?》中得出如下的结论:

> 我的观点是,在**写**这个中间的动词中,写作者与语言之间的距离渐近减少。我们甚至可以说,主观写作就像浪漫写作一样是主动的,因为在两种情况中,动作者不在创作内部,而在写作过程**之前**。在这里写作的人不是为自己写作,而似乎通过代理,为一个外部的和先行者(即使二者有统一名称)而写。然而,在现代**写作**的中间语态,主体在写作时形成,二者同时发生……普鲁斯特式的叙述者是典型的例子:他只存在于写作中。②

同样的说法可适用于"承诺""宣誓"或"审判"这一主体。承诺人只存在于承诺这一行为之中,宣誓者只存在于一个宣誓就职的行为,法官只存在于审判之中。与作者不同,作家只存在于写作之中。然而写作的行为是不可能没有执行这一行为的作家的。那么问题只是:在巴特和弗洛伊德的分析基础上,"承诺""宣誓"或"审判"等言语行为是否如同现代主义写作那样,一定被认为是强迫性神经质的。

---

① J. L. 奥斯汀,《如何以言行事》(Oxford: Oxford University Press, 1973)。
② 巴特,《写作》,143。

第十九章
弗莱在当代文化研究中的地位
(1994)

> 野生的树只靠花香诱人;果园的树才有硕果累累。①
> ——索伦·克尔凯郭尔

本文旨在回顾弗莱对文化研究做出的不可磨灭的贡献。我曾撰文总结称他为"我们时代最伟大的自然文化历史学家",在此我会详述这一概括性观点,并向这位20世纪后半叶最卓越的人文研究学者、理论家和革新者致以最深厚的敬意。

如果说我与弗莱教授关系密切,这未免言过其实,1970年春,我们相识于康奈尔大学,曾有几次见面与交谈;后来在人文学社工作的几周里,我们两人的办公室相邻,他有时经过会停下来与我闲谈;在此期间我曾有幸聆听了他主讲的关于布莱克、史蒂文森、乔伊斯和叶芝的讲座。此后在多伦多大学做客座讲师时,我们又曾几次会面,我还参加了

---

① 题词出自 Søren Kierkegaard, *Repetition: An Essay in Experimental Psychology*, trans. Walter Lowrie (Princeton, NJ: Princeton University Press, 1946), 2. 克尔凯郭尔于1843年以康士坦丁·康士坦修的笔名出版了此文。在文中他提到这一格言是在斐洛斯特拉图斯长老的《论英雄》一书中发现的。

美国现代语言协会(MLA)为他举办的75岁生日聚会。我们的最后一次见面是他去世的那个春天,在梅西学院的大门口短暂会晤。最后两次见面时,我们讨论了"模式",以及音乐形式与文学、诗学概念中的形式之间的关系。弗莱谈话时一贯彬彬有礼,但总是有些缄默寡言,正如蒙田所说,他总是躲在思想的背后,无时不在进行着严肃的智慧思考。

自从1960年我第一次拜读《批评的剖析》以来,弗莱的名字对我来说已经成为一个转喻,它意味着对文化的本质、文化创造性的条件和文明的命运展开的严肃有序、灵活多变和不断进取的思考。弗莱曾经说过:"关于马克思和斯宾格勒的综合已经亟待重写。"弗莱本人认为这个综合能够重写还是应该尝试去重写已无据可考,但是可以肯定的是,如此具有远见卓识的预想和宏大的计划,只有弗莱这样兴趣广泛并对历史有强烈的研究意识的学者才能做到。弗莱的一些设想,对于马克思和斯宾格勒、激进与反动、冒充的历史科学家和尼采式的美学家的合并研究有着重大的指导意义,对于这样两位"元历史学家"①的综合,不仅会导致一种怪异的跨界和混合,甚至会产生一种全新而激进的理论,与早期的历史哲学大相径庭。这将会是一种综合性的历史理论,一种已经蕴含在《批评的剖析》中的文化理论,这一理论既不把文化贬低成为一种物质决定性的功能,也不使文化膨胀化、神灵化和偶像化。

总的来讲,当代的文化研究实践者们并没有意识到弗莱理论的重要意义。究其原因,在于文化研究从某种程度来说是一种新马克思主义的研究,这一研究是建立在安东尼奥·葛兰西、雷蒙德·威廉斯、斯图亚特·霍尔、尤尔根·哈贝马斯、路易·阿尔都塞等学者的成果的启发下,从而形成了一种顽固不化的历史主义,偏执的仇视任何与形式主

---

① 弗莱多年以前在"New Directions from Old"一文中使用了这一术语,我自己的一部书的书名也出自该文。我第一次接触到这个术语是在柯林伍德的书中某处,含有贬义。弗莱使用该词时是没有贬义的,虽然他后来有时会把这个词和其他一些元词汇放在一起,用于指代一种过分野心勃勃的体系建设。然而纵观弗莱本人的学术成就,从关于布莱克研究的《可怕的对称》,到《批评的剖析》,直到《神力的语言》,他的研究才是彻底的"元批评"。

义、结构主义、唯心主义和机体论有关的理论观点。在此情况下,备受文化研究学者关注的弗莱的理论,就被当作一种充满了谬误,误入歧途的意识形态而大肆批判(原因是这些意识形态是非历史的)。弗莱遭受贬低的原因在于:他认为文学是文化的经典范例,文化本身是自发的,与社会相对的,是物质生产的模式,并决定着起主导作用的社会形态。因此,文化和社会只能在非历史的范畴下研究,而非历史主义是一种共时分析、结构主义和形式主义的方式。弗莱有关历史研究的概论包含一套文化表征的模式,文学是其中的一种模式。这套模式与世俗世界的经济、政治、社会实践毫不相关,只在彼此之间相互影响,相互作用,此消彼长,循环往复地持续发展(绝非日益增长、不断进步或辩证地发展)。弗莱似乎认为,万物的发生都是周期性的循环。这正是所有否定弗莱理论系统的批评所在。

这样的批评是难以置信的,任何人,只要读过弗莱的任何一本著作,都不会把这样一个有关文化、文学和历史的庸俗概念归到弗莱名下。只有对历史一窍不通的人才会认为历史的发展模式要么是循环的,要么是直线的(螺旋上升的)。我一直不明白为什么研究历史思想的历史学家用这样的模型去定义像斯宾格勒、尼采、约翰·斯图亚特·穆勒或黑格尔这样复杂的思想家。然而,如果仅仅是简单地把对弗莱地位的恶意描述看作是出于偏见或无知也是不对的。首先,马克思主义文化研究学者虽然批判弗莱的理论是形式主义、结构主义、唯心主义等,却没有带着同样的偏见去反对弗莱的批评实践、批评理论和他有关批评、文学和文化的理论。其中有些学者认真研读了他的著作;有些学者赞同他把文学研究系统化的宏大计划;而一些学者甚至认为他已经给马克思主义文化理论提供了一个可行的模式(特别指出弗雷德里克·詹姆逊就是其中之一)①。其次,必须指出,很多保守的评论家和

---

① 特请参阅 Fredric Jameson, *The Political Unconscious: Narrative as Socially symbolic Art* (Ithaca, NY: Cornell University Press, 1981), 68-74.

文化专业的学生都对弗莱的马克思主义批评表示认同,虽然他们对弗莱的系统模式,作品中的形式主义倾向,对于传统的去神秘化启示以及他试图用决定论的方法从文学批评甚至文学风格的历史发展中挖掘这些模式仍持怀疑态度。

若非上述这些一致的认同,那么对于弗莱理论体系中的所谓的非历史性的诸般意识形态批评恐怕会更加激烈,这使得我们确定弗莱对当代文化的不朽贡献的定位工作踯躅不前。原因在于,表面上,对于弗莱理论中非历史性的指责在某种程度上有一定的道理。例如,弗莱1974年①的一篇论文中有关斯宾格勒理论的剖析就是非历史性的,现在看来也确实如此。这所谓的非历史性源于文学、批评和文化变化的周期模式。在这一模式中,意识的神话结构被各种各样的虚构作品,例如文献或诗歌等原创性地替代了,这种不断的替代成为衡量进步的唯一标准。在这些作品中,一套互不相连的模式、象征、故事形式或神话,以及各种文学类型重复出现,这些文学类型的本质主要取决于它们彼此之间的联系,然而这一定义方法本身是自成性的,而非采用非文学的、社会的或物质因果的法则来解释说明它们的转换。在这一系统中,一套有限(尽管无界)而独立的元素被重新组合,并分类排列构成了所谓的进步,这一方法似乎使得以下努力毫无用处,例如确定人类主体意图、作者意图、承受者或读者的期待、社会和文化机构强加于人的约束等,这些研究旨在用因果关系解释文学领域乃至广义的文化领域中任何假定的变化为什么发生,会在何时、何地或以何种方式发生。各种变化,包括模式(从罗曼司到高模仿,从低模仿到反讽)、象征(从符号到意象,从原型到代码)、原型(从罗曼司到悲剧,喜剧到讽刺)和文学类型(从史诗到抒情诗,戏剧化到百科全书化)的变化,似乎复制了主要批评实践的顺序(从历史到伦理,从原型到修辞),这一循环从未被打破并只

---

① Frye's "Spengler Revisited", in Northrop Frye, *Spiritus Mundi*: *Essay on Literature Myth and Society* (Bloomington: Indiana University Press, 1976), 179-198. 该论文最初发表于 *Daedalus* 103, no. 1 (Winter 1974): 1-13。

能回到起点以便允许该模式不断循环往复。正因为此,才有人把弗莱与斯宾格勒,特别是与荣格相提并论。

以上观点,即对弗莱系统的理解,通过阅读弗莱著作中运用共时性方法描述文学、文化和文明的结构,即可得到证明。然而,此观点对弗莱理论系统的理解过于片面,没有抓住该理论的全貌或本质特性。弗莱的重要之处在于他不仅是一位关注人类自由和艺术创作力的哲学家,更是一位关注人类自我创造力的思想家。了解维柯对弗莱思想的影响,才是理解弗莱长期不懈的智力工程及相关言说的关键所在。弗莱经常援引维柯的名言,"*verum factum est*",通常译为"被创造出来的即真的",这一维柯思想的标志表明:人类只能理解自己创造出的或能够创造的东西。维柯的观点厘清了人类对于文化的认知不同于对自然界的认知。该理论被称为"创造者的知识",认为自然是上帝所造,人类永远无法掌握只有上帝才能拥有的知识。然而,该理论同样指出,既然文化是人类的独特创造,其类属和程度与人类掌握的自然知识截然不同,那么人类即可不断渴求文化知识。并且,既然历史是对文化创造过程的记录,人类便可合理地渴求历史的,和人类本身作为历史特定存在模式代理人的双重知识,这两种知识远比人类渴求的自然知识更为真实,更加确定。简言之,历史知识,是人类的自我认知,是其在自我塑造过程中,通过了解而创造自我,逐渐认识自我,从而获得的独特的知识。

维柯的"造物主知识"理论为人文主义伦理学和教育学奠定了与启蒙运动的理性主义大相径庭的认识论基础,①"造物主知识"不仅为描述被称为"诗学"的活动提供方法,也为描述那些通过反思人类创造力而获得的知识提供了方法。正是维柯,与不断涌现的启蒙运动的理性教条背道而驰,试图发现人类创造力和历史的秘密,乃至人类历史的秘密。这秘密既不存在于理性,也不存在于意志,而是存在于想象之中,

---

① Isaiah Berlin, "Vico's Theory of Knowledge and Its Sources", in Isaiah Berlin, *Vico and Herder: Two Studies in the History of Ideas* (New York: Viking Press, 1976), 99ff.

存在于人类不仅用概念更能用意象思考的能力中,能够创造隐喻并使它们成为进入、对抗和与自然界同在的活动基础,通过赋予自然人性,使之成为人类和动物、需求及欲望抗争的理想栖息地①。康德和大多数启蒙运动主义者都认为隐喻是错误之源,维柯却把隐喻看作人类特有的思维能力之基础。这一能力既是主观投射也是客观反映,能够记录组合并加工整理经验,一如诗人塑造语言,在塑造中使之再生、重塑、更新,同时使语言表达呈现出前所未有的潜力,让世界沐浴在崭新而惊喜的光照中。维柯认为,不应假定隐喻和意象与概念和知觉之间存在着像疯狂与理性、谬误与真理一样的(二元)对立。相反,维柯设想隐喻的思考(他称之为"诗意的逻辑")②和理性或科学的思考之间存在着某种连续性,不能认为前者低级幼稚,后者高级成熟,而应看作是诗篇中的一个开放的小节与最后一节的关系,更恰当地说,是诗的预想和最终完结的诗篇之关系。

这种诗歌的开篇与结束、预想与完成的关系,被维柯当作一种模式,用以表达原始与文明的意识、初期或原始与近期或衰微时期的文明、想象与理性、大众文化与高雅或精英文化以及肉体与心智之间的关系。他并不把这些关系假设为因果类型或目的论类型。这些习惯上被看作更高或更先进的人类本性或文化的层面,与其视之为基本的因果关系或亚里士多德式的橡树与橡子之关系,亦即由于基因遗传而产生了固有的目标、结束或目的,不如视之为音乐或数学中的模式转换,不同之处只在于它们存在于人类或历史中,而非仅存于概念或算法中。

与维柯一样,也许还包括更多的思想家如黑格尔、马克思、尼采,弗

---

① 为了避免将其视为一种矫揉造作的启蒙主义式的进步思想,必须强调指出,维柯认识到,人类本身除了具有把"自然"转变为"文化"的能力,更具有毁灭自己和自然的(至少是世界的)能力。"如果人类不是同时具有创造力和破坏力,人类就不能被视为是自由的。"

② 参阅 Giambattista Vico, *The New Science of Giambattista Vico*, trans. Thomas G. Bergin and Max H. Fisch (Ithaca, NY: Cornell University Press, 1970), book 3。

洛伊德和马克斯·韦伯——这些思想者业已学会了辩证的观察理解①——弗莱关注的是连续性和内在的动力,而不是相互对立,这些对立现象习惯上被称为真理与谬误、理智与疯狂、客观与主观、文字与精神、字面的与比喻的,乃至艺术与生命,或者在文学艺术领域中的诗歌与散文,抑或是以上每类范畴里的伟大、高尚及高雅形式和与之相对的卑小、通俗和粗俗形式之间的相互对立。据此可以想象文化形态的世界不是正在变化的,而是一个稳定而充实的空间。我们可以说历史学与电磁力学或数学矩阵更为相似,其标志不是演变进化而是强度、位移和模式的变化。可以肯定的是,这正是《批评的剖析》《神力的语言》或论文集《同一的寓言》中描述的数不胜数的神话原型、体裁、模式、象征之间的模式或模块化关系。

然而这些模式只适用于这些情况,即当弗莱脱离了西方文化史或文学史的全景,或把现在与希腊或古希伯来文化隔离,力图从全面或同步的角度来捕捉那些最显著的特性,一如以静止的照片或全息摄影的形式使之重现时。毋庸置疑,这一系统曾经并将不断历经变化。这些正是弗莱著作中从始至终表达的"置换变形"这一重要概念。置换变形的概念是用来描述神话中的结构和意象迁移到文学的转入过程;这一概念使得把文学看作是有其自身历史的设想成为可能。② 而当置换变形在文学中延续——例如,"道德方面的置换变形"③如维多利亚时代

---

① 我使用"辩证地"一词的字面意思是"交叉阅读",而不能将其理解为黑格尔三位一体的概念,即正题、反题和合题(肯定、否定和否定之否定)。弗莱的系统不是三位一体的,而是圣经学者所称的"四福音合参"(diatessaronic)式的,即由"四重"关系而不是"三位一体"的关系组成的关系网。希望读者对四重的概念感兴趣——这一概念与数字神秘主义毫无关系,却和分类学理论紧密相关,这一理论要求至少需要一个"双重二元制"才能构成被数学家们视为有趣的东西——参阅《牛津英语词典》中有关 diatessaron 的词条。[《牛津英语词典》的这一条目包含三个定义:"(1) 在希腊语和中世纪音乐中:四分之一的间隔;(2) 在古老的药房里,一种由四种成分组成的药;(3) 四部福音的合参。"Accessed on September 4, 2009, at http://dictionary.oed.com.]

② "现实小说中神话结构的存在"提出了使其成为可能的某些技术问题,以及用于解决这些问题的方法,这些方法可以统称之为置换变形。(Frye, *Anatomy*, 136)

③ Ibid., 155.

欲望需要经受"道德的洗礼"①——置换变形就很难被想象为一种与真实历史发展有关的质变原则。文学体系里的类型、模式、神话、象征等从一处到另一处的置换变形正是斯宾格勒所谓的"伪装变形"的例证。一如弗莱理论体系的另一基本概念"压缩"(相当于弗洛伊德《梦的解析》中的 Dichtungsarbeit)一样,置换变形指的是量变而非质变。② 文学、批评乃至文化领域中的改变只不过是一种局部的强化(压缩)或伪装变形(置换变形)罢了。

任何体系的建造者都是如此。系统化是把过程空间化,从其运作的本质来说,必须全力关注恒久不变的事物,忽略暂时性和变化性。然而就历史现象而论,也就是说,这一现象对时间和时间的作用起反应,并以此反应为基本存在模式,那就似乎非常必要从共时性转向历时性的模式,以便使一种有关时序性的而非结构性的模型理论化,(因为)压缩和置换变形的概念,虽然兼顾强化和运动,却不足以也不适合描述时序性。

我认为,公平地讲,弗莱在历史研究方面是有困扰的,原因在于,首先,他相信历史,就是说,他相信文化和社会在确实变化着,这变化既是量变也是质变;其次,他认为文化和社会的改变有别于自然或自然的其他方面的变化。据此我认为历史的变化是弗莱的一个大问题,这一看法是公正的,因为,与之相反的是,弗洛伊德认为,不能从最终的、混乱无序的"废话"出发,将其作为看待事情的角度;也不能认为世间万物终将有一个完美结局,并依此作为反对个人或信仰的理论依据。弗莱真正需要的是一种相当于康德的"艺术品的目的性"的概念,这个概念是指一种无目的的目的性,便于表明文学和批评,也包括文化本身,相对

---

① "现实小说中神话结构的存在"提出了使其成为可能的某些技术问题,以及用于解决这些问题的方法,这些方法可以统统称之为置换变形。(Frye, Anatomy, 156)

② 弗莱的"置换变形"(displacement)概念类似于弗洛伊德的"Verschiebungsarbeit"(通常翻译成"displacement")的概念。这是思考的"初级过程"的一个方面,在"梦的工作"中,通过拒绝和否定,把一种想法产生的影响转换为另一种想法的影响。[参阅 White's essay "Freud's Tropology of Dreaming" in his *Figural Realism*: *Studies in the Mimesis Effect* (Baltimore: Johns Hopkins University Press, 1999), chap. 6。]

于《启示录》所预言的现实,都存在着一种进步的封闭性。在我看来,这就是弗莱的研究中,在《批评的剖析》,特别是在《伟大的代码:圣经与文学》和《神力的语言》中不断重现的概念。

弗莱明确否定历史探求应该完美地恢复过去,或者最低程度地适当重构过去。在《批评的剖析》中,他援引了克尔凯郭尔所著的令人瞩目的《重复》,并提议把"重复"作为"柏拉图式"的既往或"回忆"的替代词。所谓"重复",弗莱认为,克尔凯郭尔显然是指"并非简单重复某种经验,而是重新创建,并通过救赎或唤醒使之重获生命,这一过程的结束⋯⋯称为启示录式的预言:请看,我来更新一切"。① 弗莱得出结论说,缺乏这种"重复"的意识,"历史批评就会从我们自己的兴趣范围中除去文化产品。真正的历史批评家们所做的,是意识到过去的艺术与当代的关联性,这是平衡历史批评的关键所在"。②在他那本"迷人的小册子"中,克尔凯郭尔使用了重复的概念来描述生活中的那些方面,把它们理解为"形成",而非仅仅是"过渡"。他写道:"重复和回忆是同一种运动,只不过方向相反;因为回忆是向后的重复,而重复可以被恰当地称为向前的回忆。"③

"重复"或"向前的回忆"构成了弗莱的"伦理批评"的基本概念,此种批评"把文化⋯⋯与未来联系起来,与一个终将会到来的理想社会联系起来",正如"艺术品中富于想象力的因素⋯⋯使之提升并脱离历史的桎梏"。④正是这种乌托邦式的推动力为弗莱提供了独一无二的有关历史变化和历史理解的概念和理论。

值得注意的是,弗莱在他的研究中,特别是在他晚期的两部著作《伟大的代码》和《神力的语言》中,不断提及并回归重复的概念。例如,在《伟大的代码》中,他援引了以下概念用来区分"面向过去的因果律"

---

① Frye, *Anatomy*, 345.
② Ibid., 346.
③ Kierkegaard, *Repetition*, 4.
④ Frye, *Anatomy*, 346–347.

和"面向未来的类型学"。"试图重复过去的某种体验,"他注意到,"只会导致幻灭,但是还存在着另外一种重复,即基督教对照法观照下(或补充)的柏拉图式的回忆,这种重复在以下这句圣经预言中找到宗旨:'请看,我来更新一切。'(启示录 21:5)"弗莱继续指出,克尔凯郭尔所说的"重复"显然"受了圣经中指向未来的类型学思维方式的影响"。[①] 他强调类型学"从根本上讲是一种全新的思维方式和修辞方法",用"睡梦中醒来的体验比喻类型学的中心是非常恰当的,这就如同乔伊斯笔下的人物斯蒂芬·迪达勒斯称历史为噩梦,而他正努力从噩梦中醒来一样"。这种转换暗示一切都像从梦中醒来:"梦中世界彻底破灭,现实世界取而代之。"一旦"人生如梦"的感觉加速转换为一种极力摆脱噩梦的冲动,我们就拥有了变革的思维。正是"圣经中类型学的结构和框架"使圣经神话"具有一种历时性,这与其他大多数宗教神话的共时性特点形成鲜明对比"。[②] 因此弗莱得出以下结论:

> 类型学作为一种思维方式的真正意义以及它所表现和探讨的对象是历史学,或者更准确地说是历史进程的研究。它先假设历史具有某种意义和特点,而后不久发生了一个事件或一些事件恰好印证了历史的这一意义和特点,从而就可以说这一事件或这些事件就是过去事件的对型。[③]

至此我们已抵达弗莱关于历史变化也即文化或文学变化的理论核心。重复——"并非简单重复某种经验,而是重新创建,并通过救赎或唤醒使之重获生命"——命名了一个不断产生原型与对型关系的过程,这一关系可以说明后来的事件、文本、时期、文化、思想或行动"实现完成了"以前的那一个——这正像一种修辞完成了另一种在文字顺序上

---

① Northrop Frye, *The Great Code: The Bible and Literature* (New York: Harcourt Brace Jovanovich, 1982), 82. 弗莱提出:"我看来,克尔凯郭尔的《重复》毫无疑问是源于《圣经》前瞻式的类型学思维方法,这一点是完全可以证明的。"(ibid.)
② Ibid., 82-83.
③ Ibid., 80-81.

位于前面的修辞的意义,譬如进一步转喻法或反讽可以被称为预辩法或转喻的实现完成。"实现完成"可以理解为一种逆向因果关系的产物或影响——一种为历史现实、文化和人类意识所特有的因果关系。赖此关系,过去的事情可以瞬时被意识捕捉,被回忆带到现在,通过被使用得到救赎和更新,这种使用之前无法预料,是人类应对弗莱所说的"第二位关切"带来的压力的结果,并且脱离了他们对于食物、性、财产和"行动之自由"的"第一位关切"。①实现完成(或"对型法")并非指机械的因果关系中的一件事产生了结果,它更像是一个人在完成一项诺言,维护一个誓言,记起了一个誓约或履行一项职责。这是人类特有的关于过去和现在的联系的解释说明。

诚然,弗莱有关变化过程中的原型或范例理论,借用了基督教把希伯来圣经(或曰全部古代犹太文化)看作是新约(或曰广义的基督教教义)的预设,新约是旧约的实现完成(或对型)。毋庸讳言,弗莱把文化借用看作文化创造力的典范样本,这种做法对于文化借用只起到稳固作用,那些举足轻重的评论家们,无论是犹太批评家哈罗德·布鲁姆,还是非犹太批评家巴巴拉·约翰逊都并不对他另眼相看——巴巴拉认为,任何以"借用"概念为基础的创新主张,无论怎样声称只是无害的或象征性的做法,都是令人厌恶的。因此,布鲁姆认为:"有必要拒绝……诠释的理想化模式……受到基督教历史性胜利的启发,从早期的类型学发展到埃里希·奥尔巴赫的**预像**(figura)再到弗莱的布莱克式的《伟大的代码》。"他告诉我们:"任何一种文本都不能完成另一种文

---

① Frye, *Words with Power*, 42 - 46.

本,任何坚持该主张的人不过是在同化文学罢了。"①

布鲁姆对于弗莱关于历史变化的类型学或比喻式的模式理论(弗莱于 1957 明确肯定该理论并在《批评的剖析》中使之概念化)②的批评似乎过分苛刻,这是因为,布鲁姆本人关于"影响的焦虑"的理论或写作中"轻视"和"好斗"的性质——至少在我看来——这些批评可以合情合理地被看作另一版本的预设-实现完成的模式。预设-实现完成的模式并没有导致一种促进"文学(或历史)类同化"的"诠释的理想化模式",反而为构建被我们希望称为历史的文化生产进程提供了一种方法。这一有关某种文化历史的早期与晚期相联系的观点让我们得以重视这一事实——至少在历史方面——世上并不存在**无中生有**的(*ex nihilo*)创造。因此,它打破了不经暴力就会产生创造的神话。此外,我们得以使有关传统(指来自过去的所有文化产品)与各类文化创新的关系问题概念化,文化创新,无论怎样宣称与其出处来源的不同,依然与过去有某种本质的而非基因式的决定性联系。预表-实现完成模式,提供了一种

---

① Harold Bloom, "'Before Moses Was, I Am': The Original and Belated Testaments", in *Notebooks in Cultural Analysis: An Annual Review*, ed. Norman F. Cantor and Nathalia King (Durham, NC: Duke University Press, 1984, vol. 1), 13. 在宣读这篇论文的讲座之后,有人提出基督教教义中,特别是使徒保罗关于"实现完成"的概念,除了包含"实现"或"圆满完成"的意义之外,还蕴含了、意味着和暗示着"废除"的概念。因此,后者(或最初的)含义可以说明犹太学者对(圣经)预表学思想和以这一思想为基础而确定的(圣经)版本的普遍不满,因其确凿无疑地认为基督教是犹太教的"实现完成"。基督教圣经是希伯来圣经的"实现完成",这一观点意味着基督教不仅"实现了"或"圆满完成"了古代犹太教,同时也"废除了"犹太教。然而,应该说明的是,在基督教新约(罗马书、哥林多后书和加拉太书)中"实现完成(fulfillment)"的概念来自 pleroo(make full, to fill——译者注)和 pleroma 二词(fullness——译者注),在我看来,这两个词都不包含动词"废除"或名词"废除"的含义[在基督教的旧约中使用的是 katargeo(废掉、离开)一词]。毫无疑问,后来的基督教神学将"实现完成"的概念视为废除了希伯来律法的意思[即黑格尔的扬弃(Aufhebung)或"升华"(sublimation)],因而也含有废除了希伯来宗教的意思。然而在我看来,以上观点并不是拒绝基督教的"预表学"或"预像"(figura)概念的充分理由,因为它提供了一个历史变化和转型的模型。预表学或预像-实现完成表明了,后一代人可能会选择成为一个过去的想法、价值观或制度的继承者。不论喜爱与否,在一个具体的案例中,其事实是,这就是"历史"运作的方式。

② Cf. Frye, *Anatomy*, Ⅶ.

宗谱式所属关系的理念,这是一种有别于物理和生物概念的基因关系,有据可依的历史学的理念。最后,我认为弗莱有关文化历史理论有着最重要的现实意义(以此回应指责弗莱理论是理想主义的观点):文化变化的预设-实现完成模式,因其对于过去的创造性成果的追溯性借用,提醒我们注意对于任何人类创造力的运用,其本质是"堕落"的,永远是一种权力的运用,是激进暴力的,只有当它在实践中把所使用的文化产品加以更新改变时,才会得到救赎。

第二十章
历史的和意识形态的叙事
（1996）

　　目前研究历史话语的理论家所关心的议题是：讲故事——当然依据更专业的说法，我们称讲故事为话语的叙事模式——本质上是否意识形态性的。这个问题有重要的历史理论意义，因为历史话语传统上把叙事或讲故事当作其首选的表现甚至解释模式。确切地说，历史不一定非要以讲故事的形式表现，它也可以以非叙事性话语模式来进行：视情况不同而分为描述、分析甚至是抒情。事实上，在现代"科学"史学领域，一直存在着压制讲故事的趋势，而提倡共时表现历史现象，结构-功能分析长期的和大部分"客观的"历史进程，以及构建模型用以解释历史记录中复杂的影响力和长期的走向。讲故事或叙述被简化到只为非叙事性表现和分析过程提供具体的例子、实体或某类事件的图表、结构等。换言之，长期以来，史学叙事中的讲故事已经被剥夺了其传统的解释功能，而被赋予更温和的解说和示例的角色。

　　正是因为叙事在当代史学的从属功能，最近历史写作中呼吁的"回归叙事"，才引起社会和人文科学理论家的广泛关注。确切地说，"回归叙事"的倡议者在历史写作中明确承认"讲故事"只是一种修辞功能。

他们只是试图以讲故事激发人们对历史重新感兴趣,因为结构主义和社会科学史学抽象的方法,以及科学写作的枯燥和无人情味使得历史的门外汉对它失去了兴趣。讲故事只是对他们在社会科学领域的研究结果进行包装,目的是为了使其更容易被普通受众所接受。

然而,如此的看法假定:叙事是一种中性的话语形式,一种装饰手段,它本身并不负载任何信息,因此对任何所论事件的表现方式,以及历史学家应用科学分析原理所产生的对事件的思考,都影响不大。叙事看起来是一种话语,可以用于表现各种**认知**内容,从基本常识到"科学"过程——比如计量经济学、人口统计学、辩证法、人种学、精神分析等。**叙事形式**似乎只是展示结构功能主义者对历史现象进行的共时或规则系统分析的**结果**,而不在其中增加任何重要的概念和认知内容。

但是,这种叙事的概念与 40 年来对修辞学以及叙事话语或讲故事的本质的研究结果并不一致。这个研究表明,叙事远非一个中立的媒介,以完美的透明性表现虚构或真实的事件,叙事是一个独特的体验和思考世界及其结构和进程的话语表达方式。的确,话语叙事模式千百年来与神话和宗教思想,以及与文学虚构之间密切的关系,是招致叙事历史以神话思维来表现历史反思遭到谴责的首要原因。

布罗代尔和巴特论史学叙事

例如,早在 1950 年,费尔南·布罗代尔就率领《年鉴》学派的结构主义历史学家和社会学家,抨击历史编年史中的叙事方法,不是因其**承载**了某个意识形态的信息,而是因为任何以此形式表达历史都有其意识形态**内容**。在一篇论述当时的历史研究现状的文章中,布罗代尔写道:

> 兰克心目中如此珍贵的叙事历史仅仅为我们提供了……暗示而没有启蒙,事实但不近人情。注意,这种叙事历史……

总是宣称有关"据事直书"。事实上,叙事历史以自己**隐蔽的**方法,包含了一种解释,一种真正的**历史哲学**。对叙事历史学家而言,人类生活主要由**戏剧性的事件**以及那些偶尔出现的**杰出人物**的行为构成,后者能够支配自己的**命运**,甚至能支配我们的命运。当他们说"通史"时,他们实际是指这种杰出**命运**的交叉影响,因为显然每个**英雄**都必须与另一个相抗衡。我们都知道,这是骗人的谬论。(重点为编者所加)①(译文参考了《后现代历史叙事学》,海登·怀特著,陈永国、张万娟译,中国社会科学出版社,2003年。——译者注)

注意布罗代尔此处将叙事称为一种"历史哲学",并特别将其描述为历史事件中的**戏剧性**。它的"意识形态"影响在于把历史转变成一个场景,像戏剧一样展现在读者的心灵面前,色彩斑斓、剧情紧凑、扣人心弦(参考了张万娟译文。——译者注)。叙述的事件必须带有浓重的神话色彩,表达"命运"和"宿命"之概念;人物必须高于生活("英雄"),更复杂,更高贵,比普通人更有趣("杰出")。所有发生的事情都必须聚焦于那些重大的、只能被"英雄"人物所表现的"冲突"和"高潮"上。

几年后,对叙述历史类似的攻击也出现在罗兰·巴特的文学理论中。他如此强调:

> 仅从它的结构上,而无须探究它的内容实质,就可以看出,(叙事)**历史话语本质上是一种意识形态的阐述**(重点为编者所加),或者更准确地说,如果我们把想象看作是话语发出者的语言(一个纯语言实体)"充任了"话语的主体(心理或意识形态的实体),历史话语是一个**想象的制作**。②

---

① Fernand Braudel, "The Situation of History in 1950", in *On History*, trans. Sarah Mattews (Chicago: University of Chicago Press, 1980), 11.

② Roland Barthes, "The Discourse of History", in *Comparative Criticism: A Yearbook*, 3, trans. Stephen Bann and ed. E. S. Schaffer (Cambridge: Cambridge University Press, 1981), 16.

基于自己的叙事结构分析,巴特认为"不能相信叙事的'现实性'","叙事的功能并不是'表现',而是建构一个场景"①。巴特说,在叙事话语中,我们"经历"的现实并不比描述性的话语更生动,更直观,而是我们身为观众,是脱离现实的和被"壮观"的场景所建造的角色。

布罗代尔和巴特对叙事的指控反映了结构主义者对史学的普遍怀疑,因为它用讲故事的形式,与神话思想和虚构的话语形式有太多的相似之处。巴特问道:"对过去事件的叙述,在某些具体的特征上,在一些不容置疑的特性上,与虚构的叙事如史诗、小说和戏剧真的有所不同吗?"②这个问题当然是个设问,因为巴特认为,且不说经过分析才能发现叙事话语隐含的政治立场或阶级利益,叙事话语的**形式**就标志着它是"虚构的"而非"现实的"。这是因为叙事话语不可避免地培育出以下神话观念:历史过程的超越性观察者,至高无上的主体(个人或集体)为历史事件的主要行为者,片段事件作为历史现实的基本成分,依赖趣闻轶事解释事实上只是假想的问题,和**事后诠释的**推理作为连接事件因果链的主要手段等。

巴特的叙事话语分析是他研究并继承的19世纪资产阶级霸权的现实主义思想体系的历史和潜在的命运之一部分。在巴特看来,19世纪的"现实主义",无论是小说还是历史,都与话语的叙事模式密切相关。因为对他来说,"真实再现"本身便是19世纪资产阶级的话语实践所产生的影响,它一直延续这样的传统,只要叙事模式仍然占历史表现的主导地位,历史研究就只能是伪科学,因此它也是意识形态的。巴特认为,历史分析的结构主义方法的科学性,精确而言,取决于它多大程度地摒弃这一观点,即讲故事的形式能够"真实地"表现"现实",以及多大程度地不仅取代非叙事,而且取代反叙事的表现和解释过程。历史现实可能会通过"去戏剧化",淡化其"戏剧性",强调其客观性,而使它

---

① Roland Barthes, "Introduction to the Structural Analysis of Narratives", in *Image, Music, Text*, trans. Stephen Heath (New York: Noonday, 1977), 123-124.

② Barthes, "Discourse of History", 6.

变得更"可理解"。历史可以是一个分析的对象,而不是一个如布莱希特在戏剧改革中所提倡的只有通过"陌生化"而产生"幻觉"共鸣的对象。

综合布罗代尔和巴特的观点,历史叙事是意识形态的:它把历史事件变为"戏剧"的成分。这一转变使读者占据虚拟的"观众"位置,来观看一个超人的"演员"扮演了比自然更神秘的"力量""角色"。普通观众对此场景只有惊叹的份儿;他们永远不可能希望自己设身处地地占据这个位置或以自己的行动改变其中的神秘"力量"。讲故事使历史被戏剧化,这一意识形态的影响是产生了这样的"主体",他们满足于充当历史"力量"的"承受者",因为他们无论是作为个体还是作为社会集体的成员,都被剥夺了成为"主角"的希望。由此说来,在历史写作上以及在小说写作上,进步的批评和理论所要做的,就是**摧毁叙事的权威**。

卢卡奇论现实主义表现中的叙事

布罗代尔和巴特将讲故事作为意识来批评,与卢卡奇在两战期间发展起来的有关叙事在"现实主义"写作中的功能有所不同。卢卡奇在20世纪30年代研究了现实主义文学,提出了意识和叙事之间的关系问题,鉴于其观点与我们的研究有关,我们不妨先回顾一下他的主要观点。

根据卢卡奇的观点,叙事与意识形态之间是复杂的方式和目的关系。一方面,意识形态使有效的叙事成为可能。他在1936年写道:"没有意识形态,一个作家既不能叙述也不能构建一个全面、有序的和多层面的史诗作品。"替代叙事的"观察和描述","充其量"是代替生活中的秩序概念①。它们不是表现另一种意识形态，而是努力压制被意识影响的思想。

另一方面，卢卡奇认为，叙事是话语"意识形态"的表现；叙事话语是意识形态生产的**方式**。此观点与布罗代尔和巴特后期的观点不谋而合。但与他们不同的是，卢卡奇认为在历史现实的表现中，意识形态的价值一般是积极的。的确，卢卡奇认为，只有通过对现实的叙事理解，才能对历史上"多种多样"、深度的和史诗性的人类生活有意识层面的理解②。因此，叙事似乎不仅是一种意识形态的生产**方式**，它也是一种观察世界、有助于建设一个意识形态的思维**模式**。因此，叙事话语不为意识形态服务。它产生意识形态，而意识形态又有助于对现实的叙事理解。

与布罗代尔和巴特不同，卢卡奇并不认为，无论是历史还是虚构的写作，"现实"表现话语的叙事方式，代表一种特定的政治甚至一般阶级的立场。然而，**选择了**表现现实的叙事模式，就是把现实与意识形态相联系而不是非意识形态表现现实。例如，保守派作家沃尔特·司各特（Walter Scott）、巴尔扎克、托尔斯泰等采取叙事性而非描述性的模式是因为叙事比描述更能直接地表现历史事件："在司各特、巴尔扎克、托尔斯泰的作品中，我们能够感受到事件固有的意义，因为人物直接参与事件，因为一般的社会意义随着人物生活的展开而呈现。我们作为读者参与到人物所参与的事件中。我们自己也经历这些事件。"③相比之下，看似进步的作家如福楼拜和左拉，对于事件、人物和背景的表现，因为其"描述性"优于"叙事性"，削弱了自己的意识形态："福楼拜和左拉的人物仅仅是观众，或多或少地对事件感兴趣。结果，事件本身只成为

---

① Georg Lukács, "Narrate or Describe?" in *Writer & Critic and Other Essays*, ed. and trans. Arthur D. Kahn ((New York: Grosser & Dunlap, 1970), 143.
② 同上，144。
③ 同上，116。

读者的画面,或者充其量是一系列的场景。我们仅仅是旁观者。"①叙事和描述之间的区别,在于是"经历"还是仅仅"观察"话语所代表的事件。在叙事表现中,人物和故事的读者"从内部"经历事件;而在描述性表现中,事件根本不被"经历"。它们只在自身"之外"被"观察"而已。

应该注意的是,卢卡奇并不是分析"现实"和"虚构"(或"历史"和"神话")话语之间的区别,而是在分析两种"现实主义"小说之间的差异。福楼拜和左拉,与司各特、巴尔扎克和托尔斯泰一样,自称是以"虚构"的方式表现"现实的"世界。两种现实主义风格的主要区别在于是否具有"意识形态"。意识形态存在于使用叙事模式表现现实的司各特、巴尔扎克和托尔斯泰的小说中,而在福楼拜和左拉的著作中,因为注重"描述性"而非"叙事性",而使得意识形态缺失。

现在,这种观点对于任何探讨在历史话语中讲故事和意识形态之间的关系而言都非常有意义。在我们自己的文化中,"意识形态"一词并不像卢卡奇那里那样负载积极的内涵。对他而言,有一个"坏的"或反动的思想也比没有任何意识形态要好。不是假装没有意识形态,因为每个假定"客观"或"科学"的世界观都假装有能力超越意识形态,以其本来的面目来表现现实。创造性的社会和政治行动面临的主要危险在于意图去除现实经验的意识形态;也就是说,采取纯粹的中立态度观察和描述现实而不是成为积极的参与者。的确,卢卡奇强调,这就是"现代主义"的内容。

当然,也不是从真实的视角来"看待"现实问题。卢卡奇认为,在文学(以及引申意义上的历史)表现中,

> 体验和观察之间的对立并非偶然。它源于不同的**对生活和对社会的重大问题的基本立场**,而不仅仅是不同的处理内容或某个特定内容的艺术方法……没有哪个作家绝对放弃描

---

① Georg Lukács, "Narrate or Describe?" in *Writer & Critic and Other Essays*, ed. and trans. Arthur D. Kahn ((New York: Grosser & Dunlap, 1970), 116.

述。另一方面,也没有谁可以声称,1848年以后现实主义的杰出代表福楼拜和左拉,完全放弃了叙述。重要的是**创作的哲学**,而非任何虚幻的"纯粹的"叙述或描述现象。①

但是,"从事件""内部"体验生活的含义是什么,对现实的叙事性表现如何能产生比其他表现方式更加"现实的"("真实的""真正的""可信的""逼真的"——读者可以补充其他形容词)体验效应?显然,卢卡奇的意思是,文学虚构中的叙事表现即历史现实表现的"戏剧性"特质,也正是因此,布罗代尔和巴特才将叙事归结为(糟糕的)意识形态。因此,卢卡奇以福楼拜对其"历史小说"《情感教育》的评论为例,福楼拜认为这部小说描述如此"真实"的生活,以致它既没有"观点",也没有"高潮"②。对此,卢卡奇质问,"'高潮'仅存在于艺术吗?"并且回答,"当然不是,福楼拜认为'高潮'只存在于艺术,它们是由艺术家随心所欲创造的,这只不过是主观的偏见。"③

卢卡奇在此简略提出有关历史叙事和意识形态叙事之间关系的关键问题:生活、现实或历史在形式上与讲故事具有同样的属性吗?历史的行为者和小说中的人物一样吗?历史进程描述的各种荣辱兴衰与悲剧和喜剧所讲述的一样吗?历史事件或至少一部分历史事件是否具有"高潮的"意义,从而改变了历史的进程,如同某些事件在小说中那样揭示"情节"或是在它们之前出现的"指向标"?或者卢卡奇也不过是像包法利夫人一样,把历史现实与文学作品如史诗甚至浪漫剧混为一谈?提出这些问题是为探究故事的一般连贯性。更具体地说,它让人们直接关注故事和情节的关系,以及构成故事普遍的连贯性。

---

① 同上,重点为我所加。——编者注
② Georg Lukács, "Narrate or Describe?" in *Writer & Critic and Other Essays*, ed. and trans. Arthur D. Kahn (New York: Grosser & Dunlap, 1970), 121.
③ 同上,121-122。

历史叙事中的故事和情节

故事,特别是历史故事,所表现出来的普遍连贯性是什么?要解释这个问题不得不更多地探讨**表现**而不是**解释**。很明显,无论是个人生活或复杂的社会过程,真实事件的叙事都确实提供了某种解释。它们赋予解释的事件以某种连贯性——结构、基调、氛围和意义——都是"故事"中可以见到的内容。但如此解释无疑是同义反复:它似乎表明历史故事产生一个普遍的"故事效应",读者将它作为一般"故事意义"来掌握而排斥其他类型的意义。但我要指出的是:根本没有普遍叙事这种东西,只有不同的故事或故事类型,历史叙事的解释效应来源于强加在事件身上的一个特定的情节结构所赋予事件的连贯性。也就是说,叙事可以解释真实事件,假定它们像史诗、喜剧、悲剧以及闹剧等一样拥有普遍类型的情节连贯性。但这种连贯性到底是在现实中,还是被我们称为**情节化**的技巧强加给现实的呢?

因此,当卢卡奇把叙事观点等同于某种特别的文学流派时,他提出的赋予真实事件以某种连贯性,也就是我们所说的情节或情节结构,有其可信性。把真实事件编织为史诗、悲剧以及闹剧,虽然很难被当作一种科学解释,不过它毕竟是一种解释。叙事不可避免地使用分类、描述、因果关系及意义等原则,也就是说,至少是类似自然科学用于解释自然现象和过程的原则。这样的原则是文化决定的,这也并不影响它们成为解释的权威。

巴特后来坚持提出:真实事件的叙事中明显的"虚构"或者可辨识的"神话"因素也是如此。这些也给它们所处理的事件提供一种解释。但这意味着必须考虑某种可能性,即任何历史事件的叙述都有可能在实践中被此虚构和神话而污染。因此,要把历史现实之叙事变为真正的科学,那么在操作中就必须清除这些叙事中的那种普遍叙事模式。

但只有在强加给某些特定的历史事件的情节结构——那类神话和虚构的话语中所使用的情节结构——在现实中没有对应物,这个结论才站得住脚。

提出这一问题也同时提出了文学或虚构的——推而广之——神话话语的认知地位的问题。如果我们认为文学是一个纯粹的**虚构的**表达和表现方式,那么,任何以可辨识的文学形式进行的历史叙事,其中的"现实主义"和真实性问题,当然迎刃而解了。因此,"史诗"的情节类型,被卢卡奇当作所有现实叙述之结构原则("创作哲学"),必须作为一个历史叙事的虚构标识,赋予历史事件以这种"通用"的一致性。但认为历史事件具有史诗、浪漫剧、悲剧、喜剧、闹剧等文学体裁的形式和意义结构,我们能确定这个理解是错误的,还是如布罗代尔所称的"骗人的谬论"?卢卡奇可能会发问:"高潮"以及以不同的方式使用"高潮"的情节,不但出现在"小说"和"神话"中,同样**出现**在"现实"或至少在"历史现实"中?

作为比喻的情节化

对虚构事件的表现之真实性或逼真性,与在"现实生活"中各种经历的相似之处,并不局限于描述可辨的人物类型和"可能"的环境。可以延伸为对虚构事件的描写拥有通用的情节结构。大卫·卡尔(David Carr)最近提出,历史现实的叙事表现可以在某种程度上被认为是真实的和诚实的,人类居住的社会文化世界被叙事结构化,在其中他们愿意以某种有效的方式行动,从而使他们的行动可以被"真实"地讲述。在卡尔看来,不是历史学家们将叙事形式**强加**于特定的历史事件,相反,而是**发现**这些事件是组成现实的、经历过的故事元素。与保罗·利科论叙述的近作中的观点一致,卡尔认为人类的行为者将他们的行为**预设**为叙事过程,如此,某种行为的结果至少**有意**与它的开始相联系,如同一个故事的结尾与开头相联系一样。① 因此,可以说,一个特别的"历史"事件序列的意义(与"自然"事件的序列相对),产生于行为背后的意图及其结果、影响或后果之间的构建关系。如此看来,历史现实之所以不同于自然现实,是因为人类行为者有能力以叙事的方式来构建自己的行为,并赋予前者以叙事意义。

那么,对一组如此行为的历史叙事表现,不是被历史学家任意把某种叙事**方式**强加于一种非叙事性的**内容**的结果。卡尔接受利科的这一观点:使用叙述话语的每一种历史再现,都是对一个行为序列的"重构"。但他认为,只要所使用事件序列的叙事形式是事件本身结构所固有的,史学研究的"重构"不应被解释为"虚构的"。换句话说,历史叙事不应该被视为事件之"寓言化"——像布罗代尔和巴特(还有包括我自己在内的其他人)所提出的那样——而应被视为**字面**叙述。这样一来,历史叙事是一种特殊的话语,言语**比喻**过程的产物,只要故事大致符合在现实生活中真正经历过的故事,那么**字面上**它就被视为是真实的。

如果接受了上述的分析,那我们可以得出这样的结论:历史叙事本质上既非意识形态的,也不是完全科学的,它甚至也不是二者的结合,而是第三种话语,它特别适合表现一种既能**讲**故事又能**经历**故事的动物。如果是这样的话,历史学家的任务就会是人们一直认为的那样,即发现"真实"的故事或隐没在杂乱无章的"事实"中的故事,并像文献记载那样真实而完整地复述它们。

卡尔承认历史现实的叙事表现之认知权威,我表示赞同,甚至同意卡尔和卢卡奇(路易斯·明克、阿瑟·丹托、利科、弗雷德里克·詹姆逊和其他人)所共持的观点,叙事是一种独特的认知模式,而不**仅仅**是一种话语形式。但是,叙事通过将故事"构建"的方式来解释事件的概念仍然过于宽泛,无法帮助我们区分历史和意识形态的叙事。一个人可

---

① David Carr, *Time, Narrative, and History* (Bloomington: Indiana University Press, 1986).

以在讲述不同类型的"故事"时,从"叙述"的角度来思考和言说。这使得我们有必要区分表达某种思想和言语的叙述**模式**和在刻画人物、构建主题以及情节编织上所使用的不同的叙事**技巧**。

历史叙事中的通用情节类型

叙述者通常(但不总是)**情节化**他们所讲的事件。这意味着他们不是讲述一般的故事,而是讲述某特殊类型的故事(或某些不同类型的方式混合故事)。换句话说,历史事件中的叙述者常常声称他们所使用的某种**情节类型**方式,也常见于不同的艺术体裁如小说、神话、寓言和传说中。在史学中,这一情节化行为在解释相同的现象时可以生成不同的甚至相互排斥的结论,比如,一个历史学家可能将某个事件情节化为史诗和悲剧,另一个可以将其情节化为闹剧。在这里,恰恰是一个给定的通用的情节类型投射到特定的历史事件中,而不是选择叙事或非叙事话语的模式,才产生了历史叙事的意识形态本质的问题。总之,现实叙事的意识形态内容取决于在一个特定的文化中,它所能提供的各种通用的情节类型,而不是认识世界的叙事模式,前者才有权威赋予真实事件以一种非常独特的故事意义。

因此我们可以得出这样的结论:一个特定历史叙事的意识形态内容不在于它所采用的话语模式中,而在于主导的情节结构中,后者赋予事件以可辨认的故事类型。史学理论家早就认识到某些"大叙事"(利奥塔称之为**宏大叙事**)的意识形态本质,号称可以揭示包罗万象的"历史的意义"。传统的命运概念,基督教教义中的天意,资产阶级的进步概念,和马克思主义有关无产阶级的历史命运的展望,都是极好的例子。但在西方历史思想的主线中,无论叙述还是分析,一直都存在一种"批判的"传统历史写作,它承认一定的科学性或至少一种现实主义,反对历史现实的总体化概念。事实上,批判史学声称通过在具体的历史细节层面否定"历史哲学"的规整图示有一定的科学精确性。传统上,专业历史学家之所以能抵制"大叙事"的诱惑,是他们不愿研究"一般的历史",而将自己局限于局部的,或者历史整体的区域范围之"小叙事"中。

然而,历史学家在研究中无论是否局限于历史事件的有限域并炮制出"小的",而不是"宏大"的叙事,如果她决定以故事的方式叙述历史,那么她必须采用一种特定的方式(或某些特定方式)。这意味着她必须根据某种独特的故事类型或体裁的原则来情节化事件的结构。否则叙事将不会被认可,讲故事也不再是在她所处的文化中诸多叙事方式中唯一可以提供对事件的理解或解释的方式。既然讲述的故事是明显不同的、矛盾的,甚至是相互排斥的,那么在面对**大体上**似乎同一组或同一序列的历史事件时,如何处理两个或多个叙事方式呢?

提出这一有关历史现象的叙事解释本质的问题,允许我们在相对充足的真实事件的不同表达类型层面,解决历史的和意识形态之间的讲故事的关系问题。因此,例如,在事实的准确性层面,抛开历史叙事水平的意识形态内容这个问题,我们现在可以提出诸如以下的问题:将一系列历史事件情节化为史诗是否比将其情景化为浪漫剧或是喜剧更加"现实"和"真实"(如卢卡奇指出的那样)? 历史事件的表现是否喜剧比悲剧更具道德责任感(如黑格尔所言)? 或者是所有这些模式都有一种常见的"虚构"本质?历史叙事中使用神话、小说、寓言、传说中常用的情节化技巧,是否说明此种叙事本质上是"意识形态"的而非"历史"的? 或者这只是选择一个具体的情节类型来表现一组分离的历史事件,因为这些事件展示了这个形式,因此拥有了其他情节不具备的可以充分表现它们的意义? 诸如此类的问题使得我们在话语意义的比喻层面,而不是其文字的真实层面,来探讨历史叙事的意识形态内容。

历史叙事中的意识形态和情节类型

要理解历史叙事的意识形态内容这一概念以及它与当前讨论的历史叙事和意识形态之间的关系,可以参考 C. 凡·伍德沃德(C. Vann. Woodward)最近对以利·N. 埃文斯(Eli. N. Evans)的传记。它是有关在美国南北战争期间出任杰斐逊·戴维斯邦联内阁成员犹太人犹大·本杰明的生活故事。在总结了埃文斯讲述的本杰明的引人入胜的故事后,伍德沃德突然停止了讲故事,而就故事的吸引力,发出以下近乎警告的议论:

> 这是一个极其离谱的和不可能发生的浪漫故事,没有哪个现代的科学历史学家会认真研究它。它很大程度上是关于杰出人物的所作所为,而并没有提出任何目前人们推崇的理想。此外,这是一个过时的传统的叙事故事,没有检验任何假设,也没有使用任何被认可的分析方法。①(参考了张万娟译文。——译者注)

注意,伍德沃德之所以认为埃文斯的故事可能不会吸引"现代的科学历史学家",首先是因为它包含的内容("关于杰出人物的所作所为")以及它不包含的内容("没有提出任何目前人们推崇的理想……没有检验任何假设……没有使用任何被认可的分析方法")。这表明,这本书的内容包括"事实"("杰出人物的所作所为")而不是事实加上某种科学验证或论证和/或思想("没有提出任何目前人们推崇的理想")。但伍德沃德敏锐地区分了两个可能的内容(事实和论证)和埃文斯的两种叙

---

① C. Vann Woodward, "A Southern Romantic", review of *Judah P. Benjamin: The Jewish Confederate* by Eli N. Evans, *New York Review of Books*, Apr. 14, 1988, 6-9.

述形式：通用的（"极其离谱的和不可能发生的浪漫故事"）和特别的（"这是一个过时的传统的叙事故事"）。除非注意到这些区别，否则很难相信伍德沃德对埃文斯所讲述的本杰明的一生所做的真实性的判断。因为他一方面承认它属于小说（"极其离谱的浪漫故事"），一方面又把它区别于以某种意识形态来表现"真实发生的"事件。因此伍德沃德写道："综上所述，我相信，所讲述给我们的故事都是真实发生的，就我而言，具体情况正如作者讲述的那样。"①

伍德沃德似乎暗示某些类型的事件，比如上述埃文斯历史叙事中的"杰出人物的所作所为"，适合被情节化为一个浪漫剧——简言之，浪漫剧的情节类型结构可以用来真实表现和充分解释至少在历史现实的某些领域"真实发生了什么"。因此设想事件是可以被叙述的，因为它们包含一个实际经历过的故事，故事被编织为浪漫剧是合理的，因为实际经历过的故事就是一种浪漫故事。事实上，伍德沃德暗示，埃文斯如果使用另一种情节类型，他很可能无法充分讲述一个他想讲述的故事。幸好，伍德沃德并没有走这么远；他只是表明，浪漫剧的情节类型，对埃文斯而言，是一个真实表现本杰明生活的以及"杰出人物的所作所为"的可行方法。但如此一来，伍德沃德使我们关注通用情节类型的真实性问题，以及在历史表现中使用情节化技巧的影响下，使用一般情节类型的历史表现的比喻特点。

可以说，历史叙事中的意识形态元素可能被视为情节类型对于某个**实际**历史事件的误现。因此，例如，在《路易·波拿巴的雾月十八日》的后期前言中，马克思批评维克多·雨果和皮埃尔-约瑟夫·蒲鲁东（Pierre-Joseph Proudhon）对于法国 1848—1851 年大革命循环事件的误写。在他看来，他们犯了错误，因为他们把事件的主角路易·波拿巴，描写得过于"伟大"和"英勇"。之所以犯错，是因为把事实表面的价

---

① C. Vann Woodward, "A Southern Romantic", review of *Judah P. Benjamin: The Jewish Confederate* by Eli N. Evans, *New York Review of Books*, Apr. 14, 1988, 9.

值视为事实的某种特定的历史"客观性"。因此马克思写道,蒲鲁东"犯了一个所谓**客观的**历史学家的错误",而"恰恰相反,我却要验证……环境和关系……如何使一个可笑的蠢材扮演了英雄的角色"。① 不是解释波拿巴的胜利,而是必须解释这种胜利的荒谬性。它至少表现在两个方面:证明了"**阶级斗争**"如何产生这些"环境和关系",如何将这些事件串联为一场闹剧。把事件情节化为**闹剧**,这种做法不应被视为仅仅是一种修辞手段,而应被视为对于事件的比喻化表现,使得历史分析所提出的问题,在形式论证上提供一个答案。

1851年的政变事件如何被真实地再现为一个"闹剧"?这些事件作为一场闹剧的特征是字面意义还是一个比喻?闹剧的情节化是否有助于增加我们理解从1848年2月至1851年12月在法国"到底发生了什么"?这只是一种马克思作为修辞学家和辩论家的天才之"文学"风格问题吗?还是,马克思本人"有意识地"扭曲了事件,却反过来谴责雨果和蒲鲁东以不同的更"反讽"的方式扭曲了这些事件呢?

历史叙事中的字面和比喻意义

对这些问题的思考,使我们回到了历史话语维度的字面意义和比喻之间的关系,尤其是历史叙事的维度。如果说故事可以通过使用一种通用的故事类型,来赋予历史事件以一种比喻性的意义,这是否意味着我们不能用衡量事实和解释性的真实性和一致性标准来判断历史故事呢?如果是这样的话,我们可能会得出结论,历史表现中的意识形态因素首先是以比喻代替字面,其次是以特殊的方式构建了事件本身并不存在的意义。

---

① Karl Marx, *The Eighteenth Brumaire of Louis Bonaparte*, with Explanatory Notes (New York: International Publishers, 1969), 8.

正如我们上面所提到的,这确实是如巴特一样的符号结构分析家们在历史的意识形态上所提出的论点。意识形态,巴特更愿意称之为"神话思想",在历史表现中,秘密地用一个所指(一个被视为本质的特殊概念内容,如"法国性"或"女人"或"意大利风格")来替代一个它假装描述的指示物(如"法国公民""特殊群体的女性""意大利菜或意大利时装"等)。在符号学者看来,意识形态就是这种以一个公认的"本质"偷换一个具体的历史现实。因此,马克思在表现路易·波拿巴时,他的意识形态元素在于把波拿巴政变描写成一出"滑稽剧"。埃文斯对于本杰明生平的描写也是如此:它必须被视为一种意识形态的表现,因为它赋予"杰出人物的所作所为"一种基本的"浪漫性"。

但似乎很明显,马克思至少打算让他的"闹剧"既有比喻含义又有真实含义。换句话说,把这些事件描述为一场闹剧是为了它在大体上被视为真实的。它的"本质"与其说是形而上学的,不如说是,借用丹麦语言学家路易·叶尔姆斯列夫(Louis Hjelmslev)的话,所有话语更广泛而非更单一的"内容的实质"①。

历史叙事中的分析层面

叶尔姆斯列夫的著作在于其话语多层面理论,它可以区分历史和意识形态的故事。他没有强调话语的字面和比喻层面的对立,而是构建了一个双重的二元模型。首先,他区分了话语的"表达"层面和"内容"层面。然后他进一步区分这两个层面的"形式"和"本质"。这个模式有利于分析任何"历史故事"的认知内容,它允许我们细化**两种所指**即出现在故事中的字面的和比喻之间的差异。简言之,叶尔姆斯列夫的语言模式

---

① Louis Hjelmslev, *Prolegomena to a Theory of Language*, trans. Francis J. Whitfield (Madison: University of Wisconsin Press, 1961), 47-60.

使我们认识到：讲述特定的一组历史事件的"故事"在话语的"内容的形式"层面展开，而我们所说的情节化则是在"表达的本质"层面的操作。

这样看来，可以根据历史故事"（它）的内容的形式"（故事）"对应"历史所指的形式（历时组织的**事实**）的程度来判定它是否真实。然而，与此同时，在"表达的实质"层面，故事通过采用一般情节结构类型诸如闹剧、浪漫剧、悲剧等形式，赋予历史事件以比喻意义。在后一个层面，评估历史故事是否真实，不采用字面对应的标准，而是看其是否逼真或合理。在"表达的本质"层面，历史事件通过复杂的比喻操作来赋予情节意义。可以说在这个层面，历史事件在使用一般情节结构解码时被赋予比喻意义。在这个叙事层面，问题不再是一般的情节结构类型是否**对应**构成话语所指事件的形式，而是选择某种情节结构类型（视具体情况而定，可以是史诗、悲剧、喜剧、闹剧、浪漫剧）赋予事件以比喻意义，这种选择是否**合理**。

似乎没必要如此复杂地谈论一个看似"自然"的"讲故事"行为。但是，讲故事不是自然的事情；它是一个高度复杂的艺术——或工艺，取决于你如何看待它。当它表现真实的而不是虚构的事件时，它尤其复杂。这是因为，小说作者可以"虚构"事件来符合讲故事的要求，而历史作者没有这样的自由。因为研究历史记录讲述历史事件时，历史作者的创作自由受限于文化所提供的情节类型，只有从中选择，才能赋予事件不同的比喻意义。事实上，在对事实的表现层面，在不违反任何真实性标准的情况下，历史学家可以讲述许多不同种类的故事。

因此，叶尔姆斯列夫复杂的语言多平面模型，允许我们识别历史故事的"真实性"内容，以及被称为"解释性"（更贬义地说是"意识形态"）内容之间的关系。"事实"内容出现在"内容的形式"层面（在所讲的"事实"中），而后者则出现在"表达的实质"的层面（在赋予故事以特定的符号意义的情节类型中）。可以根据其"真实性"来恰当地评估一个故事，而对产生这种解释的情节类型，则只能根据其合理性来恰当地评估。

可以参考 1988 年民主党初选的美国总统候选人的例子。参议员约瑟夫·拜登（或竞选助手）被指控剽窃英国工党领袖尼尔·金诺克的"生平故事"并将它当成自己的生平故事而被迫退出竞选。如果拜登仅仅采用了金诺克的生平"情节"，用它来赋予自己的生平故事以象征意义，那就完全是另外一码事了。美国的政客们经常使用亚伯拉罕·林肯的生平（出身低微，从默默无闻的人通过努力工作和自我教育成为国家的最高领导，并领导国家走出危机）"情节"来为自己的生平做宣传。如果他们盗用林肯的"故事"来讲述自己的生活历史，那是非常不当的。拜登的媒体顾问未能区分参议员的生活<u>内容的形式</u>和他们希望使用的<u>表达的实质</u>。

也可能有人反对叶尔姆斯列夫，认为他只不过是把我们习惯称之为"故事"和"情节"的术语翻译为语言学的专业术语。但事实并非如此。我还没有提到叶尔姆斯列夫称之为"表达的方式"和"内容的实质"这两个语言的层面。叶尔姆斯列夫发明"表达的方式"一词，专门来指像历史叙事一样的话语的语言特征：词汇的、语法的和句法的层面。通过上述分析，我们不禁要问："历史"话语和"意识形态"话语是否可以单靠它们的语言特征来辨别？当然不是。这是因为这两种话语有相同或相似的语言特征，我们首先必须面对"意识形态"和"历史"的故事之间的关系问题。意识形态的故事在表现形式上**看起来**像历史故事。意识形态话语指的是历史事件，**讲述**这些事件的**故事**，旨在讲述这些事件的真实故事，试图**解释**它们何以那样发生，最后，声称揭示这些事件的**真正的历史意义**。总之，在表达的形式层面，意识形态的故事和历史的故事是**完全一样**的。

在表达的本质层面上也是如此。在这里，意识形态故事和历史故事完全一样，也就是说，它通过复杂的诗歌和修辞的比喻手法，把"事实"变成了一种特定的故事元素。历史事件、行为者和行为方式以戏剧化的形式被"描述"，并以寓言、传奇、神话、小说、戏剧等"虚构"的类型来呈现。在这一分析层面上，肯定了布罗代尔和巴特所说的"历史故事**等同于意识形态的故事**"。可以说，两种话语之间是没有区别的。

例如，在表达的实质这个层面上，不可能在区分蒲鲁东的和马克思所描述的路易·波拿巴政变的同时，确定两种叙事中的意识形态元素。马克思和蒲鲁东把事件作为**一种**特殊的故事进行情节化。区别只在于他们所选择的情节结构类型是史诗还是闹剧。在两种情况下，我们见证的是内容的形式层面的意义，它包括使用特别的情节结构来叙述特定的事件。有些人看作史诗的故事，其他人则视为闹剧。两种解释都是合理的，因为不同的政治视角决定了他们的立场。那么，我们不能得出这样的结论：马克思讲述的这个故事历史性多于意识形态性，而蒲鲁东的故事是意识形态性多于历史性。如果相同的事件的不同叙述之间在历史性上有差异的话，一定是出现在叶尔姆斯列夫所说的第四分析层面：内容的实质层面。

内容的本质和意识形态

只有在话语的内容的本质层面，才可以确认历史和意识形态叙事的区别。在这个层面，真实事件的表现，情节化为一种特定的故事（史诗、浪漫剧、悲剧、喜剧或闹剧），可以看作历史现实的本质这一普遍概念的特例。在这一叙事层面，马克思使用了"阶级斗争"一词作为历史事实，一方面证明了他把《路易·波拿巴的雾月十八日》情节化为一场闹剧，另一方面解释了这个闹剧发生的原因、地点和背景。根据马克思的观点，事件的滑稽性质在于冲突各方都不清楚他们被卷入了**一场阶级**冲突中，因而不能以代表各自阶级利益的方式行动。马克思认为，蒲鲁东未能认识到其中的阶级斗争才是理解这一事件的关键，所以他套用神话中的"英雄"概念来解释路易·波拿巴的胜利。对马克思来说，"英雄"的概念"解释"不了什么，蒲鲁东使用这个概念来解释路易·波拿巴的胜利，恰恰说明蒲鲁东的"故事"是"意识形态的"，而非"历史"的。

从何种意义上，我们可以肯定地说，"英雄"或"英勇行为"的概念比

"阶级斗争"概念更具"意识形态性"(因而更少"历史性")？对于这个问题，尤其是马克思主义者，通常的回答是，"阶级斗争"这个概念比"英雄主义"的概念更现实，更少"想象性"（更少"虚构"）。但是，"阶级斗争"这个概念的"现实主义"是什么呢？这并不是说"英雄主义"的概念与马克思的历史观格格不入。事实上，必须承认，马克思在世界历史上对无产阶级的角色的描述，已经赋予这个社会阶层一个"英雄"的(尽管是一个集体的)所有属性。

但是，这对理解历史事件的历史和意识形态之间的区别至关重要，即马克思指出，一个可以在一个发展阶段成为"英雄"的阶级，也可以在另一个发展阶段成为"恶棍"，并且在下一个阶段被驱逐出历史的舞台。据他的敏锐观察，资产阶级在1789年的"悲剧"事件中扮演了英雄的角色，却在1848年改变了的环境下试图再次重演1789年的"闹剧"时，成为闹剧的主角。与蒲鲁东使用"英雄"概念来解释路易·波拿巴的胜利不同，马克思的"阶级斗争"概念更容易在不同的时间和地点被赋予不同的具体内容。这是为何前者被当作神话概念，后者被当作历史概念的原因。

因此，尽管马克思的"闹剧"并不比蒲鲁东的"史诗"更缺乏"意识形态性"——或者，根据马克思自己的观点，1789年的事件具有"悲剧"特质——马克思的叙述的内容实质比蒲鲁东的叙述更具有历史意义。这并不是因为历史记录不包含个人和集体的英雄行为。而是因为无论个人还是群体，历史的观点集中在其行动上，不能以此作为基础来区分个体和群体英雄以及那些只扮演了英雄的"角色"的个体和群体(比如马克思所说的路易·波拿巴和他的追随者们，他们只扮演了英雄的"角色")。

马克思的历史概念被视为内容的实质，"阶级斗争"的概念是一个与蒲鲁东的"英雄主义"的概念完全不同的秩序。不管这一概念作为决定性的历史事件的解释原则时有何优点，它都没有什么意识形态性。这表明，所有历史学家，无论其政治信仰或意识形态取向，都会假定阶级斗争这一现实。除此之外，这一概念规定了原则，既承认现实的个人和团体的英雄行为,又同样区分真正的英雄的成就和那些只是看起来像是英雄的成就。英雄主义的概念等同于个人凌驾于其他所有人之上的精神优越感,与此不同,阶级斗争的概念并未把英雄主义与个人通过特定的努力获得成功的理想相联系,而是将其与人类为获得自然需求和社会分工之自由而付出的全球性努力相联系。

(本章在校对时发现张万娟译稿,所以个别地方参考了张万娟译稿,已在前文中一一标明。但本章从头至尾都是自己完成的翻译,特此说明。——译者注)

第二十一章
19世纪修辞学抑制
（1997）

将文学概念与一般意义上的程式化语篇或作品相对照是新兴的做法。此外，认为文学创作几乎不能教授也是比较新颖的概念。但情况并非一贯如此，在19世纪早期之前，我们称文学为纯文学。它被视为修辞学的一个分支，修辞学本身被看作包罗言语和写作各方面内容的科学，因被当作一般意义上人类固有的讲话能力，其原理是可以被教授的。在文艺复兴时期和18世纪末期发展起来的修辞理论与19世纪取代它的各种合成理论的一个重要实际差异在于，形成语言本质多种概念的差异。简而言之，19世纪之前的修辞学认可所有语言学惯例的比喻性和转义性本质并将这种认可视为言语作为话语一般理论的基础，其中各种类型的言语和写作（散文的和诗歌的；叙事的和论述的；事实的、虚构的和二者混合的；交际的、富有表现力的和表述行为的）被当作实例，它们之间的关系被假定为是可识别的，并且在不同情境下不同的合理使用方法也能被详细说明。

所有言语都应被当作话语，所有话语应被视为全部语言学惯例比喻性和转义性本质的一项功能，这一概念伴随19世纪早期封建社会转向资本主义社会的过渡时期在文化重组过程中迷失了方向。正是这种缺失解释了"文学"的神秘性,也解释了基本"读写能力"应包括对写作的一般认识,和它们之间的定性差异是组成元素这一独有概念。

文学一词占据了由19世纪唯美主义思想构成的语义场,其中的一个影响是将艺术一般神秘化而将文学艺术特殊神秘化,以至于教授学生创作的想法几乎不可想象。文学创作过程被唯美主义思想赋予如此的神秘色彩,以至于我们可能想擅自教授其原则的想法,与我们想教授基本读写技巧的想法一样,通常被视为——特别在这种意识形态的主要受益对象文学研究部门看来——简直可以说是异端,大多数"创意写作"课程计划的小众性已经充分证明了这一点。

然而,在被唯美主义思想崇尚之前,这种只有在19世纪被称之为文学的写作并未被视为格外神秘,其原则也未被看作深不可测,并且教授这些原则也并非不可想象。因为在19世纪创造"文学"之前,修辞学实际上充当一门表达、写作和阅读的科学,在此基础上在创作过程中可以教授,并且实际也是如此。这也解释了为什么对于修辞学的抑制是将文学与其他类型写作区分开来的一个必要先决条件,为什么"文学"的构成与单纯的读写能力形成事实上的对立,为什么形成后者不可教授而前者可以教授的谬见。但是任何引导学生"从读写能力通向文学"的努力都是以消融掌握读写能力的写作和独特文学创作之间假定存在的对立为先决条件的。该课题需要消解支持这一对立的唯美主义思想,需要重建读写能力写作和文学创作这两个在实质上是同一活动不同类型的概念,需要恢复修辞学作为一门表达、写作和阅读的科学,以及在此基础上再次在理论和实践上教授基本写作和文学创作。

读写能力写作和**文学**两条术语在19世纪大约同时生成并得到普遍使用绝非偶然,因为它们属于一般文化重组的同一过程,如同民族-国家的建立整合,由"遗产"到"阶级"的社会结构转变,公司资本主义的出现,大众由臣民向能够在生产和交换体系中发挥一己作用的公民的转变。将之前被称为纯文学的文学与"话语"的一般领域相分离(曾经话语也被当作一个分支或体系),并将其提升至一个新的地位,**文学**一词就此生成,这些是文化重组过程的影响。从那时起,文学被视为写作的一种类型,其价值部分在于其与言语的差异,以及与此后被认为仅仅是写作的写作类型的差异。

唯美主义思想从现在起将会告诉我们文学创作和单纯写作之间的区别只是更为根本性差异的一个特例,例如形成绝对对立的美(美好的事物)和效用(有用的事物)等。文学是美——这种创作仅只凭借形式,不去考虑内容和主题就可以吸引甚至令人着迷。相反,仅仅是作为写作的价值将更多地体现在功能而不是形式上,特别是在它的交际功能上,它的有效性在于在为实现纯粹实用目的和意图的所有社会生活体系中作为一种传递信息、思想和更重要的命令的媒介。唯美主义思想声称社会不像需要写作能力那样需要文学。文学是一件奢侈品,因为任何仅仅是美的东西都是奢侈品,也就是说只能作为一种补充或装饰。但是,如此设想,在工作兴趣和努力被认为比玩乐或对单纯美的事物追求更重要的情况下,文学是可以被随意舍弃的。大概唯美主义思想是这样认为的。

当然在这些理念中,唯美主义思想揭示了其与功利主义意识形态的共谋,成为我们多方面社会实践价值归属的占主导地位的理论基础,引申开来,可以涉及我们的教育机构。这两种意识形态,唯美主义和功利主义,协力共谋剥夺了艺术独特的认知权威以及任何实际效用。它们尤其共同贬谪文学艺术至奢侈品的地位,一方面其社会价值与稀缺程度成正比;另一方面,其无用性又与每个社会成员都应掌握基本的读写能力这一假定需求成反比。对于基本读写能力的训练不怎么包含最终培养一种可以创作独特文学作品的能力这样的一般写作实践入门知识,而是去训练一种为了有用而抑制所有文学痕迹的写作,这也是众多原因之一。

基于这种构想,读写能力与文学的关系将我们的注意力同样多地引向理论和实践问题。理论问题与被理解为反对面的读写能力和文学的差异有关。这里读写能力被视为由主要用于实用信息、特定思想和命令的有效沟通的基本写作技巧组成，而文学被视为创作实践的产物，文学的创造力一方面被看作凭借个体性、主体性或特异性，在一定程度上允许对直觉、感觉进行不切实际表达的能力，另一方面它们也是稀有、天赋才能甚至是天才的产物。

"创意"写作不能用为普通本科生设计的基本写作技巧课程的方式来教授，我可以说那种方式效果显著，这是我们教学思想司空见惯的情况。许多人都这样认为，文学创作不能被教授，因为教学思想认为只有一小部分学生拥有掌握专门文学语言的天赋，就像只有少数人具有欣赏文学经典能力的敏感性一样。

我不打算详细探讨这一概念的范围，这种继承性文学类型的概念在多大程度上参与了19世纪的谬见，即一个"理想化"而又敏感的天才，在维多利亚社会的心理经济学中被认为是女性才会有的被动性。对于艺术作品的一般女性化和对于文学作品的特殊女性化与维多利亚时代社会对其他类型的社会实践男性化紧密相连，并且在我们所处社会中对男性作家而言具有与女性驯化对于女性而言相同的安抚作用。这一安抚过程通过看似良性的，同时理想化和边缘化两个群体的社会角色的双重操作发挥作用。对文学作家而言，理想化过程包括局限于天赋而仅表达本质上完全是想象的感性（既不合理也不现实），这一感性将他们与那些"真正的男性"相区分。对这些人而言，家庭幸福，为家人提供保护和生活必需品本质上被权定为基因和普遍性赋予的权利。不用说，这种文学感性被默许理解为与女性具有的感性有着相同的本质，女性因缺乏完全理性的心灵，因此被局限于生育和抚育子女的能力，操持家务，给予丈夫爱与支持，女性在公共事务管理中被看作毫无价值，与男性相比，由更为神圣而非自然的权利决定，男性务实的才能表现在他们抑制情感和约束想象力的能力中，即压抑本性中任何可辨认的诗意。正是这种双重过程——对于女性的驯化和把文学女性化——保障并决定了贯穿19世纪西欧和美国扫盲运动中的男权主义思想。

这种男权主义思想解释了为什么中产阶级——甚至是上流社

会——的女性在很长一段时间里被拒绝接触读写能力的训练,而与此同时被允许甚至得到鼓励去培养她们的文学才华。这种性别歧视意识解释了为什么对于语法和逻辑的训练被确立为读写能力训练的主要基础,而与此同时文学创作技巧的诗意性训练被排除在外。安然囿禁于文学创作的保护区,**诗学**、语言学的比喻艺术被自身的女性化所驯化,它可以留给那些敏感的灵魂所培植——男性、女性和雌雄同体——这些人在现实世界的生产、商业、政治和战争中没有自己的一席之地。

但是这种对于我称之为文化体系的社会政治基础的阐释并不能解释其在19世纪形式中所需要的另一种排斥。一方面,我指的是为了将诗学提升至文学性一般原则地位,对修辞学逐渐贬损;另一方面,为了使语法和逻辑作为基本读写能力训练两个组成部分得到提升,对它进行有效压制。在日渐致力于促进科学和艺术发展的文化中,二者的主要权威被认定为来自其单纯的实用性,如何解释修辞学提供的理解话语产生、交流和消费原则这类知识的抑制或者至少说是中立化?

我们从唯美主义视角了解到这一被排斥在外的辩护理由是:基于修辞学构成原则形成的话语可能既不纯粹(浪漫主义者的唯美主义,是所有真正诗意表达的标准)、可信(贯穿后浪漫主义直至现代主义文学艺术的理想),也不真实(从巴尔扎克的历史主义论断至格奥尔格·卢卡奇的社会主义变体,是现实主义所有形式的原则)。修辞学,无论被视为修辞的艺术、表述的理论和话语的构成,还是被当作具有说服力言语和写作的技艺(专门用于推广雅各布森称之为语言使用的"意动功能"的技巧),因其作为不道德言语的原则,遭到科学家、哲学家、神学家以及文学艺术家的道德角度的谴责。

在唯美主义思想的奠基作品《判断力批判》中,康德为此谴责提供了伦理——经济合理性——理由。与科学、哲学、宗教和诗学话语相比,康德认为修辞学通过演讲术只能形成欺骗性的话语。修辞学传授了貌似"重要"而本质上纯属无聊的文字游戏中的技巧。与诗人有所不同,诗人假装进行文字游戏实而参与到最为严肃问题的考量中,因此承诺的总是比表达的更多,而演说者表达的总是比承诺的少。康德认为,这是由于演说者只在意形式,总是不真诚的,因为他从不将真理、正义或美好作为目标,而只将它们作为产生对听众直接情感影响的手段,抑或做不到这一点,把它们当作威胁听众服从其观点的手段——违背所有理性、逻辑或真理——仅仅通过言语手段。

鉴于修辞学的这个概念,假使其真相存在于康德激烈言辞的谴责中,人们可能会认为功利主义的理论家会将其作为训练的基本原则接受它,这一训练旨在赋予学生首要的是实用的读写能力素养,特别是在成功的资本主义通过一切手段获利并迅速使它成为规则而非例外情境的情况下。

但修辞学没有这样的运气。权威如功利主义奠基人杰里米·边沁也加入了康德对于修辞学是理性话语对立面,"声音"取代"意义"的伪艺术的谴责中,认为修辞学一方面能够真实反映现实,另一方面能够代表纯粹理性,也就是纯粹符合逻辑思想的道德中性言语的敌人。

边沁所谓的"中性演讲",以具体、明确、特定的措辞,"同源化"(也就是标准化)的语法为特点,由一套与生活化交谈或对话毫无关系的逻辑,由只能产生于写作过程的言语(如果口头表达,听起来也只像被阅读的书面作品)管理。也就是说,一套语法上符合逻辑的言语——变成了19世纪于美国建立的文化体系乌托邦,用一种政治意义和文化意义都恰当的态度来培训由未开化的土著和外国人组成的国民。诺亚·韦伯斯特(Noah Webster)以他特有的直率和"中性"力量谈道:"我们的**政治和谐**与语言的**一致性**相关。"[①]对于统一语言的理想引发了19世纪美式英语标准化的课题。该课题不仅包括消除方言变体以及除英语外的语言,还包括创建一种社会性方言,因为公民的社会使命是作为公职人员服务于新兴的制造业和商业综合体,作为政治角色只能被动认可

---

① 引自Keith Hoskins, "Making Cobwebs to Catch Flies With"(未发表的论文,重点为作者所加)。

权力和财富拥有者确定的政策,在文化系统里扮演的角色仅仅是消费者,永远也不是生产者。

语言的诗学方面用于培养"文学作家"的一个派系,而修辞方面则被通俗化为明晰、简洁和真实的说明性散文的原则,或者适于律师、政治家、新闻记者,或是后来成为演讲交流系相关专业进行模拟辩论具有说服力的雄辩术原则。尽管在为每个进入公立学校体系的孩子提供的读写能力素养教育中继续保留修辞学方面的内容,但它是反修辞学的修辞学。也就是说,在掩饰自身作为平实语言和实用散文的同时,实际上是主观性需要的修辞学,其主要功能是收集和交流信息,拘泥于实践常识性观点,并且将情感的表达保留为主要被视为女性化体裁的日记和私人信件中。

谴责修辞学通常是一种固有的缺乏道德的或至少是双重的话语实践,这背后究竟是什么?在大众民主、民族-国家、资本主义、帝国主义形成期,是什么使得修辞学训练被压制?又是什么将其从国家公立学校旨在训练学生基本读写技能素养的计划中被逐步排除?

了解修辞学历史的人或愿意超越柏拉图在《高尔吉亚篇》和《斐多篇》中对修辞学的误读视角来审视修辞学的人都能很容易地解答这个问题。

首先,一般而言,修辞学与其说天生是言语、语言和陈述的艺术,不如说是它们的技艺(technê)。修辞学继有美感的言语和写作创造而来,将这两点和它们的非艺术对应体作为研究和分析对象。那么,作为话语的科学概论,修辞学不仅仅解释文学-艺术话语的原则,也同样解释所有非艺术和实用的话语,诸如政治和法律,更不用说哲学和历史,更为重要的,是它们与权力政治、社会和经济的关系。修辞学因此代表一种具有鲜明社会价值的知识,因为它能洞悉政治权力与语言、言语和话语掌控之间的关系,政治精英们认为它是有效统治的必要基础。如果修辞学一直都属于"拥有最高文化修养"①的社会成员,正如基思·霍斯金斯所言,这是因为大多数最高文化修养的社会成员总是属于最具影响力的阶层;如果修辞学、读写能力和社会阶级力量之间的关系与其历史所表明的一样密切,那么在 19 世纪的社会民主化中,修辞学训练应该扩展到所有阶层,作为一个必要的政治权利组成部分,因为对社会各阶层而言,基本读写能力的训练才使得他们拥有这种政治权利。因此,将这种训练从修辞学中排除可以被看作一个权势阶级对多数公民普遍实施政治教化的一个方面,而权势阶级在精英学校和大学为自己的孩子提供修辞学方面的训练从未停止。

第二,修辞学——特别是由它的第一批实践者,也就是诡辩派哲学家发展的——被视为言语研究和实践,不仅在政治中,且最重要的是被当作政治,当作语言使用的政治,目的在于防守(反抗国家的权力)和进攻(行使该项权力)两个方面。修辞学只研究言语和语言的积极主动方面,而不去考虑消极被动方面;传统上,它被视为对运用于实际情况中言语和语言的研究,在这些实际情况中不仅存在对首要原则的不遵循或事实本身的不一致,也存在首要原则不得不在辩证的条件而不是示范性的条件下制定——如同亚里士多德本人一贯坚持的那样。这就是为什么根据传说,修辞学从公元前 5 世纪在西西里建立,到 18 世纪末被视为民主国家培养政治积极公民以及贵族政治时期培养精英的一个要素。无论是诗歌、语法、逻辑都不会直接回应语言使用政治引发的问题,因此,任何将这些——除去修辞学训练——视为提供基本读写能力的基础,实际上剥夺了学生们接触实用知识的权利;而没有这些知识他们永远不能充分培养批判的政治能力。

第三,也是与我们的目的最为相关的,修辞学作为或一度试图成为比喻的科学,这是一门不仅仅关注话语比喻维度的科学,也是关于语言在本质上被理解为具有比喻性的科学,具有言语行为理论家称之为表

---

① Hoskins, "Making Cobwebs".

述行为的功能或施为功能,是所有意义形式的基本要素,就其本身而论,是一门优于类似言语和语言的多种表达并宣称能够从中调和。这种表达包括简单的命名到最为复杂和正规的纯粹逻辑学表现。

认为修辞学是言语和视觉表现形式的普通科学取决于对所有话语,表达的不同层次无法规避的转义性本质的理解,这种层次从音位-语素阶段上升至最难的文字语言总体结构,也就是段落。修辞学宣称了解被称为诗学的表达方式的秘密,这也就是为什么从唯美主义现代思想的视角来看,修辞学必须被抑制。它同样声称了解实用言语的秘密,言语的主动、意动和政治化的使用,言语作为统治权力工具。这就解释了为什么从政治精英的角度看,他们想让公民具备读写能力素养但又不必太过聪慧,以至于看懂他们的用心。所以政治精英们一方面在抑制修辞学的大众化传授,一方面在适当的掩饰形式下,也就是打着"人文科学"的旗号,又意欲在教育自己子女继续研究它。

但是在此,人们会反对说,诗学或文学创作的特有原则是运用比喻性的形象语言,将它的培养与单纯的读写素养相区别,因为它已经等同于"写实主义"话语的养成,并产生了一种极少能够超越"思想拘泥"的敏感性。事实上,很可能有人会问凭借比喻方式的表达和特有的隐喻表达方式,文学创作难道首先不是超越并在质量上优于单纯的读写能力素养吗?

这是 I. A. 理查德大约 50 年前在他仍然具有影响力的对新修辞学的呼吁中采取的立场,该立场呼吁再思考以隐喻作为一般创造性思维灵魂的中心,在对柯勒律治关于象征物作为"半透明实例,也就是'在阐明整体的同时,继续保持自身作为整体鲜活的一个部分(代表)'"[①]的理论颂扬中达到顶峰。理查德继续对隐喻进行研究,隐喻被视为"思维能力"的基础,独立为"可讨论的科学"[②]。

[①] I. A. Richards, *The Philosophy of Rhetoric* (Oxford: Oxford University Press, 1936), 109.

[②] 同上,94。

尽管表明隐喻应成为我们思维能力科学研究的对象,理查德总结"我们必须意识到",对于该能力的反思不可避免地"非常不完整、扭曲、荒谬和过于简化"。如此一来,可以进行讨论的预想的科学研究的领域是"不取代实践,或者告诉我们如何去做那些我们已经不能做的事情;但去保护我们天生的技能免于受不必要的粗俗观点的干扰"。可以肯定的是,他补充说明这种科学研究应"首先……坚持从大脑传到大脑的能力传授";但他也提醒注意"在将能力从观察转向理论的过程中,主要是从我们的错误中进步"①来完善这个建议。

理查德预见了现代主义符号学、结构主义和后结构主义修辞学理论,它始于对所有话语的比喻性本质的假定,不论这些话语是事实的或现实的,历史的或科学的,逻辑性的或诗学的,叙事的或解析的。然而影响现代主义修辞学的比喻概念完全不同于理查德提出的散文形式。他认为比喻表达法是一种表达一个意思但意指另外一个意思的语言模式。以此类推,现代主义修辞学理论是假设所有比喻表达法具有象征性的。隐喻不再是形象语言的基础,并且如同在17世纪那样,再一次成为众多修辞方法之一,与纯粹的具备读写能力素养的言语或不具备读写能力素养的言语相比,也绝不是文学言语的精髓。如果有什么不同的话,那就是修辞手法生硬而导致自相矛盾的误用,"歪曲真相"或者"使用不当",这被认为是秘密所在,不仅仅是比喻性言语和其拘泥于字面意思表达的秘密,也是二者之间关系的秘密。纯粹的具备读写能力的言语或写作成了词语和它们所能表示意思的事物之间互相滥用关系的一个特例。然而,与所谓性质上更为高端的表达,即文学言语相比,二者都没有它那样多地滥用这种关系。

将这种基本修辞学假说——所有的语言使用本质上都是比喻性的——应用于话语实践研究和教学将指定一种教授基本读写能力的方

---

① I. A. Richards, *The Philosophy of Rhetoric* (Oxford: Oxford University Press, 1936), 116.

法，其中仅仅是具备读写能力素养和精通文学的差异被认为是简单的策略使用的不同，这些策略与文学作品创作采取的策略相比是符合惯例的。排除创作元素中对语法和逻辑的教授，它与具备读写能力素养是能区别开的，但是，它会将这些元素作为比喻性策略进行介绍，这些策略与文学作品创作采取的策略相比是符合惯例的。基于比喻表达法的一般理论，它能区分具有读写能力素养的说明性散文。根据这样的理论，语法、逻辑和我们通常认为的诗意会被描绘成所有话语的组成部分，这一特点无非是表述形状的语言比喻能力。

反过来，这种能力体现在每个具有讲话能力的个体中，不像少数天才具有的那些神秘天赋，一般认为诗人具有的天赋和敏感性异于一般人。文学创作将会以其要表达的方式表现出来，仅仅作为一个写作的种类，其中，比喻性表述行为被描绘为显性内容的要素以及其形式的主要特征。相比之下，仅仅是具备读写能力素养的写作被描绘为另外一种写作种类，在这种写作模式中比喻表达法仍然存在却被系统地掩盖、隐藏和压制起来，目的是要产生一种话语，表面上看来由标准化的措辞、语法和逻辑规则支配，这些规则通过运用选择性和结合性策略产生独特的意义生成效果，无论多么拘泥于形式，也和诗学话语一样具有比喻的意味。

这当然是为了让学生们通过学习和模仿我们通常称之为文学文本的方式来引导他们进行基础写作，并不是因为这些文本包含所处时代的道德和审美智慧（尽管一些作品可能具有这样的效果），或是因为它们体现了只有天生具有敏感性的诗人才能具备的美和高贵品质，而是因为这些文本能够将语言的力量预设并转义表达为它们所要表达内容的一部分。简而言之，比喻表达本身既是文学文本的形式，也是其内容的一个方面。

正是从具体修辞学角度考虑研究这些文本，其中既包含对文本的语法、逻辑和诗学分析但又没有被拖累得疲惫不堪，我们的学生才能得以入门，并学习到比喻表达法的原则，甚至可能被鼓励去模仿一般比喻表达法的实践。在此基础上,他们可以由表及里去理解事情的究竟,不仅在文学话语中,也在特定的我们称之为普通写作的抑制和升华操作中。

我们称作**文学**的每个言语组成部分,都可以作为其表述内容的一个元素来展示比喻表达法的特点。文学创作和单纯写作的差异不会被描述为一个使用比喻性语言和组合的转义策略,而另一个不使用这些策略。正如保罗·德曼在一篇具有开创性的题为"隐喻认识论"的文章中所言:

> 与一般的观点相反,文学不是一个审美愉悦感中止不稳定的隐喻认识论的地方,尽管这种尝试是该体系的一个构成要素。说文学是僵化(思想上)和愉悦感可能的汇合处,不过是一种幻象罢了。①

这是因为对于修辞学的抑制,基于审美主义思想的现代文学创作观念将文学认同于诗歌艺术而诗歌艺术本身又认同于天赋的表达,实际上已经否认了语言学意义上的比喻表达法可以成为科学研究的对象——修辞学研究的一个目标。

---

① 保罗·德曼:《隐喻认识论》(The Epistemology of Metaphor),发表于《批评研究》[*Critical Inquiry* 5, no. I (1978): 30]。[论文后来发表于保罗·德曼,《审美的意识形态》, Andrzej Warminski 编辑 (Minneapolis: University of Minnesota Press, 1996),第1章。]

第二十二章
后现代主义和文本焦虑*
（1999）

后现代主义对东欧可能造成的影响是什么？就此而言，它对于西方的作用又是什么呢？关于后现代主义，有学者建议需要历尽艰辛去经历或通过"坚持"得来，而不是通过教化得来和直接接受（详见梅斯特罗维奇论文），②似乎阻碍了任何对于这些问题的严肃考量。但是东欧③与西方伙伴共同面对的一个问题是后现代主义比它的批评者们更能较为严肃应对的问题：也就是历史的问题。因为如果不是一种基于独特历史观的世界观，后现代主义就是虚无的；体现在它的本质、意义、

---

*　这篇论文最初见于1996年9月在瑞典隆德附近召开的一次会议上。这次会议的文稿后期出版于由伯·斯特拉斯和妮娜·维托泽克编辑的名为"后现代挑战：东方和西方视角"的卷集中。——编者注

②　Stjepan Meštrović, "Will Bosnia Survive Postmodernism?", in *The Postmodern Challenge: Perspectives East and West*, edited by Bo Stråth and Nina Witozek (Amsterdam: Rodopi, 1999).

③　为了遵从研讨会的标题，我用了"东欧"这个词，是指在乌拉尔山脉和西欧的东部边界之间的所有地区，包括"中欧"。

研究和运用①方法上。赋予现代社会生活以超越一代人利益和需求的意义,将历史重建为这种禀赋的基石是东欧和西欧共同面对的问题,可能始自 1956 年,但一定源于柏林墙的倒塌、苏联解体和公认的冷战结束之时。但后现代主义削弱了西方历史知识观念的基础主义性质。它强调涉及研究过去的问题时,历史学家必须为他/她之前曾经假装是发现实则是构建的内容来承担责任。

将斯大林主义的过去(事实上是 20 世纪的全部内涵)融入一个连贯一致的历史叙事中,该叙事可能既证明对过去某些方面的排斥,又肯定了其一贯坚持的连续性,中欧和东欧国家都面临这样一个问题。因此,在德国、意大利、西班牙,甚至一定程度上在法国,同样存在面对法西斯主义、纳粹和通敌的过去,特别是对犹太人种族灭绝大屠杀这类问题,这不仅仅是德国的罪行,广义上讲也是西方人的罪行。但此外,西欧国家正在寻求将国家的历史融入新事物以及全球化力量的方法,消解国家本身早期作为无能、陈腐、守旧、残余,现如今已被超越的政治经济制度。东欧国家则试图踏入这个全球化世界,与此同时将国家重新塑造为社会组织中一个具有生命力的构成单位。这些新发展解释了为什么东西方历史学家在设想将国家的新历史融入现实的新方法中感受到压力,这种现实的主流导向是既超越又反对国家的。

历史学家一直以来在研究对象的历史中遇到过渡时期的问题。确切地说,这不只是因为每个历史时期在一定程度上都是一个和另一个历史进程之间一个阶段或方面的过渡。同样因为这个"过渡"确切说是任何媒介(甚至是电影)都不能够**表现**出来的,因为它发生在被认为是(相对)稳定的两个国家"之间":它是一个"转换"时期,一个历史现实的"酒"转瞬"变为"另一个历史现实"血"的"圣餐变体"时期。这一时期不

---

① 这是真实的,即使你在此考虑让-弗朗索瓦·利奥塔对后现代主义的定义:西方在赫西奥德时代就对历史强加了"意义",后现代主义不再相信所有这类的"宏大叙事"。因为,正如利奥塔的批评者们所指出的那样,对历史哲学的拒绝,本身就是一种历史哲学,因为它对历史的意义设定了限制。

能被表现出来,因为它具有与切分一部电影的两个画面空白间隔一样的作用。在这一时期,一种事物变成了另外的事物或是之前无法用语言或视觉图像表现的其他事物,因为该时期确切来说是存在缺席的时期,其中一种存在之本质被耗尽而被另一种实质所填满。基于任何对这一现象的科学解释,必须指出的是,该时期是何种因素决定的——充满了因果关系力量,也充满了等待**解释**的"奇迹"。

以"中世纪"和"现代"之间过渡时期的问题为例。我们能够询问究竟是什么"造成"这一转变吗?在首先没有进行调查的情况下,我们怎么可能确定问题中的两个时期("中世纪"和"现代性")间的预设分歧究竟是否存在?必须承认,只有我们坚信有"中世纪"和"现代性"这两个时期,它们真实存在,而并不只是我们为连续体不同部分命名,并由此在连续性中创造差异而虚构的事物,中世纪和现代性之间的过渡期问题才会存在。

事实上,现代性向后现代性过渡的问题以及由此提及的现代性和后现代性的差异都同样难解。现代性可以被定义为是继中世纪而来,或者说先于后现代性而来。但在这种情况下,现代性概念的实质仍难以确定。

后现代主义正是了解这种历史的不确定性,不论它是否自己清楚这一点。即使不了解现代主义的组成部分,也不知晓自己"后来者"的组成部分,后现代主义了解它是继现代主义而来。这是因为后现代主义继承并扩展了现代主义阐明过去的元素,将"历史知识"包括其中并在此基础上进行去神秘化。在19世纪,一种遵循新规律并经过专业研究产生的"历史知识"被用来阐明具有教士气派、贵族政治和君主政体特点的旧封建社会。旧体制建基于巫术、迷惑欺骗、幻想和谎言之上,事实上,这是一个"虚构捏造"的世界,正是历史知识揭示了其所及的范围。与这个虚构或幻想的世界形成对照,历史确定现实的真相,也就是人们可以获得一定知识的过去,因为过去已经"完结",不能进一步得到改变,进而成为纯粹由"事实"决定的客体。后现代主义视历史知识的这种理念本身即为"虚构捏造"。

这当然不是事实的全部。实际上,后现代主义在某种程度上是作为对20世纪特定"现代主义"事件的回应产生的。① 无须逐一提及那些使我们的世纪不同于以往任何时代的事件,但不妨举一些例子。首先,只有在我们所处的世纪,工业化的全部影响(大规模人口扩张、城市化和国际经济学)和作用(大规模饥荒、经济繁荣和萧条周期、生态圈污染、世界大战和氢弹等高科技武器导致的大规模死亡)才得以实现。传统的历史不能表现和解读这些事件的规模、深度和影响范围。有鉴于此,我所指的"历史意识"既不包含这些事件的归类方法,也不包含有效历史化所需要的表现技巧。例如,这些事件不会认可"戏剧化"的处理,虽然历史学家在过去两千年中为了表现特定"历史"事件一直使用这种戏剧化的处理方法。这意味着,除此之外,这些事件并没有通过叙述化过程被解读。

第二,辅以卫星电视系统和计算机网络,在科技时代,新闻事件在全球传播的速度以及它们被收集编辑进而广为传播至世界公众的迅速,已经摧毁了前工业社会信息传输实践的传统节奏。这种节奏允许循序渐进和选择性地吸收这些事件,以形成"历史记录"。在过去50年的某一时刻,这一"历史记录"达到了超负荷的程度,就像过去用来存储现代国家和企业文件的那些巨大的仓库一样,装得太满超过容量,无论如何不能再存储任何一小部分记录产出。与现在越是接近,越多事件就隐藏在能够证实其发生的大量文件信息背后。

第三,通过过量记录掩盖这种情况本身就是一种全新电子记录表现手段的产物——比如电影、视频和数码摄影——它们蕴含如此惊人的力量来变换、变形或巧妙处理影像以至于使传统的单纯感知理念受

---

① 参见我的论文"The Modernist Events",发表于 *The Persistence of History*: *Cinema, Television, and the Modern Event*, ed. Vivian Sobchack (London: Routledge, 1996),17-38.(本论文重印于《怀特,比喻的现实》一书,第四章。——编者注)

到质疑①。影像已经不再是一个单纯记录经由五种感官感知的指数。相反,现在影像被视为被生产或发明的事物,不是被发现的事物,因为它首先产生制作于记录仪器,能被无限重制和重造,如此一来假定存在于现象和偶然发生、现象和影像、原始影像和复制品或模拟物之间的差异被置诸脑后。

这并不表明后现代主义只对现代主义事件的记录感到怀疑,因为如果说现代主义事件表现得无限复杂,那么与此同时,媒体处理影像和指数的方法也是不真实的,我们只需回顾寻找过去事件中的某个时刻——比如战争和革命或者对抗饥荒或是帝国的瓦解——就会认识到它们同样也是复杂和不真实的,它们表面上被感知到的真实性和开放性主要是因为文献数量缺乏和记录过程的粗糙。随着"历史"现实影像不断地增加,我们现如今似乎正在远离而不是接近过去本身。

那么,在我看来,我们所处的世纪在感受上与之前的几个世纪超然分离而非连续一致是合乎情理的。通过引领崭新历史存在秩序的某种量子飞跃或根本性变革,我们与"过去"相分离。

这里存在一种我们过去理解为"历史"事件的质的转换,这一转换需要新的思考分类方式和新的表现技巧来理解它的形式和内容。我们的现代性和在我们之前各种不同的现代性之间的间断,造成对过去所有的贬谪。如果刚刚发生的事件和远古历史中更为遥远的过往间的差异性看起来似乎大于它们的相似性,那么这个被视为发生于20世纪前的更为遥远的过往可以被理解为仅仅是一座集聚好奇心和"收藏品"的

---

① See Janet Staiger, "Cinematic Shots: The Narration of Violence", in Sobchack, *The Persistence of History*, 39–54; and Bill Nichols, "Historical Consciousness and the Vewer: Who Killed Vincent Chin?", in Sobchack, *The Persistence of History*, 55–68.

存储区①。它们会被从历史语境中抽离并植入各种对于过去的表述中——不是作为历史文献、遗迹、纪念物或索引,而是只作为**虚拟**的过去物品或者**虚拟的过去**之物品。②

现在,我想指出,只要涉及代表过去现实的问题,后现代主义可以告诉我们一个虚拟的过去是我们能够期待的最好事物。尽管我们都知道过去——或是某些人、习俗、事件等——存在过,或是发生过,或是经历过,我们也同样知道这种过去不再存在、发生或经历。尽管有明确的证据——以时间、文物、遗迹和文献形式呈现——证明过去曾经存在,但是这些过往的痕迹可以说是过去的作用,而先前的成因已经不复存在。作为对过去的索引,这些遗迹留存至今,但它们不再作为最初产生(过去)因果力量的影响发生作用。它们的存在是为了产生一系列影响,这些影响属于由另一个存在序列因果力量支撑的一个存在序列。因此,比如法国韦兹莱大教堂——一个罗马式艺术末期和早期哥特教会式艺术至高无上的"凝结瞬间"——与原始修建者付出的努力和文化背景相比,可以说它的19世纪最初修复者维欧勒·杜克所做的努力影响更大,还有承担维护工作的法国历史遗迹办公室③。在现代,我们社会组成的大多数体系都是相似的情况。

同时,关于对组成"历史遗产"的"旧事物"的态度,以及在此基础上

---

① **收藏品**是一个术语,指在美国出售的物品的类别,这些物品的价值,不是取决于它们的年代古老、它们的美丽非凡或它们的实用效用,而是取决于那些想要"收集"它们、对它们感兴趣的人的。我们甚至不能说,**收藏品**是一种现代变体,它是那些曾经出现在"古玩柜"里的物品的一种现代变体,这些物品是由于它们具有异国情调或来自未知和神秘的地方而被"收藏"。收藏品只是一个对某人来说感兴趣的对象,无论是出于什么原因。在后现代主义的历史情感中,存在于过去的物品被认为具有"可收藏性"这一特性。

② "虚拟的",我在此暗指后现代主义最重要的兴趣所在:虚拟的现实。

③ 同样的道理也适用于中欧的任何历史遗迹,那些经常被毁坏和重建的纪念碑,几乎没有任何东西可以与原址媲美。我想到布达佩斯(匈牙利)的马提亚斯教堂,或者波兹南(波兰)的中心广场。这些都是虚拟的历史遗迹,产生了"历史"的影响,而没有其原因——当然,除非一个人以后现代主义的方式思考,并认识到"历史"不过是一种影响。有没有人试图定义"历史"的本质或实质呢?

我们根据保守派和自由派的告诫去构建未来，在我看来，后现代主义为我们提供了非常健康乐观的态度。它使我们能从对现在的效用角度来评价过去——这并不是说我们已经从本质上认识了"现在"，或是说我们应毫无保留地致力于"现在"。相反，**与"过去"和"未来"一样，"现在"也是一种构建**。所以，从后现代主义的角度来看，当谈及"过去"或"现在"时——我们发现自己夹裹于三种构建之间。诚然，"一切坚固的东西都烟消云散了"！但这是谁之过错？这不是后现代主义的错误。相反，后现代主义是对这种情况的回应，本身即资本主义现代性的产物。

在此，详细说明后现代主义历史观的一些影响，指出后现代主义在旧式（"专业"历史研究的称谓）信徒中引发的恐惧和焦虑，很可能是有作用的。著名传统价值观（确切地说，是指维多利亚中产阶层理念）的捍卫者格特鲁德·海默尔法布教授已经详细说明了专业历史学家对后现代主义历史观的反对意见。详情如下：

> 后现代主义否定任何文本的固定性，否定针对作者相对于诠释者的权威，拒绝给予任何伟大著作优越于连环画"特权"的"标准"，否定语言和现实的对应关系，事实上否认任何"本质"的现实。历史上，后现代主义否定过去的固定性，否定除历史学家选择书写过去的现实性，从而否定任何有关过去的客观真相。①

海默尔法布教授进而延伸至否认"固定性"这一线索的道德（毋宁说不道德）意蕴上。有人可能会说，后现代历史不承认现实原则，只承认快乐原则——任由历史学家喜好的原则②。这被她称为历史"审美化"，在她看来，这是现代历史中在认知和道德层面上"重要"历史概念的对立面。事实上，如同19世纪的标准形态一样，海默尔法布的真理

---

① Gertrude Himmelfarb, "Telling It as You Like It: Postmodernist History and the Flight from Fact", *Times Literary Supplement*, Oct. 16, 1992, 12.

② 同上。

观蕴含了一种道德承诺,它无关于一般意义上多种不同类型的真理,而是对特定的反对"无秩序混乱"的真理和反对我们所感兴趣的历史研究的各种形式①(可能从形式或内容上修订被认可为标准的历史"套语")的真理进行道德承诺。因此,在历史研究中海默尔法布以对"现实原则"的辩护结束了论战,她抨击马克思主义者、女性主义者、黑色人种和其他少数族裔、多元文化主义者和新历史主义者,因为他们付出"激进的"努力去修正她最终所指的"传统历史"。②"以激进主义的惯用名义,"她总结道:

> 结构主义学派和后结构主义学派,新历史主义学派和解构主义学派,已经能够忽略他们所持理论中存在的任何逻辑不兼容性。如同更早一代的共产主义者和社会主义者,他们形成了一个"分别实现共同目标的人民阵线"。③

在这个过程中,他们不仅摒弃了历史"方法论"需要的"道德和职业约束",同样也抛弃了"历史推理分析理念,连贯性、一致性和真实性理念",进而,她总结道,尽管"后现代主义通过大声疾呼自由和创造力来吸引我们……它却可能成为引发理智和道德自我沦陷的因素"。因为后现代主义不仅"彻底反人本主义",同样也是"深刻反历史的"。在将人类从"历史责任负担"解放出来的掩盖下,它实际上只是将人类从"人性的负担"中予以解放。在此,借助其"解放论"的推动力,后现代主义历史自我揭示为"不是一个新颖且层次更高的约束形式",而恰恰是对约束的"否定"④。

---

① 我之所以这么说,是因为法律、哲学、自然科学、社会科学、艺术、文学和历史都以某种方式来处理真理。问题的关键在于这些真理的不同,它们是如何产生的,它们的范围和效用是什么,最后,它们的相对权威是什么?海默尔法布教授自己也为后现代主义对真理的"漠视"而感到惋惜;她补充说,事实并非"作为一个终极的哲学原则,而是作为历史学者的实践指导原则"(同上,13)。
② 同上,15。
③ 同上。
④ 同上。

我并不愿意怀疑海默尔法布教授关于后现代主义历史观在研究历史的传统方法方面影响的描述。但我想指出的是，她在叙述后现代历史的吸引力问题上明显缺乏兴趣①。很显然她并没有将自己的立场作为史实记录，也没有询问是否有更好的理由来使学者和知识分子相信后现代主义的吸引力与她对社会现实的看法相比更不能让人满意，进而渴望构想更具超越性的思维方式。

然而，思考海默尔法布教授在弗雷德里克·詹姆逊称之为"文本意识形态"和后现代主义间的关系时所表现出的敏锐洞察力的重要性，可能很具有启发性。她谈道，后现代主义以拒绝"文本固定性"为基础。稍后，她将其等同于对于过去所有"固定性"的否定。她认为这种对等完全合乎情理，因为其遵循了她对于后现代主义核心的认定，也就是对"文本主义"的偏见。

"文本主义"当然不是后现代主义的唯一特征，但它对于理解后现代主义历史观和理解后现代主义在仍致力于"传统"历史研究人群中引发的焦虑至关重要。的确如此，传统历史——如同传统自身——是基于基要主义对于"文本固定性"的信条。文本主义确实反对文本的固定性以及以文本为基础的明确固定"历史"意义的所有可能性。但有必要比海默尔法布教授更清楚地从细节上说明作为后现代主义根基的文本主义的特定种类。

通过文本主义，我是指书面文本构成一种文化范式理念，文化生产可以在文本生产模型之上得到最好的理解，对于文化的解读最好通过完全相似于文本阅读的阅读实践进行②。表面上，没有太大的必要去冒犯最为传统的人文主义者，也就是文献学家或守旧的历史学家，他们有可能将"世界即文本"的理念引入对文化产品的分析中。但是由后现

---

① 她把职业历史学家对后现代主义的兴趣归结为想要震惊，表现出新的、时尚的、职业的和"血腥的思想"上。同上，15。

② 参见 Roland Barthes, "Texte (Théorie du)", in *Encyclopaedia Universalis* (Paris: Encyclopaedia Universalis France, 1974), vol. 15, 1013–1017。

代主义者作为文化和自我范式援引的"文本"并不是人文主义者的文本。它永远与自身存在分歧,不了解自己的原型和谱系,可能用来书写读者和作者的笔触同样多,但只有作者才能读懂的变态文本。对后现代主义的墨守原文者而言,文本是一套比喻修辞组织,是一件总是隐藏所试图揭示内容的"自我消耗之人造物",表述时在文字表面和比喻层面互相转换,并最终结束于将自己呈现为一种否认逻辑和理性主义的无尽"自由发挥"中。这确实是对"文本固定性"的否定。① 但如果文本的固定性遭到否定,那历史现实的思想性和客观性之间假定存在界限的固定性也会被否定。对现代主义者而言,根据客观性在社会科学中的定义方式,这个界限总是在不断变换,但为了揭示社会科学的客观性并把这种客观性本身作为一种思想体系,界限总是以一种将客观性吸收到思想体系中的方式变化。目前,将客观性本身作为思想体系的理念对于概念化社会科学有着重要意义。

当代后冷战时期讨论中普遍的共识是我们最终形成了后意识形态,仿佛苏联解体印证了美国关于其外交政策是基于"现实"而它的敌人俄罗斯的外交政策则是基于"意识形态"的主张。由此,在著名的"意识形态终结"争论之上,弗朗西斯·福山将他的"后现代主义"作品根植于历史终结本身。当然,从后现代主义角度来看,"意识形态"并不是以"共产主义"的假定失败告终,而是客观主义的思想体系声称可以在"历史""事实"吸引力的基础上来区分"意识形态"和"现实"。从后现代主义角度看,所谓的"意识形态终结"只不过是一种客观主义意识形态本身取得胜利的后效应。② 从后现代主义角度看,我们的历史观也只能在一如既往中呈现为是意识形态的,其中,作为意识形态的客观主义

---

① 参见"From Work to Text", in Roland Barthes, *The Rustle of Language* (Berkeley and Los Angeles: University of California Press, 1992); Hayden White, "The Interpretation of Texts", *Berkshire Review* 7 (1984): 7-23。(这篇文章在本书第十四章。)

② Francis Fukuyama, *The End of History or the Last Man* (New York: Free Press, 1992; new ed., 2006).

恰巧目前处于霸权主义岌岌可危的位置上。从后现代主义角度看,重要差异不是在意识形态和客观性之间,而是存在于历史的多种意识形态构建中,它们或多或少对于自己历史版本的"构建"本质持开放态度,并或多或少愿意从历史内容的生产方式元素中获得认识。后现代主义的历史版本有些像电影制作题材的电影,小说写作题材的小说和坚持关注自我"虚构性"的布莱希特风格的戏剧场景。当然,这类历史版本很少出自专业历史学家之手——因为成为专业历史学家意味着致力于"客观性的思想体系"中——但(除专业人士外)谁授权专业历史学家在历史表述中去确定什么是"合适的"而什么不是?为了有权利去构造一个真实版的过去,而与此同时,这个过去对现在进行着隐性或显性地批判,人们还需要去笃信海默尔法布教授定义的"过去的固定性""文本的固定性""道德和职业"纪律和"现实原则"吗?如果后现代主义历史观是由对客观主义意识形态的批判得来的,这并不一定意味着它们反对真理,编造谎言,沉迷于错觉、幻想和虚构中。这意味着后现代主义更热衷于现实,将真理作为自身探寻的终结。但是,后现代主义认同于"现实"是处于对话语的构建中的,正如"现实"被发现于历史记载中一样;也就是说后现代主义清楚意识到自身的构建本质,并将构建作为自己话语的主题。

正因为决意确定现实的界限,后现代主义历史观找到了与"文学"联合的基础,这里我指的是具有鲜明特色的20世纪"文学创作"或"现代主义"形式的"文学创作"①。正是现代主义文学创作,为试图探索"现实世界"的界限所付的努力,超越了如此多已经成为教条的差异,在现代社会人文科学中接受客观主义的假象。在这些差异中,已经被超越的有:

(1) 事件和表述事件的话语之间的差异。后现代主义者认为只有在我们努力对事件进行描绘时,事件才会存在并已经存在于现实世界

---

① 参见巴特,《写作:不及物动词?》,*The Rustle of Language*。

中,我们免不了掩盖它们或曲解对它们的看法。

(2)文档和(文学)文本之间的差异。后现代主义者认为(书面)文档(较久远的学术传统称之为"不朽的作品")也是文本,意味着它们也运用了与文学文本相同的说明技巧。这一理念将文件置于针对"文字"虚构本质的批评和对参考文献一贯的曲解揭示之中,即使参考文献只是表示上下文过程和规则的一般索引。

(3)(文学)文本和社会语境之间的差异。后现代主义者认为社会语境本身就是文本,或者说只有通过文本才能理解社会语境。这一理念对客观主义观点提出挑战,即尽管文本只有通过最晦涩难解的阐释学实践和婉转务实的实践才能得到解读,但语境可以通过常识性步骤直接得到阅读和阐释。

(4)字面言语和比喻言语之间的差异。后现代主义者认为语言中任何描述或表现现实的尝试必须面对这样的事实,也就是字面语言不存在,所有语言"本质上"都是比喻的。因此,墨守原文者认为,文本永远在表述传递比表面意思更多的内容;所以这种"真实性"只有在解读后才能得到判定。真理或事实不能用于解读文本,因为任何版本的真理本身就已经是另一个文本了。

(5)话语所指对象和话语主题之间的差异。后现代主义者认为话语的主题总是被其表面上的所指对象代替。客观主义将这个建构的主题与所指对象进行了混淆。**事件并没有被建构,而是事实和话语主题被建构**。在历史表现中,这一双重建构过程引导历史学家离所指对象越来越远。后现代主义者的客观主义将这一与所指对象的疏离过程考虑进来,并将其作为自己话语的一个元素。

(6)事实与虚构之间的差异。因为事实本身就是语言建构,是"事件描述",脱离语言的**事实**并不真实。所以当事件已有可能发生,将其作为**事实**的表述赋予它们的全部是文学的属性,甚至是虚构的主题。

(7)历史和文学之间的差异。后现代主义认为由于历史书写是一种话语,特别是一种叙述话语,所以历史现实的**表现**与构想的事件和过程的**表现**之间并没有实质性的差别。但它比这要更进一步,认为基于现代主义将自己的创作方式作为其"内容"的元素这样的事实特点,现代主义文学创作比历史书写更为"客观"。正是现代主义文学文本这种自指性将现代主义从"虚构"的地位中解放出来,并允许我们通过这样的方式观察,只要自我指涉缺失,传统历史文本就会陷入"意识形态"中。这并不意味着自我指涉性能够保证避免意识形态,它只是防范客观主义的意识形态,如此不自知的意识形态。

很容易看出为什么西欧和美国的文化社会护卫者——自称是对冷战时期前对手的战胜者——竟然对文本主义思想在人文社会科学中的传播感到恐惧。由于文本主义反对 19 世纪末期作为西欧人文社会科学建立基础的"客观性"和"意识形态"差别,文本主义逐渐破坏了政治、社会和文化"真理"(是的,带引号的真理)的道德权威,它们产生于冷战双方形成的人文社会科学。这一反对实质上在西方是值得支持的,但对东方而言尤其如此——尤其是西方关心(并希望控制?)东方的未来。① 如果情况如此,显然,东方和西方都需要后现代主义,尽管出于不同的原因。

我见过许多俄罗斯和美国学者似乎认为西方(资本主义)对战苏联取得的"胜利",不但证实了西方自由市场经济和美国民主的有效性,而且印证了资产阶级历史意识和西方社会科学的有效性。在面对重构东欧共同体历史的需求时,这些国家的历史学家们被建议抛弃辩证唯物主义,着手采取西方资本主义"历史重建和解读的社会科学方法"。在我看来,对俄罗斯和其他社会而言,这是最不需要的东西。

首先,因为没有人"需要"特定的社会科学方法论和历史观。其次,

---

① 在我写这些话的时候,报纸报道了北约成员国之间的一场辩论,讨论在这些国家中,有多少中欧国家将被接纳为成员国。比尔·克林顿总统希望只承认波兰、匈牙利和捷克共和国,推迟承认其他中欧国家的加入,直到它们能够证明自己有资格加入一项保卫西方对抗这些国家的军事行动。当然,俄罗斯表示异议,但无能为力,因为它最终所希望的是加入这个联盟——那时,它将采取"后现代主义"的立场,即加入一个致力于保卫自己来对抗自己的联盟。

由于社会科学和历史观在国家找寻自我道路的情境中或多或少都是有意义的。对既定群体在发展的特定时间的满意度评价中,如果"实用性"被"需求"替代,很明显,与所有西方客观主义的做法相比,后现代主义的历史观能为当今东欧国家提供更好的帮助。而西方国家也能从后现代主义历史感悟中获得一剂良方,因为西方历史学家秉持资本主义在冷战时期取得的胜利,有效证实了兴起并发展于西方的控诉这场冲突的社会科学的客观性和现实主义性是一种错误观念,它能帮助他们消除这种观念。但是,后现代主义对当今东欧历史学家所做的最重要贡献莫过于允许他们直面国家民族如何重新建立的核心问题。只要历史探索有助于回答这样一个问题,它就可以这样做,不是通过寻找国家起源和形成的单一真理或唯一解释理由,而是增加对于起源和演化模式可能的论述。这也符合米歇尔·福柯表述的后现代主义历史探究的概念,而构想当今的历史则更具趣味性也更富有成效。

许多方法都可以对知识产生的学科特点进行描述,可以通过作为被选的研究种类进行,也可以通过分析方法进行,可以通过它们在社会上所起的作用进行。但是人文和社会科学可以通过起初促使其建立成为特殊研究领域的焦虑和恐惧来定义。现代社会学和现代心理学就是例证。前者是对西方工业化和城市化社会分裂性影响所引发的恐惧和焦虑的鲜明回应;后者是对后文艺复兴时期伦理道德、政治和法律学科中作为主体的自我概念动摇不定而引发的恐惧和焦虑的回应。人类学研究领域的建立则是回应19世纪末帝国经历和遭遇引发的恐惧和焦虑的产物。

历史研究则是另一回事。直到19世纪早期,历史研究都曾是非专业人士、业余爱好者、卖弄学问者、古文物收藏家、谱系学者、宗教信徒和政治爱好者关注的领域。除了必要的语言技能和些许对公共文书法律意义的兴趣外,无须研究历史的特定专业知识。能具有相关研究领域的实践经验是有帮助的:过去的士兵了解战争史,法学家学习公共制度史,家族成员了解家族史等都是必要的。自文艺复兴时期起,开始有学者将自己命名为历史学家,出现了对于过去的研究,为教师和伦理学者所用,而其他公共事务管理者并没有要求对历史研究感兴趣的人提供任何特定许可或方法学介绍。只有在19世纪,专业历史学才被严格规范,进入了大学和研究机构,被赋予了学科科学地位,并由新成立的国家政府提供资助,而专业历史学家所能提供的服务又是这些国家不能缺少的。

从表面上看,政府雇佣一批人来研究国家的过去似乎匪夷所思,因为过去也是被政府管理监督的。人们可以对国家雇佣管理者、教师、警察、军事机构,甚至是自然科学家和医生来为公民服务表示充分理解。然而是什么原因驱使国家斥资雇佣一批学者来研究过去?不是作为教师和社会学者履职的一种资助,而研究即目的所在,是作为对知识的一次贡献,不仅仅是对国家过去的研究,而是对所有过去的研究,就本身而言有益处吗?当然,答案是显而易见的。在19世纪,为了给予那些起源模糊和种族构成同样不确定的国家以合法地位,历史研究是受到严格约束的(需要形成制度化,必须在大学内进行,并且成为一种科学)。新的训练有素的历史学家应该减少起源的不确定性和由混杂性的种族带来的焦虑。19世纪的专业历史学家为这个国家提供了一个血脉相承的东西,不仅确立了这个群体的血统的纯洁性,而且还确认了这个国家中占统治地位的少数民族的主张。

很多事情都是显而易见和司空见惯的。历史学家研究的时间和地点范围远远超越他们所属的国家,而且他们对于历史知识的贡献显然与自己的国家之间不存在起源和谱系关系。他们彼此间还进行争论,也与其他学科研究者讨论历史本质的问题,怎样最好开展研究的问题,历史研究产生适当社会功用的问题,等等。一切以之前没有想到的方式进行。之所以没有想到是因为之前历史研究并没有被奠定为一门科学,并具有证据评价的客观性标准以及国家起源和实质问题的合法化。

没有想到也是因为新规范的"历史"不仅改变了那段"历史"的内容,在那段历史中,"历史学家"被认为应该书写一段"历史"。他们没有将"未来"作为"历史"的一个元素从思考中抹除。早期的历史反思形式常常被公认为是为预见未来，预见一般趋势或至少是为评估眼前行动可能性所进行努力的基础。没有更多其他作用。从19世纪中期开始，历史研究的任务只有去研究究竟真正发生了什么事情，哪些事情已经完结而且不能改变，哪些事情固定不变并超越历史存在认知范围，而哪些是有十足的把握去了解它确实如此，因为这是为了减轻对一个不确定起源的国家的恐惧和焦虑以及减少对血缘、基因和本质等混杂种族的恐惧。

但如果规范历史是为了减轻人们对向往纯种血统和土壤的新社会的恐惧和焦虑，这些完全不是由承诺减轻恐惧和焦虑的规范带来的。历史学家的焦虑则是另外一个状况，在认知和道德上，它与历史研究所产生的知识的本质和地位有关，这些研究丝毫没有经历过奠定自然界现代科学研究基础的"哥白尼革命"。历史应是研究人类过去的学问，人类有别于自然界其他物种并能超越突破自然决定论的藩篱。由于人类是历史的代表，能跨越自然决定论的极限，这意味着历史因果联系与自然因果联系全然不同。但如果情况是这样，那么相对于自然阐释的特定的历史阐释又是怎样构成的呢？另外，如果如老话所言，历史事件在独特性、不可重复性等个体性本质上不同于自然事件，那么历史事件如何被理解，个体性如何被领会，并得到最低限度的客观性考量？

这两个问题——历史行动者的本质和掌握历史行动者行为影响的方法——被作为一种技巧纳入历史过程中，该技巧是一种虚构的个体活动，并与文学艺术相关。这种技巧是叙事。通过对事实的叙述化过程，假定由科学或"客观"规程支撑，历史学研究将自己定位于神学和形而上学界限之间，成为心理学、社会学、政治经济学、人类学等人文社会科学的新兴"治疗"方案。在科学圈内拥有如此地位，历史可以作为零度社会政治实在范式存在。它可能以建立社会事实的真理和现实活动为内容，这一点有可能被其他人文社会科学学习，它们的"现实主义"可以在一定程度上证实"事实"具有"历史的本质"。

第二十三章

对历史负疚吗？
保罗·利科的长时段*

（2007）

保罗·利科在其著作《记忆，历史，遗忘》(2000)①中重申这部作品是对自己三卷本《时间与叙事》以及自传《作为一个他者的自身》之补充，因为他自己已经忘却了遗忘②。这种忘却遗忘对于利科来说很重要，因为他反思历史和历史写作，为重建现代（西方）人文**三学科**即历史、文学和哲学提供基础。在他自己看来，这种反思还没有在记忆以及它和历史意识的关系方面发挥完全的价值。把历史意识重新作为现代西方思想的重要组成部分以及建立历史知识，并将二者作为现代和传统形而上学之间的调停者（古典和基督教的）——现代性本身已经打着相对主义、怀疑主义以及海德格尔存在主义的幌子对它们产生了威

---

* 这篇文章是为利科著作《记忆，历史，遗忘》所写的书评，最早发表在《历史与理论》杂志中。——编者注

① Paul Ricoeur, *Memory, History, Forgetting*, trans. Kathleen Blamey and David Pellauer (Chicago: Chicago University Press, 2004).

② "这等于是回到了一个出现在《时间与叙事》以及《作为一个他者的自身》的问题——在此，时间经验与叙事操作直接接触，代价是使二者之间的遗忘陷入僵局"，第15页。

胁——《时间与叙事》在这两方面,无疑付出了巨大的努力。利科的目标一直在于揭示,历史——尽管在康德之后,被实证主义者、存在主义哲学家、分析哲学家和怀疑论者所贬低——对于我们人类的人性概念,我们的个人和团体的成员身份,我们所属政体的好公民角色来说,不仅是可能的同时也是必要的。换言之,在其伟大的三部曲里,利科想表明:过去如何对现在产生影响,现在如何能负责任地铭记过去,以及——尽管意识到,在任何严格的"客观"历史记录那里,几乎没有理由对人类的未来感到乐观或对过去感到骄傲——这记忆如何可以用来证明相信一个更美好的未来。当然,黑格尔以历史哲学的形式对人类提供了他自己版本的神义论,或者说向人证明上帝存在的方式。但是利科不能容忍黑格尔的历史"情节"概念,特别是黑格尔式的叙事结束的方式,即黑格尔对于现代的观点。黑格尔的现代不能替代我们的观念。此外,自黑格尔以降,我们已经有太多的历史,太多不同的历史。现代历史既是 20 世纪"伟大的罪行"之产物,也是西方人类在掌握和破坏他们所处世界时所取得的惊人的"进步"之产物。在某种程度上,可以说,如果我们遭受什么恶果,那根由就是太多的历史。产生致死疾病的内疚即产生于使我们内疚的历史。①

最近,我听人说,利科的"问题"在于他从来没有"超越"海德格尔——他可能仅仅是补充了海德格尔,尽管努力却从未做到的"超越"形而上学。这意味着利科极其保守的本能让他能够借以柏拉图、亚里士多德、圣奥古斯丁等为代表的与其意识哲学相似的"群体"信念之名,来抵制海德格尔孜孜以求的在西方思想界中的与传统的彻底决裂。我相信,利科像海德格尔一样,真正想追求"新的思想",但不是现代意义上的、等同于"现代"本身的那种"新"。他之所以没有这样,是因为接受现代意义上的"新",就必须假设当代现代主义与"过去"完全决裂,与

---

① 这种情况仿佛卡夫卡《审判》中的约瑟夫·K,某天醒来突然发现自己被捕,他问自己犯了什么罪,被告知说他被指控有罪。罪名和惩罚都是"莫须有的",因为他在采石场被处死之前被剥夺了所有的人权。

传统、遗产、祖先、原点、古代的以及其他假设和"过去"有关的、有助于理解和稳定现在生活的所有东西决裂。但并不是说，利科苦苦求索了50年，目的就是拯救过去的历史。

首先，我开始描述过去50年以来阐述利科的历史哲学著作的理论背景。①这是必要的，因为他已经花费大量的心血，试图把"历史"转变成一个主学科，对它的正确理解，可以为所谓"现代性的"我们所面临的生存问题提供答案。利科认为现代性对西方来讲既是危机又是机遇：说它是危机，因为在其"现代性"背景下，西方国家已经完成启蒙这一伟大的运动，使我们失去了宗教信仰的慰藉和形而上学的确定性；说它是机遇，因为这一启蒙迫使西方人文学科面对自己对"历史"的责任以及肩负"历史"责任这一事实。

在其《时间与叙事》的前两卷，利科的**哲学**兴趣在于对现代专业历史学家对过去及其与小说的关系之研究，相对于历史方法，更多地研究关于历史、小说、哲学叙事解释。② 在第三卷，他反思历史的形而上学，但是，他后来说，没有考虑到历史和记忆的关系。毕竟，是记忆迫使我们面对如此之谜：过去的哪些东西可以存留到现在，无论我们如何希望，过去仍然挥之不去，仍存在于意识中，甚至妨碍认知；不管我们如何关注时事，过去都会迫使我们注意到它的存在。即使历史通常被视为一个纠正记忆的和比"记忆"更可靠的研究过去的方法，记忆，或缺席的存在感，才是一个特别的历史意识的基础。

然而，为什么发明历史这样一个学术的——如果不是科学的——学科来研究过去呢？毕竟，所有的文化都对记忆和习俗，和训练记忆或把它变为群体使用的机构感兴趣，但不是每一种文化都像西方一样有发达的历史意识。利科认为记忆比历史研究更有助于理解人类的生存条件，因为在某种意义上，记忆仍属于"野性的"，更属于（人类）自然而

---

① 自从 Historire et vérité(Paris: Seuil, 1955)以来。

② Paul Ricoeur, *Memory*, *History*, *Forgetting*, trans. Kathleen Blamey and David Pellauer (Chicago: Chicago University Press, 1984—1988, 3 vols).

非文化。应该记住什么、以何种方式和何种形式,历史通过在这些方面建立标准来训练记忆。因此,历史是为了生产出一个可以伪造一个集体身份的"集体的"过去,而刻意培养的记忆。因此,在许多方面,历史知识是有训练的记忆,基于一些历史范畴以外的标准,来决定哪些可以被合理地记得;也就是说,群体成员应该记得什么,遗忘什么。

对历史-记忆关系的考察为利科研究社会和政治提供了一个全新的视角,即现代史学的意识形态功能。在其早先的作品《意识形态与乌托邦讲座》(*L'idéologie et L'utopie*, 1997)中,利科已经扭转了对于历史、意识形态和乌托邦式的思考之间的关系的传统评价。传统的公众认知是:意识形态"扭曲"历史,而乌托邦式的思维简单地回避历史,利科试图为乌托邦思维正名,认为它是整合未来历史的一种方式。至于意识形态"扭曲"历史的说法,他认为:对"历史现实"唯一的"扭曲",是号称完全和毫不含糊的"真实"。历史学之所以不是科学,正是因为它努力忽视历史过程的现在和未来层面。他认为:职业历史学家为了完全理解一个充分的历史意识如何打造了现在,而过分狭隘地关注"过去"。他对历史意识(专业历史研究只是表现之一)和他所谓的"历史条件"(他认为历史是人类自我创造的故事这一西方发现的产物)之间的关系非常感兴趣。事实上,利科设想把历史意识转变成一个全面的世界观,一种人生哲学,这是对西方的一种治疗,由于 20 世纪灾难性的战争和"滔天罪行",西方丧失了自我意识和在世界文化中的自豪感。上帝已死和形而上学终结之后,历史似乎是"我们"可以建立关怀伦理(佐尔格)和政治责任的唯一稻草。

对历史这门最卑微、最不科学、最不现实、最有思想的人文科学赋予如此重任,乍一看似乎很稀奇古怪。毕竟,历史研究对亚里士多德而言是最后幸存到现代世界的"科学"(除非把哲学当成科学)。它之所以保留这份体面,在很大程度上是因为它坚持自己**只**是一个对于过去的常识性实践,既不需要哲学来保证其合理性,也不需要一个复杂的理论工具来完成工作。

可以肯定的是,某些伟大的历史学家已经上升到崇高的高度,其作品为一代又一代的专业历史学家充当范例,后辈们可以赞赏但不一定要模仿他们。所谓"普通的"历史学家,正在"工作的"历史学家,"实用的"历史学家,"具体的"历史学家,"在战壕里"最底层的士兵,不过是填充我们对过去所知甚少的信息罢了——这是此行业的大咖们对他们的认知:菜鸟、学徒、熟练工实践者。谦虚、延迟判断、小心、谨慎、耐心、注意细节——这些才是这类历史学家的美德:谈不上"世界观",更遑论"人生哲学"。不过是以此雕虫小技混一个普通学者的日子罢了。

然而在他作为一个哲学家的漫长职业生涯中,保罗·利科开始相信他所谓的"历史学家"事实上暗中包含了一个对待世界的态度,一种揭开世界谜底和悖论的特定方式,和一定的时间和人类之间关系的认识,如果充分扩大和完善,可以缩小道德以及认识论之间,以及专业的历史研究和历史哲学之间的差距,创建一个意识模式来保证"我们"的现代性需要。确切地说,他所说的"历史学家"与其说是一个研究过去某个时代的专家,不如说是学习过去、阐释现在、诗化未来的组合体。他认为这一特定的知识角色可能只有在现代这个时代才成为可能,也就是说,在"我们"这个时代,因为处在世界历史的时间和空间,每一个历史哲学都是我们特定的暂时经历的精华。我们的时间和地点是**时空体**(巴赫金的术语)①:文化层面上的全球化,政治层面上的国际化,和道德层面上的普遍化。②这是我们的现代性,在其中,我们必须选择是做拥有共同人性的孤立分子(我们每个人疯狂地捍卫自己的小"历史"的真实性)或者领导世界进入一个单独的、统一的、真正普遍的"历史"的应许之地。

《记忆,历史,遗忘》在许多方面是利科的**总结**,它汇集了自他最早的两本书之后所有主要思想的精华,他的第一本书是论述卡尔·雅斯

---

① 参见本书第十六章海登·怀特的论文《"19世纪"时空体》。——编者注
② Ricoeur, *Memory*, 569.

贝斯的(1947),①第二本书是有关加布里埃尔·马塞尔和雅斯贝斯的(1948),标题是"加布里埃尔·马塞尔和卡尔·雅斯贝斯:哲学的奥秘和悖论",很有指导意义。② 年轻的利科(他发表关于雅斯贝斯的这本书时才 34 岁,是他在德国战俘集中营里度过的漫长岁月的第 5 年)以存在主义的态度认为人类是一个谜,人类存在是一个悖论。但他不像萨特那样相信人类是一个"无用的激情";他也不相信人类只是人类所做或碰巧所做成的事。他认为人类有某种本质上的"人性",不是"本质"或"物质",而是,他后来受海德格尔影响之后称其为"操心"(佐尔格)。相反,年轻的利科作为或希望是萨特的存在主义的对立——好的存在主义者,负责任的公民,资产阶级哲学家,乐观地认为不仅人类生命是有意义的,而且认为意义是人类的创造,行动的产物,诚如苏格拉底教给我们的,人类总是寻求正义的一面。③

我不会试图总结《记忆,历史,遗忘》,因为它结构太细致,典故和引用过于丰富,太"辩证",而且太长,所以不能充分总结。利科自己也知道这一点,所以尝试了他所说的"表现新形式",将文本分解为不同层次,并"提供指导方针,告诉读者我在研究哪个要点"。④ 它有三个主要部分("论记忆和回忆";"历史认识论";以及"历史条件"),和一个题为"艰难的宽恕"的"后记"。整体来看,三个部分的标题并不对应书名所显示的三个主题(记忆、历史、遗忘),因为标题中提到的"遗忘"似乎被"历史条件"所同化。乍一看似乎很奇怪,因为从表面上看,"历史条件"一定会更多地与"遗忘"而不是记忆和回忆相关,因为人们通常如此看

---

① M. Dufrenne and P. Ricoeur, *Karl Jaspers et la philosophie de l'existence* (Paris: Seuil, 1947).

② Paris: Editions du Temps Present, 1948.

③ 利科接受苏格拉底的观点,认为所有的人类都在寻求正义的一面,但在这个过程中由于无知或缺乏先见而犯错误,因此给自己以及团体带来厄运。这个观点产生了悲剧以及悲剧意识。悲剧不是正义对抗邪恶(这是情节剧或闹剧的情节),而是两个或多个寻求正义的行为者之间的冲突。但他也接受索福克勒斯的观点,即两种不同正义之间的冲突阐明终极正义的本质,双方都不知不觉地对后者产生影响。

④ Ricoeur, *Memory*, XVII.

待"历史"。但事实上,当我们好不容易把这本又长又难的书读到最后时,才发现原来历史与遗忘和记忆均有关系。事实上,已经有大量的历史为了掩盖或隐瞒过去或使人们不去注意过去"到底发生了什么",而炮制一个"官方版本"来以部分替代过去的整体。

然而,我们很快发现,"历史条件"表明一种存在条件,人类陷入了复杂的相互作用的三种暂时性模式(早些时候利科称它们为**狂喜**):现在,未来和过去,传统的历史知识(历史学家的历史)模糊和压抑了"走向死亡"这一认知,使它最终导致人类产生焦虑、忧郁和绝望,也使得一个使创造性的"宽恕"(宽恕自己和他人)之爱成为不可能。历史学家告诉我们,我们可以以回忆或符号、文献或纪念物等方式充分地"回忆"过去。在这个过程中,他们可以为自己创造一个公共(或"集体")的记忆。但基于文件和证明的准司法性质,专业历史学家对于过去的记述不会(因为他们不能)处理那些记忆中过去经历的各个方面,并将其作为缺席的在场而记忆——如果不是正义和补偿——自己团体对于人类的犯罪。

历史学家认为,可以通过询问哪些被记录下来并被证明是正确的内容,来纠正记忆。但**记忆**,无论它可能是别的什么,它**更多的是关乎情感而非事实**:所有对于事物追寻的记忆,都一定充满了情感成分。对我们来说,在"我们"这个时代,"我们"的现代性语境中,相对于身体暴力,更需要解决的情感问题,也是最重要的问题,是耻辱。我们的时代,我们的现代性受到谴责,不仅是因为它比其他任何时代对更多的人产生了更多的身体暴力,更主要的,是为整个人类一系列的耻辱而产生了一整套的机构和工具。

我当然不仅仅是指大屠杀而是包括其他一些政治行为,它们的存在似乎只是使得其他的"历史"一直孜孜以求建立的人性变得更加凄惨。不过,是大屠杀构成了利科努力拯救历史的道德伦理中心,并以此向上帝证明人类存在的合理性——一个人义论(anthropodicy),在面对人类创造了邪恶的世界上,唯一一个可以为人类正义所做的辩护。①这就是为什么历史意识,除了需要一个适当的记忆理论,也需要一个遗忘理论。但不是一个作为宽容方式的任意遗忘。而是一种可以区分哪些可以被合法地原谅、哪些不能被合法地原谅这样的遗忘。这种区分,就是一直折磨并成为利科"后记"**总结**部分的负担:"艰难的宽恕"。

利科"后记"的宽恕部分,是对这本书的三个主要部分的补充。他曾说,他写这本书是因为,他在大部头《时间与叙事》里,一直研究历史和小说的共同叙事形式,致力于理清二者的关系,没有充分阐述"记忆","更糟的是",没有充分阐述"遗忘这一时间和叙事之间的中间地带"。② 但现在,刚刚在第一部分处理完令自己感到满意的记忆问题,他发现自己面临着另一个问题,一个从一开始就启发他使用"历史条件"这个概念的问题:将个体或团体从过去中解放出来,能够忘记过去"难以忘怀"的事件,如若不然,后人将一直生活在此"难以忘怀"的意识中,这样会阻碍当前的人们继续生活,有新的开始,充满信心和希望地进入他们的未来。

利科并非鼓吹建立"幸福意识"以应对"不幸历史"之暴虐的毒箭。③ 而是想说,历史和记忆在它们通常所寻找的过去中追求不一样。历史关乎过去的"真相";而记忆是关乎**应该**记住什么,**应该**合理地忘却什么,应该宽恕什么(自己和他人)。专业的历史学家在调查历史事实时,并不具有作为**历史学家**的权威来宽恕或谴责任何人;人们所期待他们做的,充其量是讲述和理解事实。这与利科称之为"公民-历史学家"概念完全不同。

在卡洛·金兹伯格关于历史学家和法官的小书的有趣的评论之附

---

① 《神正论》(1710)是莱布尼茨向人类证明上帝存在的一本书。利科引用莱布尼茨著名的"充分理性原则"作为确据,相信历史尽管支离破碎、变化无常,但"作为整体"还是有意义的。我忍不住想说,美国文化援引这个原则作为"智能设计论"以及创造宇宙论的基础。
② Ricoeur, Memory, XV.
③ 同上,497.

录中①，利科批评了强调二者相似的社会功能之老生常谈。法官（欧洲大陆审判系统）必须在检察官和辩护律师结束陈述后做出裁决：有罪、无罪、无效、无法证明等——一个免除被告罪行或者继续审判和惩罚犯罪的判决。金兹伯格在对一个受监禁朋友的案件证据做了"历史"的调查之后宣称，历史学家的方法比代讼人、法官或陪审团更能够实施公平公正的审判。利科指出，历史学家和法官相似的操作只适合司法过程的协商阶段，此时证据被筛选、测试、审查和验证，从而决定是否需要进行审判。之后两个操作之间的差异会越来越明显。证据陈述完毕后，法官或陪审团**必须**做出决定。历史学家则不必如此。事实上，无论是否有足够的证据，历史学家总是要延迟做出法官那样的判断。面对与证据的本质有关的认知规则，涉及问题的事实的不完备，缺乏直接审问的证人，以及难以为长期采取的行动及其结果确立动机和责任，历史学家必须得出的结论只能是临时的，在原则上可以无限修订的。

的确，利科指出，历史学家的适当的社会功能在处理犯罪行为时是**纷争的**（*dissensus*），各执己见的，是提出有关事实和证据用于判断**过去采取的行动**这样的问题。然而一位历史学家无论如何自信收集了他或她关于一个给定问题的所有证据，无论道德上他/她多么尽可能地做到公平，最终，每一个历史学家的著作或文章也必须保持开放以便修订和补充——比如发现了新证据，或是改变了评估证据的概念，或改变了对某人行为"责任"的看法，尤其是当他们是作为一个团体或一个社区成员履行当局所颁布的"命令"时。

利科是否在暗示一种历史相对主义？并非如此。他在讨论二战后的一种新的犯罪问题——对人类的犯罪——时提到"大审判"，以及"历史独特性"的问题，纳粹对几乎每一个人犯罪的特殊性质，纳粹罪行是否与其他历史事件具有通约性。如果答案是肯定的，这种情况下是否

---

① Carlo Ginzburg, *The Judge and the Historian*, trans. Anthony Shugaar (London: Verso, 1999).

可能以某种方式免除德国人的罪行，因为不是他们，而是俄罗斯人率先发明了这种犯罪。20世纪80年代末在德国的历史学家之争中，恩斯特·诺尔特(Ernst Nolte)认为，纳粹主义和斯大林主义不仅具有"可比性"，而且前者可以被理解为一个合理的或可以理解的——倘若不是可以宽恕的——对于后者的反抗。诺尔特是在给"修正主义者"以安慰——他们认为不仅摧毁犹太人、吉卜赛人、同性恋者等（罪行）被误解，而且历史学家用所谓的"大屠杀"来称呼所发生的事情未免言过其实。或者，诺尔特在提出纳粹主义和斯大林主义的可比性时，只是在做任何历史学家试图描述一个给定的个人所属的物种时所必须做的事情吗？

利科认为，关于可比性的争论是一个转移人们注意力的东西，因为在原则上，每一个历史事件都是独一无二的，不可重复的。关于20世纪极权主义政权的"伟大罪行"的观点并不是说它们是或者不是"历史上独特的"，而是说它们**在道德上**是这样的。假设，利科写道，"关于大屠杀的不可比性这个观点在历史层面是合理的，但若将道德上的绝对异常与历史上的不可比性相混淆，那就大错特错了。"①

他还说，这种混乱经常源于这样一种观点，即布尔什维克主义和希特勒主义"属于同类，即极权主义"，因此，在一个系统中犯下的罪行可以为在另一个系统中犯下罪行的罪犯免除罪责。对独特性概念的正确使用是指，与不可比性相比，它更具有"不可重复性"。这与社区和个人必须面对的选择有关，在发生之前，他们必须面对不断重复发生的事情的可能性——一个特定的、具有可比性的、对整个人类的犯罪。大屠杀并不是第一个针对人类的犯罪，即使它是，由于犯罪者的本质，它在道德上也是最令人憎恶的。

诺尔特提出可比性这个问题是合理的，事实上，似乎只是履行历史学家在研究司法诉讼的功能之一：司法诉讼已经把案件定性并存档，无须再审查，以此安慰公众。在这种情况下，历史学家有责任以某种方式

---

① Ricoeur, *Memory*, 332.

建议:某些重要事件如大屠杀因为它们投下的阴影,波及数代群体的过去,永远不可能完完全全和最终得到处理。因此,在这种情况下,历史学家的任务是保持鲜活的记忆,而不是将它们定性、分类并存档。

利科这里是强调,20 世纪 80 年代末欧洲历史学家之争的意义在于:他们在批评的层次上表明,因为道德上有疑义而对任何一个团体的过去的历史进行复审,都会产生一个健康的**纷争**,用以对抗整个社区的遗忘倾向,他们似乎忘记了那句西塞罗格言("极端的法规,即极端的不公平")。① 历史的特殊性产生了一个令人欣慰的共识,即即使是最可怕的犯罪,也可以通过惩罚一些犯罪者来将犯罪从书中抹去,它允许那些只是听从命令的普通人,或者是什么也没有做的旁观者,甚至不必作证而获得自由。

历史学家之争的历史纷争在于,它提醒西方公众,在"我们"的历史事件层面,大屠杀应该保持其未完成的状态,我们不仅永远不应该忘记而且必须"承诺防止其复发"。② 在这里,我们可以看出,利科引申使用"历史条件"这一概念,包含了"我们的现代性"的道德和政治困境。在"永不再"的承诺下,在历史层面,团体的自我意识将使得其目光从"已经经历过的"过去,转向"未诞生的"将来,找到自己在当下的任务,向我们展示**人类**所能做的,不是做得多么的好,而是适当地阻止历史中的邪恶。

关于利科的后记就介绍这么多,这也是本书的主旨。这本法语版 592 页,英语版 577 页,仅仅后记就有 64 页的鸿篇巨制,到底是怎样的一本书?宽恕与遗忘无疑是本书的主旨。③ 我希望我们现在可以开始理解(除了利科的辩证倾向)《记忆,历史,遗忘》为什么分为三个层次来组织结构了。(我更喜欢"遗忘"而不是"忘却",因为,请回忆一下,"遗忘"的部分事实上讲的是"历史关系",而历史关系要求我们在记忆和遗

---

① 西塞罗的格言。
② Ricoeur, *Memory*, 332.
③ "无论是二者联合还是其中之一,宽恕和遗忘都决定了我们的研究视野。"(同上,536)

忘之间进行调解来对抗"忘却"之本能。）是否记得,利科写这本书的个人原因是他意识到"我们的现代性"特点是被不断地要求"记住",也就是说,建纪念碑、纪念馆、纪念博物馆,举行典礼和仪式,同时还面临一个同样的"遗忘"的压力,"忘记背后",然后继续做我们应该做的事情。"遗忘"将清除道德责任的压力,使我们能安静地思考该宽恕什么。在这一点上,任何历史学家以及社会科学家都不能提供任何帮助。我们必须回到过去的历史意识中,它既经过惩戒,又得到扩展:经过其有限认识的惩戒,扩展到可以包容现在、未来和过去。

我把这本书的第三部分推荐给专业的历史学家,它讲的是这样一个问题:专业历史研究模式的合适对象是什么?这个问题很少有人提出,至少没被所谓"普通"的历史学家有意识地提出。可以肯定的是,任何"历史之中的"事情都需要被开放地处理。有些事情从一开始就已是历史:例如政治、战争和征服、贸易等。但女人呢?还有奴隶?或者原始人、蛮夷人、野蛮人等?黑格尔认为,历史只有在国家出现时才开始,在他看来,国家才使得历史成为可能,它既"创造了历史"(所从事的事业大大推进了世上的理性),又因其必须保留书面记录,而奠定了"创造历史"的基础和可能性,从而讲述国家如何去从事其世界历史事业的故事。在黑格尔的叙述中,只有历史上有能力思考和行动的人出现,历史才会出现。也就是说,思考自己有一种贯穿时间的身份,并且可以讲述一个可以形成文件的"故事"。因此,黑格尔对历史内部的和外部的东西都很清楚。他知道或声称知道真正的历史何时开始(中国人),它的走向(从东方到西方),以及它意味着什么或代表着什么(世界的理性过程,意识为了自己、通过自己与自己合解)。利科可不信这一套。他只知道,在上帝的死和形而上学的终结之后,历史就是我们所剩下的一切,我们不可避免地"在历史中",而受存在主义困扰的我们作为人类的主要责任,就是"在历史中"真正生活。

《记忆,历史,遗忘》的第三部分特别有趣,至少对我来说如此,因为它试图通过消极辩证法来解决历史性的问题:首先,我们不能简单地假定历史,即使我们知道我们身处其中,但因为我们知道自己在其中(我们知道它,因为我们感觉出它是一个"负担"),我们就可以开始问,在人类和自然的生活中,哪些是明显和非例外地**不是**历史呢?① 正如我们所看到的,在以后的部分,利科将在书中提到"非历史"的概念,称其为在现代性蒸馏器里提炼出的法尔马孔(如果使用得当,可以作为补救的毒药),一方面能够作为"太多的历史"的解毒剂,另一方面,作为"我们现代人"深受其害的"太少历史"的解毒剂。将非历史概念与现代概念相联系,是利科思想中最有趣的举动之一,并将他置于当前关于"后现代主义"的辩论中。

现代主义这一术语,用 W. B. 盖里的话来说是"本质上有争议的"。这意味着它既可以代表积极的也可以代表消极的意义,既可指代一件好事,也可指代一件坏事,取决于你对现代主义的偏好,它既可以是一个赞美,也可以是一个诅咒。一方面,"现代化"通常被认为是对世界进行合理化的启蒙运动,把它推向一个没有传统,没有迷信和奇幻思维的未来。这里,"现代化"指的是对这个运动的期望,以及有责任对所有旧事物进行批判和对一切事物进行批判,以及促进一个新的、年轻的、乐观的未来。这种现代主义,我们称其为"现代的现代主义",以区别于西方文化历史上出现的许多现代主义。因为在公元 4 世纪的某个时候,在基督教圈子里,**现代主义**这个术语才开始出现,意思是"现在"或"仅仅现在"或"就在现在"。② 因为**现代主义**最初的含义,是区别基督教时

---

① "无论是二者联合还是其中之一,宽恕和遗忘都决定了我们的研究视野",287。

② 利科在很长的附记中探讨了**现代主义**这个术语及其自 8 世纪到 12 世纪再到 15、16 世纪的不断演变。到启蒙时代,这个词才最终有了"现代""新的""进步"这些含义,它才表明"我们"与之前"在历史上"的**现代主义**之不同和超越。注意到这个词在最起初的基督教神智学的用法,他似乎并不想把它翻译为"仅仅现在"或"就在现在"意义上的"现在"。在这个意义上,这个术语似乎暗示:时间段是彼此相联系的,既有连续性又有质的变化,这样,后来的阶段被认为是对前一阶段的"实现"(取消,保留,提升和"扬弃")。这个既取消又完成的双重动作消除了基督教**现代主义**的消极用法。参见 Waller Freund, *Modernus e altre idee di tempo nel Medioevo*, trans. Gianni Santamaria (Milan: Medusa, 2001)。

代和异教以及之前的希伯来时代。后期拉丁语的**现代主义**意思是"现在"或"仅仅现在"或"就在现在"(以与古典拉丁语的 hodie 和 nunc 相对)。普遍认为基督已经迎来了一个新的时代,不同于异教徒的旧时代,基督徒可以摆脱时间本身,逃脱死亡,并进入一个永恒的"现在",在那里,无论是过去还是现在,和所有与之而来的"操心"都不存在。基督徒的时间是不断更新、不断狂喜、不断收获的,在质和量上,都远远优于异教徒和犹太人的旧时代。

一直以来,现代主义强调现在的、新的以及与过去相比的优越性。这就解释了为什么现代主义对历史的固有反感,历史被理解为过去或作为一种研究现在的方法,需要对过去进行研究以充分理解现在。但这是把"现代性"和世界"现代化"的运动与现代**主义**的意识形态相混淆,现代**主义**的意识形态诞生于 20 世纪,一开始就反对现代化,认为现代化是没有生命的、机械的、虚无的,担心文化和艺术会永远丢失,再也无法救赎。这是第一代文化现代主义者包括詹姆斯·乔伊斯、弗吉尼亚·伍尔夫、庞德、艾略特、卡夫卡、格特鲁德·斯泰因、威廉·福克纳等的观点,这一代人对于"现代"既感到新奇,又感到压迫,但他们把这份负担当作历史的遗赠。如许多批评者声称的,现代主义是"当代主义",是反历史的,但同时又怀念过去,因为过去提供了一个可以继承的遗产,历史不仅仅是关于过去的"信息",而是产生一种知识,它可以赋予现在以意义,赋予未来以希望。

对利科来说,这些既负面又积极的因素正是现代主义的问题所在。但他认为,这一问题与其说是对历史的怀疑,不如说是一种对时间、时代和命运的痴迷。现代主义是病态的,厌倦了(受够了)历史,当然,也(因)历史而产生病态,这是因为,尤其是西方遭受的"致死疾病",只不过是"现代性"的"历史条件"。反过来说,现代性是一种发现的产物,发现我们对自己的人性负有责任,除了我们自己之外不能指望任何人来治愈我们对 20 世纪犯下的"大罪行"的创伤记忆。

利科的现代概念暗示了我们对历史的历史看法需要修正。尽管他认为从古希腊开始,我们现代的历史感在早期对历史理论和实践的概念中就隐约存在,他同样认为我们现代人有一种与之前的历史完全不同的历史经验。早期时代的人们曾认为自己有历史,但他们并不认为自己"创造了历史"。他们倾向于认为,宇宙是由力量和过程支配的——上帝、命运、机会、运气、天意,等等——其目的都是不可知的,而且是偶然发生的。然而,受莱因哈特·科塞雷克(Reinhart Koselleck)《将来的过去》一书的影响,[1]利科也认为,"历史"作为人类行为的媒介,受控于人类并为其所统治,它出现在19世纪早期,替代了人类在其中发现身份和本质以及目的的各种"宇宙"思想。"历史"现在被认为是一种"集体单数"(现象),而不是各种不同的团体所讲述的关于自己不同的过去的"故事"。历史现在本身既是一种因果力量(历史发生,和"历史""导致"事情发生),也是一种可以由人类和群体"创造"的东西。历史是变革的**原因**,而不是它的结果,而且,这种变革的原因本身可以在正确的时间被正确的行动所改变,所有这些观点都为我们的现代性所特有的"历史经验"提供了基础。[2] 正是这些历史变革中的变化使得有关历史决定论的争论变得毫无意义,并促进了人们对人类自由的可能性的认识,而这种自由是自然界其他物种所不知道的。这就是"我们的现代性"的本质,这就是"历史条件"的本质。我们的现代性包含了我们在"历史"的"条件"中存在这一意识。

但究竟"历史之中的"意思是什么?历史是否有限制或障碍或边界,我们人类的某些部分包含其中,而其他方面却在其外?据说彼特拉

---

[1] Reinhart Koselleck, *Futures Past: On the Semantics of Historical Time* (Cambridge, MA: MIT Press, 1990).
[2] 我最近在一篇探讨"变革"的文章中看到一个问题,探讨变革本身是否会发生变化,我延伸一下:是否变革的原则也会变化或者进化呢?我认为利科的观点是:历史学所赋予人类社会的那些变化不但是多样的,而且它们本身也是变化的。

331 克曾说,所有的历史都是罗马的历史,因此不仅把历史固定在一个地方、一个时代、一个民族,而且固定在一个法律和命运的体系之中。其他民族的人不一定比罗马人缺乏人性,但在彼特拉克看来,他们缺乏历史。对彼特拉克来说,历史是罗马在空间上扩张、时间上延续的故事,是它在法律和语言规则上逐渐同化其他民族的故事。对马基雅维利来说也是如此:罗马在没有上帝帮助,也没有本体论支持的情况下,掌握了在历史中生活的秘密。生活在历史中,即一个团体在一个很长的时间里生活,并尽可能地在空间上扩张。它还意味着学习如何承认法规,如何靠着法规,如何为了法规,如何在法律的统治下生活。因此民族的成为历史的。历史就是生活在法律之下。当法律被推翻,转而反对那些理应为其提供正义的人时,历史就被取消了。这就是 20 世纪的"大罪"教会我们的。

这也是"我们的现代性"的秘密。只有"先进"的团体,那些为自己的"现代性"和新奇而自豪的团体,以及他们的启蒙思想,才拥有颠覆合法性观念的手段。纳粹反人类罪是不道德的范例,因为他们颠覆了法律本身作为共同体的原则。此外,纳粹犯下这些罪行时,完全知道自己在做什么,采用最先进的手段、技术和知识,来达到摧毁的目的——在自己的同胞中,也在其他族类的人身上实施犯罪,故意地、理性地、科学地实施犯罪,与此同时,宣布他们比生命本身优越;在哲学家、科学家、牧师、法学家、艺术家、音乐家和(不是因为这一点重要)历史学家的帮助和支持下,实施犯罪。纳粹及其同伙确实代表了历史上的一种新现象,尽管不是一个新的历史现象:他们是**不道德**的奇点。

这是我从利科的历史意识中得到的启示。死亡集中营并不是利科话语的主题,但它们一直若隐若现于利科的话语中,以至于它成为**最优秀**的非历史场所。这里人们被剥夺了名字、国籍、公民权以及最重要的人权,被剥夺了历史,在被剥夺人性之后,他们悲惨地像垃圾一样被扔到万人坑或"消失"——这一政治术语是我们这个时代现代性的又一贡献——扔进火葬场。如果这不是以现代性的名义对历史的反抗,那就很难想象它是什么。

因此,对"我们"来说,在历史上就是处于"现代性"中;因此,在"我们"的时间里,体验历史就是体验现代性。这些都不是普通的、日常的、具体的、实用的历史学家可以根据他们在过去的专业领域中应用专业的学术标准来得出的结论或者自认为是真实的。一个研究现代德国历史的纳粹现象或死亡集中营的专业学生,也比这样的观点高明。在我看来,这就是为什么,尽管利科尊重那种专业的历史学家研究过去所取得的成就,但他希望延伸历史性的概念,一方面不仅包括哲学上负责任的观点即包括历史性与暂时性的关系,而且,另一方面,更重要的是,包括历史性与伦理、道德以及政治生活的关系。

传统的概念认为,历史研究并代表"过去",利科并不认为如此,他坚持认为,现在和未来都必须以一种特定的历史方式来思考、行动和感觉。在没有宗教和形而上学的情况下,历史本身就成了人类生存的基础、机会,甚至目标。我们的现代性告诉我们:历史已经不再是一个关于差异和变化的全景,它已经开始显示统一和相同。人类的毁灭能力的范围和极端表现在 20 世纪的灭绝战争和自然掠夺中——具有讽刺意味的是——体现了人类在走向统一的道路上走了多远。实现人类统一所需要的,是认识到**爱可以成全律法,也可以废掉它**。这是利科的历史哲学中的使徒圣保罗思想。

根据利科的说法,历史思维暗含着普遍主义;世界或世界主义的历史暗含着"人类"既是历史反思的主体,也是其客体——我们最近才不可避免地意识到这一点。到了 19 世纪,才发现同时也否定了"历史"这个词是一个"集体单数",其中包含三种暂时时态(现在、未来、过去),它们是利科所谓的"历史条件"不可分割的时刻。到 19 世纪人们才可能认为不同的民族、国家和团体的人有他们自己的小历史,它可以通过扬弃,成为一个单一的大故事,其中每个小故事可以合法存在而不只是空想为构成整体的一分子。正是这种普遍的历史,才成为利科对"我们的现代性"理解的关键。"现代最优秀的人,"他写道,"是具有全方位时间特性的历史(is this omnitemporal character of history)。与此同时……历史是人类的历史,在世界的意义上,是民族的历史。人类既是历史的整个客体,也是历史的独特主体,同时,历史也成为集体的单数。"① 是这个历史——被理解为一个单一的人类的故事——才构成了利科借用科塞雷克所说的"历史体验"的基础。

"历史体验"与所谓的"过去的体验"或感觉过去以亡魂或幽灵的方式回到现在,是完全不同的。体验历史是为了体验人类历史条件所带来的结果,这一**过程**与圣奥古斯丁在《上帝之城》或黑格尔在他的《历史哲学讲座》中所提出的过程是不一样的。不同在于,圣奥古斯丁认为,历史的过程是神圣的天意,而黑格尔认为它是理性,利科认为历史的过程是一个人类的故事,从所知历史进程的所有部分中,产生一个完整的历史。因此,利科建议我们在科塞雷克之后,完全可以说"历史体验","历史的概念可以填补之前被宗教所占据的空间"。②

这是一个惊人的论断,尤其是对于一个通常批判伟大的唯物历史哲学(如黑格尔、马克思等)的哲学家来说。③ 但它为利科提供了批评的基础,对恋物崇拜、颂扬权威理性,以及多元文化主义的流行等的批评,在他看来,这一切都破坏了历史作为一种集体的记忆以及不同时代人类的故事。世界历史的概念在理论和实践层面都是不可抗拒的,利科认为,对"人类多元化的抵抗"这个观点"包含着矛盾,最终演变成一个丑闻"。在他被认为似乎是马后炮的思想中,利科写道:

---

① Ricoeur, *Memory*, 300.
② 同上。
③ "唯物历史哲学"是一个术语,用以表示后来被评论者叫作"思辨历史哲学"的术语,指黑格尔、马克思等人的历史哲学。这种历史哲学相信历史过程本身不仅仅是人类个体行为的结果或偶发现象,而是一个因果力量(一个物质的原因)。在认识论、理论和历史知识方法上的反思被称为"形式的历史哲学",与亚里士多德的因果关系的四重理论相对应:形式的、质料的、目的的和动力的。虽然利科像任何哲学家一样与亚里士多德同气相求,但他试图通过宣称他的历史哲学是"批判的"来逃避物质-形式的区别。它的任务是:"反思历史的自我认识,它把自己变成绝对的,并试图去超越局限性。"(同上,305)

只有当一个人设法更新莱布尼茨充分理由原则时,集体单数的概念才会真正受到尊重,因为这个原则的多样性、变化性和复杂性构成了整体观念的受欢迎的组成部分。这种对历史的解读(把历史作为集体单数),作为一种介于规范和本构思想之间的集体单数,在我看来,似乎并没有超出合理辩证的历史观。①

"合理辩证的历史观",这是利科在过去 30 年里的追求,因为他从存在主义的现象学到本体论的解释学的转换,就是为了提供这样的历史概念。但为谁提供?是为严格的历史学家吗?自从兰克时代以来,他们都表现出了一种非凡的能力来抵制这种"黑格尔哲学"的蔓延。大多数历史学家认为,这种有关"历史起源和目标"的宏观历史愿景在确定或执行现实的研究方面毫无帮助。不是因为,就像我以前认为的那样,历史学家习惯于回避理论。现代历史学家通常会去社会科学那里寻找模型和研究方法,以帮助他们描述过去的某些现象,使他们能够在现代社会中看到与其相似的对应之物。但是对**关于**历史的理论来说这些并没有任何用处。正如保罗·德曼过去常说的那样,历史学家预先假定了这一参照物。他们只需找到并识别它;他们不像其他的科学那样,比如亚原子物理学家,或者"社会学"专业的学生一样,在"理论上"构建它。因为历史学家研究个体事件,并以"向下"的方式具体研究微观历史的细节,而不是"向上"到一般和(但愿不会如此!)普遍,他们没有构建任何理论的想法。出于同样的原因,严格的历史学家只是假设或假定"现在"是相对稳定的平台,以此为基础可以对一个同样稳定的平台即过去展开调查(因为它已经结束了,已经过去了,已经死了,固定住了)。现在被认为不仅是稳定的,而且在认识论上是中立的,或者至少可以被中和,以致被当作历史学家的认知手段中一个扭曲的不重要的因素,历史学家不否认过去与现在有重要的关系;他预先假定一个**给**

---

① 同上,302。

定的现在与过去有血缘关系。但是,并不假定现在各种各样的社区和团体之间,有任何血缘关系的存在,而在所有构成了世界历史"家族"的奇妙不同的"种族"(少数民族)中也不存在这种血缘关系。对于大多数历史学家来说,现在并不是,也不可能是(比未来更有意义的)一个具体的"历史"研究的对象。事实上,是对过去本身感兴趣,还是对过去能够告诉我们有关现在的"处境"感兴趣,这构成了保守与激进的历史研究之间的主要区别。这是兰克和马克思的区别,或者举个现代的例子,是J. H. 赫克斯特(J. H. Hexter)和米歇尔·福柯之间的主要区别。

毫无疑问,利科呼吁历史学家把他们的专业知识用于研究过去和现在之间的关系,并且,当前的历史学家应该思考"我们的现代性"所独有的"伟大的罪行"所定义的**近期的**过去。但实际上,利科更感兴趣的是一种历史文化的培养,它将会起到教学法的作用,创造出一个能够在"后现代"世界中负责任的公民。

在他对"历史学家和法官"的讨论中,在我们这个时代的"伟大的罪行"的背景下,利科得出结论说,为了公断两者之间的差异,我们需要一个"公正而又并非一贯正确的第三方"。这个第三方是"公民"。

很明显,利科并不是在暗示,历史学家的专业研究成果或法官的司法判决,将被普通人或普通民众所推翻。在我看来,他的意思是这样的:无论是司法知识还是历史知识,都不是严格意义上的科学。这两种知识和基于它们的判断在原则上必须始终是临时的,在法官的案件中会有司法上诉,在历史学家的研究中,则会根据新的证据或不同观点对其进行修订。因此,在这些判断基础上采取的行动,总是要根据它们的充分程度来评估,以实现团体的目标和目的。尤其是在评估"我们"这个时代的"伟大的罪行"时,我们"伟大的罪行"连续在三代"我们"的文明中投下阴影。如果不是这些伟大的犯罪,利科不会要求历史学家或法官重新思考他们的社会功能,因为与其他罪行一起,这些伟大的罪行已经被证明是不可能被历史学家所充分处理的,历史学家出于职业义务,只是展示了陈旧观念;而法官也不能充分处理一种新的罪犯和一种新型的犯罪。正是这一事实让我们思考我们这个时代政治与知识的关系。这里，公民的意志必须最终得到保证，但应是受过教育的公民，它能区分什么是合法的、什么是合乎道德的，或能区分**对国家的犯罪**和**来自国家的犯罪**，被领导和老师出卖时也不选择服从的公民。那么当下，历史知识和司法知识都会出现并服务于团体的利益时，公民必须最终承担责任，不是为了肯定或否定真实还是虚假，而是考虑到这些知识与他们希望自己的孩子所过的生活**有关系**。因此，利科写道：

> 为了找到一个公正而又并非一贯正确的第三方，我们在由历史学家和法官组成的对子中加入一个第三方：公民。公民作为第三方出现是以其时间的顺序而定的：以刑事判决和所发表的历史调查为依据，以个人经历为基础进行观察。另一方面，公民的干预永远不会完成，他更多地站在历史学家这一边。但是，公民会寻找一种有保证的判决，以便和法官一样明确。在每一个方面，公民都是最终的仲裁者。他是一名公民，他积极地承担宪法民主的"自由"价值观。在最后的分析中，仅凭公民的信念，就可以证明法庭刑事程序的公正性和历史学家档案的知识诚实性。从历史上看，是同样的信念，最终使得我们把非人道的看作是"自由"价值观的绝对对立面。

利科这本伟大的书——它的确是一本伟大的书——挑战了所有研究的平庸之处，而我们一方面沾沾自喜，称赞自己是如此的开明，如此的"现代"，一方面对当代"价值观"的缺失和远离历史感到痛苦。它以伟大而细腻的道德的激情、智慧的慷慨，以及对"我们的现代性"的独特性所具备的敏锐的历史敏感性而写就。这是一本冗长的、对阅读要求很高的书，但与当时的每一种意识形态息息相关：从政治正确和多元文化的辩论到后现代主义的话语。我曾经对诺曼・O. 布朗（Norman O. Brown）称赞过保罗・利科的《时间与叙事》，他在详细研究本书之后对我说："保罗・利科有什么错？保罗・利科永远不会**走得太远**！"布朗可能会对《记忆,历史,遗忘》也有同样的评价:它还远不是**救世主**。

他是正确的。这本书的确有涉及目的论和末世论,但总是很谨慎淡化地处理,或闭口不提。书中有明显的宗教气氛,但这是圣人的光环而不是先知的光环。在我读到的关于这本书的书评中,我觉得人们不愿意对它提出异议,事实上,人们不愿意与它正面接触。大部分这种不情愿无疑都是有道理的:现象学、解释学看不起摘要、凝缩和释义。

但这本书的主要任务是打破迈克尔·奥克肖特(Michael Oakeshott)称为"历史的过去"和"实际的过去"之间的区别,因此很值得许多领域的学者和所有党派的公民对其进行研究。让我解释一下。

奥克肖特对区分两种历史感兴趣:他管第一种叫"实际的过去",意思是记忆、信息、知识片段的混合,有关我们自己和团体的过去的知识,我们用以参考或帮助我们在各种各样的实际生活领域解决日常问题的知识。另一种过去奥克肖特称为"历史的过去",意思是由专业研究人员建构的有关过去的图景,他坚持认为,这一图景是一个纯粹的理论构建,是从研究人员在给定时间和地点内接触到的各种证据所推断出来的过去。[1] 奥克肖特强调,历史的过去是一个没有人经历过的历史,没有人曾观察到它的过程,这个过程只存在于历史学家的头脑和书籍中,因此,没有任何实际的用处。这个历史只是研究人员的研究对象,他们的主要兴趣在于研究其构成。这一历史也不似黑格尔或马克思那般,通过哲学研究来确定其物质、本质或意义;因为,严格来说,历史的过去,作为历史学家的建构,根本就没有实质意义。历史的过去是,将来也是历史学家决定要创造的。这种激进的建构主义思想使得历史不可能像极权主义政权那样故意操纵和任意使用,因为历史不教给人们什么,它只是包含大量的陈述,有关过去可能会发生什么,不可能再发生,即使再发生,也不可能以过去同样的方式发生。

---

[1] 参见 Michael Oakeshott, "Present, Future, and Past", in *On History and Other Essays* (Indianapolis, IN: Library Fund, 1999),8,奥克肖特写道,"我们关注的是我们对过去的意识,在它里面,是一个可辨识的对过去的'历史'意识。"

可以肯定的是,普通人甚至历史学家往往混淆这两个过去,用实际的过去作为历史思辨的基础,以及使用历史的过去来给实际的过去增加一些科学、智慧或常识。这是所谓的"思辨的历史哲学"的起源,特别是在现代,已经变味为不同版本的"历史意义",或试图使用"历史"作为人性科学的基础,来预测未来,或仅仅在一个历史为特定集团的命运、身份或者选举辩护时,用以辨别其辩护模式。奥克肖特开始相信历史的研究是一个纯粹的知识产业,提供广泛的关于过去的信息,但它几乎并非科学知识,当然对有关大的哲学问题诸如本体论、认识论和伦理学也没有相关的解决方案。

奥克肖特关于历史知识的观点可以被理解为他更广泛的尝试,以保护西方思想和科学意识形态的变形。这是一种休谟原则的重复,即人们不能合法地(也就是说,有任何逻辑的一致性)从"是"的陈述中推导出"应该"的陈述;或者,换句话说,你不能从科学的事实中推导出伦理的必要性。但奥克肖特成功地将历史知识从意识形态中隔离出来,他得出的结论是,历史知识绝对没有实际的用处,而且,就历史科学而言,历史不可能具有任何"意义"。一句话,历史什么也不教,也没什么意义。它只是另一种"体验世界的方式",一种特别的沉思或被动的方式。

我们永远不会知道利科对这个结论所持的立场。我发现在我读到的利科的书中没有提到奥克肖特。而据我所知,奥克肖特也没有参考利科的观点。但是他们两个的立场截然不同。难道说,他们尽管有共同的兴趣,包括都对海德格尔的哲学感兴趣,但仍然代表了不同的知识和意识形态领域?他们之间的区别仅仅是一个英国人和一个法国人的区别吗,还是一种对"历史"不同的体验?或者是体验不同的"历史"?

结束语

保罗·利科于 2005 年 5 月去世,他是人格主义人文主义《精神》杂志的长期会员,此杂志成员包括伊曼纽尔·穆尼埃(Emmanuel Mounier)和伊曼纽尔·列维纳斯(Emmanuel Lévinas)。他在德国战俘集中营里接受了许多哲学教育。他的早期道德和政治"构成"是新教、保守主义、法国行动主义以及战争早期的贝当(法国将军——译者注)主义。他小时候就成了孤儿,在法律上受法国政府监护,由祖父母抚养长大,我不确定这一点对他的哲学发展是否意义重大。我也不确定他对 1968 年 5 月风暴的幻灭是否影响了他的哲学观,这经历与西奥多·阿多诺同一时期在法兰克福的糟糕经历非常相似。有意思的是,利科对他作为公民的角色、对社会的义务以及意识形态对现代生活的邪恶影响有了更强烈的意识。他提到了一种历史上特有的"孤立"的知识:历史证明似乎是一种"缺席的过去"在现在的表现,一种"幽灵般"的存在,需要帮助和救援才能活生生地回到现实生活中来。

在二战后的一段时间里,利科对人类科学的哲学重建做出了贡献。下列重量级的法国知识分子对他产生了影响:让-保罗·萨特,加布里埃尔·马塞尔,雅克·马利坦(Jacques Maritain),雷蒙·阿隆(Raymond Aron),阿尔贝·加缪,莫里斯·梅洛-庞蒂,路易·阿尔都塞,A. J. 格雷马斯(A. J. Greimas),列维纳斯,费尔南·布罗代尔,克劳德·列维-斯特劳斯,雅克·拉康,罗兰·巴特,米歇尔·福柯,雅克·德里达,等等。他借鉴了所有人,并且除了列维-斯特劳斯,他比所有人活得都长。在这个圈子中,还有一些著名的女性知识分子:西蒙·德·波伏娃,娜塔莉·萨洛特(Nathalie Sarraute),米歇尔·勒伯夫(Michelle Le-Boeuf),埃莱娜·西苏,茱莉亚·克里斯蒂娃,莎拉·卡夫曼(Sarah Kofman),露丝·伊利格瑞(Luce Irigaray),但据我所知,利科并未借鉴她们任何人。他是一个不知疲倦的思想家和作家，一个诙谐而迷人的教师，一个慷慨大度的导师兼评论家。利科把他博学的和世界性的聪明才智都用在了人类科学的主要问题上——从宗教、神话、语言到社会理论和意识形态、文学、史学、精神分析——而且总是强调团体和人道的重要性。然而，在我看来，利科宏大的哲学、文学和理论贡献并非构成某种可以称为原则或"立场"的"利科主义"，以致引起人们的反对或攻击，或需要人们通过评论来为它澄清或对其中的矛盾及不当之处加以解释。在某种程度上，这是由于他研究的范围，但同时也是这种综合驱动力使得它用自己已通晓的语言阅读了所有他感兴趣的话题。如果他没有那么优雅和有分寸，人们肯定会说他的兴趣太广泛，他的胳膊伸得太长，他的思维太活跃了。

ize # 索 引

（索引中的页码为原著页码，检索时请查本书边码）

Abrams, M. H., 艾布拉姆斯, M. H., 226 - 229, 231 - 236, 360, 363, 364

Adorno, Theodor, 阿多诺, 西奥多, 338

aestheticism, 唯美主义, 294 - 295, 297, 301

aesthetics, 美学, 美的哲学 xxvii, 140, 221

Alexander, Samuel, 亚历山大, 塞缪尔, 6, 7

alienation, 异化, 220, 241, 313

allegory, 寓言, xxix, 169 - 171, 174

Althusser, Louis, 阿尔都塞, 路易, 264, 338, 364

Analytical philosophy, 分析哲学(语言分析学派), 142, 151, 318, 359

Ankersmit, F. R., 安克施密特, F. R., 341, 342, 345

Annales school of historiography, 法国年鉴学派(年鉴派-新史学), xxiii, 92, 94, 96, 274

anthropology, 人类学, 8, 24, 86, 92, 190, 218, 315, 317, 353

archaeology, 考古学, 8, 14

archetypes(mythoi), 原型(神话), xxiv, 122, 185, 232, 266, 268, 346

Aristotle, 亚里士多德, xi, xx, 41, 119, 300, 319, 321, 371

art: as a component of culture, 艺术: 作为文化的组成部分, 3, 9 - 11, 14, 18, 20, 23, 30 - 31, 34, 47, 99 - 103, 242, 329; as craft, 作为工艺, xxiii, 196, 288, 297; as a form of knowledge, 作为一种知识形式, 61 - 63, 36; Gombrich's concept of, 贡布里希之艺术概念, 90 - 92, 103 - 111, 123; history as, 历史作为艺术, ix, xi,xxiii,xxiv,55-56,170,188,353;history of,艺术的历史,82,96;literary/verbal,书面的/口头的艺术,188,268,294-295,297,317;mimetic theories of,艺术的摹仿理论224

Artaud,Antonin,阿尔托,安托南,103

artifact:cultural,工艺制品,手工制品:文化实物,6,8,11,98,212,2.14,272,310-311;historical,历史实物,xxii,12-14;verbal,口头工艺,xv,153,155,159-161,164,166,210

artwork(s),艺术品,10,154,156,158,189,269-270;interpretation of,艺术品的诠释,210,214-215,221-222

Auerbach,Erich,奥尔巴赫,埃里希,xvii,xxx,xxxii-xxxiii,50,69-70,88,101,103,271,345,358;*Mimesis*,《摹仿论》,xxix,xxx,105-110,225,347,356

Augustine,Saint,奥古斯丁,圣,xxix,2,16,24,41,43,61,197,319,347,353,356;*City of God*,《上帝之城》333

Austen,Jane,奥斯汀,简,115,189

Austin,J. L.,奥斯汀,J. L.,216,261,364;*How to Do Things with Words*,《如何以言行事》,232,365

autonomy:of culture,自主权:文化的自主权,99;of history,历史的自主权,14,191-192,359;of society,社会的自主权,69,74

avant-garde,先锋派,xvi,xvii,xviii,xix,100-103,105-111,167,203-204,358

Bakhtin,Mikhail,巴赫金,米哈伊尔239-240,322,364

Balzac,Honoré de,巴尔扎克,奥诺雷·德,xx,xxi,68-70,72,74-75,77,79,84,169,171,277-278,297

Bann,Stephen,巴恩,斯蒂芬,367

Barthes,Roland,巴特,罗兰,xvi-xvii,199,205,206,279,280,287,290,342n16,362nn1-2;"The Discourse of History,"《历史话语》或译《历史的论述》,212,274-277,362,367;"From Work to Text,"《从作品到文本》,209-212,238-239,362;*Michelet par lui-meme*《米什莱自述》,93-94;and "passion for the real","对真实的激情",188;*Sur Racine*,《论拉辛》,93;and textualism,文本主义,220,228;"To Write:An Intransitive Verb?"《写作:不及物动词?》,255-262

Barzun,Jacques,巴尔赞,雅克,ix,254

Baudelaire,Charles,波德莱尔,夏尔,

189-190,201

Bayle,Pierre,培尔,皮埃尔,228

Beauvoir,Simone de,波伏娃,西蒙娜·德,338

Beckett,Samuel 贝克特,塞缪尔,111

being/being-in-general,存在/普遍的存在,1,11,86,159,166,184

Bentham,Jeremy,边沁,杰里米,2

Benveniste,Emile,埃米尔,邦维尼斯特,191,260,265

Bergson,Henri,柏格森,亨利,6-7,53,85,195

Berlin,Isaiah 伯林,以赛亚,366

Bible,《圣经》220,270-271,367n20;Gospels,《福音书》xxx,366;New Testament,《新约》xxix,271;Old Testament,《旧约》xxix. See also Paul,Saint 另见,保罗,圣

biological systems,生物系统 133

Bildungsroman,成长（教育）小说（详细描写主人公成长过程的）,81-82,172

Blake,William,布莱克,威廉,263,271,366

Bloch,Ernst,布洛赫,恩斯特,84

Bloch,Marc,布洛赫,马克,92,151

Bloom,Harold,布鲁姆,哈罗德,225,271,367

Bloomfield,Leonard,布龙菲尔德,伦纳德,147,360

Bohr,Niels,波尔,尼尔斯,47

Bossenbrook,William J.,博森布鲁克,威廉 J.,ix,xiv,341

Booth,Wayne,布斯,韦恩,223,226-229,232-233,235-236,363,364

Bossuet,Jacques-Benigne,博须埃,雅克-贝尼涅,2

Braudel,Fernand,布罗代尔,费尔南,92-93,199,274-277,279,281-282,290,338

Brecht,Bertolt,布莱希特,贝托尔特,276,311

British Empire,大英帝国,16

Brown,Norman O.,布朗,诺曼·O.,87,103,144,336

Burckhardt,Jacob,布克哈特,雅各布,xx,53,85,120,196,233,345,359;*Culture of the Renaissance in Italy*,《意大利文艺复兴时期的文化》,113,116-118,358

Burke,Kenneth,伯克,肯尼斯,232

Butterfield,Herbert,巴特菲尔德,赫伯特,1,348

Bynum,Carolyn,拜纳姆,卡罗琳,x

Cage,John,凯奇,约翰,103,111

Camus,Albert,加缪,阿尔贝,64,338

care(Sorge),操心（或译"烦"）,existentialist concept of,海德格尔存在论哲学的操心概念,321-322,

328-329

Carr,David,卡尔,大卫,281-282,368

Cassirer,Ernst,卡西尔,恩斯特,86-87

Catholicism.天主教,See Church(Catholic)见,教会(天主教)

causality:in historiography,历史编纂学中的因果关系,ⅹⅹⅹ,45,49,156,167,204,218,245,249,250-251,272,280,317,330,371; reverse causation,反向因果关系,ⅹⅹⅺ,270-271

chronicle:in Croce's thought,编年史：克罗齐的思想,23; historical,历史的编年史ⅹⅹⅳ,97,121,123,141,146,231; and literary history,编年史和文学史,155,157,159-62,167; resemblance to myth,编年史与神话故事的相似,120

chronotope,时空体,237-246,322

Church(Catholic),教会(天主教),25,38-39,45,48-49,59,61

Childe,Gordon V.,柴尔德,戈登 V.,46,355

civilization:Christian,文明：基督教文明,130-131; Dawson's view of,道森关于文明的观点,23-49; general concept of,文明的基本概念,ⅹⅹⅳ,10-11,81,100-101,114,161,206,264,266-267,335,350,354,355; Greek,希腊文明,49,90-92,103-104,109,268,330; Roman,罗马文明,130-131; Western,西方文明,3,17-18,55,104-107,197-198,212

Clark,G.N.,克拉克,G.N.,2

classics of historiography,历史学的分类,ⅺ,233-234

Coates,Wilson H.,科茨,威尔逊 H,ⅹⅵ,50

codes:interpretative,密码：解释性的密码233,235,linguistic,语言学的密码,163-164,167-168,211,219

Cohen,Sande,科恩,桑德,ⅺ

Coleridge,Samuel Taylor,柯勒律治,塞缪尔·泰勒,215,301

collective identity,集体认同 320

Collingwood,R.G.,柯林伍德,R.G.ⅹⅳ,24,115,125,140-141,193,344,352,365; and Dawson,与道森,30-32; The Idea of History,《历史的观念》,6,44,348,349,353,356; Speculum Mentis,《精神镜像》,9-10,30,349,350,354; and Toynbee,与汤因比1-22

Comedy(as plot-type),喜剧(作为情节-类型),ⅹⅹ,ⅹⅹⅳ,ⅹⅹⅵ,185,232,266,281,284,290,345

communism,共产主义,106,311,314

Comte, August, 孔德, 奥古斯特, 2, 85, 97

Conrad, Joseph, 康拉德, 约瑟夫, 241

Constant, Benjamin, 贡斯当, 邦雅曼, 171

Cousin, Victor, 库辛, 维克多, 68

commodity/commodification, 商品/商品化, 158, 172, 174, 179-184, 214, 216, 220-222

Creativity: in history, 创造力: 历史中的创造力, xviii, 10, 18, 101-102, 156, 208, 215-216, 222, 264; human, 人类的创造力, 42-43, 46, 218-220, 266-267, 271-272

Critical Inquiry (journal),《批评探索》(期刊), xv, 223, 226, 342

Croce, Benedetto, 克罗齐, 贝奈戴托, xvii, xx, 50-67, 81-82, 85, 140, 142, 146, 343, 349-350, 354-358; and Collingwood, 与柯林伍德, xiv, 1-2, 5-7, 23-24, 31; *History as Thought and as Action*,《作为思想和行动的历史》, 57, 65, 349, 357

Culler, Jonathan, 卡勒, 乔纳森, 174, 361, 362, 363

Cunningham, Merce, 肯宁汉, 摩斯, 111

Daedalus (journal),《代达罗斯》(期刊), x, 366

Dante Alighieri, 但丁·阿利基埃里(也译为阿利盖利), xxx, 82

Danto, Arthur C., 丹托, 阿瑟·C., xiv, 142, 193, 223, 229, 282, 341, 347; *Analytical Philosophy of History*,《历史的分析哲学》, 359

Darwin, Charles, 达尔文, 查尔斯, 78, 84, 189

Dawson, Christopher, 道森, 克里斯托弗, ix, 23-49, 344, 353-356

deconstruction, 解构主义, 224, 233-235, 309, 362

Deleuze, Gilles, 德勒兹, 吉尔, 207

de Man, Paul, 德曼, 保罗, 225, 258, 303, 334, 368

depth psychology, 深层心理学, 87

Derrida, Jacques, 德里达, 雅克, xvii, 187, 203-206, 214, 224, 228, 338, 342, 362

Descartes, René (Cartesian), 笛卡尔, 勒内(笛卡尔哲学的), 189, 191, 203

determinism, 决定论, 54, 61, 83, 89, 204, 231, 265, 330

Dewey, John, 杜威, 约翰, 16

dialectical materialism, 辩证唯物主义, 82-84, 144, 198, 314

Dilthey, Wilhelm 狄尔泰, 威廉, 1, 5, 85, 213, 354

Domanska, Ewa, 多曼斯卡, 埃娃,

341,342

Donagan, Alan, 多纳根, 阿兰, 142, 152

Dray, William, 德雷, 威廉, 142, 144 – 145, 152, 193, 359, 360

Droysen, Johann Gustav, 德罗伊森, 约翰·古斯塔夫, 171

Durkheim, Emile, 涂尔干, 埃米尔, 85, 93, 244（又翻译为杜尔干、涂尔干、杜尔凯姆等——译者注）

Eagleton, Terry, 伊格尔顿, 特里, 247, 248

Eco, Umberto, 艾柯, 安伯托, 225

Einstein, Albert, 爱因斯坦, 阿尔伯特, 47, 238

Eliot, T. S. , 艾略特. T. S. , 329, 352, 355

Elton, G. E. , 埃尔顿, G. E. , 138 – 140, 151, 360

empiricism, 经验主义, xxiii, 2, 12, 14 – 15, 19, 21, 23 – 24, 62, 97, 197, 224, 352

emplotment: and "lived" story, 情节化：以及"实际生活过的"故事 281 – 282; modes of, 情节化的模式, xx, xxii – xxiv, xxvi – xxvii, xxxi, 230 – 232, 280 – 284, 286, 288, 291, 344 – 346; and narrative structure, 情节化的叙事结构, 112, 116; performativity of, 232, 情节化的表演性, and realism, 以及情节化的现实主义, 185, 280, 284

Enlightenment: age of, 启蒙运动：启蒙运动时期, 9, 23, 81, 90, 206, 329, 356, attitude toward figurative language, 启蒙运动对象征性语言的态度, xviii, 266 – 267; and the nineteenth century 启蒙运动和19世纪, 72, 74, 78

epic: as plot type, 史诗：作为情节类型的史诗, xxvi, 280 – 281, 283 – 284, 288, 290 – 291; as literary genre, 作为文学类型的史诗, 120, 212, 230 – 232, 266, 275, 277, 279 – 280

Erasmus; Desiderius, 伊拉斯谟, 德西德里乌斯, 99

event(s), historical, 历史事件, 14, 25, 34, 60, 121, 307, 325 – 326

Existentialism, 存在主义, 149, 151

explanation (explanandum, explanans): genetic, 解释：遗传学解释（待解之事，解释要素）, 130; historical 历史的解释, 3, 83, 125 – 126, 131, 139, 141 – 146, 152, 155 – 157, 160, 162, 187, 192 – 195, 199 – 200, 208, 213, 216 – 217, 219, 229, 273, 280, 284, 305 – 306, 314, 317, 320, 344, 359, 360, 362; narrative as, 历史叙事作为解释, 120 – 123,

nomological,法理学的解释,114, 121,125,193‑194

fact(factuality): in historiography,事实(真实性):历史编纂学中的事实(真实性),xxxvi,1,24‑25, 119,155,197,226,232,258,313, 347;versus fiction,历史编纂学中的事实(真实性)与虚构的相对, xv‑xvi,xxiv‑xxvii,171,193,195

Fain,Haskell,费恩,哈斯凯尔,359

Farce:in Marx,闹剧:马克思的闹剧, 180,185,286‑288;as plot‑type, 闹剧作为情节‑类型,xxvi‑ xxvii,232,280‑281,283,290‑ 291,370

fascism,法西斯主义,51,66,148,351, 356

Faulkner,William,福克纳,威廉,329

Febvre,Lucien,费弗尔,吕西安,92, 151

feminism,女性主义,239

feminization,女性化,296‑297

fictional:cultural ancestry,虚构:文化的祖先,132;narration,虚构叙述, xxiv‑xxv,121,212‑213,229, 232,235‑236,252,254,275‑ 278,280‑282,284;versus factual,虚构与事实的相对,xv‑xvi, xxiv‑xxvii,171,193,195

fictive,虚构的,102‑105,107,171, 200,202,293

Fielding,Henry,菲尔丁,亨利,115

figural interpretation,比喻的诠释, xviii,xxix,xxxi,271

figural realism,比喻的现实,xxv, xxiv‑xxx

figural truth,比喻的真实,xxv,xxviii

figuralism:*figura*,比喻表现法:形象, xxix,271,347;theory of,象喻理论,xxiii,xviii,xxvi,xxix‑ xxxi. *See also* figural interpretation;figural realism;figural truth 参见比喻解释;比喻现实主义;比喻事实

figurative language:and narration,象征性(比喻)语言:以及叙述,232, 284,286‑288;and the nature of discourse,象征语言以及话语的本质,xviii‑xix,293,300‑303, 311;and style,象征语言以及风格,183‑186;versus literal,喻义与字面意义的相对,xxviii,165, 169,189,192,199,214,218,244, 256,268,313;in Vico,维柯论象征语言,xviii,184,204

Fish,Stanley,费希,斯坦利,225

Flaubert,Gustave,福楼拜,居斯塔夫, xx,189‑190,201,278‑279; *L'Education sentimentale*(*Senti‑*

mental Education)，《情感教育》，169-186,361

Forster, E. M.，福斯特，E. M.，122,359

formalism，形式主义，xix，xxxii，110,210,251,258,264-265

Foucault, Michel，福柯，米歇尔，xvi-xvii,92,96,187-189,203-207,211,224,228,315,334,338,345; *Histoire de la folie a l'age classique*(*Madness and Civilization*)《疯癫与文明》,93; *Les mots et les choses*(*The Order of Things*)《词与物》(《事物的秩序》),93,149,189,255-256,365

Francis, Saint，圣弗朗西斯,39,352

free indirect discourse，自由间接话语，257

French Revolution，法国大革命，xxxi,59,69,85,173

Freud, Sigmund，弗洛伊德，西格蒙德，53,93,103,110,134,174,203-206,239,244,262,267-269,366; and Freudians，以及弗洛伊德主义者，87; "Instincts and Their Vicissitudes,"《本能及其变化》258-260,365; *The Interpretation of Dreams*,《梦的解析》,189,268

Frye, Northrop，弗莱，诺思洛普 xvii, xxxi-xxxii,87,99,115,137,232,263-272,345,347; *Anatomy of Criticism*,《批判的剖析》xxiv, 247-254,263-264,268-269,271,359,364,365-367; *The Great Code*,《伟大的代码：圣经与文学》269-270,367; *Words with Power*,《神力的语言》,268-270,366,367

Fukuyama, Francis，福山，弗朗西斯，311,369

fulfillment (and prefiguration)，实现（与预设），xviii, xxviii, xxix-xxxi,270-272,347,367,371

Gadamer, Hans-Georg，伽达默尔，汉斯-格奥尔格，187

Gallie, W. B.，盖里，W. B.，142-143,152,193,328,359

Gardiner, Patrick，加迪纳，帕特里克，2,142,193,349,351,357

Geistesgeschichte，精神史，85

Genette, Gérard，热奈特，热拉尔，202,225

genealogy，系谱学，97,203,244-245,272,311,316,334,347

geneticism，遗传论；发生论，x，xxx-xxxi,26,71,94,99,127-135,209,240,267,296. See also genealogy另见，系谱学

genre，艺术的类型，xxiv,97,164,167,

200,209,240,283-284,290,299,346;Frye's view of,弗莱关于艺术类型的观点,248-249,251-252,265-266,268;literary,文学类型,xxiv,72,154,193,279-281

Gentile,Giovanni,秦梯利,乔瓦尼,15,351

Gestalt psychology,格式塔心理学,15,90,351

Gibbon,Edward,吉本,爱德华,189

Gide,Andre,纪德,安德烈,149

Ginzburg,Carlo,金兹伯格,卡洛,324,346,371

gnosticism,诺斯替派,诺斯替主义,21,218

Goethe,Johann Wolfgang von,歌德,约翰·沃尔夫冈·冯,52,56,64,84,215,225

Goldmann,Lucien,戈尔德曼,卢西安,90,92,94-97,151,158,358,360

Gombrich,E. H.,贡布里希,E. H.,90-92,96-97,101,123,358;*Art and Illusion*,《艺术与错觉》,103-108,360

Gospels,福音 See Bible 参阅《圣经》

grammar/grammarians,语法/语法学家,108-109,123,165,256,297-298,300,302

Gramsci,Antonio,葛兰西,安东尼奥,264,357

Greimas,A. J.,格雷马斯,A. J.,225,338

Guattari,Félix,瓜塔里,弗力克斯,207

Habermas,Jürgen,哈贝马斯,尤尔根,187,264,346

Hall,Stuart,霍尔,斯图亚特,264

Harris,Errol,哈里斯,埃罗尔,349-351,354

Harootunian,Harry,哈鲁图尼恩,哈里,xiv,341

Hartman,Geoffrey,哈特曼,杰弗里,225,362

Hegel,G. W. F.,黑格尔,xviii,xx-xxi,xxiii,26,55,61,70,147,171,195,250,252,284,318-319,328,367n20,371n26;*Aesthetics*,《美学》,55,82;approach to literary history,文学历史的方法 157-159;*Encyclopedia*,《哲学全书》56,82;*Logic*,《逻辑学》,55,184;*Lectures on the Philosophy of History*,《哲学史讲演录》191,333;phenomenology of mind,精神现象学,73,85;*Phenomenology of Spirit*,《精神现象学》,56,73,184;view of nature,黑格尔的自然观 72;view of relationship of individual to external world,黑格尔关于个体与外界世界关系的观

点,73-77;and "Zeitgeist",黑格尔和"时代精神",241-242
Heidegger, Martin,海德格尔,马丁,166,206,318-319,322,338
Heller, Erich,海勒,埃里克,64,358
Heilsgeschichte(history of salvation),救恩历史,24
Helvetius,爱尔维修,74
Hempel, Carl,亨普尔,卡尔,ⅹⅹⅲ,120,125,141-142,152,192-95,199,360;"The Function of General Laws in History,""史学中的通则功能"(或"普遍规律在历史学中的作用"——译者注),187,346,361
Herder, J. G. von,赫尔德,26,76,187,366
hermeneutics,解释学,诠释学,ⅹⅶ,185,187,199,203-204,213-215,219,213,333,336
Herodotus,希罗多德196,253
Hexter, J. H.,赫克斯特,J. H.,190,334,343
Himmelfarb, Gertrude,海默尔法布,格特鲁德,309-310,312,369
historical change: and concept of period,历史变迁:历史变迁与时代的概念,240,243,245,250;Croce's view of,克罗齐之历史变迁的观点,55;Dawson's view of,道森之

历史变迁的观点,26-28,33,35,40,48;Frye's view of,弗莱之历史变迁的观点253,255,265,268-272,367;laws of,历史变迁的法则,2,17,23;Marx's view of,马克思之历史变迁的观点,83,151;Nietzsche's view of,尼采之历史变迁的观点,ⅹ;and postmodernism,历史变迁和后现代主义,306-307;problem of,历史变迁的问题,72;process of,历史变迁的进程,113,115,143-144;Ranke's view of,兰克之历史变迁的观点,115;Ricoeur's view of,利科之历史变迁的观点,330,371;and social change,历史变迁和社会变迁,75,80,82,106-108,111,130,265,269;Toynbee's view of,汤因比之历史变迁的观点,20
historical consciousness,历史意识ⅹⅲ,ⅹⅵ-ⅹⅶ,ⅹⅸ-ⅹⅺ,ⅹⅹⅹ-ⅹⅹⅺ,100,109,170,239,245-246,248-251;Gombrich's concept of,贡布里希之历史意识的概念,104;Lukács's concept of,卢卡奇之历史意识的概念,84;and metahistory,历史意识与元史学,147-151;Ricoeur and,利科与历史意识,320-321,324-327;and sense of history,历史意识与历

史感,224;versus prehistory,历史意识与史前史相对,10;and Western culture,历史意识和西方文化,188,197,212,314

historical knowledge,历史知识,ⅺ,ⅹⅵ,ⅹⅹ-ⅹⅺ,ⅹⅹⅶ,1,3,191,229,250,254,371n26;Croce's concept of,克罗齐之历史知识的概念,61-62;description of,历史知识的描述,6-15;and historical hindsight,历史知识与历史之鉴,243;and postmodernism,历史知识与后现代主义,306;and Ricoeur,历史知识与利科,318,320,323,335,337;Toynbee versus Collingwood on,汤因比与柯林伍德的历史知识论之对比,18-20;and Vico,历史知识与维柯,266;Western idea of,关于历史知识的西方思想,304

historical meaning,历史意义,ⅹⅹⅶ-ⅹⅹⅷ,ⅹⅹⅸ,ⅹⅹⅺ,16,112,115-121,124-125,131,206,368n3;and Croce,历史意义和克罗齐,64;cultural differences in,历史意义中的文化差异 23;and Dawson,历史意义和道森,32;and Foucault,历史意义和福柯 93;and Marxism,历史意义和马克思主义,181;pantextualism and,泛文本主义和历史意义,226,230-233;philosophy of,哲学的历史意义,141,197-199,250;Realism and,现实主义与历史意义,77;Ricoeur and,利科和历史意义,322,329,337;story/plot and,故事或情节的历史意义,280-284,287-290

historical reality,历史现实,ⅸ-ⅹ,ⅹⅷ,ⅹⅹ,ⅹⅹⅱ,66,198,236,271,276-277,279,281-283,285,290-291,305,307,311,313

historical system (sociocultural system),历史体系(社会文化体系),ⅹⅹⅹ,126-135,144

historical understanding,历史理解力,63-64,125,167,195,270,354,359

Historicism: and anti-historicism,历史主义:以及反历史主义,ⅹⅴ-ⅹⅵ;crisis of,历史主义的危机,ⅹⅹⅶ,24,165,235,243

history of thought and ideas,思想和思想史,9,13,80-·85,89,92.See also intellectual history 另见,思想文化史(或译"知识史"——译者注)

Historikerstreit (historian's debate),历史学家之争(史学家的辩论),ⅹⅹⅵ,325-327

Hjelmslev, Louis, 叶尔姆斯列夫, 路易, 287-290, 368

Hobbes, Thomas, 霍布斯, 托马斯, 99

Hobsbawm, Eric, 霍布斯鲍姆, 艾瑞克, 201

Holbach, Baron d', 霍尔巴赫男爵, 74

Holocaust and history, 大屠杀和历史, ⅩⅩⅤ-ⅩⅩⅷ, 323-324, 326-327, 346, 347

Homer, 荷马, 109, 255

Hughes, H. Stuart, 休斯, H. 斯图尔特, 52, 357

Hugo, Victor, 雨果, 维多克, 286

Huizinga, Johan, 赫伊津哈, 约翰, 86-87, 234, 350

human sciences (sciences of man), 人文科学(人类的科学), 213, 218, 220, 237-239, 273, 312, 317, 344; and interpretation, 人文科学与诠释, 208, 221, 362; and Ricoeur's thought, 人文科学与利科的思想, 321, 338; and structuralism, 人文科学与结构主义, 156, 203, 205

humanism, 人文主义, ⅩⅥ, 39, 42, 52, 65, 150, 198, 215, 266, 343, and anti-humanism, 人文主义与反人文主义, ⅩⅥ, 52

humanities: crisis in, 人文主义危机, 99-100, 102

Hume, David, 休谟, 大卫, 1, 23, 74, 337

Hyppolite, Jean, 伊波利特, 让, 258

idealism: in Croce's thought, 唯心主义: 克罗齐思想中的唯心主义, 53-54, 56-58; and English intellectual history, 唯心主义与英国的思想文化史, 3, 21, 24; in Frye's thought, 弗莱的思想中的唯心主义, 264-265, 272; philosophical, 哲学的唯心主义, ⅩⅧ, 81-82, 84, 90, 97, 250, 351, 352

ideology: of aestheticism, 意识形态: 审美意识形态, 293-297, 301, 303; of narrative, 叙事意识形态, 276-278, 284-285, 287, 290; and philosophy of history, 意识形态与历史哲学, 195, 197-199; political concept of, 意识形态的政治概念, Ⅺ, 59, 211, 215, 220, 223, 247-248, 250, 311-313, 320, 329, 337-339; of the text, 文本的意识形态, 211, 310

imagination: faculty for, 想象: 想象之机能, ⅸ, Ⅺ, 9, 30, 98-99, 105, 107, 110, 121, 125, 184, 204-205, 226, 240, 253, 267, 296, 344, 354, 355, 358; historical, 历史的想象, 14-15; mythic, 神话的想象, 103-104

intellectual history,思想文化史, xiv,xvi,xxi,52,70-71,80-97. See also history of thought and Ideas 另见,思想和思想史
interdisciplinarity,跨学科性,xiii, xv,237-238
Irony, as master trope,反讽,作为主要的转义,xviii,xx-xxi,xxix, 99,171,174,180,184-185,210, 270,344
irrationality:Dawson's view of 道森的非理性观点,30,42;in history,历史上的非理性,26,62,85,195; Marxist view of,马克思主义的非理性观点,56,6;in Toynbee,汤因比的非理性,19,21

Jakobson,Roman,雅各布森,罗曼,93, 163-167,211,297,361-362
Jameson,Fredric,詹姆逊,弗雷德里克,xxxii,211,247-248,251, 253-254,265,282,310,362; "Figural Relativism, or the Poetics of Historiography", "比喻的相对主义,或者诗化史学", 344,346,348; The Political Unconscious,《政治无意识》,241-242,364,366
Jaspers,Karl,雅斯贝斯,卡尔,5,11, 21-22,28,35,46,322,350,352, 370
Joyce,James,乔伊斯,詹姆斯,70,103, 105-106,111,189-190,201, 263,270,329
Jung,Carl,荣格,卡尔,15,87,266,351

Kafka,Franz,卡夫卡,弗兰兹,106, 118,329,370
Kellner,Hans,凯尔纳,汉斯,xvi, 341,342,343,344
Kant,Immanuel,康德,xi,5,56,73-74,84-85,187,191,249,267, 269,318; Critique of Judgment, 《判断力批判》,297-298; Critique of Pure Reason,《纯粹理性批判》,xx,344
Kermode,Frank,克默德,弗兰克,193, 358-359
Kierkegaard,Søren,克尔凯郭尔,索伦,xxxi,121,175,252,263, 269-270,365-367
Koselleck,Reinhart,科塞雷克,莱因哈特,330,333,371
Kristeva,Julia,克里斯蒂娃,茱莉亚, 207,225,338
Kuhn,Thomas,库恩,托马斯,90-92, 96-97,345
Kulturgeschichte(cultural history), 文化史(文化历史),85

Lacan,Jacques,拉康,雅克,203-206, 214,338

La Capra,Dominick,拉卡普拉,多米尼克,ⅹⅳ,341,342

laws:of genetic inheritance,法则:遗传法则,127-128; Hempel's view of,亨普尔关于遗传法则的观点, 187,194-195,346,361;of historical causality,历史因果性的遗传法则,62,87,113-114,122-123; of historical change,历史变化的法则,ⅹⅸ,2,17,23,141-143, 153-154; of physical (natural) change,物理的(自然的)变化法则,9,20,34,142,of social processes,社会过程的变化法则,188

Lefebvre,Henri,列斐伏尔,亨利,92, 151,364

Leibniz,G.W.von,莱布尼茨,G.W.冯,74,88,333,370

Lenin,Vladimir,列宁,弗拉基米尔, 84,133

Lentricchia,Frank,兰特里夏,弗兰克, 247-248

Levin,Harry,莱文,哈里,69,338

Levinas,Emmanuel,列维纳斯,伊曼纽尔,338

Levi,Primo,莱维,普里莫,ⅩⅩⅷ-ⅹⅸ

Lévi-Strauss,Claude,列维-斯特劳斯,克劳德,ⅹⅵ,92,120,156-157, 160,203-206,211-212,338; *La pensée sauvage* (*The Savage Mind*),《野性的思维》,94,150, 342-343,360,362,364

liberalism,自由主义,54-55,59,66, 102,182

literary history,文学史,ⅩⅤ,ⅩⅩⅩ, ⅩⅩⅹⅱ,84,87,96,101,153-168, 227,248,251,347

literary theory and criticism,文学理论与批评,ⅩⅤ,ⅩⅩⅹⅱ,153,155, 196,227,231,251,265,275

literature:concept of,文学观,255- 257,293-303

Locke,John,洛克,约翰,23,221

logic:concept of,逻辑:逻辑观念 3- 4,142,155,244,297-298,300, 302-303,311;of explanations,解释的逻辑,360;of narration,叙述的逻辑,173; poetic,诗化逻辑, 267

Lotman,Jurij,洛特曼,尤里,219,363

Louch,A.R.,劳奇,A.R.,193,361

Lovejoy,A.O.,洛夫乔伊,A.O.,70, 86-87

Luhmann,Niklas,卢曼,尼克拉斯,ⅹⅰ

Lukács,Georg,卢卡奇,格奥尔格,65, 69-70,94,96,171,221,277- 284,297,358,367, *History and*

Class Consciousness,《历史与阶级意识》,84

Luther, Martin,路德,马丁,24,40-41,99,133

Lyotard, Jean-Francois,利奥塔,让-弗朗索瓦,207,283,368

Machiavelli, Niccolo,马基雅维利,尼科洛,53,99,228,331

Malinowski, Bronislaw,马林诺夫斯基,布罗尼斯拉夫,350,355

Malraux, Andre,马尔罗,安德烈,94

Mandelbaum, Maurice,曼德尔鲍姆,莫里斯,ⅹⅳ,142,193,342,344,351,359

Mann, Thomas,曼,托马斯,50,52,65-66,69,82

Mannheim, Karl,曼海姆,卡尔,80,140

Marcel, Gabriel,马塞尔,加布里埃尔,5,322,338

Marcuse, Hebert,马尔库塞,赫伯特,103

Maritain, Jacques,马利坦,雅克,338,354

Marrou, H. I.,马禄,H. I.,151,360

Marx, Karl,马克思,244;Capital,《资本论》,183-184;Eighteenth Brumaire,《雾月十八日》,171-172,180-186,190,286-287,290-292;and 1848 revolution,马克思和1848年革命,177;as metahistorian,马克思作为元史学家,142-144,147-148;philosophy of history,马克思的历史哲学,ⅹⅰⅹ,250,371n26

Marxism/Marxists,马克思主义/马克思主义者,83-87,92-94,151,157-159,187,198,201,204,220-221,264-265,283;Barthes and,巴特与马克思主义,209,238-239;Croce and,克罗齐与马克思主义,56;Goldmann,戈德曼,94,96-97;Lukács,卢卡奇,65,69,221;versus structuralism,马克思主义和结构主义的对照,228

McLuhan, Marshall,麦克卢汉,马歇尔,ⅹⅹⅲ,101

Meinecke, Friedrich,梅尼克,弗里德里希,53,85,225,348,363

Melville, Herman,梅尔维尔,赫尔曼,201

memory:and history,记忆:以及历史,ⅹ;in Ricoeur's thought,利科思想中的记忆,318-328

Merleau-Ponty, Maurice,梅洛-庞蒂,莫里斯,150,338,360

metahistory,元史学,62-63,139,141-143,147-148,344-345. See also philosophy of history 另见,历史哲学

metaphor, as master trope, 隐喻, 作为主要的转义, xvii-xviii, ××, 166, 175, 184, 267, 301-303, 344-345

metonymy, as master trope, 转喻, 作为主要的转义, xviii, ××, 165-166, 173, 184, 263, 270, 344-345

Michelet, Jules, 米什莱, 儒勒, ××, 68, 93-94, 171, 196, 212, 228

Middle Ages, 中世纪, ×××, 38, 80, 98, 103, 114, 133, 305, 356, 363

middle voice, 中间语态, ××vii, 255-262, 365

Mill, John Stuart, 穆勒, 约翰·斯图亚特, 23, 265

Miller, J. Hillis, 米勒, J. 希利斯, 225, 234

Milton, John, 弥尔顿, 约翰, 88, 212

mimesis, 摹仿论, 105, 169, 186. See also realism 另见, 现实主义

Mink, Louis O, 明克, 路易斯 O, 122, 124-125, 137, 193, 282, 359

Mitchell, W. J. T, 米歇尔, W. J. T., 223-225, 227-228, 234, 342, 363

modes: of consciousness, 意识模式, 158, 184, 249; and Frye, 模式与弗莱 247-254, 265, 268; theory of, 模式理论, ××, ××iii, 124-125, 154, 164-165, 173, 183, 230, 232, 234, 273, 279, 284, 344-345

modernism, 现代主义, ××vii, 186, 189, 197-198, 203, 209, 215, 218, 225, 228, 241, 252, 257-258, 260-262, 279, 297, 301-302; and postmodernism, 现代主义与后现代主义, 196, 225, 252, 304-317, 328; and Ricoeur's thought, 现代主义与利科的思想, 319, 328-330

Montaigne, Michel de, 蒙田 99, 263

Montesquieu, 孟德斯鸠, 74

Moore, G. E., 摩尔, G. E., 3-4, 349

Mounier, Emmanuel, 穆尼埃, 伊曼纽尔, 338

Mumford, Lewis, 芒福德, 刘易斯, 35, 42

Murdoch, Iris, 默多克, 艾丽丝, 151, 360

Murray, Gilbert, 穆雷, 吉尔伯特, 51, 356

myth 神话, ×vi, ××iv-××v, 50-51, 53, 80, 86, 107, 110-111, 119-120, 132, 150, 185, 188, 195-197, 209-210, 212, 221, 265, 268, 291, 313, 317, 338, 355, 366; Collingwood's view of, 柯林伍德的神话观, 9, 11; Dawson's view of, 道森的神话观, 36, 46-47; Frye's view of, 弗莱的神话观, 248-249, 251-252; and storytelling, 神话与讲故事, 274-276, 278, 280-281, 283-

284,287, 290-291, Toynbee's view of,汤因比的神话观,21

mythical thought,神话思维 274,287

mythic imagination,神话的想象 103-105

mythology,神话 21,46-47,197,199,270,356

Napoleon I(Napoleon the Great),拿破仑一世(拿破仑大帝)180

Napoleon III(Louis Bonaparte),拿破仑三世(路易·波拿巴)176,179-180,286

narration(*narratio*),叙述 ⅹⅹⅲ-ⅹⅹⅴ,118-119,173,190,192,202,273-275,277-284,317

Narrative: versus non-narrative history,叙述与非叙述的历史 ⅹⅺ,112,115-116,119,273,282-283; voice,声音 120

Narrativity,叙事性 190-191,201-202,252,273,342,343

narrativization,叙事化 ⅹⅹⅹⅲ,195,288,306,317,342

naturalism,自然主义 55,78

natural sciences,自然科学 3,8,213,269

Nazism,纳粹主义 105-107,149,325-326,346

neo-Platonism,新柏拉图主义 39

New Criticism,新批评 95,156,210

New Historicism,新历史主义 309

New Literary History(journal)《新文学史》(杂志),161,347,359,361,362

New Testament. *See* Bible《新约》,见,《圣经》

Niebuhr,Reinhold,尼布尔,莱因霍尔德 196

Nietzsche, Friedrich,尼采 ⅹ,ⅹⅷ,ⅹⅹ,ⅹⅹⅶ,21,41,56,121,144,148,166,171,196,250,264-265,267,347,357; *Genealogy of Morals*,《道德系谱学》,93; and nihilism,尼采与虚无主义,147; and poststructuralism,尼采与后结构主义,205-207

nihilism,虚无主义,ⅺ,ⅹⅵ,ⅹⅺ,206,344

Nineteenth-Century Contexts(journal),《十九世纪的语境》(杂志),246,364

Nolte,Ernst,诺尔特,恩斯特,325-326

Oakeshott,Michael,奥克肖特,迈克尔,336-338,372

objectivity,客观性,78,140,211,229,286,311-312,314,316

Old Testament. *See* Bible《旧约》,见,

《圣经》

Orient, influence on the West, 东方在西方的影响力 48

Ortegay Gasset, José, 奥尔特加·加塞特, 何塞 57

past: fixity of, 过去的不变性 309-310, 312, 316, virtual, 虚拟过去 308

Paul, Saint, 圣保罗, ⅹⅹⅸ, ⅹⅹⅺ, 41, 332, 367

performative, 表演, ⅹⅺ, 261, 293, 300. See also Austin, J. L., 另见, 奥斯汀 J. L.; speech act theory 言语行为理论

performance, verbal, 言语表现 ⅹⅺ, ⅹⅻ, 117, 189, 200, 211-212, 219

periodization: and the chronotope, 划分: 与时空体 237-246, 251-253, 270-271, 305, 316, 371; concept of, 划分的概念, 38-39, 59, 68-79, 81, 155, 158-159, 164-165

Petrarch, Francesco, 彼特拉克, 弗朗切斯科, 53, 330-331

Philo, 斐洛, 43

philology, 文字学, ⅹ, 14, 16, 61, 63, 69, 88, 204, 206, 310, 343, 364

philosophy of history, 历史哲学 ⅹⅳ-ⅹⅴ, ⅹⅺ, ⅹⅹⅲ, ⅹⅹⅻ, 162, 195-197, 247, 250, 352, 360, 368, 371-372; Collingwood's view of, 柯林伍德的历史哲学观, 1-22, 344; Croce's view of, 克罗齐的历史哲学观, 77, 355-356; and Dawson's thought, 历史哲学与道森的思想, 24; and the historical profession, 历史哲学与历史专业, 136-152; narrative as, 叙事作为历史哲学, 274-275; Popper's view of, 波普尔的历史哲学观, 105-109; and Ricoeur's thought, 历史哲学与利科的思想, 319, 321-322, 332-333, 337, 343; speculative, 思辨的历史哲学, 9, 142, 144, 148, 150, 337, 359

Piaget, Jean, 皮亚杰, 让, 90, 94

Planck, Max, 普朗克, 马克斯, 47

Plato, 柏拉图, 61, 66, 70, 116, 139, 269-270, 319, 351; and Platonism, 柏拉图与柏拉图主义, 41; and rhetoric, 柏拉图与修辞, 299

plot: and historical pluralism, 情节, 与历史多元论, 231-232, 235; and ideology, 情节与意识形态, 283-290; and story, 情节与故事, 112-125, 246, 279-281. See also plot-structure 另见, 情节结构

plot-structure, 情节结构, 162, 172 - 173, 181, 190 - 191, 240, 319, 345, 359

pluralism, historical, 历史多元论 223 - 236

poetics, 诗学 xxiv, 163 - 165, 212, 239, 344, 362

Popper, Karl, 波普尔, 卡尔, x, 90, 101, 103, 139 - 142, 144, 152, 193, 195, 358; *The Open Society*,《开放社会》, 106; on the philosophy of history, 论历史哲学, 105 - 109; *The Poverty of Historicism*,《历史决定论的贫困》, 106, 348 - 349, 360

positivism, 实证论, 78, 85, 140 - 141, 145, 188, 224, 250; attack on, 对实证论的抨击, 1 - 3, 12, 14 - 15, 17, 19 - 21, 55 - 56, 59, 62; Comtean, 孔德的实证主义, 2, 97

postmodernism, 后现代主义 xv, xxvii, 196, 225, 239, 252, 304 - 317, 328, 334, 336, 368 - 370

poststructuralism, 后结构主义 xix, 220 - 221, 238 - 239, 301, 362; and structuralism, 后结构主义与结构主义 xv, xvii, 187 - 188, 208, 211 - 212; and Vico's thought, 后结构主义与维柯的思想, 203 - 207

Pound, Ezra, 庞德, 329

praxis, 实践, 82, 84, 108, 147, 150, 158 - 159, 162, 217, 240, 245, 264

prefiguration and fulfillment, 预设和实现, xviii, xx, xxviii, xxix - xxx, 186, 267, 270 - 272, 281, 344 - 345, 347 - 364

prehistory, 史前史, 10, 46, 161, 353

phenomenology, 现象学, 149, 203, 333, 336, 360

primitive societies: Dawson's view of, 道森关于原始群集的观点, 27 - 28, 33 - 35, 42, 44 - 46; Lévi-Strauss's view of, 列维-斯特劳斯关于原始群集的观点, 94, 206, 212; mindset of, 原始群集的思维模式, 10, 74, 105, 184, 204, 328, 350, 355; Vico's view of, 维柯关于原始群集的观点, 267

proletariat, 无产阶级, 78, 177 - 178, 181 - 182, 221, 283, 291

Protestantism, 新教主义, 24, 45, 338

Proudhon, Pierre-Joseph, 蒲鲁东, 皮埃尔-约瑟夫, 286, 290 - 292

Proust, Marcel, 普鲁斯特, 马塞尔, 70, 106, 189 - 190, 258, 262

providence, 天意, 67, 283, 330, 333

psychoanalysis, 心理分析, 63, 87, 96, 110, 218, 244, 274, 339

radicalism,激进主义,101,139,309

Ranke,Leopold von,兰克,利奥波德·冯,48,68,70,72,85,87,97,139,333-334;Braudel's view of,布罗代尔有关兰克的观点,274;concept of historical realism,兰克的历史现实主义概念,xxii-xxiii,171,345;compared with other historicists,兰克与其他史学家之比较,xxi,75-77,225;*History of Germany during the Age of the Reformation*,《宗教改革时期的德国史》,113-116,118;revolt against Romanticism,兰克对浪漫主义的反抗,196;in *Metahistory*,《元史学》中关于兰克的部分,xx,359

realism:and art and literary criticism,现实主义:艺术和文学批评,90-91,101-111,123,358,360;Barthes's view of,巴特的现实主义观,275-277;compared with Romanticism and historicism,现实主义与浪漫主义和历史决定论的对比,68-79;concept of,现实主义的概念,xi,xviii,xxv,52-53,87,142,195,205-206,209,212-213,218,297,302;figural,比喻的现实主义,xxv,xxix-xxx,xxxviii-xxx;in Flaubert and Marx,福楼拜和马克思的现实主义观,169-86;in Frye's thought,弗莱思想中的现实主义观点,252-253,272,366;in historiography,历史编纂学中的现实主义观点,119-123,187-192,283-284,291;of the human sciences,人文科学的现实主义观点,314,317;literary,文学中的现实主义观点,xx,xxx,165-166,225;Lukács's view of,卢卡奇的现实主义观点,277-281;philosophical,哲学现实主义观点,xviii;Ranke's view of,兰克的现实主义观点,xxii-xxiii,171,345

referentiality:of discourse/language,指涉(指称):话语/语言,186,189,191,198-201,204-205,210,212,214-218,and history,指涉与历史,xxv,xxvii-xxviii,15,225,231,233,242,287-288,334;and postmodernism,指涉与后现代主义,252,312-313

relativism,相对主义;相对论,xxv-xxviii,15,226,228-229,234-236,318,325,351

religion:in Burckhardt,布克哈特有关宗教观点,116-117;Collingwood's view of,柯林伍德的宗教观点,4,9-11;14,18;as a component of culture,宗教作为文化的组成部分,242,247,319,332-333;Dawson's view of,道森的宗教观点,23-49,352-356;in Frye's thought,弗莱的思想中的宗教观点,270,338,367;history of,宗教历史,91;in Napoleon III's slogan,拿破仑三世的口号中的宗教观点,173,178,182-183;Toynbee's view of,汤因比的宗教观点,20-21,352. See also Bible; Church(Catholicism); *individual religions* 另见,《圣经》;教会(天主教),个人化宗教

repetition:in Frye,弗莱有关重复的观点 251-252,Kierkegaard's notion of,克尔凯郭尔的重复概念 269-270,365,367

Resnais,Main,雷奈,梅恩,103,111

Renaissance:age of,文艺复兴的时代,81,88,90,98,110,123,188,220-221,251,293,315;Burckhardt's view of,布克哈特关于文艺复兴的观点,113,116-118,358;Dawson's view of,道森关于文艺复兴的观点,40-41,48

rhetoric:ancient,古代修辞,ⅩⅧ;and anti-rhetoric,修辞与反修辞,ⅩⅩⅧ-ⅩⅩⅨ;in Frye's thought,弗莱思想中的修辞,247-248,266,270;of historical discourse,历史话语的修辞,ⅩⅪ,193,195-196,200,244;historiography as a branch of,历史编纂学作为修辞的分支,Ⅹ,ⅩⅩⅣ,170,188-189;and literature,修辞与文学,293-303,346;and narration,修辞与叙述,273-274,286,290;and philology,修辞与哲学,343;as science of speech,修辞作为演讲学科,293-294,299-301;and style,修辞与风格,169,172,185,tropes of,修辞的转义(比喻),183;and tropology,修辞与转义论(比喻论),ⅩⅦ-ⅩⅧ;and Vico's thought,修辞与维科的思想,204,206

Richards,I.A.,理查德,I.A.,301-302,368

Ricoeur,Paul,利科,保罗,187,229,232,281-282,343,362,363,364;concept of forgetting,利科:遗忘概念,318,322-324,327-328,370-371;concept of for-giveness,利科:宽恕的概念,322-324,327,371;*Memory, History, Forgetting(La mémoire, l'histoire et l'oublie)*,《记忆,历史,遗忘》,318-339,370"The Model of the Text: Meaningful Action Considered as a Text,""文本模型:被视为文本的合理行动",216-219;*Time and Narrative*(*Temps et recit*),《时间与叙事》ⅩⅦ,230,318,324,336,343,363,364,370

Robbe-Grillet,Alain,罗伯-格里耶,阿兰,11

Robertson,William,罗伯逊,威廉,1-2,348

Roman Empire,罗马帝国,16,36-37,90

romance:in Frye's thought,罗曼司:弗莱的思想中的罗曼司 265-266; as genre,罗曼司作为一种体裁,ⅸ,ⅺ;as plot-type,罗曼司作为情节-类型,ⅩⅩ,ⅩⅩⅣ,ⅩⅩⅥ,185,232,279,281,284-286,288,290,345

Romanticism:attack on,对浪漫主义的攻击:196;compared with historicism and realism,浪漫主义与历史主义和现实主义之比较,68-79;as a period concept,浪漫主义作为一个时期概念,90,165-166,217,220;English,英国的浪漫主义,226-227,229-233,236

Rorty,Richard,罗蒂,理查德,342

Rousseau,Jean-Jacques 卢梭,让-雅克,73-75

Russell,Bertrand,罗素,伯特兰 3-4,193,349

Sarraute,Nathalie,萨洛特,娜塔莉,103,338

Sartre,Jean-Paul,萨特,让-保罗,93,149-150,166,322,338;*La critique de la raison dialectique*(*Critique of Dialectical Reason*),《辩证理性批判》,141,343,360

Satire(as plot-type),讽刺(作为情节-类型),ⅩⅩ,ⅩⅩⅣ,185,266,345

Saussure,Ferdinand de,索绪尔,费迪南·德,ⅩⅦ,93,167,204,210,364

Savonarola,Girolamo,萨佛纳罗拉,吉罗拉莫,99(意大利宗教改革者,1452-1498——译者注)

Schopenhauer,Arthur,叔本华,亚瑟,21,81,85,117

Schelling,Friedrich Wilhelm Joseph,谢林,弗里德里希·威廉·约瑟夫,19-21,68,352(德国哲学家,1775-1854——译者注)

Schiller,Friedrich,席勒,弗里德里希,52,116

Schleiermacher,Friedrich,施莱尔马赫,弗里德里希 213

Scholasticism,经院哲学,34,218

Schrodinger,Erwin,薛定谔,埃尔温,134-135(奥地利物理学家,几率

化,弦论的量子决定论诠释的创
始人,1887‐1961——译者注)
science:empirical,经验科学,xi,1‐
 5,9‐12,18,20,23,26,30‐32,
 35,41‐49,50,52,54‐55,90‐
 91,96,99,102,104,106‐107,
 126,136‐137,142,148,188,213,
 227,242,255,280,369;history
 as,历史作为一门经验科学,x,
 xxi,xxiv,7,13‐17,56,62‐
 63,85‐86,187‐195,200,202,
 229,234,283,316,320,337,353
science of speech. *See* rhetoric 演讲学
 科,见,修辞学
Scott,Walter,司各特,沃尔特,70,84,
 191,227‐278
Searle,John,塞尔,约翰,216,364
semiotics/semiology,记号语言学/符
 号学,xvii,187,192,198‐199,
 287,301,343,363
Shakespeare,William,莎士比亚,威
 廉,212
Shelley,Percy,雪莱,228
skepticism,怀疑论,怀疑主义,3‐5,
 64,318
Smith,Adam,亚当·斯密,221
Social Darwinism,社会达尔文主义,78
social sciences:discipline of,社会科
 学,xix,24,78,92,98,106,138‐
 140,146,152;and morality,社会

科学与道德,327; and narrative,
 社会科学与叙事,229,233,and
 postmodernism,社会科学与后现
 代主义,311,312,314‐315,317;
 relation of history to,历史与社会
 科学的关系,136,141‐142,192,
 200‐201,334,344,369; and
 structuralism,社会科学与结构
 主义,150,273‐274;and textual-
 ism,社会科学与文本主义,213.
 See also human sciences 另见,人
 类科学
sociology:and Dawson's thought,社
 会学:与道森的思想,26,29,32,
 43‐44,48;discipline of,社会学
 的学科,14‐15,100,127,315,
 317;of knowledge,知识社会学,
 80,84‐85,91‐92,140;in liter-
 ary history,文学史中的社会学,
 xv,154;and Marxism,社会学
 与马克思主义,89,95‐97;rela-
 tion of historiography to,历史编
 纂学与社会学的关系,14‐15,
 212;and structuralism,社会学
 与结构主义,204
Sollers,Philippe,索莱尔斯,菲利普,
 207
Sorel,Georges,索雷尔,乔治,195
Soviet Union,苏联,82,144,304,311,
 314

speech act theory 言语行为理论 216, 261-262,300,364

Spencer,Herbert,斯宾塞 62

Spengler,Oswald,斯宾格勒,奥斯瓦尔德,26,19,142,195-196,250,252,366;and Frye,斯宾格勒与弗莱 264-266,268

Spiegel,Gabrielle,斯皮格尔,加布里埃尔,342（加布里埃尔·M.斯皮格尔,约翰·霍普金斯大学历史系教授、美国历史协会前任主席——译者注）

spirit(Geist),精神(感性),56,58,62,158

Stein,Gertrude,斯坦因,格特鲁德,329

Stendhal,司汤达,xx-xxi,68-69,72-75,79,82,171,189

story:lived,实际生活过的故事,281; story-type,故事-类型,xxiv,xxviii,283,287-288,290;See also plot;storytelling 另见,情节;讲故事

storytelling,讲故事,122,125,191-192,195,200-201,229,236,273-292

Structuralism:French school of,法国结构主义学派,90,92-96,358,362,364,367; and Frye's thought,结构主义与弗莱的思想,247,250-251,264-265;and historiography,结构主义与历史编纂学,199,245;and Marxism,结构主义与马克思主义,228;and narrative结构主义与叙事,118,273-276,287;and poststructuralism,结构主义与后结构主义,x v,xvii,187-188,203-207,211-212,221,301,309; and textualism,结构主义与文本主义,209-212,218,220-221,238-239

sublation(Aufhebung),扬弃,6,10,36,54,371

symbol:Coleridge,象征(象征符):柯勒律治,301;Dawson's view of,道森关于象征的观点,47;in Frye's thought,弗莱思想中的象征观点,248,251-252,265,268,271;in Jameson's thought,詹姆森思想中的象征观点,241-242;in Lacan,拉康的象征观点,205;and myth,象征与神话,9;and narrative,象征与叙事,289;in Ricoeur's thought,利科思想中的象征观点,343; and symbolization,象征与象征作用,186;and textualism,象征与文本主义,208-209,214-215,217-220;Todorov's study of,托多洛夫关于象征的研究,363

symbolism(artistic movement),象征

主义(艺术运动),78,165-166,219-220,363

Synecdoche, as master trope, 提喻, 作为主要的转义(比喻),xviii,xx,173,184,218,344-345

syntactical,句法的,108-110,123,289

Tagliacozzo,Giorgio,塔利亚科佐,乔吉奥,203,343,361

Taine,Hippolyte,丹纳(泰纳),伊波利特,62[伊波利特·丹纳(Hippolyte Taine)是19世纪法国史学界、文学评论界主张坚持客观批评标准的代表人物,其著名的"种族、时代、环境"三因素理论把艺术研究拓展到广阔的外部领域,开创了文艺社会学的先河——译者注]

Taylor,A.J.P,泰勒,A.J.P 1,21,348,352

technê,技艺,工艺,xxiii-xxiv,215,299

temporality,暂时性,243,268,322-323,332

textualism/pantextualism,文本主义/泛文本主义,xvii,219-222,310-311,313-314,342,343,362;and historical pluralism,文本主义/泛文本主义与历史多元化,223-236;and interpretation,文本主义/泛文本主义与诠释,208-216

theology,神学,xxix,2,58,80,197,219,297,317,3,3,367;in Dawson's thought,道森思想中的神学观,26,32,37;in Toynbee's thought,汤因比思想中的神学观,19-20

Thierry,Augustin,梯叶里,奥古斯特,196

Thomism(Saint Thomas Aquinas),托马斯主义(圣托马斯·阿奎那),24,31,39-40

Thompson,E.P.,汤普森,E.P.,201,364

Tocqueville,Alexis de,托克维尔,亚历克西斯·德,xx-xxi,68,72,75,77,79,118,120,171,196,359;*Democracy in America*,《论美国的民主》,113-116,234

Todorov,Tzvetan,托多罗夫,茨维坦,225,362,363

Tolstoy,Leo,托尔斯泰,51,277-278

Toynbee,Arnold J.,汤因比,阿诺德·J.,1-2,16-22,28,35,46,106,195,348;*A Study of History*,《历史研究》,24,351-352

Tragedy:Aeschylean vision of,埃斯库罗斯关于悲剧的想象,66;in Croce's thought,克罗齐思想中的

悲剧观, 52, 58, 61, 66; in Goldmann's thought,戈德曼思想中的悲剧观, 95; Greek,希腊悲剧, 132; and history,悲剧与历史, 230-231, 279, 284; in Marx's view of history,马克思历史观中的悲剧观, 181, 291; as plot-type悲剧作为情节-类型, xx, xxiv, xxvi-xxvii, 118, 124, 185, 232, 266, 280-283, 288, 290, 345, 346; Sophoclean vision of,索福克勒斯的悲剧想象, 66, 77, 370

Treitschke, Heinrich von,特赖奇克,海因里希·冯, 52

Trilling, Lionel,特里林,莱昂内尔, 87 (20世纪美国著名社会文化批评家与文学家——译者注)

Troeltsch, Ernst,特勒尔奇,恩斯特, 24, 53, 349

tropes: in Burke,伯克的转义(比喻), 232 (trope,又译为转义,包括隐喻[metaphor]、转喻[metonymy]、提喻[synecdoche]和反讽[irony]——译者注); in literary history,文学史上的转义(比喻), 165; and postmodernism,转义(比喻)与后现代主义, 311; and style,转义(比喻)与风格, 173-175, 183-184, 186; theory of,转义理论, xiii, xx-xxi, xxiii, 303, 344-345; in Vico's thought,在维柯思想中关于转义(比喻)的观点 xviii

type/antitype,类型/原型 xxix, 270-271. See also prefiguration and fulfillment 另见,预设和实现

typology,类型学, xxix, xxxi, 270-271, 347, 367. See also prefiguration and fulfillment 另见,预设和实现

Ungaretti, Giuseppe,朱塞佩·翁加雷蒂 206

universal history,世界史, 24-25, 332

Utopianism: in Croce's thought,克罗齐思想中的乌托邦主义: 65, and history,乌托邦主义与历史, 188, 206; in Frye's thought,弗莱思想中的乌托邦主义, 270; in Jameson's thought,詹姆森思想中的乌托邦主义, 211; in Marx and Flaubert,马克思与福楼拜的乌托邦主义, 177; in Ricoeur's thought,利科思想中思想中的乌托邦主义, 320, 332; versus realism,乌托邦主义与现实主义的对抗, 98-100, 102-103, 105-108, 111

Valla, Lorenzo,瓦拉,洛伦佐, 228

Vann, Richard,范恩,理查德, xiv,

341,346

Vernant, Jean-Pierre, 韦尔南, 让-皮埃尔, 257

Vico, Giambattista, 维柯, 詹巴蒂斯塔, xviii, xix-xx, 55, 75, 89, 166, 184, 250, 252, 361; *New Science*, 维柯的《新科学》, 203-205, 343, 366; and poststructuralism, 维柯与后结构主义, 203-207; *verum factum principle*, 维柯的认识真理凭创造之原则, xvii, 266-267

vitalism, 活力论, 54, 56, 59, 61, 72, 78

Voltaire, 伏尔泰, 189, 228

Walsh, W. H. 沃尔什, W. H., 142, 193, 352

Weber, Max, 韦伯, 马克斯, 24, 53-54, 85, 103, 267

Webster, Noah, 韦伯斯特, 诺亚, 298

Wellek, Rene, 韦勒克, 雷纳, 70, 362

Whitman, Walt, 惠特曼, 沃尔特, 201

Williams, Raymond, 威廉斯, 雷蒙, 264

Windelband, Wilhelm, 文德尔班, 威廉 86, 348, 352

Wittgenstein, Ludwig, 维特根斯坦, 路德维希, 71, 149, 193-194, 358

Woolf, Virginia, 伍尔夫, 弗吉尼亚, 189, 201, 329

Yeats, William Butler, 叶芝, 威廉·巴特勒, 103, 111, 263

Zola, Emile, 左拉, 爱弥尔, xx, 278-279

译者后记

感谢南京大学出版社郑蔚莉老师、张静老师对我们的信任,把这本如此厚重、具有多学科背景的著作交给我们翻译。历经数载,充满艰辛,几易其稿后,此书终于完成并得以出版。

感谢作者海登·怀特。能够通过翻译与怀特这样的大师结缘,实属人生幸事。在翻译本书的过程中,很荣幸能更多地了解、认识、学习他,由衷地钦佩他的深邃和博学。他深奥的思想终于让我们也跟着深奥了那么一点点;他的渊博学识给我们打开了无数个学习的窗口;他的佶屈聱牙对我们的记忆力、智力和表达力都是不小的挑战和极好的训练。

感谢我的学生李萍、徐金芳、张婧婧、刘寒冰、魏路曼。她们在此书没有电子版的情况下,帮我把每一章都手打下来,生成一个电子文档方便我们工作。这一充满爱的举动是我后来翻译过程中每每受挫气馁,总不敢放弃的最重要的原因。我深深地感谢并爱着她们。

感谢我的闺蜜好友白文革对本书第二章的翻译所做的贡献,在此书以及其他我俩合作的书籍漫长的翻译过程中,我和她你来我往,互相切磋,共同分享,同甘共苦,双双进步,使得我俩长达34年的友谊更加醇香厚重。感谢同窗七年的师兄王维在我翻译本书第九章时对某些段落所提出的中肯的意见,使我发现并从此有意避免自己表达上存在的主要问题。感谢我的学生张明会,以及我的同乡董老师,她们都曾经阅读过我当时还很不成熟的稿件并认真地给与了中肯的意见。

感谢两位合作者担当了许多的编辑和格式调整任务。她们的工作效率以及对我的信任一直鞭策我砥砺前行。本书马云翻译了第十三、十四、十七、十九章和索引部分;孙晶姝翻译了第三、四、十、十五、十六、二十一、二十二章和致谢以及部分注释。其余部分即序言、引言、第一、二、五、六、七、八、九、十一、十二、十八、二十、二十三章均为马丽莉翻译。马云、孙晶姝、巫闽花老师在书稿重印时表现出来的积极认真,极大地感染了我。

感谢这次书稿得以重印。感谢我的学生王小会、高凡、盛海利、谢文英,他们在本书重印之际,认真仔细阅读我的书稿并提出极其中肯、极其宝贵的修改意见;不但如此,他们亲自动手,帮我做了大量的修改工作。他们的谦虚、认真、体谅、关心,让我在繁忙的工作中,仍然能够感到无比的温馨和说不出来的幸福。当初赠给他们书稿的时候,并未曾想过,有一天,他们会这么诚恳、精心地反过来帮助我。

付出辛苦的地方必然会有乐趣会有收获。经过这次的修改校对,才使得怀特的部分思想和知识,由以前的"他的",变成了"我的"——这是最为珍贵的部分。希望有一天,它们能为我所用。

感谢我的家人尤其是我的父母、爱人和女儿对我的支持、鼓励和信任。对于我所做的事情,他们从来没有质疑过;这使得我在这个浮躁的时代,尚能安静下来,做一点点的学问。

愿以此书,告慰我亲爱的老父亲。

马丽莉
2019 年 6 月 20 日于石家庄

《当代学术棱镜译丛》
已出书目

媒介文化系列

第二媒介时代 [美]马克·波斯特
电视与社会 [英]尼古拉斯·阿伯克龙比
思想无羁 [美]保罗·莱文森
媒介建构:流行文化中的大众媒介 [美]劳伦斯·格罗斯伯格 等
揣测与媒介:媒介现象学 [德]鲍里斯·格罗伊斯
媒介学宣言 [法]雷吉斯·德布雷
媒介研究批评术语集 [美]W. J. T. 米歇尔　马克·B. N. 汉森
解码广告:广告的意识形态与含义 [英]朱迪斯·威廉森

全球文化系列

认同的空间——全球媒介、电子世界景观与文化边界 [英]戴维·莫利
全球化的文化 [美]弗雷德里克·杰姆逊　三好将夫
全球化与文化 [英]约翰·汤姆林森
后现代转向 [美]斯蒂芬·贝斯特　道格拉斯·科尔纳
文化地理学 [英]迈克·克朗
文化的观念 [英]特瑞·伊格尔顿
主体的退隐 [德]彼得·毕尔格
反"日语论" [日]莲实重彦
酷的征服——商业文化、反主流文化与嬉皮消费主义的兴起 [美]托马斯·弗兰克
超越文化转向 [美]理查德·比尔纳其 等
全球现代性:全球资本主义时代的现代性 [美]阿里夫·德里克

文化政策　[澳]托比·米勒　[美]乔治·尤迪思

通俗文化系列

解读大众文化　[美]约翰·菲斯克
文化理论与通俗文化导论(第二版)　[英]约翰·斯道雷
通俗文化、媒介和日常生活中的叙事　[美]阿瑟·阿萨·伯格
文化民粹主义　[英]吉姆·麦克盖根
詹姆斯·邦德:时代精神的特工　[德]维尔纳·格雷夫

消费文化系列

消费社会　[法]让·鲍德里亚
消费文化——20世纪后期英国男性气质和社会空间　[英]弗兰克·莫特
消费文化　[英]西莉娅·卢瑞

大师精粹系列

麦克卢汉精粹　[加]埃里克·麦克卢汉　弗兰克·秦格龙
卡尔·曼海姆精粹　[德]卡尔·曼海姆
沃勒斯坦精粹　[美]伊曼纽尔·沃勒斯坦
哈贝马斯精粹　[德]尤尔根·哈贝马斯
赫斯精粹　[德]莫泽斯·赫斯
九鬼周造著作精粹　[日]九鬼周造

社会学系列

孤独的人群　[美]大卫·理斯曼
世界风险社会　[德]乌尔里希·贝克
权力精英　[美]查尔斯·赖特·米尔斯
科学的社会用途——写给科学场的临床社会学　[法]皮埃尔·布尔迪厄

文化社会学——浮现中的理论视野 [美]戴安娜·克兰
白领：美国的中产阶级 [美]C. 莱特·米尔斯
论文明、权力与知识 [德]诺贝特·埃利亚斯
解析社会：分析社会学原理 [瑞典]彼得·赫斯特洛姆
局外人：越轨的社会学研究 [美]霍华德·S. 贝克尔
社会的构建 [美]爱德华·希尔斯

新学科系列

后殖民理论——语境 实践 政治 [英]巴特·穆尔-吉尔伯特
趣味社会学 [芬]尤卡·格罗瑙
跨越边界——知识学科 学科互涉 [美]朱丽·汤普森·克莱恩
人文地理学导论：21 世纪的议题 [英]彼得·丹尼尔斯 等
文化学研究导论：理论基础·方法思路·研究视角 [德]安斯加·纽宁 [德]维拉·纽宁主编

世纪学术论争系列

"索卡尔事件"与科学大战 [美]艾伦·索卡尔 [法]雅克·德里达 等
沙滩上的房子 [美]诺里塔·克瑞杰
被困的普罗米修斯 [美]诺曼·列维特
科学知识：一种社会学的分析 [英]巴里·巴恩斯 大卫·布鲁尔 约翰·亨利
实践的冲撞——时间、力量与科学 [美]安德鲁·皮克林
爱因斯坦、历史与其他激情——20 世纪末对科学的反叛 [美]杰拉尔德·霍尔顿
真理的代价：金钱如何影响科学规范 [美]戴维·雷斯尼克
科学的转型：有关"跨时代断裂论题"的争论 [德]艾尔弗拉德·诺德曼 [荷]汉斯·拉德 [德]格雷戈·希尔曼

广松哲学系列

物象化论的构图 [日]广松涉

事的世界观的前哨 [日]广松涉

文献学语境中的《德意志意识形态》 [日]广松涉

存在与意义(第一卷) [日]广松涉

存在与意义(第二卷) [日]广松涉

唯物史观的原像 [日]广松涉

哲学家广松涉的自白式回忆录 [日]广松涉

资本论的哲学 [日]广松涉

马克思主义的哲学 [日]广松涉

世界交互主体的存在结构 [日]广松涉

国外马克思主义与后马克思思潮系列

图绘意识形态 [斯洛文尼亚]斯拉沃热·齐泽克 等

自然的理由——生态学马克思主义研究 [美]詹姆斯·奥康纳

希望的空间 [美]大卫·哈维

甜蜜的暴力——悲剧的观念 [英]特里·伊格尔顿

晚期马克思主义 [美]弗雷德里克·杰姆逊

符号政治经济学批判 [法]让·鲍德里亚

世纪 [法]阿兰·巴迪欧

列宁、黑格尔和西方马克思主义:一种批判性研究 [美]凯文·安德森

列宁主义 [英]尼尔·哈丁

福柯、马克思主义与历史:生产方式与信息方式 [美]马克·波斯特

战后法国的存在主义马克思主义:从萨特到阿尔都塞 [美]马克·波斯特

反映 [德]汉斯·海因茨·霍尔茨

为什么是阿甘本? [英]亚历克斯·默里

未来思想导论:关于马克思和海德格尔 [法]科斯塔斯·阿克塞洛斯

无尽的焦虑之梦:梦的记录(1941—1967)附《一桩两人共谋的凶杀案》(1985) [法]路易·阿尔都塞

经典补遗系列

卢卡奇早期文选 [匈]格奥尔格·卢卡奇

胡塞尔《几何学的起源》引论 [法]雅克·德里达

黑格尔的幽灵——政治哲学论文集[Ⅰ] [法]路易·阿尔都塞

语言与生命 [法]沙尔·巴依

意识的奥秘 [美]约翰·塞尔

论现象学流派 [法]保罗·利科

脑力劳动与体力劳动：西方历史的认识论 [德]阿尔弗雷德·索恩-雷特尔

黑格尔 [德]马丁·海德格尔

黑格尔的精神现象学 [德]马丁·海德格尔

生产运动：从历史统计学方面论国家和社会的一种新科学的基础的建立 [德]弗里德里希·威廉·舒尔茨

先锋派系列

先锋派散论——现代主义、表现主义和后现代性问题 [英]理查德·墨菲

诗歌的先锋派：博尔赫斯、奥登和布列东团体 [美]贝雷泰·E. 斯特朗

情境主义国际系列

日常生活实践 1. 实践的艺术 [法]米歇尔·德·塞托

日常生活实践 2. 居住与烹饪 [法]米歇尔·德·塞托 吕斯·贾尔 皮埃尔·梅约尔

日常生活的革命 [法]鲁尔·瓦纳格姆

居伊·德波——诗歌革命 [法]樊尚·考夫曼

景观社会 [法]居伊·德波

当代文学理论系列

怎样做理论 [德]沃尔夫冈·伊瑟尔

21世纪批评述介 [英]朱利安·沃尔弗雷斯

后现代主义诗学:历史·理论·小说 [加]琳达·哈琴

大分野之后:现代主义、大众文化、后现代主义 [美]安德列亚斯·胡伊森

理论的幽灵:文学与常识 [法]安托万·孔帕尼翁

反抗的文化:拒绝表征 [美]贝尔·胡克斯

戏仿:古代、现代与后现代 [英]玛格丽特·A.罗斯

理论入门 [英]彼得·巴里

现代主义 [英]蒂姆·阿姆斯特朗

叙事的本质 [美]罗伯特·斯科尔斯 詹姆斯·费伦 罗伯特·凯洛格

文学制度 [美]杰弗里·J.威廉斯

新批评之后 [美]弗兰克·伦特里奇亚

文学批评史:从柏拉图到现在 [美]M.A.R.哈比布

德国浪漫主义文学理论 [美]恩斯特·贝勒尔

萌在他乡:米勒中国演讲集 [美]J.希利斯·米勒

文学的类别:文类和模态理论导论 [英]阿拉斯泰尔·福勒

思想絮语:文学批评自选集(1958—2002) [英]弗兰克·克默德

叙事的虚构性:有关历史、文学和理论的论文(1957—2007) [美]海登·怀特

21世纪的文学批评:理论的复兴 [美]文森特·B.里奇

核心概念系列

文化 [英]弗雷德·英格利斯

风险 [澳大利亚]狄波拉·勒普顿

学术研究指南系列

美学指南 [美]彼得·基维

文化研究指南 [美]托比·米勒

文化社会学指南 [美]马克·D.雅各布斯 南希·韦斯·汉拉恩

艺术理论指南　［英］保罗·史密斯　卡罗琳·瓦尔德

《德意志意识形态》与文献学系列

梁赞诺夫版《德意志意识形态·费尔巴哈》　［苏］大卫·鲍里索维奇·梁赞诺夫
《德意志意识形态》与 MEGA 文献研究　［韩］郑文吉
巴加图利亚版《德意志意识形态·费尔巴哈》　［俄］巴加图利亚
MEGA：陶伯特版《德意志意识形态·费尔巴哈》　［德］英格·陶伯特

当代美学理论系列

今日艺术理论　［美］诺埃尔·卡罗尔
艺术与社会理论——美学中的社会学论争　［英］奥斯汀·哈灵顿
艺术哲学：当代分析美学导论　［美］诺埃尔·卡罗尔
美的六种命名　［美］克里斯平·萨特韦尔
文化的政治及其他　［英］罗杰·斯克鲁顿

现代日本学术系列

带你踏上知识之旅　［日］中村雄二郎　山口昌男
反·哲学入门　［日］高桥哲哉
作为事件的阅读　［日］小森阳一
超越民族与历史　［日］小森阳一　高桥哲哉

现代思想史系列

现代主义的先驱：20 世纪思潮里的群英谱　［美］威廉·R. 埃弗德尔
现代哲学简史　［英］罗杰·斯克拉顿
美国人对哲学的逃避：实用主义的谱系　［美］康乃尔·韦斯特

视觉文化与艺术史系列

可见的签名　［美］弗雷德里克·詹姆逊

摄影与电影　[英]戴维·卡帕尼
艺术史向导　[意]朱利奥·卡洛·阿尔甘　毛里齐奥·法焦洛
电影的虚拟生命　[美]D. N. 罗德维克
绘画中的世界观　[美]迈耶·夏皮罗
缪斯之艺:泛美学研究　[美]丹尼尔·奥尔布赖特
视觉艺术的现象学　[英]保罗·克劳瑟
总体屏幕:从电影到智能手机　[法]吉尔·利波维茨基
[法]让·塞鲁瓦
艺术史批评术语　[美]罗伯特·S. 纳尔逊　[美]理查德·希夫
设计美学　[加拿大]简·福希
工艺理论:功能和美学表达　[美]霍华德·里萨蒂

当代逻辑理论与应用研究系列

重塑实在论:关于因果、目的和心智的精密理论　[美]罗伯特·C. 孔斯
情境与态度　[美]乔恩·巴威斯　约翰·佩里
逻辑与社会:矛盾与可能世界　[美]乔恩·埃尔斯特
指称与意向性　[挪威]奥拉夫·阿斯海姆
说谎者悖论:真与循环　[美]乔恩·巴威斯　约翰·埃切曼迪

波兰尼意会哲学系列

认知与存在:迈克尔·波兰尼文集　[英]迈克尔·波兰尼
科学、信仰与社会　[英]迈克尔·波兰尼

现象学系列

伦理与无限:与菲利普·尼莫的对话　[法]伊曼努尔·列维纳斯

新马克思阅读系列

政治经济学批判:马克思《资本论》导论　[德]米夏埃尔·海因里希

图书在版编目(CIP)数据

叙事的虚构性:有关历史、文学和理论的论文:
1957—2007 /(美)海登·怀特著;(美)罗伯特·多兰
编;马丽莉,马云,孙晶姝译. — 南京:南京大学出
版社,2019.3(2023.2重印)

(当代学术棱镜译丛 / 张一兵主编)

书名原文:The Fiction of Narrative:Essays on
History, Literature, and Theory,1957—2007

ISBN 978-7-305-21152-2

Ⅰ.①叙… Ⅱ.①海…②罗…③马…④马…
⑤孙… Ⅲ.①怀特—史学思想 Ⅳ.①K097.12

中国版本图书馆 CIP 数据核字(2018)第 254765 号

Hayden White
The Fiction of Narrative:Essays on History, Literature, and Theory,1957 - 2007
Copyright © 2010 The Johns Hopkins University Press
All rights reserved. Published by arrangement with The Johns Hopkins University Press,
Baltimore, Maryland
Simplified Chinese Edition, published by Nanjing University Press, 2019

江苏省版权局著作权合同登记　图字:10-2013-084 号

出版发行	南京大学出版社
社　　址	南京市汉口路 22 号　邮　编　210093
出 版 人	金鑫荣
丛 书 名	当代学术棱镜译丛
书　　名	叙事的虚构性:有关历史、文学和理论的论文(1957—2007)
著　　者	[美]海登·怀特
编　　者	[美]罗伯特·多兰
译　　者	马丽莉　马　云　孙晶姝
责任编辑	李廷斌　张　静
照　　排	南京南琳图文制作有限公司
印　　刷	江苏扬中印刷有限公司
开　　本	635×965　1/16　印张 29.5　字数 400 千
版　　次	2019 年 3 月第 1 版　2023 年 2 月第 5 次印刷
ISBN	978-7-305-21152-2
定　　价	80.00 元
网　　址	http://njupco.com
官方微博	http://weibo.com/njupco
官方微信	njupress
销售热线	025-83594756

* 版权所有,侵权必究
* 凡购买南大版图书,如有印装质量问题,请与所购
  图书销售部门联系调换